本教材系教育部哲学社会科
"跨境电子商务企业经营风险预警与防范机制研究"（批号16jZD021.）的研究成果

U0663567

跨境电商
理论与实务

马述忠　卢传胜　丁红朝　张夏恒◎主编

CROSS-BORDER
E-COMMERCE
THEORY AND
PRACTICE

ZHEJIANG UNIVERSITY PRESS
浙江大学出版社

图书在版编目（CIP）数据

跨境电商理论与实务 / 马述忠等主编. — 杭州：
浙江大学出版社，2018.8（2025.1重印）
ISBN 978-7-308-18166-2

Ⅰ．① 跨… Ⅱ．①马 … Ⅲ．① 电子商务-商业经营-
教材 Ⅳ．① F713.365.2

中国版本图书馆CIP数据核字（2018）第084769号

跨境电商理论与实务

主编 马述忠 卢传胜 丁红朝 张夏恒

策划编辑	朱 玲
责任编辑	秦 瑕
责任校对	杨利军 汪 潇
封面设计	卓义云天
出版发行	浙江大学出版社
	（杭州市天目山路148号 邮政编码 310007）
	（网址：http://www.zjupress.com）
排 版	杭州林智广告有限公司
印 刷	浙江省邮电印刷股份有限公司
开 本	787mm×1092mm 1/16
印 张	23.5
字 数	499千
版 印 次	2018年8月第1版 2025年1月第11次印刷
书 号	ISBN 978-7-308-18166-2
定 价	59.00元

前言

十多年来，我国电子商务各个领域发生了巨大变化，从形式到内涵所涉及的诸多方面都得到了不断完善与丰富，日益融入人们生活。电子商务在国民经济发展中的作用也愈发显著。近几年，随着国内外电子商务行业的发展与变化，跨境电商作为一个新兴的电子商务业务模式，逐渐得到社会各界的关注与重视，在我国进出口交易额中的比重也逐年剧增，跨境电商将成为下一个万亿级市场，引领电子商务行业发展。跨境电商的发展，刺激了跨境电商人才的需求，对于高等学校相关专业人才的培养工作也提出了新的要求，打造跨境电商教材体系与系列教材，显得十分必要。

这本《跨境电商理论与实务》的写作动议始于2016年夏天，感谢安徽大学卢传胜老师和广州番禺职业技术学院丁红朝老师的通力配合。同时，也要感谢西北政法大学张夏恒老师的鼎力支持，是他在2017年的关键时刻挺身而出，促成本教材的最终出版。

马述忠负责对本教材进行整体指导与宏观规划。其中，第一章第一节由张夏恒编写，第二、三、四节由汪怡编写；第二章第一、三、四节由张夏恒编写，第二节由汪怡和龙登科编写；第三章由何军编写；第四和第八章由莫川川编写；第五章第一和第三节由张夏恒编写，第二、四、五节由欧阳莲英和孙训爽编写；第六章由刘宏伟编写；第七章由丁红朝和刘宏伟编写；第九章由欧阳莲英和曾悦编写；第十章由安鹏和查林涛编写；第十一章由陈一飞编写；第十二章第一节由张夏恒编写，第二节由邓志超编写。除第七章案例由丁红朝和刘宏伟编写外，其他章节的实训均由张夏恒编写。全书最后由马述忠、张夏恒和卢传胜完成统稿与校对工作。

感谢本教材编写团队的各位成员，他们分别是：张夏恒（西北政法大学）、卢传胜（安徽大学）、汪怡（安徽大学）、何军（安徽大学）、陈一飞（安徽大学）、刘宏伟（安徽大学）、丁红朝（广州番禺职业技术学院）、邓志超（广州番禺职业技术学院）、莫川川（广州番禺职业技术学院）、孙训爽（安徽国际商务职业学院）、查林涛（安徽国际商务职业学院）、龙登科（深圳技师学院）、欧阳莲英（厦门软件职业技术学院）、曾悦（合肥一六跨境人教育科技有限公司）、安鹏（北京克洛斯教育科技有限公司）。

　　本教材已入选浙江大学经济学院本科生系列优秀教材编著与出版计划，系教育部哲学社会科学研究重大课题攻关项目"跨境电子商务企业经营风险预警与防范机制研究"（批号：16JZD021）的系列研究成果之一，这里也要对有关资助方表示感谢。

　　浙江大学出版社创立于1984年，是集理工农医和人文社科多学科出版于一身的综合性出版单位，有多种浙大版教材、学术专著和电子音像出版物荣获多种奖励。感谢浙江大学出版社，特别是朱玲女士，为本教材出版所做的各种努力，愿我们一道秉承浙大几代学人的"求是"精神，共同推动跨境电子商务事业的发展。

　　跨境电子商务是一个全新的领域，其发展仍未成熟，实践领域发展变化较快，跨境电商相关概念与观点仍需经过一定时间的沉淀方可形成行业共识，编撰本教材可谓一项极大的挑战。虽然我们秉承"工匠精神"，在充分调研与吸收实践领域素材并结合理论内容基础上，在全书的结构、内容和行文等方面均力求极致，但疏漏仍在所难免，不当之处望读者不吝批评指正。

马述忠

2017年11月1日

于浙江大学玉泉校区外经贸楼532室

说明

中国跨境电商的迅猛发展，催生了对跨境电商专业人才的巨大需求。许多学校顺应经济社会发展需要，纷纷开设或即将开设跨境电商专业（方向），培养跨境电商行业急需的专业人才。鉴于目前跨境电商类教材甚为鲜见，本书的编写工作十分必要，而且市场潜力巨大。

下面就该教材编写的相关事宜表达一下个人看法，供各位参考，欢迎批评指正。

一、关于教材名称及定位

目前现存教材较少，仅有的少量版本在教材的普适性方面略有欠缺，过于偏重具体的第三方平台操作实务，过度着眼于细节，略显狭隘，且无后续再版的可能，而第三方平台更新变化较快，现存教材更新不及时。其实仅就微观操作层面而言，除了第三方平台，还有企业自建站，甚至社交网络层面的跨境电商销售等范畴，现存教材系统性较差，理论阐述方面不足。

鉴于上述情况，本教材的名称和定位值得大家商榷："跨境电商理论与实务""跨境电商实务"，个人觉得前者或许更好，本教材定位于较高标准，且陆续会再版更新。国际贸易学科中有一本《国际贸易实务》，从20世纪90年代至今再版多次，十分畅销，希望我们的教材也可以如此。目前没有专门的文献或者书籍来系统阐述跨境电商理论，仅有的一些只是从操作细节层面入手。如此一来，本教材名称若为"跨境电商理论与实务"，既能区别于目前市面上仅存的"跨境电商实务"类教材，又能十分直观地点明本教材的主旨——既包括理论又有实务。本教材的名称为其适用范围打下了基础，读者既可以是高职高专类（实务部分），也可以是本科类（理论部分），甚至研究生类（案例延伸阅读）等不同群体。

本教材要充分解决的问题是互联网+国际贸易——将电子商务理论（物

流、信息流、资金流）和国际贸易理论阐述清楚，将电子商务实务和国际贸易的实务表达透彻。电子商务只是一种方式和手段，因而本教材应该更加偏重国际贸易和国际商务。

《跨境电商理论与实务》密切结合当前跨境电商的发展状况和我国的对外贸易实践，充分吸收近年来在教材建设和实践中总结出的新知识、新内容和新体系，每章都有学习目标、章节纲要、正文、本章小结、思考题以及案例分析，可以有效地提高学生的理论知识储备和实践能力。

二、关于教材的特点

1. 时空性

按照跨境电商实际工作流程中的时间和空间顺序进行篇章节内容的编排，循序渐进，易于读者接受，即视感强，符合人的基本学习习惯。

2. 系统性

本教材从宏观、中观和微观三个角度对跨境电商的不同知识点进行阐述总结，适合不同需求层次的读者，避免了以往相关教材仅从微观操作入手的缺点。

3. 全面性

本教材涉及的理论和实务主要包括跨境电商选品、视觉美工、平台操作、规则制度、营销推广、仓储物流、客户服务、境外社交网络服务（SNS）和运营管理等，几乎覆盖了跨境电商实际工作中的各个环节，同时在教材中将现阶段跨境电商的前沿趋势通过不同形式进行了体现（品牌化、优质服务、移动端、多语言市场、境外仓等）。

4. 实践性和理论性

本教材通过实训部分完成相关微观细节操作实务，通过宏观和中观层面普及相关知识和方法。

5. 前瞻性

本教材内容涉及跨境电商时下流行的理论、方式和方法，在宏观理论方面进行了前瞻性的探索。

■■■学习目标

掌握跨境电商概念；了解跨境电商特征；掌握跨境B2B电商、跨境零售概念；掌握跨境电商进口流程与出口流程；掌握跨境电商与境内电商的差异；掌握跨境电商发展历程及主要特征；了解跨境电商发展现存的问题；了解跨境电商行业需要的人才类型；了解跨境电商人才需要具备的能力。

■■■章节纲要

本章主要分四节来阐述与探讨跨境电商概述问题。第一节主要介绍跨境电商概况；第二节重点介绍跨境电商发展历程；第三节主要介绍跨境电商问题及对策；第四节主要介绍跨境电商职业发展。

第一节　跨境电商概况

一、跨境电商产生的背景

作为一种新兴的商业交易模式，电子商务正在从单一关境内部的交易服务延伸为跨越关境的全球化交易服务，跨境电子商务正成长为全球商品与服务的重要流通方式。这种新商品交易形式的兴起是在经济全球化、贸易一体化与电子商务发展到新阶段，由多因素综合作用驱动形成的。目前，中国电子商务蓬勃发展，已成为全球市场的重要力量。以中小企业为主的中国跨境电子商务市场同样呈现出迅猛态势，以其强大的生命力不断发展壮大。

（一）全球经济一体化趋势日趋加深

自20世纪70年代以来，随着跨国公司的全球扩张，生产要素和活动在全球范围内开始重组。生产组织活动的全球化带来了全球经济发展的同步性，同时，也带来了对相应生产性服务业的全球需求，服务业开始全球化，全球化发展进入新阶段；而新兴经济体经过一定阶段的高速发展，生产和消费能力提升，表现出对发达地区消费品的需求。这样，全球生产、消费、市场一体化趋势愈加明显；而国际组织和各国政府也积极推动相关规则的制定，国家（地区）间的自由贸易协定大量签订，通过推动贸易便利化来提高贸易过程中的效率。全球信息和商品等流动更加自由，贸易全球化进一步发展，跨境贸易日益频繁。

（二）传统国际贸易增长呈现疲软态势

2008年全球金融危机的爆发，给各国的经济带来了沉重的打击。后金融危机时代，主要国家经济增长疲软，全球范围内传统国际贸易呈现出增长疲软的态势。以中国为例，与前几年相比，中国近两年经济增速放缓。经济新常态的提出，体现了中央对当前中国经济发展的判断和认识，中国经济进入新常态阶段也成为共识。中国近几年传统外贸增长乏力，尤其是2015年，传统进口与出口均出现负增长，这与高速增长的跨境电商形成显著反差。尽管中国经济增速放缓，但是经济新常态下的结构调整，将为跨境电商的发展提供机遇。

（三）关联基础设施发展与完善

基础设施是跨境电商发展的基石，网络、技术、物流、支付等相关基础设施与资源的建设与完善，推动了跨境电商的快速发展。与互联网络、移动网络关联的网络基础设施推动了互联网普及率的提升，打通了跨境电商的实现媒介；支付工具及技术、金融网络与设施等方面的布局，完善了跨境电商所需的支付载体；以物流网点、交通运输为代表的物流基础设施的大力发展，满足了跨境电商的商品流通需求。个人计算机（PC）的性能提升以及价格走低，智能手机的普及，推动了电商网络以及移动网络的发展，新兴市场对跨境电商发展的推力尤其显著。

（四）政府与政策红利的驱动

政府与政策的推力是巨大的，甚至能够起到决定性与导向性作用。在跨境电商成为全球热点后，各国政府纷纷开始重视跨境电商市场，出台了一系列政策推动其发展。跨境电商面临政策红利的驱动，进一步加快了发展步伐。以中国为例，据不完全统计，近两年政府密集出台诸多政策，旨在推动跨境电商的发展。2015年6月在圣彼得堡经济论坛期间，俄罗斯提出将拉动经济增长的源头从能源（石油、天然气、核电）开始转向互联网经济、物流与跨境贸易。在印度，政府实施新自由主义经济政策，涉及印度的财政、货币、物价及外资等多个领域，为服务业的发展创造了环境。在澳大利亚，政府鼓励中小企业通过跨境电商渠道开拓海外市场，并通过中国电商平台"京东商城"与"一号店"促销试验。在拉美地区，2014年习近平主席访问期间，与巴西等协商，推动跨境电商业务等。

（五）境内电子商务发展日趋成熟

境内电子商务主要是在境内进行的电子商务交易，而跨境电子商务是和不同国家或地区的客户进行电子商务交易。虽然二者在地域和形式上存在一定的差异，但是商务模式大同小异。境内电子商务的充分发展对跨境电子商务起到了一个先行者的作用，很多经验和模式都是跨境电子商务可以直接借鉴的。随着互联网和电子商务在各国的发展，人们对网购不再陌生和排斥，在观念上没有障碍。由于各国信息交流日益方便、快捷，消费者能够轻松地在互联网上搜索到来自世界各地的商品信息，为实现跨境电子商务提供了条件。

二、跨境电商的定义

（一）何谓跨境电商

跨境电商发展历程仍较短。如何定义跨境电商？学者从不同角度提出了不同的定义，尚未有一个统一的结论，以下列举部分有代表性的观点。

来有为，王向前：跨境电商是指不同关境的交易主体，通过电子商务平台达成交易、进行支付结算，并通过跨境物流送达商品、完成交易的一种国际（地区间）贸易活动。跨境电子商务是一种新型的贸易方式，它依靠互联网和国际（地区间）物流，直接对接终端，满足客户需求。

张夏恒，马天山：跨境电商指处于不同国家或地区的交易主体，以电子商务平台为媒介，以信息技术、网络技术、支付技术等为技术支撑，通过互联网实现商品的陈列、展示、浏览、比价、下单、处理、支付、客服等活动，通过线下的跨境物流实现商品从卖方流向买方及最后的商品配送，以及与之相关的其他活动内容。这是一种新型的电子商务应用模式。

柯丽敏，王怀周：跨境电商指分属不同国家（地区）的交易主体，通过电子商务手段将传统进出口贸易中的展示、洽谈和成交环节电子化，并通过跨境物流及异地仓储送达商品，完成交易的一种国际（地区间）商业活动。

阿里研究院：跨境电商有广义和狭义之分。其中，广义的跨境电商是指分属不同关境的交易主体通过电子商务手段达成交易的跨境进出口贸易活动。狭义的跨境电商特指跨境网络零售，指分属不同关境的交易主体通过电子商务平台达成交易，进行跨境支付结算，通过跨境物流送达商品，完成交易的一种国际（地区间）贸易新业态。跨境网络零售是互联网发展到一定阶段所产生的新型贸易形态。

艾瑞咨询：跨境电商分为广义和狭义。从狭义上看，跨境电商实际上基本等同于跨境零售。跨境零售指的是分属于不同关境的交易主体，借助计算机网络达成交易、进行支付结算，并采用快件、小包等行邮的方式通过跨境物流将商品送达消费者手中的交易过程。跨境电商在国际上流行的说法叫cross-border e-commerce，其实指的是跨境零售，基本上针对个人消费者。从严格意义上说，随着跨境电商的发展，跨境零售消费者中也会有一部分碎片化小额买卖的B类商家用户，但现实中B类商家和C类个人消费者很难严格区分。从总体来讲，这部分针对B类商家的销售也归属于跨境零售部分。从广义上看，跨境电商是指分属不同关境的交易主体，通过电子商务的手段将传统进出口贸易中的展示、洽谈和成交环节电子化，并通过跨境物流送达商品、完成交易的一种国际（地区间）商业活动。从更广的意义上看，跨境电商指电子商务在进出口贸易中的应用，是传统国际（地区间）贸易商务流程的电子化、数字化和网络化。它涉及许多方面，包括货物的电子贸易、在线数据传递、电子资金划拨、电子货运单证等内容。从这个意义上看，在国际（地区间）贸易环节中，只要涉及电子商务应用的都可以纳入这个统计范畴内。

综合上述观点，我们发现跨境电商的界定，有多个不同的分析视角。有人认为它是一种新的贸易方式，有人认为它是一种国际（地区间）商务活动，有人认为它是一种新型的电子商务应用模式。还有人将跨境零售视为跨境电商的狭义范畴，并相应地提出广义范畴的跨境电商概念。结合跨境电商企业实践专家的意见，本书旨在提出一个活动具有代表性、含义具有包容性、范畴具有概括性的跨境电商定义。

跨境电商是跨境电子商务的简称，是指分属不同国家或地区的交易主体，通过电子商务平台实现商品交易的各项活动，并通过跨境物流实现商品从卖家流向买家以及相关的其他活动内容的一种新型电子商务应用模式。跨境电商源于电子商务，属于电子商务范畴，是电子商务的一种新型应用模式。跨境电商既包括海淘、代购、跨境零售，又包括跨境B2B模式等，凡是借助电子商务模式实现跨越关境的商业活动都归属于跨境电商的范畴。

（二）跨境B2B电商与跨境零售的概念

目前，跨境电商主要分为以企业为交易对象的跨境B2B电商和以消费者为交易对象的跨境零售两种类型。

1. 跨境B2B电商

跨境B2B（企业对企业）电商是指分属不同关境的企业，通过电子商务平台实现商品交易的各项活动，并通过跨境物流实现商品从卖家流向买家以及相关的其他活动内容的一种新型电子商务应用模式。现已经纳入海关一般贸易统计。

2. 跨境零售

跨境零售包括跨境B2C（企业对消费者）电商和跨境C2C（个人对个人）电商。其中，跨境B2C电商是指分属不同关境的企业直接面对消费个人开展在线销售产品或服务，在电子商务平台上实现商品交易的各项活动，并通过跨境物流实现商品从卖家流向买家以及相关的其他活动内容的一种新型电子商务应用模式。跨境C2C电商是指分属不同关境的个人卖方对个人买家开展在线销售产品或服务，个人卖家与个人买家在电子商务平台上实现商品交易的各项活动，并通过跨境物流实现商品从卖家流向买家以及相关的其他活动内容的一种新型电子商务应用模式。

在跨境电商市场中，如图1-1所示，跨境B2B电商的交易规模近几年占据着整个跨境电商市场交易规模的90%左右，在跨境电商行业中尤为重要，扮演着支柱型产业的角色。从2014年我国跨境电商的交易模式看，跨境电商B2B交易占比达到92.4%，占据绝对优势。跨境零售电商直面终端客户，目前在跨境电商中比重较低。但是，近年来其增长速度不容小觑。

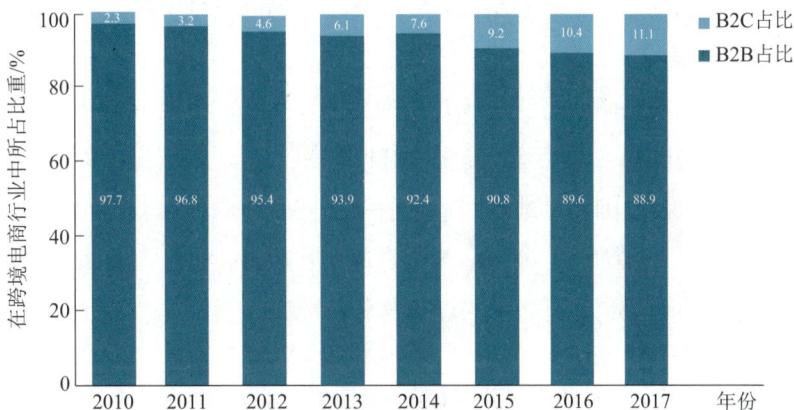

图1-1　2010—2017年我国跨境电商业务结构

数据来源：国家统计局、艾瑞咨询。

（三）跨境电商与境内电商的差别

1. 交易主体差异

境内电商的交易主体一般在同一国家（地区），如境内企业对企业、境内企业对个人或者境内个人对个人。跨境电商的交易主体突破了同一关境的界限，强调不同关境，可能是境内企业对境外企业、境内企业对境外个人或者境内个人对境外个人。交易主体遍及全球，有不同的消费习惯、文化心理、生活习俗，这要求跨境电商对各国流量引入、各国推广营销、国外消费者行为、国际品牌建设等有更深入的了解，复杂性远远超出境内电商。

2. 支付环节差异

境内电商由于交易主体同属一个关境，商品交易时涉及的支付环节仍属于同一关境，使用同一币种实现商品交易，也不会涉及跨境支付业务。跨境电商由于交易主体不在同一关境，商品交易需要通过跨境支付方式实现，通常会涉及不同国家或地区，使用不同币种，还涉及不同国家或地区的金融政策以及不同货币的汇率问题。

3. 物流环节差异

境内电商只涉及同一国家（地区）内的物流与配送，以快递方式将货物送达消费者，路途近，到货速度快，货物损坏概率低。跨境电商则需要通过跨境物流来实现。因为涉及不同国家或地区，跨境物流不仅涉及输出关境与商检、输入关境与商检，还涉及输入国家或地区物流与配送，退换货而产生的逆向物流更是一种严峻的挑战。

4. 适用规则差异

跨境电商比境内电商所需要适应的规则更多、更细、更复杂，特别是平台规则。跨境电商除了借助境内的平台经营，还可能在国外平台上开展交易，各个平台均有不同的操作规则。跨境电商以国际（地区间）一般贸易协定和双边或多边的贸易协定为基础，要求贸易主体及时了解国际（地区间）贸易体系、规则，进出口管制、关税细则、政策的变化，对进出口形势也要有更强的理解和分析能力。

5. 交易风险差异

跨境电商所涉及的环境要远复杂于境内电商，交易双方的国家（地区）间政治、技术、经济、文化、社会等各方面环境都会对跨境电商造成影响。境内电子商务行为发生在同一个国家（地区），交易双方对商标、品牌等知识产权有统一的认识，侵权引起的纠纷较少。即使产生纠纷，处理时间也较短，处理方式也较为简单。

三、跨境电商的业务流程

相对于同一国家（地区）而言，按照商品进出口类型，跨境电商业务可以分为跨境出口与跨境进口业务，业务属性不同，业务流程也不同。下面以商品进出口形成的跨境进口与跨境出口为例，介绍跨境电商的具体业务流程。

从跨境电商进口业务流程看，跨境电商企业通过事前备案，将企业信息、商品信息进行备案，将生产的商品在跨境电商企业的平台上在线展示。当境内消费者成功支付订单后，跨境电商企业将订单信息发送至服务平台进行申报；支付企业将订单支付信息发送至服务平台进行申报；跨境物流企业在成功预订舱单信息后，将对应的与跨境贸易相关的舱单信息（含运单信息）发送至服务平台进行申报。服务平台集齐三单信息后，自动生成清单供有报关报检资质的企业进行申报。清单经审核后，若无异常，则放行进入终端配送环节，最终送达消费者或企业手中。有的跨境电商企业直接与第三方综合服务平台合作，让第三方综合服务平台代办物流、通关商检等一系列环节，从而完成整个跨境电商交易的过程。跨境电商出口的流程除了与进口流程的方向相反外，其他内容基本相同。跨境电商的流程如图1-2、图1-3所示。

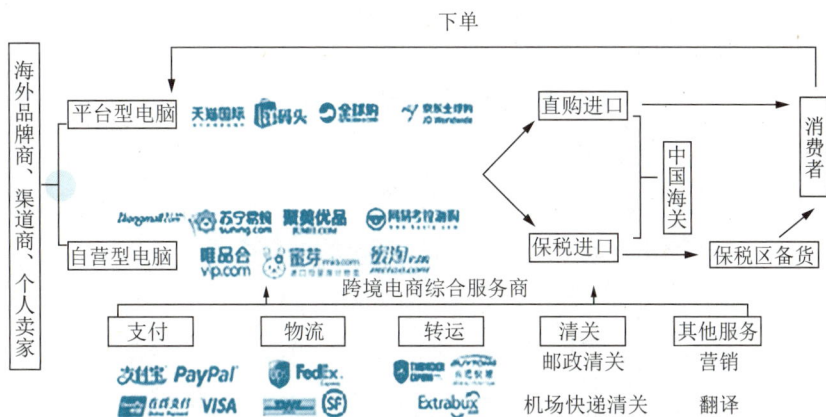

图1-2 跨境电商进口流程

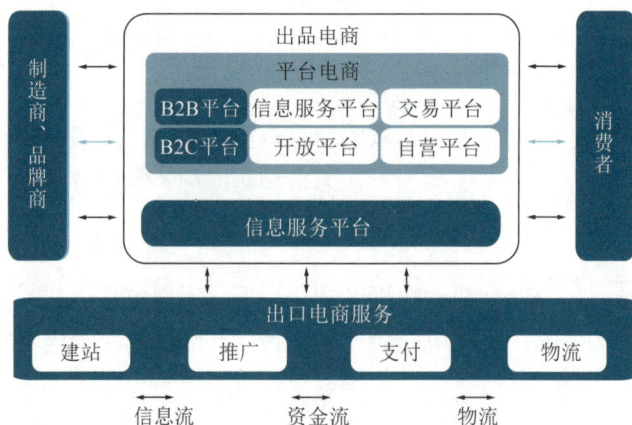

图1-3　跨境电商出口流程

四、跨境电商的特点与发展意义

（一）跨境电商的特点

1. 多边化

传统的国际（地区间）贸易主要表现为两国（地区）之间的双边贸易，即使有多边贸易，也是通过多个双边贸易实现的，呈线状结构。跨境电子商务，可以通过A国（地区）的交易平台、B国（地区）的支付结算平台、C国（地区）的物流平台，实现其他国家（地区）间的直接贸易。贸易过程相关的信息流、商流、物流、资金流由传统的双边逐步向多边演进，呈网状结构，正在重构世界经济新秩序。

2. 直接化

传统的国际（地区间）贸易主要由一国（地区）的进/出口商通过另一国（地区）的出/进口商集中进/出口大批量货物，然后通过境内流通企业的多级分销，最后到达有进/出口需求的企业或消费者。进出口环节多，时间长，成本高。跨境电子商务，可以通过电子商务交易与服务平台，实现多国（地区）企业之间、企业与最终消费者之间的直接交易，进出口环节少，时间短，成本低，效率高。

3. 小批量

跨境电子商务，通过电子商务交易与服务平台，实现多国（地区）企业之间、企业与最终消费者之间的直接交易。由于是单个企业之间或单个企业与单个消费者之间的交易，相对于传统贸易而言，大多是小批量，甚至是单件。

4. 高频度

跨境电子商务，通过电子商务交易与服务平台，实现多国（地区）企业之间、企业与最终消费者之间的直接交易。由于是单个企业之间或单个企业与单个消费者之间的交易，而且是即时按需采购、销售或消费，相对于传统贸易而言，交易的次数或频率高。

5. 数字化

传统的国际（地区间）贸易，主要是实物产品或服务交易。随着信息网络技术的深化应用，数字化产品（软件、影视、游戏等）的品类和贸易量快速增长，且通过跨境电子商务进行销售或消费的趋势更加明显。但关于"数字化"的一大挑战是，目前数字化产品的跨境贸易还没有纳入海关等政府相关部门的有效监管、贸易量统计、收缴关税的范围。

（二）发展跨境电商的意义

跨境电商的崛起对国际（地区间）贸易产生了积极的影响，成为行业发展的中流砥柱。与传统贸易相比，跨境电商能有效地节约制造费用，缩减中间程序，加快制造业变革的步伐，促进贸易模式的转型升级，从而提升产品的国际竞争力，改善现下外贸行业的发展形势。

1. 推动传统外贸企业转型升级

受到全球经济增长放缓的影响，外贸发展状况整体欠佳。以中国为例，进出口贸易交易额增长缓慢，传统外贸企业遇到前所未有的困难。而大力发展跨境电商，有助于在成本和效率层面增强各国（地区）的进出口竞争优势，提高外贸企业的利润率。同时，随着电商渠道的深入渗透，企业和最终消费者之间能建立更畅通的信息交流平台，对企业及时掌握市场需求，调整产品结构，提升产品品质，树立产品品牌，建立电商信用体系有重要作用，进一步能增强了各国（地区）外贸的整体竞争力，稳定了外贸增长。

2. 促进各国产业结构优化升级

跨境电商的发展，直接推动了配送、电子支付、电子认证、信息内容服务等现代服务业和相关电子信息制造业的发展。目前，我国电商平台企业已超过5000家，一批知名电商平台、物流快递公司、第三方支付本土企业加快崛起。跨境电子商务将会引发生产方式、产业组织方式的变革。面对多样化、多层次、个性化的境外消费者需求，企业必须以消费者为中心，加强合作创新，构建完善的服务体系，在提升产品制造工艺、质量的同时，加强研发设计、品牌销售，重构价值链和产业链，最大限度地促进资源优化配置。

3. 推动企业应对全球贸易新格局

跨境电商带给各国（地区）出口导向型企业的不仅仅是一条外贸销售渠道，也不只是全新的产业链利润分配格局，而是实现品牌升级，推动附加值沿微笑曲线向两端拓展，实现产业模式转变的绝佳机会。当前，各国（地区）许多企业的产品的性能和服务的质量很好，但不为境外消费者所知。跨境电商能够有效打破渠道垄断，减少中间环节，节约交易成本，缩短交易时间，为各国（地区）企业提升品牌的知名度提供了有效途径，尤其是给一些"小而美"的中小企业创造了新的发展空间，催生出更多的具有国际竞争力的"隐形冠军"。

第二节　跨境电商发展历程

直到2011年9月，"跨境电商"这个名词才在媒体上出现，之前多使用"外贸电商"这一术语。跨境电商是沿着传统外贸→外贸电商→跨境电商的演变轨迹而出现的。

（一）跨境电商1.0阶段（1999—2003年）

跨境电商1.0阶段的主要商业模式是网上展示、线下交易的外贸信息服务模式。跨境电商1.0阶段第三方平台主要的功能是为企业信息以及产品提供网络展示平台，并不在网络上涉及任何交易环节。此时的盈利模式主要是向进行信息展示的企业收取会员费（如年服务费）。跨境电商1.0阶段发展过程中，逐渐衍生出竞价推广、咨询服务等，为供应商提供的一条龙信息流增值服务。

在跨境电商1.0阶段中，阿里巴巴国际站、环球资源网为典型的代表平台。阿里巴巴成立于1999年，以网络信息服务为主、线下会议交易为辅，是中国最大的外贸信息黄页平台之一。环球资源网1971年成立，前身为亚洲资源网，是亚洲较早的贸易市场信息提供者，并于2000年4月28日在纳斯达克证券交易所上市，股票代码GSOL。在此期间还出现了中国制造网、韩国EC21网、Kellysearch（开利）等大量以供需信息交易为主的跨境电商平台。跨境电商1.0阶段虽然通过互联网解决了贸易信息面向世界买家的难题，但是依然无法完成在线交易，对于外贸电商产业链仅完成信息流整合环节。

（二）跨境电商2.0阶段（2004—2012年）

这个阶段，跨境电商平台开始摆脱纯信息黄页的展示行为，实现线下交易、支付、物流等流程的电子化，逐步实现在线交易。与跨境电商1.0阶段相比，跨境电商2.0阶段更能体现电子商务的本质，借助于电子商务平台，通过服务、资源整合有效打通上下游供应链，包括B2B平台及B2C平台两种模式。跨境电商2.0阶段，B2B平台模式为跨境电商主流模式，通过直接对接中小企业商户实现产业链的进一步缩短，提升商品销售利润空间。

在跨境电商2.0阶段，第三方平台实现了营收的多元化，同时实现后向收费模式，将"会员收费"改为以收取"交易佣金"为主，即按成交效果来收取百分点佣金，还通过在平台上营销推广、开展支付服务、开展物流服务等获得增值收益。这个阶段大致又可以细分为三个时期。

1. 2004—2006年

在这个时期，很多人，确切地说一批海外留学生在eBay（易贝）、亚马逊上卖游戏币，大龙网最早也是做游戏币起家的，很多人就是通过售卖游戏币，赚到了人生的第一桶金。2006年后，网络游戏没那么流行了，随后2007年eBay宣布不再从事虚拟的游戏币交易，这个阶段也就随之终止了。2004年王树彤从卓越网离职后创办敦煌网，主打小额在线批发。2006年以eBay起家的Dealextreme（即后来的DX）上线，以销售电子产品为主。2007年兰亭集势上线，是中国第一家有风投参与、以自营为主的外贸电商平台。这个时期平台电商开始活跃。

2. 2007—2010年

2007年，eBay.cn（eBay中国）上线，主营外贸方式的B2C跨境电商。当时跨境电子商务还只是一个概念，敦煌网、兰亭集势等也刚起步。显然eBay希望利用自己在国际市场的先发优势再次吸引中国商家的兴趣。事实证明，eBay这次做出了正确的选择。几乎在淘宝夺下境内在线零售市场的同时，eBay夺取了跨境电商市场，实现了卷土重来。2008年全球金融危机全面催生和成就了中国外贸B2C行业。那一年，美国最大的3000家进口商在中国市场采购中所占的市场份额下降了10%。同时越来越多的进口商开始尝试以小额度多频次的形式来规避风险。但更深层的原因在于，互联网减少了信息不对称和世界扁平化。网络支付工具PayPal（贝宝）的流行及快递渠道的完善，打破了网络贸易全球化的壁垒。且与境内电子商务尚在起步阶段不同，欧美发达国家电子商务环境已甚为成熟。在线贸易类型的中小企业数量众多，为外贸电子商务提供了极佳的用户土壤。

越来越多的人开始乐于相信，以跨境小额交易为代表的跨境电商更具诱惑力和爆发力。最为浅显的理由是，价格低廉的中国制造商品在国外往往以数倍的价格出售。这无疑为绕过诸多中间环节的网上贸易提供了足够的利润空间。跨境电商利润一般比境内电商高10%～20%，个别产品利润可达到100%。市场的爆发令eBay、敦煌网等跨境小额交易平台的交易数据猛增：eBay中国平台上2009年的交易额约为7亿至8亿美元，比上年高一倍；敦煌网上的交易额以每月20%的速度增长，2009年的交易额达3

11

亿美元。当然，和中国庞大的出口额相比，这些电子商务网站的交易只是九牛一毛。但很显然，电子商务平台成为境内企业走向世界的新窗口。在传统外贸市场受到金融危机打击后，境内大量剩余产品正在寻找各种新的销售渠道。这时，跨境电商主要做法有两种：一种是成为亚马逊或eBay大卖家，另一种就是建立独立网站。前者比较适合中小企业和创业者。但随着规模的壮大或资本的介入，一些更有雄心的外贸B2C卖家则愿意直接脱离eBay和敦煌网，建立批发兼零售的独立网站，如兰亭集势、兴隆兴（Chinavasion）等。这类网站通常需要充足的资金支持以及丰富的在线营销经验，但其优势同样明显：首先是不需要再支付给平台交易费用，而且容易整合采购、物流等环节，产生规模效应，利润空间更高；其次是减少了平台环节后，更容易赢得买家的信赖，比如交易出现纠纷，买家和卖家的直接沟通，比通过交易平台的第三方沟通更为快捷方便。

3. 2011—2012年

2011年后，"跨境电商"开始为大家所熟知，国家也开始重视，相关法规密集出台，各地区政府的扶持力度加强，当然，竞争也越来越激烈了。有传统的行业转型进入，有线下供应商、物流商、服务商，并且越来越多"阿里系"的卖家涌入速卖通。经过前一轮的"野蛮生长"，中国跨境电商开始出现比较激烈的竞争。仅仅深圳一地，短短几年内就涌现出千余家外贸B2C企业。很多潜在的问题也随之暴露出来。

最突出的是国际上对仿品和假货的抵制越来越严厉。2012年12月2日凌晨，美国有关部门关停了82家商业网站，声称涉嫌销售假冒产品。其中假冒商品包括运动装备、鞋子、手提包、太阳镜等，大多数来自中国。谷歌开始对仿牌关键字进行封杀。亚马逊、eBay、PayPal等都对仿牌零容忍。

除了"山寨"，成本急剧增加也成了一道难解的题。做B2C，搜索引擎的排名前后相当重要。近年来，Google（谷歌）的关键字优化搜索价格越来越贵，外国人支付习惯使用的PayPal，每笔交易也要产生4%左右的交易费，这在利润压缩的背景下是个不小的数目。人民币升值，也直接带来了产品成本的增加。而同行拼价，进一步恶化了营商环境。一件婚纱，过去成本为300元人民币，以300美元卖给美国人；现在成本为800元人民币，却以200美元卖出去。这种恶性竞争挤压了行业的生存空间。此外，还有来自人才缺乏的压力。

（三）跨境电商3.0阶段（2013年至今）

2013年成为跨境电商重要转型年，跨境电商全产业链都出现了商业模式的变化。随着跨境电商的转型，跨境电商3.0"大时代"随之到来。首先，跨境电商3.0阶段具有大型工厂上线、B类买家成规模、大中额订单比例提升、大型服务商加入和移动用户量爆发五方面特征。其次，跨境电商3.0阶段服务全面升级，平台承载能力更强，全产业链服务在线化也是3.0阶段的重要特征。在跨境电商3.0阶段，用户群体由创业草根向工厂、外贸公司转变，且具有极强的生产设计管理能力。平台销售产品由网商、二手货源向一手货源好产品转变。3.0阶段的主要卖家群体正处于从传统外贸业务向跨境电商业务艰难转型期，生产模式由大生产线向柔性制造转变，对代运营和产业链配套服务需求较高。再次，3.0阶段的主要平台模式也由C2C、B2C向B2B、M2B（生产商直接面对经销商）模式转变，批发商与买家的中大额交易成为平台主要订单。

第三节　跨境电商问题及对策

（一）跨境电商发展的现存问题

1. 产品同质化严重

近两年跨境电商发展迅速，吸引了大量商家的涌入，行业竞争加剧。一些热销且利润空间较大的产品如3C产品（计算机、通信和消费类电子产品三者结合，亦称信息家电）及附件等，众多跨境电商公司都在销售，产品同质化现象严重。各大跨境电商企业之间市场竞争十分激烈，尤其以价格竞争为主要手段，尝试着在发展初期快速抢占市场份额。价格恶性竞争，直接导致传统产品从"蓝海"快速跨越到"红海"，以消费电子产品、家用电器、服装与鞋类、化妆品、食物与饮料、婴幼儿用品等传统产品表现最为明显。

2. 缺乏品牌建设

跨境电商能发展起来很大程度上是源于中国制造大国的优势，以价格低廉的产品吸引消费者。目前跨境电商行业很多产品从一些小工厂出货，包括一些3C产品、服装等，整个产品质量控制相对来说还有一定的问题，大部分跨境电商企业还未涉及品牌化建设阶段。

3. 通关壁垒

尽管基于互联网的信息流动畅通无阻，但货物的自由流动仍然受到关境的限制。对于各关境而言，对小额进出口货物的管理本身就是一个复杂的问题：完全放开小额进出口，不利于关境控制，容易给国家（地区）造成损失；而对小额进出口管制过严，必然会阻碍产业的发展，也将出现更多不通过正规途径的地下交易。

4. 跨境物流滞后

作为整个产业链中的上下两环，线上商品交易与线下货物配送两者发展须相辅相成，当前跨境外贸电子商务的快速发展却让国际（地区间）物流运输渠道措手不及。跨境电商情况较复杂，且各国（地区）间政策差异较大，很难像内贸电商一样通过自建物流的方式来解决物流问题。跨境电商的物流,周期是非常长的,到美国和欧洲一般要7～15天,到南美、俄罗斯更长（25～35天）。除了物流时间长之外,物流还存在投递不稳定的问题,收货时间波动很大,有时7天收到,有时20天收到。

5. 人才缺失

跨境电子商务贸易在快速发展的同时,逐渐暴露出综合型外贸人才缺口严重等问题。跨境电商人才缺失主要是因为:①语种限制。目前做跨境电商的人才主要还是来自外贸行业,但英语专业居多,一些小语种电商人才缺乏。但事实上,像巴西、印度、俄罗斯、蒙古等国家,跨境电商具有很大的发展潜力,也是跨境电商企业关注的重点。②能力要求高。从事跨境电商业务的人才,除了要突破语种的限制外,还要能了解境外的市场、交易方式、消费习惯等,同时,要了解各大平台的交易规则和交易特征。基于这两个原因,符合跨境电商要求的人才很少,跨境电商人才缺乏已经成为业内常态。

（二）跨境电商发展的对策建议

1. 构建跨境电子商务法律法规体系

与跨境电子商务规模快速发展形成鲜明对比的是,目前尚未建立针对跨境电子商务的法律法规体系。因此,构建跨境电子商务法律法规体系十分迫切。一方面,在跨境电子商务法律法规的制定过程中,既要以确定的安排弥补技术和信用的不足,又要给跨境电子商务发展创造相对宽松的法制环境,避免过度监管。另一方面,构建跨境电子商务法律法规体系,不仅需要新制定专门的法律法规,也要合理解释原有法律和制定有利于跨境电子商务发展的配套法律法规。

2. 完善跨境电子商务管理体制

跨境电子商务面临着比境内交易更为复杂的交易环境,但我国在跨境电子商务的监管、结汇、税收等方面的管理还处于探索阶段,需要进一步完善跨境电子商务管理体制,适应跨境电子商务管理的实践需求。具体措施包括制定与促进跨境贸易电子商务通关服务相关的配套管理制度和标准规范,完善跨境电子商务安全认证体系和信用体系,建立跨境电子商务的检验检疫监管模式以及跨境电子商务产品质量的安全监管和溯源机制,优化海关、国检、国税、外管、电商企业、物流企业等之间的流程衔接。

3. 打造跨境电子商务贸易平台

由于缺乏完善的跨境电子商务贸易平台,贸易双方的利益难以通过有公信力的第三方服务平台进行保障,特别是一直处于"半地下"状态的海淘行业。因此,建议打造公平、开放、具有公信力的跨境电子商务第三方服务平台,引进大型电子商务、进口免税、金融服务、百货企业、跨境物流等企业。要通过监管服务模式创新、低成本便捷通关、便利缴税等举措，降低传统进出口环节成本，保证跨境交易具有质量保障、价格合理、税费透明、物流便捷、售后保障等优势，使平台能够成为全球商家面向中国消费者开展个性化服务的便利渠道。

4. 加强跨境电子商务监管的国际（地区间）合作

跨境电子商务交易具有全球性特征，需要不同国家或地区之间有跨区域、跨文化、跨体制的监管合作。要探索针对跨境电子商务的新型国际（地区间）合作监管方式和方法，更好地保护消费者使用跨境电子商务服务的权益，促进跨境电子商务的健康发展。同时，还要积极参与跨境电子商务多边谈判，在跨境电子商务规则制定中争取话语权，为境内企业参与竞争提供规则。

5. 加强跨境电子商务行业自律

跨境电子商务行业的健康发展，固然离不开政策的规范指导及法律法规的约束，但也需要行业的自我约束。加强跨境电子商务行业自律，就是要鼓励跨境电子商务企业界、非营利性组织、第三方平台、评价机构等建立行业自律体系，推动跨境电商业务相关行业标准出台，对跨境电子商务的交易渠道、交易过程等环节进行内部规范，营造统一、开放、竞争、有序的跨境电子商务市场环境，促进跨境电子商务的快速、可持续、健康发展。

第四节　跨境电商职业发展

跨境电商综合专业人才缺乏是阻碍顺利推进跨境电商发展的重要瓶颈。目前，在跨境电商领域，工作人员主要是国际贸易、电子商务、外语以及国际商务专业毕业生。尽管选择从事跨境电商行业的工作人员专业背景丰富，数量也相当可观，但他们还未能满足社会的需要。《中国跨境电商人才研究报告》显示，企业需要更多的跨境电商人才，包括具备一定技巧和实战训练的中级人才，具备丰富经验、作为业界翘楚的高级人才以及会基础操作和入门知识的低级人才，而且企业急需复合型人才和有能力解决问题的人才。

（一）跨境电商从业人员需求特征

跨境电商所需要的人才和传统贸易、英语、电商人才差异较明显。跨境电商专业人才需要通晓电子商务专业知识，熟悉企业电子商务建设、运营和管理，能够从事电子商务系统设计、电子商务解决方案策划、网络营销、国际物流、跨境支付、跨境管理，更需要良好的外语沟通水平，熟悉境内外产品行业背景，有国际贸易实务知识，如消费者所在国家（地区）的文化、习俗、消费喜好、思维方式和法律法规等，还要有国际电子营销技能。

跨境电商与传统贸易方式相比，产品类目多、更新速度快，且具有海量商品信息库、个性化广告推送、口碑聚集消费需求，企业可以通过在线调研及沟通获得大量的产品和消费者个人数据，并综合运用网站优化策略、差异化服务策略、关系营销策略和搜索引擎营销策略开展全方位的售前、售中、售后服务。而传统的电子商务专业主要通过系统的电子商务基础理论学习与专业技能训练，使学生具备扎实的计算机技术及经济管理知识，使学生能在现代信息技术条件下从事商务活动，培养具备突出的专业技能和创新能力的复合型人才。这类人才的核心能力是能够熟练地应用现代信息技术，处理在信息技术应用过程中出现的问题并能为企业应用信息技术从事商务活动提出方案。

因此，传统的电子商务专业主要设置在信息系，在人才培养方面分成商务管理类和商务技术类。商务管理类注重学生市场调查、网络营销、网络推广能力的培养，而商务技术类则注重数据库技术、编程语言、网络技术等能力的培养，且都以境内电子商务发展为目标，涉及跨境电商的目前几乎还没有。很显然，高校现有的电子商务专业人才在商务英语沟通、跨文化交际、国际贸易等方面达不到跨境电商专业人才的要求。同样，传统的国际贸易专业将目标普遍定位为培养掌握国际经济与贸易的基本理论与基本技能，熟悉国际贸易规则和惯例及中国对外贸易的政策法规，具有国际经济与贸易理论观察分析能力、国际贸易政策实施能力和国际贸易实务操作能力，能在国际商务部门、企业以及政府机关从事国际经济与贸易实际业务及管理工作的高素质应用型专门人才。

此外，高校现有的英语专业，分为"英语+翻译"或"英语+商务"方向，而江浙一带结合区域经济发展的优势，普遍将其设置成"英语+商务"方向。该方向的人才培养的共同点是侧重培养其扎实的英语语言基础知识和基本技能，使其掌握基本的涉外经贸理论知识，具有熟练的涉外沟通、洽谈能力和涉外经贸操作能力，能在涉外企事业单位从事贸易、管理、翻译、谈判、外事、文秘、服务工作。该专业的目标定位也是与商务岗位相匹配的，但就跨境电商人才培养目标而言，在电子商务方案设计、境内外产品行业背景了解、网络营销等方面达不到企业要求。

（二）跨境电商从业人员类别与职业能力

跨境电子商务职业核心能力包括基本职业素质及英语能力、产品网上销售能力、网站网络综合推广能力、企业在线售后服务能力、网站及网上商铺运营能力、网上创业能力等。具有一定外语技能，熟悉跨境贸易电商中的网络营销、快速通关以及便捷物流组织与运营的应用技能型复合人才，正是未来跨境电商市场所需的。

1. 技术型人才

①网站平台搭建人员：掌握主流开发语言且具备外语能力。

②推广人才：主要指精通各大平台规则、SEO（搜索引擎优化）、SEM（搜索引擎营销）、Adwords操作、外媒PR、外媒广告管理、SNS、Video Ad（视频广告）、Picture Ad（图片广告）、Comment Ad（评论广告）等，同时又具备外语能力的专业人员。

③美工、摄影：主要指精通视觉营销，可以拍摄出符合各大平台规则的产品图片及具备文字排版能力的专业人才。

④客服：熟练应用邮件、在线沟通工具，运用英语、德语、法语、俄语、阿拉伯语等语种与客户进行交流。另外，发达国家（地区）用户自身权利意识较强，监管机构对消费者权利的保护较为严格，经常出现投诉、退货甚至触犯知识产权的纠纷问题，因此客服还需要有不同国家（地区）法律（法规）知识和支持产品纠纷处理的能力。

⑤物流：跨境电商中的物流环节既是成本中心，又是利润中心，是用户体验的关键，还可以极大地提升企业的运营效率。跨境电商物流人才主要指具备跨国（地区）订单处理能力，熟知国际（地区间）物流发货流程和规则的专业人才。

2. 综合型人才

跨境电商外部环境复杂，不同国家（地区）、不同行业所应对的政策规则不同，总体呈现出"需求多样、链条冗长、匹配复杂"的特点。在这样的背景下，综合型人才成为企业推动跨境电商的关键。

①初级人才：初级人才主要指掌握跨境电商运营技能、具备跨境电商平台实操能力的人。对于传统企业而言，拥有初级人才意味着跨境电商可以进入实操阶段了。

具体来说，初级人才需要满足以下条件：

第一，能够运用英语或小语种进行交流。亚马逊、eBay等主流跨境电商平台以欧美发达国家为主要市场，跨境电商企业需要通过英语与用户进行沟通交流。速卖通以俄罗斯、巴西等新兴国家为主要市场，近几年发展迅猛（2015年交易额同比增长600%），跨境电商企业对俄语、西班牙语、意大利语、阿拉伯语等小语种人才的需求急剧增加。

第二，了解境外目标用户的消费理念及文化。由于文化习俗、需求偏好不同，境内外用户差别巨大，跨境电商企业要对境外情况了如指掌，熟悉目标国（地区）相关行业的商品属性、成本、价格等情况。

第三，了解相关国家（地区）知识产权和法律法规知识。据统计，60%以上的跨境电商企业遇到过知识产权纠纷，涉及商标、图片、专利等多种载体。跨境电商企业需要了解各类电子商务相关法律法规，拥有应对大多数纠纷的能力。

第四，熟悉各大跨境电商平台不同的运营规则。不同的跨境电商平台，拥有差异极大的跨境电商规则，人才必须熟练掌握各个运营规则，具有针对不同需求和业务模式的运营技能。

②高级人才：高级人才是指在战略角度对跨境电商有所洞察，能够对跨境电商的发展规律有所预测，熟练掌握跨境电商技术知识，能够胜任跨境电商营销、大数据分析、跨境电商物流及金融服务的综合型人才。对于企业而言，高级人才是实现可持续发展的保证。而随着跨境电商的纵深化发展，能够引领企业国际化发展的高级人才也将一将难求。

具体来说，高级人才需要具备以下能力：

第一，需求匹配能力。跨境电商链条冗长、环境复杂，企业要具备识别国家（地区）差异、需求差异，重塑贸易链的能力，能够针对不同需求选择适宜的渠道，制定相关的营销运营策略，为不同行业、不同类型的用户提供与其需求相匹配的一系列产品及相关服务。

第二，高效整合能力。跨境电商是新一次社会化大分工的开始，企业做好跨境电商，要基于自身的核心竞争力，进行高效的整合。特别是在营销的过程中，为了实现目标国（地区）本地化，往往需要对目标国（地区）的流量引入、国际营销、品牌知识有深入的了解，能够将这些知识整合到相关的各类本地化服务商中。跨境电商最终的竞争不仅仅是成本、价格的竞争，更是本地化服务的竞争。

第三，团队管理能力。各类型人才稀缺是跨境电商企业面临的困境。高级人才要具备识人用人的能力，一方面在内部甄选、培养跨境电商人才，另一方面从外部不断引进适合企业发展需求的新鲜血液。同时，高级人才还要具备团队管理能力，懂得如何留住优秀人才，营造适合人才发展的良好氛围。

第四，政策规则应对能力。从全球范围来看，跨境电商正处于高速不稳定的发展初期，全球贸易规则将发生巨大的变化。跨境电商企业要能够及时了解国际贸易体系、政策、规则、关税等方面的变化，对各国（地区）进出口的情况及趋势也应有深入的理解和分析能力。

第五，主人翁心态，创业精神。作为新生事物，发展跨境电商缺乏成熟的、定性的、验之有效的具体方法，每个企业的跨境电商之路都充满坎坷。高级人才只有秉持主人翁心态，发扬创业精神，敢于尝试、不断碰壁、积极学习、勇于承担才能做好跨境电商。

（三）跨境电商从业人员职业素养

在很多人的观念中，专业只体现在技能上，只要自己的技能高人一筹就可以立于不败之地。可正是由于自己能力的超群造成了相当一部分"专家"的不易亲近让他们与外界形成了隔阂，这样并不利于他们成为合格的职业人，更谈不上自身职场上的成功。决定成功的核心要素是个人的职业素养。技能只是必要条件而不是充分条件。将要从事电子商务职业的大学生们应该怎样提升自己的职业素养呢？

1. 职业道德

所谓职业道德，就是同职业活动紧密联系的符合职业特点所要求的道德准则、道德情操与道德品质的总和。职业道德随处可见，如工作时应遵守规章制度、守时、仔细认真、严于律己、尽职尽责、助人为乐、关心同事等。无论在什么领域，职业道德都是成功之本。经对工作业绩的研究发现，做任何工作，无论是当技术工人，还是做营销、搞管理，要取得优异成绩，都要讲求职业道德。

2. 人际交流与沟通

交流能力是指人们能敞开心扉，听取别人意见和明白无误地表达信息的能力。优秀的工作人员在交流方面都有着明显的过人之处。缺乏这种能力，会严重挫伤职工的工作积极性并影响与客户的成交量。交流中最应努力做到也是最难做到的，就是保持冷静和耐心，认真地倾听和理解他人的意见。沟通则强调有所指向的交流。交流的形式多种多样，而沟通侧重直接对话的形式，或面谈，或直接通话，更讲求主动性、融合性。现代社会工作节奏快，观念、技术日新月异，人们比以前任何时候更需要就自己的工作、学习和思想与上级、下属或合作伙伴进行沟通。

3. 责任心

责任心要求我们将个人目标与集体的目标保持一致，把群体的目标铭记心中，自觉地把分内的事做好。这里所说的集体目标是积极向上的。责任是任何一个有担当能力的人在社会生活中应承担的义务。就社会而言，每个人必须承担责任，责任是不能免除的。每个人是权利主体，同时也是责任主体。在现代社会，一个有认知能力和理智行为能力的责任主体，必须对其自主选择的行为负责任。就人的责任而言，可分为6个部分：自我责任、家庭责任、职业责任、他人责任、集体责任和社会责任。责任与良知是有必然联系的。

4. 国际化

在经济发展全球化、世界经济一体化和现代信息技术快速发展的21世纪，在大学生科学文化素质培养方面不应忽视的一项重要内容就是人才的国际化素质培养。培养能够活跃在国际商务往来中以信息技术为核心的跨境电子商务人才，是我国高等教育的一项重要课题。因此，我们要从以下几个方面去锻炼和提升自身的国际化素质。

一是外语应用能力。现在外语学习已很普遍，应用却不多。随着与境外经济文化交往增加，境内的跨境公司也更多，外语将逐步成为日常工作生活中真正需要的基本工具。我们不仅要学好外语，更要用好外语，努力提高外语的听、说、读、写实用能力。

二是跨文化沟通能力。不同民族有不同的文化，在国际（地区间）交往中要了解和理解对方的文化，这样才能比较深入地进行交流沟通，才能融洽相处。

三是信息处理能力。21世纪是知识经济时代，知识经济的一个基本特点是越来越多的人从事知识的生产和传播，越来越多的人与信息打交道，与物质打交道的人则相对减少。处理信息的能力应成为人才的一个基本能力，这也是电子商务人才专长。

四是创新能力。国际竞争激烈，企业要在竞争激烈的市场上有大的占有率，产品开发需要不断创新，企业经营管理也要不断创新。各类人才都需要提高创新能力。

五是良好的心理素质。面对更加激烈的竞争，人才必须有良好的心理素质，学会自我调节，善于寻找他人支持。

总的来说，国际化素质人才须具有高度的职业责任心、严谨的工作作风、踏实的工作态度，一丝不苟地完成本职工作的职业意识和能力，顽强的进取精神，认真刻苦钻研学习的素质，健康的心理和健壮的身体素质、较好的艺术素养、较强的法律意识、和谐的人际交往和合作能力及语言表达能力。培养国际化素质人才的目的就是要让大学生成为具有世界眼光、胸怀全球，具有国际交流能力和国际竞争能力的高级人才。

5. 终身学习

"终身学习是21世纪的生存概念"。尤其是电子商务人才更应该深刻领会并付诸行动，树立起终身学习的学习观，以联合国教科文组织（UNESCO）于1996年提出的终身学习四大支柱来完善自身的职业化塑造。

①学会与人相处。通过对他人历史、传统与精神价值的了解与尊重，创造一种新的精神。这种精神可以带领人们以智慧与和平的方式解决冲突，避免偏见与歧视。

②学会追求知识。随着科技的进步与经济的发展，未来对教育的需求将倾向于强调整合基本知识，并选择部分学科做深度的探索。因此，学习基本的知识成为教育的基础，这些知识是引导人们走向终身学习的护照。

③学会动手做事。这不只是学习去做一份工作，更广义地讲，是要通过动手做练习，获得一些关键能力，使人在各种情境下，有能力回应。其中团队合作的能力，经常被学校教育所忽视，而这项能力在未来将会非常重要。如果有机会参与工作场所的训练或社会工作，就可以及早培养这些能力与技术，因此学习与现实相结合将愈显重要。

④学会自我实现。21世纪，每一个人须激发自我潜能，探索自己的记忆、理性、想象、体能、感官、审美力、领导才能等，展现天赋潜能，履行个人的责任与实现目标。而这一切将需要更多自我认知的知识。

■■■ 本章小结

　　跨境电商是指分属不同关境的交易主体，通过电子商务平台实现商品交易的各项活动，并通过跨境物流实现商品从卖家流向买家以及相关的其他活动的一种新型电子商务应用模式。跨境电商主要以跨境B2B与跨境零售模式为主。跨境电商特征鲜明，表现为多边化、直接化、小批量、高频度、数字化。跨境电商与境内电商具有显著差异，主要表现为交易主体差异、支付环节差异、物流环节差异、适用规则差异、交易风险差异等。

　　跨境电商由传统外贸—外贸电商—跨境电商的演变轨迹发展而来，并经过跨境电商1.0阶段、跨境电商2.0阶段、跨境电商3.0阶段。随着跨境电商的发展，一些突出问题成为其发展障碍，如产品同质化严重、缺乏品牌建设、通关壁垒、跨境物流滞后、人才缺失等。跨境电商行业既需要技术型人才，也需要综合型人才。对于跨境电商从业人员而言，更需要从多方面夯实自己的职业素养，以适应跨境电商发展。

【实训】

■■■ 思考题

　　1. 何谓跨境电商？跨境电商具有哪些特征？

　　2. 何谓跨境B2B电商？何谓跨境零售？

　　3. 跨境电商进口流程与出口流程包括哪些内容？

　　4. 跨境电商与境内电商具有哪些差异？

　　5. 简述跨境电商发展历程几个阶段的主要特征。

　　6. 简述跨境电商发展存在的问题。

　　7. 跨境电商行业需要哪些人才？这些人才需要具备哪些能力？

■■■ 案例分析题

敦煌网：新业态、新模式

　　敦煌网是全球领先的在线外贸交易平台。其CEO王树彤是中国最早的电子商务行动者之一。她1999年参与创立卓越网并出任第一任CEO，2004年创立敦煌网。敦煌网致力于帮助中国中小企业通过跨境电子商务平台走向全球市场，开辟一条全新的国际贸易通道，让在线交易变得更加简单、安全、高效。

　　敦煌网是国内首个为中小企业提供B2B网上交易的网站。它采取佣金制，免注册费，只在买卖双方交易成功后收取费用。PayPal交易平台数据显示，敦煌网是在线外贸交易额中亚太排名第一、全球排名第六的电子商务网站。

作为中小额B2B境外电子商务的创新者，敦煌网采用EDM（电子邮件营销）的营销模式，低成本高效率地拓展境外市场，自建的DHgate平台，为境外用户提供了高质量的商品信息，用户可以自由订阅英文EDM商品信息，第一时间了解市场最新供应情况。2011年在深圳设立华南总部的敦煌网决定在深圳部署物流相关工作。2013年，敦煌新推出的外贸开放平台实质上是一个外贸服务开放平台，而敦煌网此举应该是在试探外贸B2B"中大额"交易。通过开放的服务拉拢中大型的制造企业，最终引导它们在线上交易。

敦煌网打破了以往的传统电子商务"会员收费"的经营模式，既减小了企业风险，又节省了企业不必要的开支，同时避开了与B2B阿里巴巴、中国制造网、环球资源网、环球市场等的竞争。

一个标准的卖家是这样做生意的：把自己产品的特性、报价、图片上传到平台，接到境外买家的订单后备货和发货；买家收到货后付款，双方通过多种方式进行贸易结算。整个周期5~10个工作日。在敦煌网，买家可以根据卖家提供的信息来生成订单，可以选择直接批量采购，也可以选择先小量购买样品，再大量采购。这种线上小额批发一般使用快递发货，快递公司一般在一定金额范围内会代理报关。举例来说，敦煌网与DHL（敦豪快递）、联邦快递等国际物流巨头保持密切合作，以网络庞大的业务量为基础，可使中小企业的同等物流成本至少下降50%。一般情况下，这类订单的数量不会太大，有些可以省去报关手续。以普通的数码产品为例，买家一次的订单量从十几个到几十个不等。这种小额交易比较频繁，不像传统的外贸订单，可能是半年下一次订单，一个订单几乎就是卖家一年的"口粮"。"用淘宝的方式卖阿里巴巴B2B上的货物"，是对敦煌网交易模式的一个有趣概括。

（资料来源：敦煌网：新业态、新模式［EB/OL］．［2017-10-1］.http://seller.dhgate.com/#hp-lc-1.）

思考：

1. 敦煌网属于哪种跨境电商模式？

2. 敦煌网如何成长为跨境电商行业代表性企业？

第二章 跨境电商平台

了解跨境电商的分类标准；掌握跨境电商具体的分类；掌握主流跨境电商分类模式；掌握跨境电商出口模式分类及具体模式；掌握跨境电商进口模式分类及具体模式；了解几类跨境电商企业；掌握平台型跨境电商具体业务内容；掌握自营型跨境电商具体业务内容；了解常见的跨境电商企业类型。

■■■ 章节纲要

本章主要分四节来阐述与探讨跨境电商平台问题。第一节主要介绍跨境电商分类；第二节重点介绍主流跨境电商模式；第三节重点解读平台型跨境电商与自营型跨境电商；第四节主要介绍跨境电商企业类型。

第一节 跨境电商平台分类

跨境电商平台指跨境电子商务平台企业，既包括第三方平台，也包括自建跨境电子商务平台。跨境电商平台是跨境电子商务交易中枢，是衔接商品供应与消费的桥梁。跨境电商平台也是跨境电子商务交易主体沟通与交流平台，是商品陈列、展示、销售平台。

（一）按照交易主体属性分类

根据交易主体（可分为企业、个人和政府）属性的不同，再结合买方与卖方的属性，电子商务类型可分为许多种，又以B2B、B2C、C2C与B2G（企业对政府）的提法最多。将该分类方式引入跨境电子商务交易中，由于目前的跨境电子商务交易尚未涉及政府这一交易主体，所以跨境电商可以分为B2B跨境电商、B2C跨境电商与C2C跨境电商。

1. B2B跨境电商

所面对的最终客户为企业或集团客户，提供企业、产品、服务等相关信息。目前，中国跨境电商市场交易规模中B2B跨境电商市场交易规模占总交易规模的90%以上。在跨境电商市场中，企业级市场始终处于主导地位。代表企业：敦煌网、中国制造、阿里巴巴国际站、环球资源网。

2. B2C跨境电商

所面对的最终客户为个人消费者，针对最终客户，以网上零售的方式，将产品售卖给个人消费者。B2C类跨境电商平台在不同垂直类目商品销售上也有所不同，如炽昂科技主营3C数码电子产品，兰亭集势则在婚纱销售上占有绝对优势。B2C类跨境电商市场正在逐渐发展，且在中国整体跨境电商市场交易规模中的占比不断升高。在未来，B2C类跨境电商市场将会迎来大规模增长。代表企业：速卖通、DX、兰亭集势、米兰网、大龙网。

3. C2C跨境电商

C2C电子商务是个人与个人之间的电子商务。C2C即customer/consumer to customer/consumer。主要通过第三方交易平台实现个人对个人的电子交易活动。跨境C2C是指分属不同关境的个人卖方对个人买方开展在线销售产品和服务，由个人卖家通过第三方电商平台发布产品、服务信息和价格等内容，个人买方进行筛选，最终通过电商平台达成交易，进行支付结算，并通过跨境物流送达商品、完成交易的一种国际（地区间）商业活动。代表企业：eBay。

（二）按照服务类型分类

1. 信息服务平台

信息服务平台主要是为境内外会员商户提供网络营销平台，传递供应商或采购商等商家的商品或服务信息，促成双方完成交易。代表企业：阿里巴巴国际站、环球资源网、中国制造网。

2. 在线交易平台

提供企业、产品、服务等多方面信息，并且可以通过平台在线上完成搜索、咨询、对比、下单、支付、物流、评价等全购物链环节。在线交易平台模式正逐渐成为跨境电商中的主流模式。代表企业：敦煌网、速卖通、DX、炽昂科技、米兰网、大龙网。

（三）按照平台运营方分类

1. 平台型跨境电商

平台型跨境电商通过线上搭建商城，整合物流、支付、运营等服务资源，吸引商家入驻，为其提供跨境电商交易服务。同时，平台以收取商家佣金以及增值服务佣金作为主要盈利模式。代表企业：速卖通、敦煌网、环球资源网、阿里巴巴国际站。平台型跨境电商的主要特征表现为：①交易主体提供商品交易的跨境电子商务平台，并不从事商品的购买与销售等相应交易环节；②国外品牌商、制造商、经销商、网店店主等入驻该跨境电商平台从事商品的展示、销售等活动；③商家云集，商品种类丰富。平台型跨境电商的优势与劣势也较为鲜明，其优势表现为：①商品的货源广泛；②商品种类繁多；③支付方式便捷；④平台规模较大，网站流量较大。其劣势表现为：①跨境物流、关境与商检等环节缺乏自有的稳定渠道，服务质量不高；②商品质量保障性差，易出现各类商品质量问题，导致消费者信任度偏低。

2. 自营型跨境电商

自营型跨境电商通过在线上搭建平台，平台整合供应商资源以较低的进价采购商品，然后以较高的售价出售商品，主要以商品差价作为盈利模式。代表企业：兰亭集势、米兰网、大龙网、炽昂科技。自营型跨境电商的主要特征表现为：①开发与运营跨境电子商务平台，并作为商品购买主体从境外采购商品与备货；②涉及商品供应、销售到售后整条供应链。自营型跨境电商的优势主要有：①电商平台与商品都是自营的，掌控能力较强；②商品质量保障性高，商家信誉度好，消费者信任度高；③货源较稳定；④跨境物流、关境与商检等环节资源稳定；⑤跨境支付便捷。其劣势主要有：①整体运营成本高；②资源需求多；③运营风险高；④资金压力大；⑤商品滞销、退换货等问题显著。

（四）按照涉及的行业范围分类

1. 垂直跨境电商

垂直跨境电商指在某一个行业或细分市场深化运营的跨境电商模式。垂直跨境电商不仅有品类垂直跨境电商，还有地域垂直跨境电商。所谓品类垂直跨境电商，主要指专注于某一类产品的跨境电商模式，比如近几年比较火热的母婴类；而地域垂直跨境电商，则是指专注于某一地域的跨境电商模式。

2. 综合跨境电商

综合跨境电商是与垂直跨境电商相对应的概念，不像垂直跨境电商那样专注于某些特定的领域或某种特定的需求，展示与销售的商品种类繁多，涉及多个行业，如速卖通、亚马逊、eBay、Wish、兰亭集势、敦煌网等。

（五）按照商品流动方向分类

跨境电子商务的商品流动跨越了国家（地区）的地理空间范畴。按照商品流动方向划分，分为跨境进口电商、跨境出口电商。

1. 跨境进口电商

跨境进口电商指的是从事商品进口业务的跨境电商，具体指将境外商品通过电子商务渠道销售到境内市场，通过电子商务平台完成商品展示、交易、支付，并通过线下的跨境物流送达商品、完成商品交易的电商企业。代表企业有天猫国际、京东全球购、洋码头、小红书等。

2. 跨境出口电商

跨境出口电商指的是从事商品出口业务的跨境电商，具体指将境内商品通过电子商务渠道销售到境外市场，通过电子商务平台完成商品展示、交易、支付，并通过线下的跨境物流送达商品、完成商品交易的电商企业。代表企业有亚马逊海外购、eBay、速卖通、环球资源网、大龙网、兰亭集势、敦煌网等。

第二节　主流跨境电商模式

一、主流跨境电商分类模式

在诸多跨境电商分类模式中，以混合使用涉及的行业范围与平台运营方进行分类接受度较高。此外，按照商品流动方向对跨境电商进行分类的接受度也较高。本节主要从行业范围与平台运营方两种分类模式混合使用的角度研究跨境电商分类模式。如前文所述，综合使用该两种分类模式，如图2-1所示，跨境电商可以分为综合平台型、综合自营型、垂直平台型与垂直自营型四类。

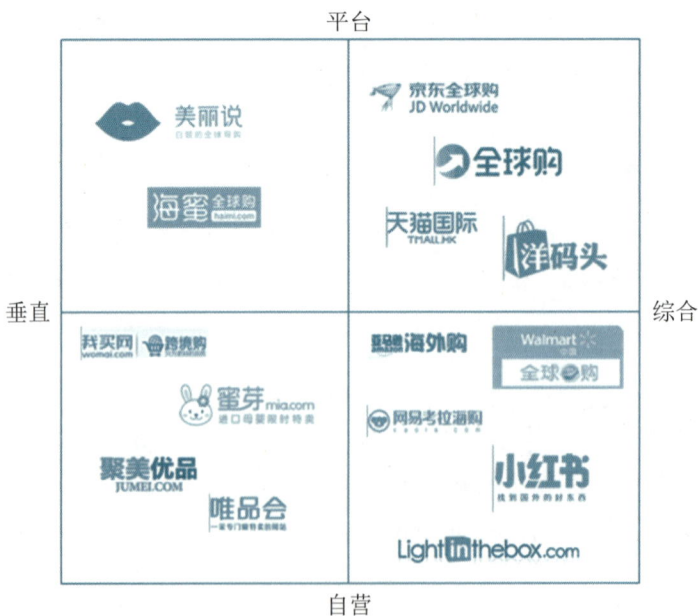

图2-1　跨境电商分类

综合平台型跨境电商代表企业有京东全球购、天猫国际、淘宝全球购、洋码头等；综合自营型跨境电商代表企业主要有亚马逊海外购、沃尔玛全球e购、网易考拉海购、小红书、兰亭集势等；垂直平台型跨境电商的参与者比较有限，主要集中在服饰、美妆垂直类商品，代表性企业有美丽说、海蜜全球购等；垂直自营型跨境电商也较少见，代表性企业有我买网跨境购、蜜芽、聚美优品、唯品会等。

二、 跨境出口电商模式

跨境出口电商背靠传统外贸优势飞速增长，发端于B2B，逐步向上下游延伸，B2C近年兴起且呈现更高增速，目前二者的比例为9∶1。行业形成平台、自营两大模式，涌现出一批跨境出口企业，如兰亭集势、环球易购、DX、敦煌网等。全球经济不振、中国廉价商品广受欢迎、跨境出口提升外贸效率、资本助力等多重因素推动跨境出口快速发展。行业仍处上升期、前景广阔，保守估计未来5～10年有望翻番超万亿美元规模。英语系等发达国家成熟市场已进入红海初期，由低价竞争升级为品牌（商品+电商平台）竞争，新兴市场尚待开发，机遇与挑战并存。

（一）跨境出口B2B模式

1. 信息服务平台

模式介绍：通过第三方跨境电商平台进行信息发布或信息搜索完成交易撮合的服务，其主要盈利模式包括收取会员服务费用和增值服务费用。

会员服务即卖方每年缴纳一定的会员费用后享受平台提供的各种服务，会员费是平台的主要收入来源。目前该种盈利模式市场趋向饱和。

增值服务即买卖双方免费成为平台会员后，平台为买卖双方提供增值服务，主要包括竞价排名、点击付费及展位推广服务。竞价排名是信息服务平台进行增值服务最为成熟的盈利模式。

代表企业：阿里巴巴国际站、生意宝国际站、环球资源网、焦点科技。

2. 交易服务平台

模式介绍：能够实现买卖供需双方之间的网上交易和在线电子支付的一种商业模式，其主要盈利模式包括收取佣金以及展示费用。

佣金制是在成交以后按比例收取一定的佣金，不同行业采取不同的量度。买家可以通过真实交易数据准确地了解卖家状况。

展示费是上传产品时收取的费用，在不区分展位大小的同时，只要展示产品信息便收取费用，直接线上支付展示费用。

代表企业：敦煌网、大龙网、易唐网。

（二）跨境出口B2C模式

1. 开放平台

模式介绍：开放平台开放的内容涉及出口电商的各个环节，除了开放买家和卖家数据外，还包括开放商品、店铺、交易、物流、评价、仓储、营销推广等各环节和流程的业务，实现应用和平台系统化对接，并围绕平台建立自身开发者生态系统。

开放平台更多地作为管理运营平台商存在，通过整合平台服务资源和共享数据，为买卖双方服务。

代表企业：亚马逊、速卖通、eBay、Wish。

2. 自营平台

模式介绍：平台对其经营的产品进行统一生产或采购、产品展示、在线交易，并通过配送将产品投放给最终消费群体。

自营平台通过量身定做符合自我品牌诉求和消费者需要的采购标准，来引入、管理和销售各品牌的商品，以品牌为支撑点突显自身的可靠性。自营平台在商品的引入、分类、展示、交易、配送、售后保障等整个交易流程各个重点环节管理均发力布局，通过互联网信息技术系统管理、建设大型仓储物流体系，实现对全交易流程的实时管理。

代表企业：兰亭集势、环球易购、米兰网、DX。

（三）主要企业优劣势分析

1. 速卖通

优势：为消费者提供丰富的产品品类选项，涵盖服装配饰、鞋包、手机及通信工具、美妆及健康、计算机网络、珠宝及手表、家居、玩具、户外用品等；用户流量较大，在部分新兴国家排名前列；拥有阿里巴巴、天猫、淘宝的卖家资源。

劣势：产品质量难以保证，物流、售后、退换货等客户体验一般，因此最初的目标市场即欧美地区（服务要求较高）占比逐渐下降，新兴国家占比上升。

2. eBay

优势：品牌认同度高，买家资源丰富，在全球范围内拥有近3亿用户、1.2亿的活跃用户，流量大；品类丰富；支付系统强大，PayPal拥有超过1.32亿活跃用户，支持26种货币；为吸引中国卖家入驻，成立专业团队提供一站式外贸解决方案，并提供跨境交易认证、业务咨询、专场培训、洽谈物流优惠等服务。

劣势：对产品掌控能力较弱，售后服务质量一般。

3. 亚马逊

优势：品类丰富，可选品种超过500万种；品牌认同度高，用户流量大；对入驻卖家要求较高，品质相对优于其他平台；自建物流中心，在全球有超过80个物流中心，除自营商品外，也为第三方卖家提供物流服务，物流体验较好。

劣势：尽管对卖家要求较高，但依然无法100%保证平台类商品的质量；若第三方卖家不选用亚马逊物流，物流体验也无法保证。

4. 兰亭集势

优势：供应链管理能力较强，在婚纱和礼服类产品方面为消费者提供个性化定制；拥有两个境外采购中心，快递服务商包括FedEx（美国联邦快递）、UPS（联合包裹速度服务公司）、DHL、TNT以及中、美邮政，消费者可以根据个人需求进行选择；客户服务和市场营销方面均由母语国家的员工执行，物流、售后用户体验较好。

劣势：流量成本较高，质量一般，运营成本较高；核心品类不够突出。

三、跨境进口电商模式

跨境进口电商兴于代购。2015年达9000亿元规模，B2B、B2C的比例约为7∶3，其中B2C发展迅猛，2015年达1184亿元规模。目前进口产品品类集中于服饰箱包、奶粉、化妆品。跨境电商进口快速发展，获益于国民消费升级下人们对品质、安全及高性价比的追求，同时消费者养成了网购习惯，跨境物流支付等环节的打通，都助推行业快速发展。

跨境电商进口模式随分类标准不同而分为不同类型。目前，主要从业务形态和关境监管模式两方面进行分类。

（一）将业务形态作为分类依据

在模式盘点之前，我们有必要先谈一下海淘模式和现有的进口电商模式的区别。海淘是一种典型的B2C模式。严格来讲，海淘一词的原意是指中国消费者直接到海外B2C电商网站上购物，然后通过转运或直邮等把商品邮寄回国的购物方式。除直邮品类之外，中国消费者只能借助转运物流的方式完成收货。简单讲，就是在海外设有转运仓库的转运公司在海外的转运仓代消费者收货，之后再通过第三方或转运公司自营的跨国物流将商品发送至中国口岸。

除了最为传统的海淘模式，我们根据不同的业务形态将进口零售类电商现有的主要运营模式分为如下五大类：①境外代购模式；②直发/直运平台模式；③自营B2C模式；④导购/返利平台模式；⑤境外商品闪购模式。虽然特定电商平台所采用的运营模式可能是多样化的，但通常仍会有比较强的模式定位倾向性。因此，我们下面将依据特定平台在现阶段的主要定位将其归入相应模式。

1. 境外代购模式

简单地说，就是身在境外的人或商户为有需求的消费者在当地采购所需商品并通过跨国（地区）物流将商品送达消费者手中的模式。从业务形态上，大致可以分为以下两类。

（1）境外代购平台

境外代购平台的运营重点在于尽可能多地吸引符合要求的第三方卖家入驻，不会深度涉入采购、销售以及跨境物流环节。入驻平台的卖家一般都是有境外采购能力或者跨境贸易能力的小商家或个人，他们会定期根据消费者订单集中采购特定商品，在收到消费者订单后再通过转运或直邮模式将商品发往境内。境外代购平台走的是典型的跨境C2C平台路线。代购平台通过向入驻卖家收取入场费、交易费、增值服务费等获取利润。

优势：为消费者提供了较为丰富的境外产品品类选项，用户流量较大。

劣势：①消费者对于入驻商户的真实资质抱着怀疑的态度，交易信用环节可能是C2C海代平台目前最需要解决的问题之一；②对跨境供应链的涉入较浅，或难以建立充分的竞争优势。

代表企业：淘宝全球购、京东海外购、易趣全球集市、美国购物网。

淘宝全球购、京东海外购都具备了一定的流量水平，但交易信用、售后服务等环节始终都是消费者最大的顾虑。有不少消费者在发觉买到假货、高仿、出口转内销的商品后，都因为无法实现有效维权而深感郁闷。尽管代购平台的潜在发展规模巨大，但上述问题如果无法获得有效控制，境外代购市场能否成长到预期中的规模依然未知。

（2）朋友圈境外代购

朋友圈代购是依靠熟人或半熟人社交关系从移动社交平台自然生长起来的原始商业形态。虽然社交关系对交易的安全性和商品的真实性起到了一定的背书作用，但受骗的例子并不在少数。随着关境政策的收紧，监管部门对朋友圈个人代购的定性很可能会从灰色贸易转为走私性质。未来在境外代购市场格局完成整合后，这种原始模式恐怕将难以为继。

2012年3月28日，海关总署整顿海淘、海代，规定所有境外快递企业使用EMS（邮政特快专递服务）清关派送的包裹，不得按照进境邮递物品办理清关手续。同年海关总署联合发改委启动跨境电商服务试点，开始进行海淘、海代阳光化的探索。

2. 直发/直运平台模式

直发/直运平台模式又被称为dropshipping模式。在这一模式下，电商平台将接收到的消费者订单信息发给品牌商、批发商或厂商，后者则按照订单信息以零售的形式向消费者发送货物。由于供货商是品牌商、批发商或厂商，所以直发/直运是一种典型的B2C模式。我们可以将其理解为第三方B2C模式（参照境内的天猫商城）。直发/直运平台的部分利润来自商品零售价和批发价之间的差额。

优势：对跨境供应链的涉入较深，后续发展潜力较大。①直发/直运模式在寻找供货商时是与可靠的境外供应商直接谈判签订跨境零售供货协议的；②为了解决跨境物流环节的问题，这类电商会选择自建国际物流系统（如洋码头）或者和特定国家（地区）的邮政、物流系统达成战略合作关系（如天猫国际）。

劣势：①招商缓慢，前期流量相对不足；②前期所需资金体量较大；③对于模式既定的综合平台来说，难以规避手续造假的"假洋品牌"入驻。

代表企业：天猫国际（综合）、洋码头（北美）、跨境通（上海自贸区）、海豚村（欧洲）、一帆海购网（日本）、走秀网（全球时尚百货）。

3. 自营B2C模式

在自营B2C模式下，大多数商品都需要平台自己备货。自营B2C模式分为综合型自营和垂直型自营两类。

（1）综合型自营跨境B2C平台

目前能够称得上综合型自营跨境B2C平台的大概只有亚马逊和有沃尔玛在背后撑腰的1号店了。2014年，亚马逊和1号店先后宣布落户上海自贸区开展进口电商业务。它们所出售的商品将以保税进口或者境外直邮的方式入境。

优势：①跨境供应链管理能力强。强势的供应商管理，较为完善的跨境物流解决方案。②后备资金充裕。

劣势：业务发展会受到行业政策变动的显著影响，不可逆转的固定资产投资，风险极大。

代表企业：亚马逊、1号店的"1号海购"。

（2）垂直型自营跨境B2C平台

垂直是指平台在选择自营品类时会集中于某个特定的范畴，如食品、奢侈品、化妆品、服饰等。

优势：供应商管理能力可以做到相对较强。

劣势：前期需要较大的资金支持。

代表企业：中粮我买网（食品）、蜜芽（母婴）、寺库网（奢侈品）、莎莎网（化妆品）、草莓网（化妆品）。

4. 导购/返利模式

导购/返利模式是一种比较轻的电商模式，可以分成两部分来理解：引流部分+商品交易部分。引流部分是指通过导购信息、商品比价、海购社区论坛、海购博客以及用户返利来吸引用户流量；商品交易部分是指消费者通过站内链接向境外B2C电商或者境外代购者提交订单，实现跨境购物。为了提升商品品类的丰富度和货源的充裕度，这类平台通常会搭配境外C2C代购模式。

因此，从交易关系来看，这种模式可以理解为海淘B2C模式+代购C2C模式的综合体。 在典型的情况下，导购/返利平台会把自己的页面与境外B2C电商的商品销售页面进行对接，一旦发生销售行为，B2C电商就会给予导购平台5%~15%的返点。导购平台则把其所获返点中的一部分作为返利回馈给消费者。

优势：定位于对信息流的整合，模式较轻，较容易开展业务。引流部分可以在较短时期内为平台吸引到不少海购用户，可以比较好地理解消费者前端需求。

劣势：长期而言，把规模做大的不确定性比较大，需要其他要素加以配置。①对跨境供应链把控较弱；②进入门槛低，企业多，相对缺乏竞争优势，若无法尽快达到一定的可持续流量规模，其后续发展可能比较难以维持。

代表企业：55海淘、极客海淘网、海淘城、海淘居、海猫季、Extrabux（返利网站）、悠悠海淘、什么值得买、美国便宜货。

总体而言，导购/返利平台生存下去的难度不是很大，但要想把日活跃用户（DAU）规模做到百万级以上并不容易，可能需要通过网站联盟或横向并购的手段才能实现。

5. 境外商品闪购模式

除了以上进口零售电商模式之外，境外商品闪购是一种相对独特的做法。跨境闪购所面临的供应链环境比境内更为复杂，因此在很长一段时间里，涉足跨境闪购的企业都处于小规模试水阶段。进入2014年9月份，聚美优品的"聚美海外购"和唯品会的"全球特卖"频道纷纷高调亮相网站首页。两家公司都宣称对境外供应商把控力强、绝对正品、全球包邮、一价全包。境外商品闪购模式是一种第三方B2C模式。

优势：一旦确立行业地位，将会形成流量集中、货源集中的平台网络优势。

劣势：闪购模式对货源、物流的把控能力要求高；对前端用户引流、转化的能力要求高。任何一个环节的能力有所欠缺都可能以失败告终。

代表企业：蜜淘网（原CN海淘）、天猫国际的环球闪购、1号店的进口食品闪购活动、聚美优品海外购、宝宝树旗下的杨桃派、唯品会的海外直发专场。

（二）将关境监管模式作为分类依据

2012年上海、重庆、杭州、宁波、郑州成为第一批跨境贸易电子商务服务试点。它们具有良好的经济和外贸基础，具备开展跨境电子商务服务试点的条件。试点城市不仅会在政策上获得国家支持，还会在经济资本上获得极大支撑。2013年9月，广州获批成为第六个跨境电商进口服务试点城市；2014年7月，深圳获批成为第七个国家跨境电商进口服务试点城市。2015年，平潭、天津与福州一起获得跨境电商试点城市资格。2016年1月6日，国务院常务会议同意天津、上海、重庆、合肥、郑州、广州、成都、大连、宁波、青岛、深圳、苏州等12个城市获批成为第二批国家跨境电子商务综合试验区（简称"综试区"）。包括获批不久的跨境电子商务"综试区"杭州及"试点城市"福州、平潭，截至2016年3月，全国共有13个跨境电子商务"综试区"，2个跨境电子商务"试点城市"。新设的跨境电子商务"综试区"，其实是之前"试点城市"的升级及扩容，将复制推广杭州试验区已经建设的"六体系两平台"等经验，即"信息共享、金融服务、智能物流、电商信用、统计监测和风险防控等六体系，以及线上'单一窗口'和线下'综合园区'等二平台"。这是杭州"综试区"最被认可的两点经验，是杭州"综试区"的核心架构，也是升级之后，跨境电子商务"综试区"较"试点城市"最大的不同。"试点城市"的升级和扩容，一方面，从国家政策层面再次肯定了跨境电商模式，这将有助于把跨境电商进一步打造成外贸的新增长点，助力中国外贸抵挡"寒冬"，实现"优进优出"，这对于跨境电商来说是政策红利。但从另一方面看，升级和扩容，也表明国家对于跨境电商"阳光化""正规化"的监管需求，跨境电商有可能面临另一轮"洗牌"。

开展跨境贸易电子商务试点，从业务模式来分，主要有网上直购进口、网购保税进口两种模式。

1. 网上直购进口模式

网上直购进口模式是消费者通过跨境贸易电商企业进行跨境网络购物交易，并支付货款、行邮税等，所购买的商品由跨境物流企业从境外运输进境，并以个人物品方式向海关跨境贸易电子商务通关管理平台申报后送至消费者手中。商品在境外就已经被分装打包，然后以个人物品的形式通关，被送到境内各个消费者的手中。以天猫国际为例，通过阿里旗下的菜鸟网络与杭州海关的合作，天猫国际海外直邮商品的购物流程有望缩短到10天以内，购物流程与国内淘宝基本无异。进驻天猫国际平台的商家必须为消费者支付行邮税，必须在境内建立退换货的网点。对于热衷海淘的消费者来说，可以借此告别以往海淘周期长、风险大的问题。

美国亚马逊部分商品可以直邮境内，未来还有可能扩大直邮范围，开通更多直邮中国的服务。亚马逊在直邮境内的时候，由于清关需求，要填报个人身份信息，包括姓名、身份证号码、手机号码。包裹到达境内的时候，会有工作人员联系核对消费者的身份信息，用于报关。

2. 网购保税进口模式

网购保税进口模式依托关境特殊监管区域的政策优势，在货物一线进境时，关境按照海关特殊关境区域相关规定办理货物入区通关手续；二线出区时，关境按照收货人需求和有关政策办理通关手续。这种模式下，境外商品已经整批抵达境内关境监管场所，消费者在下单后往往几天内便收到货物，且运费不高。商品进口之后须在关境监管场所内存储，消费者下单后直接从仓库发货给个人。目前税的征收以电子订单的实际销售价格作为完税价格，参照行邮税税率计征税款。这样税收就会从以前的两道环节的"增值税+关税"变成一道环节，就像个人从境外买东西一样，带入境内只要付一个行邮税。保税进口模式大幅降低了进口环节的税收，而集中采购能够大幅降低商品的采购成本和物流成本，以上因素能够为进口产品带来更高的利润和更具竞争力的价格。

跨境电商的模式多样，每个商业模式都有自己的优势和劣势，很难说某一种商业模式有绝对的优势，能够完全占领跨境电商市场。不同商业模式各自面临着不同的风险。从目前的情况来看，直发/直运模式和自营B2C最受热捧；境外代购模式作为最早诞生的模式，发展最为成熟；而境外闪购模式发展潜力巨大。

第三节　平台型跨境电商与自营型跨境电商

（一）平台型跨境电商

平台型跨境电商的优势在于能更好开发与运营的电子商务平台。由于不从事商品的采购、销售等工作，其运营重点更聚焦于网站流量的挖掘、前期招商、关键辅助服务环节等。平台型跨境电商业务内容如图2-2所示。平台型跨境电商的关键业务流程在于前期的建立平台网站、吸引浏览、引导商家入驻。日常业务重点在于平台管理，包括对商家、商品、消费者与平台自身的管理，确保平台的正常运行、商家的形象与商品的质量，举行各类市场活动推动商品销售，保持与消费者的沟通，进而提升商家、消费者的满意度。此外，还需要提供一些关联服务，旨在弥补入驻平台的商家的服务短板与劣势，如支付、客服、物流、监管等工作环节，这些都成为吸引平台流量，增加商家入驻

建站	跨境电子商务网站的开发与建设是基础 网站域名、名称、logo（标识）等 网站布局与风格 语言开发与设置
引流	流量是平台型跨境电商的生存之本 传统电商为跨境电商平台引流 广告、市场活动扩大知名度，提升品牌形象
招商	招商是存续与发展的关键 商家位于境外市场 严格把控商家资质审核，确保商品质量 增加入驻的商家数量，扩大商品种类
平台	平台管理是日常重点工作 对商家与商品进行日常管理 约束商家不良行为，确保商品供应与品质 开展促销活动，推动商品销售
物流	多使用直邮方式，搭建物流系统卖家 自建物流资源，服务卖家 搭建物流信息系统，提供物流信息对接服务 自建保税仓、境外仓等，服务卖家
服务	针对卖家服务短板，补充售后与客服环节 提供在线信息沟通工具，扮演客服角色 监督卖家的服务质量，处理消费者投诉 承办部分退换货工作

图2-2 平台型跨境电商业务内容

数量，确保商品销售质量与消费者满意度的重要服务内容。

再结合交易主体类型，分析平台型跨境电商业务流程。B2B跨境电商模式虽然单笔交易规模较大，但使用频率不高，与人们日常消费关联度不大，此处不再对其进行详细探究，主要介绍平台型跨境电商中的B2C平台型跨境电商与C2C平台型跨境电商。B2C平台型跨境电商业务内容如图2-3所示。B2C平台型跨境电商在网站流量、商品品类方面具有显著的优势，但是在品牌招商方面存在一定的难度，需要在规模与质量之间进行平衡。现在规模较大的商家数量较少，加上平台型跨境电商企业之间的竞争与资源争夺，导致较大规模的商家引入难度较高；小型规模的商家虽然数量较多，但是平台又面临商家与商品质量把控的难题。

C2C平台型跨境电商业务内容如图2-4所示。C2C平台型跨境电商最大的优势在于商品种类的丰富性，但是由于入驻商家为个人，且数量庞大，C2C平台型跨境电商对卖家与商品的控制能力偏弱，容易引发商品质量等方面的风险，这也是目前消费者对C2C类电商平台信任度偏低的主要原因。

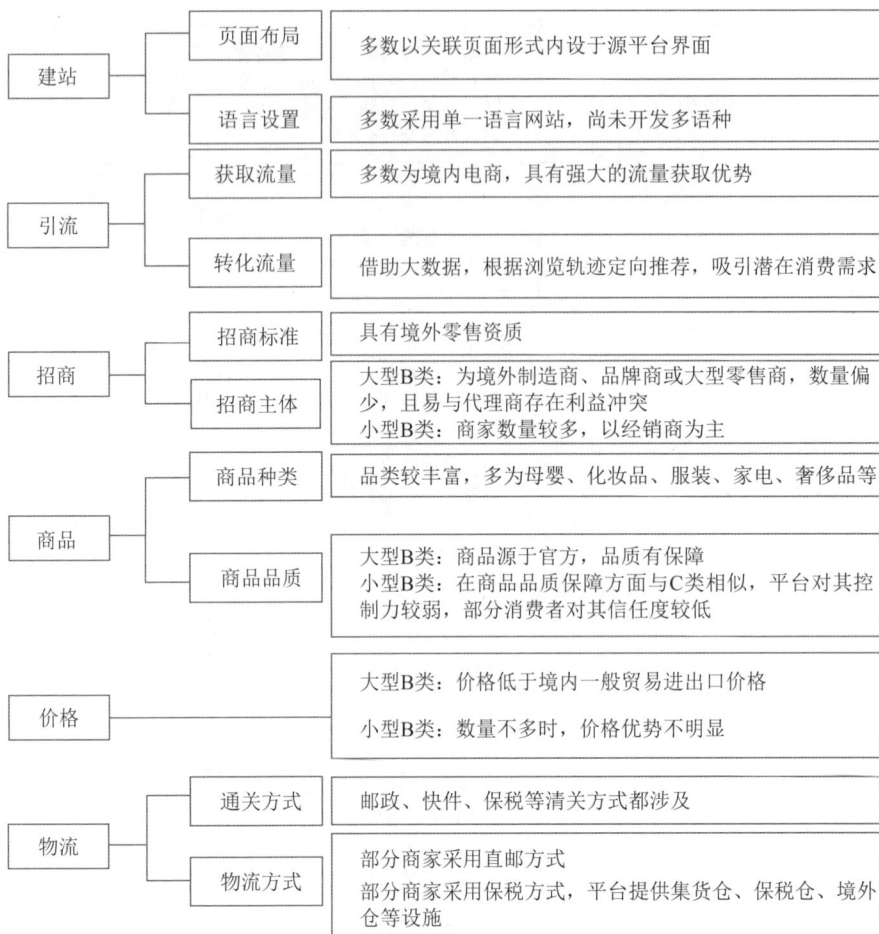

图2-3　B2C平台型跨境电商业务内容

（二）自营型跨境电商

自营型跨境电商企业不同于平台型跨境电商企业，而类似于传统的零售企业，只是将商品交易场所从线下转移到线上。如图2-5所示，自营型跨境电商企业需要全面参与商品的整个供应链，包括所销售商品的选择、供应商开发与谈判、电商平台的运营等，并深度介入物流、客服与售后等服务环节。

由于自营型跨境电商按交易主体属性分类看，属于B2C模式，所以此处不再采用交易主体属性模式对其进行细分，而结合商品种类的多寡将其细分为综合自营型跨境电商与垂直自营型跨境电商。

综合自营型跨境电商的商品来源多与品牌商较接近，其业务内容如图2-6所示，对商品质量的包装能力较强，加上省去了中间环节的诸多成本，其商品在价格上优势显著。但是，商品数量要远少于综合类平台型跨境电商，在进行商品品类扩展时难度较高，成本增加比较显著。

建站	页面布局	有的以关联页面形式内设于源平台界面，有的采用设置独立网页模式
	语言设置	多数采用单一语言网站，尚未开发多语种
引流	获取流量	境内电商的C2C平台能够获得引流，优势创业型企业需要进行大量市场活动或广告宣传，扩大知名度
	转化流量	转化率不高，通过投放广告、借助社交网络等方式提升转化率
招商	招商标准	对卖家资质有要求，如居住境外、物流信息源于境外等
	招商主体	多为个人卖家，货源来自境外零售商、代理商或经销商等
商品	商品种类	品类非常丰富，在非标准商品方面，尤其在奢侈品品类或特殊品品类方面具有优势
	商品品质	商品质量方面，平台对其控制能力偏弱，部分消费者对其信任度很低
价格		单一品类商品数量较小，货源多处于供应环节末端，价格优势不明显
		商品品类较广，在独特的商品品类方面，不易与其他平台产生直接的价格对比
物流	通关方式	主要为邮政、快件清关方式
	物流方式	部分平台不提供物流服务，由卖家自行以直邮方式递送，部分平台提供国际转运物流服务

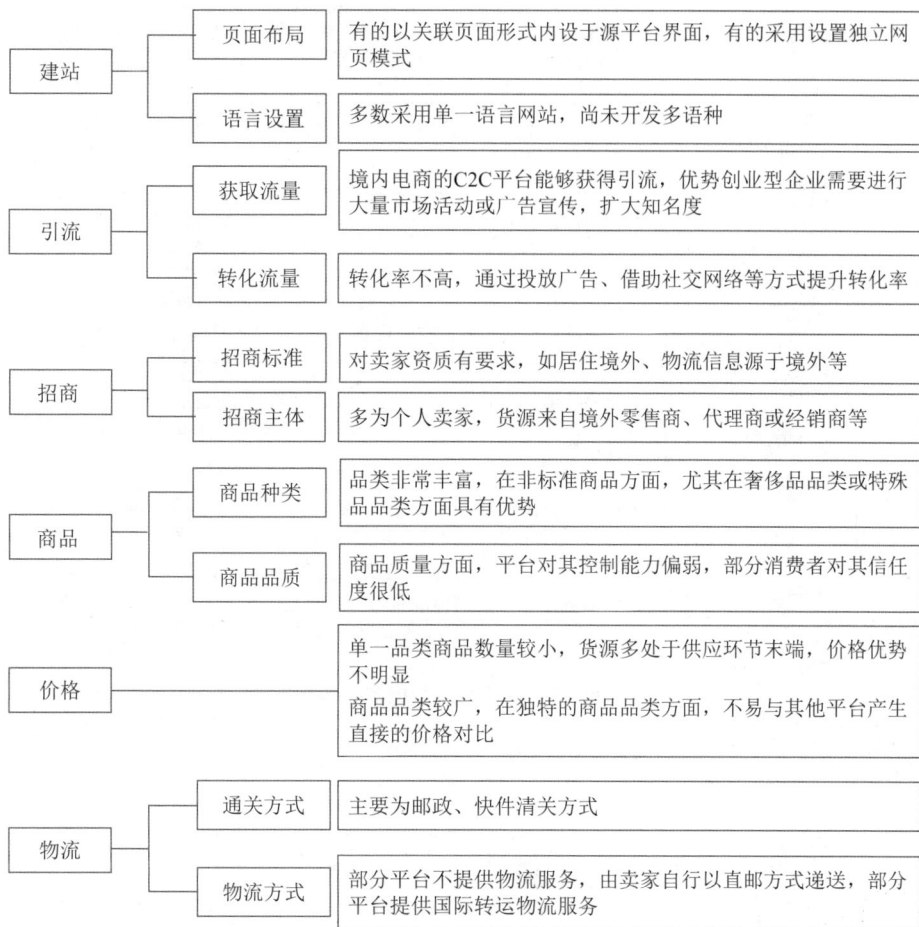

图2-4　C2C平台型跨境电商业务内容

　　垂直自营型跨境电商的业务内容如图2-7所示。垂直自营型跨境电商的最大优势在于对利基市场的定位与深挖，对目标群体的了解与服务的深入，在商品选取能力与销售转化率方面均表现优秀。其市场定位是利基市场，决定了其商品品类单一，并受政策性因素的影响较大。再加上，垂直自营型跨境电商企业在规模、实力、流量与管理水平等方面均表现较弱，所以与商品供应商，尤其一些大型品牌商合作时存在一定的难度，导致其在商品价格上的优势要弱于综合自营型跨境电商企业。

建站	跨境电子商务网站的开发与建设是基础；网站域名、名称、logo等；网站布局与风格；语言开发与设置
引流	流量是平台型跨境电商的生存之本；需要借助广告、市场活动扩大知名度，提升品牌形象
供应商	开发供应商是存续与发展的关键；供应商包括制造商、品牌商、零售商、经销商等；获取境外品牌授权具有一定难度
选品	选品追求准确、前瞻性，避免商品滞销；追求商品畅销，选择爆款或热销款；挖掘未被开发的优质商品；还要避免商品滞销、积压
运营	负责商品运营与销售，多种方式推动销售；以社区、社交网络、品牌营销、价格补贴、大数据推荐等多种方式提升运营效果，促进商品销售
物流	多自建或租赁保税区、自贸区、境外仓等；承担跨境物流组织者角色，与第三方物流商合作；自建或租赁各种类型仓库
服务	自建服务团队，提供标准化服务；售前、售中、售后服务统一管理；自建采购、运营、客服、售后团队，多数提供退换货服务

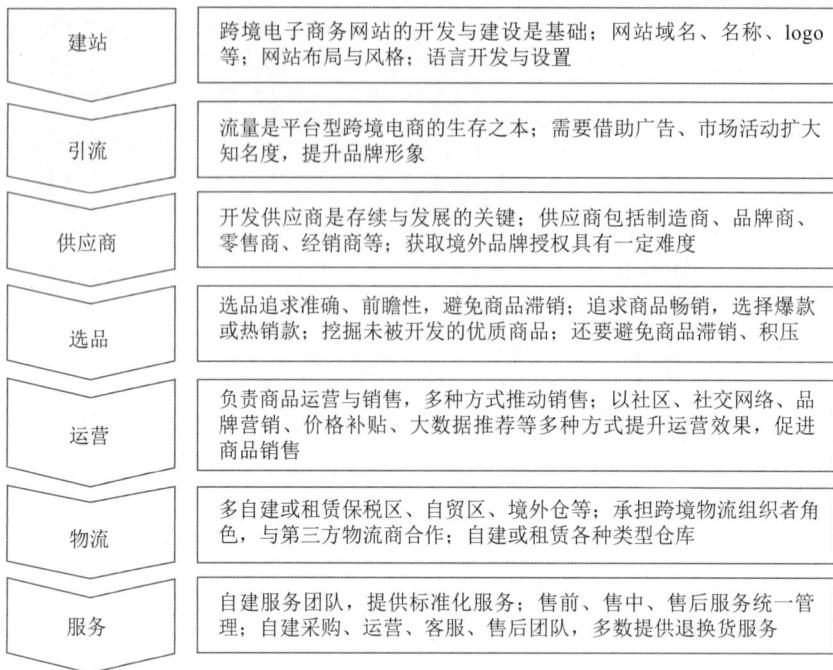

图2-5　自营型跨境电商业务内容

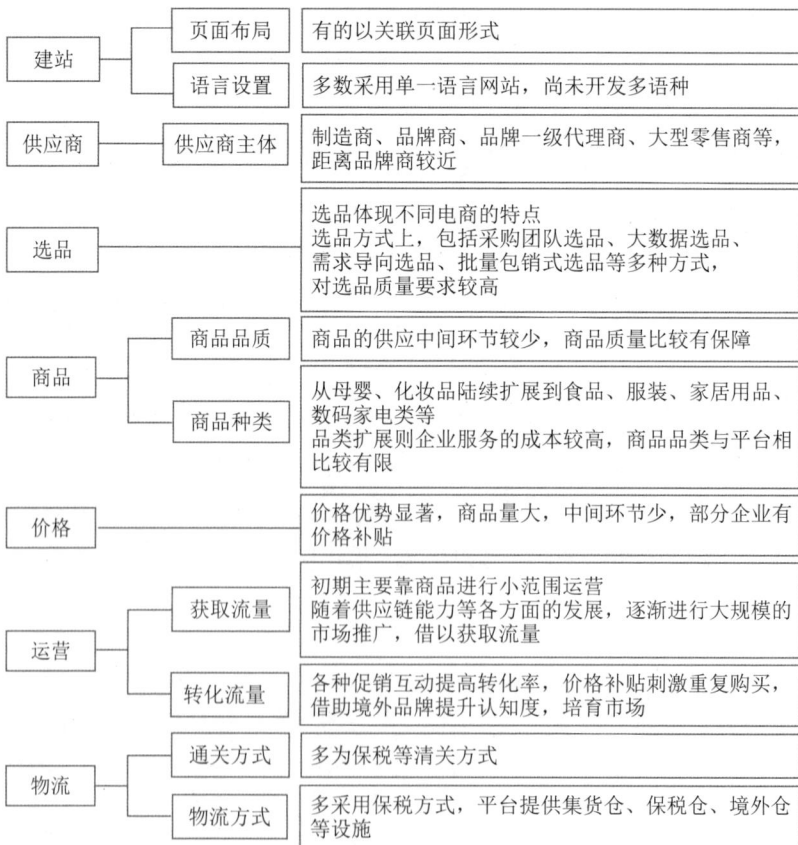

建站	页面布局	有的以关联页面形式
	语言设置	多数采用单一语言网站，尚未开发多语种
供应商	供应商主体	制造商、品牌商、品牌一级代理商、大型零售商等，距离品牌商较近
选品		选品体现不同电商的特点 选品方式上，包括采购团队选品、大数据选品、需求导向选品、批量包销式选品等多种方式，对选品质量要求较高
商品	商品品质	商品的供应中间环节较少，商品质量比较有保障
	商品种类	从母婴、化妆品陆续扩展到食品、服装、家居用品、数码家电类等 品类扩展则企业服务的成本较高，商品品类与平台相比较有限
价格		价格优势显著，商品量大，中间环节少，部分企业有价格补贴
运营	获取流量	初期主要靠商品进行小范围运营 随着供应链能力等各方面的发展，逐渐进行大规模的市场推广，借以获取流量
	转化流量	各种促销互动提高转化率，价格补贴刺激重复购买，借助境外品牌提升认知度，培育市场
物流	通关方式	多为保税等清关方式
	物流方式	多采用保税方式，平台提供集货仓、保税仓、境外仓等设施

图2-6　综合自营型跨境电商业务内容

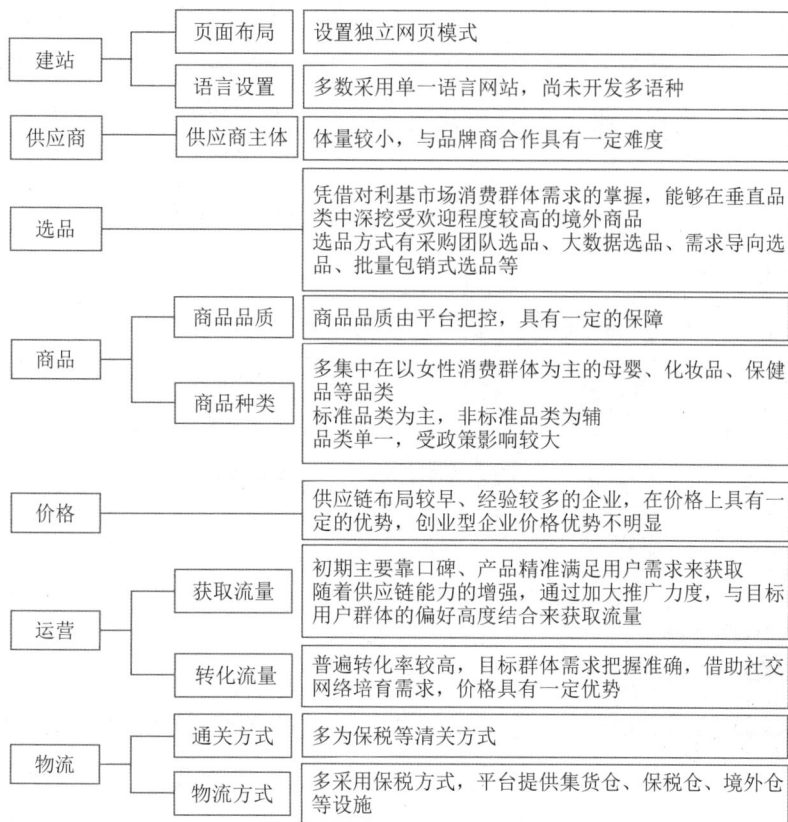

图2-7 垂直自营型跨境电商业务内容

第四节 跨境电商企业类型

企业是商业活动与市场活动中的主要构成要素，也是表现最活跃的要素之一，在跨境电子商务交易中扮演着重要角色。在跨境电子商务蓬勃发展的驱动下，越来越多的企业涉足该市场，这些企业来自于越来越多的行业，不仅包括传统电商企业，也包括传统互联网企业、零售企业、物流企业等。

依据行业背景来区分，涉足跨境电子商务业务的企业主要有以下几种。

① 全球性电商企业将业务辐射到跨境电商业务，代表企业有亚马逊、eBay等。

② 境内电商企业拓展跨境电商业务。境内电商企业成立之初，主要专做境内市场，为了持续增长，或者顺应跨境电子商务发展趋势，其经营范围由境内市场扩展到境外市场，从而发展为跨境电子商务企业，代表企业有京东商城、天猫商城、印度的Zomato（美食推荐平台）等。

③ 传统互联网企业涉足跨境电商业务，代表企业有网易、谷歌等。

④ 传统企业进入跨境电商市场。传统企业在电商发展的推动下，不再满足于原有的实体渠道，纷纷将触角延伸至电商领域，并逐渐步入跨境电商市场。该类企业主要以传统零售业为主，代表企业有沃尔玛、家乐福、麦德龙、家得宝、Lowe's（美国劳氏公司）等。

⑤ 专营跨境电子商务业务。该类企业为经营跨境电子商务业务而成立，成立之初就定位于跨境电商市场，代表企业有速卖通、洋码头、兰亭集势、敦煌网等。

⑥ 物流企业拓展跨境电商业务。一些物流企业凭借在跨境商务中的物流资源与优势，实现多元化发展道路，立足于物流网络，进入跨境电商市场，代表企业有顺丰海淘、Cnova Brasil等。

⑦ 社交网络企业尝试进入跨境电商市场。在跨境电商市场中，社交网络的价值与地位不断得到提升，尤其是年轻消费群体热衷于使用社交网络，这为一些社交网络企业提供了发展机会。

■■■ 本章小结

跨境电商平台是跨境电商交易环节的中枢，起着非常重要的衔接作用。按照不同分类方式，跨境电商有不同类别。按照交易主体属性，跨境电商分为B2B跨境电商、B2C跨境电商、C2C跨境电商；按照服务类型，跨境电商分为信息服务平台、在线交易平台；按照平台运营方，跨境电商分为平台型跨境电商、自营型跨境电商；按照涉及行业范围，跨境电商分为垂直跨境电商、综合跨境电商；按照商品流动方向，跨境电商分为跨境进口电商、跨境出口电商。在多种分类方式中，以涉及行业范围与平台运营方的分类较常用；此外，按照商品流动方向的分类接受度也较高。

在跨境出口电商模式中，可以细分为跨境出口B2B模式、跨境出口B2C模式，各模式又包括开发平台与自营平台两个分类。速卖通、eBay、亚马逊、兰亭集势是其代表性平台。在跨境进口电商模式中，从业务形态方面划分，包括境外代购模式、直发/直运平台模式、自营B2C模式、导购/返利平台模式、境外商品闪购模式。从关境监管方面划分，包括网上直购进口模式、网购保税进口模式。从事跨境电商业务的企业，不仅包括传统电商企业，也包括传统互联网企业、零售企业、物流企业等。根据行业背景，不同企业涉足跨境电子商务业务的情况主要有：全球性电商企业将业务辐射到跨境电商业务，境内电商企业拓展跨境电商业务，传统互联网企业涉入跨境电商业务，传统行业企业进入跨境电商市场，专营跨境电子商务业务的企业，物流企业拓展跨境电商业务，社交网络企业尝试进入跨境电商市场。

【实训】

■■■ 思考题

1. 简述跨境电商的分类标准，以及各分类标准下跨境电商的具体类型。

2. 采用四象限图法，论述主流跨境电商分类模式，并举出具体的例子。

3. 介绍跨境电商出口模式分类及各模式具体情况。

4. 介绍跨境电商进口两大分类标准，以及各标准下具体分类。

5. 比较分析速卖通、eBay、亚马逊、兰亭集势四个跨境电商企业的优劣势。

6. 论述平台型跨境电商具体业务内容。

7. 论述自营型跨境电商具体业务内容。

8. 简述常见的跨境电商企业类型。

■■■ 案例分析题

速卖通发布2016全平台入驻新规，全面转型跨境B2C

2015年12月7日，雨果网获悉，阿里巴巴集团旗下跨境出口电商平台速卖通对外宣布，全平台入驻门槛新规正式发布，将对平台所有行业整体提升商家入驻门槛，全面从跨境C2C转型跨境B2C。新规最大变化是推出了年费制度和年费返还措施，一方面按照经营大类设置年费，提高准入门槛，另一方面通过"年费返还"等有效激励措施，提振优质国产品牌、中国制造商开拓全球市场的信心。同时通过多项动态指标考核，持续优胜劣汰。

"在中国制造转向中国质造的大背景下，速卖通要帮助中国的中小品牌在全球市场完成转型升级，首先要完成平台自身的转型升级。"速卖通总经理沈涤凡表示，此次全平台入驻门槛大幅提升，表明速卖通已下定决心全面转型跨境B2C平台。未来的速卖通会是一个高品质的平台，吸引优质商家入驻，帮助包括中国在内的全球中小企业开拓全球市场。

①首创年费返还制度，激励优质商家

雨果网了解到，此次速卖通入驻新规从平台基础准入机制、平台基础通用机制、行业市场细分机制、平台基础准出机制等诸多方面入手，基于全平台生态进行了综合评估和前期准备，新规更是有效规范细化到980个二级或三级经营类目。

依照新规，速卖通全平台将分为八大经营范围，下设十八个经营大类，按照经营大类对入驻商家收取年费。对应每个经营大类，商家分别缴纳3000~50000元不等的技术服务年费。为鼓励优质商家，速卖通还推出了年费返还制度。以女装行业为例，只要年交易额达到3万美元及以上，且服务指标达标，会返还该商家50%年费。年交易额6万美元及以上，且服务指标达标，则返还商家100%年费。

在执行时间上，2015年12月23日先针对3C、运动等标品行业实施门槛，2016年1月13日针对服饰、家居等非标类实施门槛。

速卖通总经理沈涤凡表示，"年费制的目的，其实就是清除一批三天打鱼、两天晒网的劣质商家，让速卖通不再是一个无成本无门槛的平台，而形成一个良币驱逐劣币的市场。"

事实上，在新规正式推出之前，速卖通已对3C、婚纱、母婴等13个重点行业进行了第一期测试，效果十分显著——整个速卖通平台净化明显，买家复购率提升，优质商家欣欣鼓舞。速卖通总经理沈涤凡对此表示："在一个充分开放、日益增长的自由市场中，柠檬市场效应也会日益显现，需要奖惩分明的平台生态综合治理。这是一个系统性工程，并非一蹴而就，速卖通已经为此摸索了五年。"

②动态考核优胜劣汰，侵权问题"三振出局"

据悉，通过"年费返还"等措施激励优质商家的同时，速卖通还将通过多项动态指标考核，包括动态监控卖家服务评级（detail seller rating，DSR）、商品描述平均分、货不对板纠纷率等，淘汰掉一票"重复开店""重复铺货"以及"玩票"的商家群体。

准出方面，重点针对侵权问题，推出"三振出局"加码举措，即第一次严重警告，第二次冻结两周资金流，第三次则直接清退。一旦商家涉及严重侵权、炒信、欺诈，将被直接清退。在未来计划中，速卖通还将逐步推进交易商品全部进入菜鸟合作仓库，加入线下实物开箱检验这一环节，切入"物流"，实现线上线下立体式有效管控。此前，速卖通及阿里安全、技术、品控、法务等多部门，一直跟知名品牌权利人、境内外政府、各方合作伙伴保持密切沟通，通过"信息流""资金流"摸索净化管控平台生态的方法。

有业内人士分析，作为跨境出口电商领头羊，速卖通此次发布新规还向外传递了一个强烈信号。除了全面转型之外，它还加大了力度，从招商源头有效打击假货、炒信、欺诈、劣质等过度无序的市场竞争乱象。

③优质商家享受更多服务，集中精力关注品牌形象

转型跨境B2C平台后，速卖通要帮助商家快速成长为优质品牌，让全世界的消费者接受。同时，商家也能通过速卖通打造更好的品牌形象。

"速卖通开始设置年费门槛，建立动态服务指标，对于真正想做好跨境市场的中国好商家来说绝对是好消息。"在速卖通经营5年的深圳手机商家王令说道："以前大家都想着打价格战，无序、恶性竞争会抑制优质商家积极性。现在平台规则整体升级规范，

买家体验也越来越好，优质商家有更多精力关注品牌以及服务重点国家。"

据速卖通3C行业负责人李翔介绍，3C作为速卖通成交靠前的大类目，一直在行业治理规则上先行先试，最早从2014年7月开始即第一次大规模提升行业门槛，目前整个3C行业九成以上成交额均来自知名品牌以及自主品牌。此外，3C行业还推出了针对重点品牌的专项梳理工作，效果显著。以小米手机的全平台封闭测试为例，除了走访重点优质商家、建立优质商家日常沟通群之外，还通过服务、交易多项指标组合入手。封测开展以来，小米手机交易纠纷率大幅降低。接下来还将针对联想、魅族等成交量排名前列的品牌继续摸索尝试。

（资料来源：速卖通发布2016全平台入驻新规，全面转型跨境B2C［EB/OL］.［2017-10-1］. http://www.cifnews.com/Article/18162.）

思考：

1. 速卖通采用了哪种跨境电商模式？

2. 速卖通为何要进行转型？

3. 速卖通的转型会遇到哪些难题与困扰？

第三章 跨境电商消费者行为

■■■**学习目标**

了解消费者行为相关理论；掌握消费者购买行为的影响因素；掌握网络消费者购物动机；掌握影响网络消费者购买行为的因素；了解网络消费者行为的变化趋势；掌握跨境电商消费者购买决策的心理模式；掌握跨境电商消费者的消费新特征；了解跨境电商产品成本构成；掌握跨境电商不同消费阶段的营销策略。

■■■**章节纲要**

本章主要分五节来阐述与探讨跨境电商消费者行为问题。第一节主要介绍消费者行为分析；第二节主要介绍网络消费者行为分析；第三节主要介绍跨境电商消费者行为；第四节主要介绍跨境电商消费者价格敏感度；第五节主要介绍营销活动对跨境电商消费者的影响。

第一节　消费者行为分析

一、消费者行为理论分析

消费者行为指人们为满足其需要和欲望而选择、购买、使用及处置产品或服务时介入的过程和活动。消费者行为包括与购买决策相关的心理活动和实体活动。心理活动包括需要和动机的产生，评估不同品牌的属性，对信息进行加工处理以形成内心决策，等等。

（一）消费者需要理论

消费者需要的类别极其丰富多样，按照需要的起源，可以分为自然的需要、社会的需要。自然的需要是消费者为维持和延续生命，对于衣、食、住、行、健康、安全等基本生存条件的需要。这种需要是人作为生物有机体与生俱来的，是由消费者的生理特性决定的，因而又称生理需要。社会的需要是消费者在社会环境的影响下所形成的带有人类社会特点的某些需要，如对社会交往的需要、对荣誉的需要、对尊重的需要、对表现自我的需要等。这种需要是人作为社会成员在后天的社会生活中习得的，是由消费者的心理特性决定的，因而又称心理需要。

按照对象的不同，需要可以分为物质的需要、精神的需要。物质的需要指消费者对以物质形态存在的、具体有形的商品的需要。这种需要反映了消费者在生物属性上的欲求。其中又可以进一步做低级和高级之分。低级的物质需要指对维持生命所必需的物质的需要；高级的物质需要是指人们对高级生活用品如现代家用电器、高档服装、美容美发用品、健身器材等，以及用于从事劳动的物质对象如劳动工具的需要。精神的需要指消费者对于意识观念的对象或精神产品的需要，具体表现为对艺术、知识、美、认识和追求真理、满足兴趣爱好以及友情、亲情等方面的需要。这种需要反映了消费者在社会属性上的欲求。

按照形式的不同，需要可以分为生存的需要、享受的需要、发展的需要。生存的需要包括对基本的物质生活资料、休息、健康、安全的需要。满足这类需要的目的，是使消费者的生命存在得以维持和延续。享受的需要表现为要求吃好、穿美、住得舒适、用得奢华，有丰富的消遣娱乐生活。这类需要的满足，可以使消费者在生理和心理上获得最大限度的享受。发展的需要体现为要求学习文化知识，增进智力和体力，提高个人修养，掌握专门技能，在某一领域取得突出成就，等等。这类需要的满足，可以使消费者的潜能得到充分释放，人格得到高度发展。

按照层次的不同，需要可以分为生理的需要、安全的需要、爱和归属的需要、尊重的需要、自我实现的需要。美国人本主义心理学家马斯洛（Maslow）于1943年提出了"需要层次理论"，把人类多种多样的需要划分为上述五种基本类型。其中生理的需要，是个体为维持生存和发展对基本生活资料的需要，也是各类需要中必须首先满足的最基本的需要。唯有生理需要获得满足后，人们才有可能产生新的其他方面的需要。安全的需要，是人们希望保护自己的肌体和精神不受危害的欲求，包括社会环境安全、职业稳定、生活有保障、有良好的医疗保健条件等。爱和归属的需要，是人们作为社会成员，希望获得友情、亲情和爱情，与他人保持密切的交往，同时归属于某一社会群体，得到群体的关心和帮助。尊重的需要，包括自我尊重和受人尊重两方面的要求，具体表现为渴望实力、成就、独立与自由，渴望名誉或声望，受到别人的赏识和高度评价，等等。自我实现的需要，指人们希望发挥自己的特长和潜能，实现对理想、信念、抱负的追求，取得事业的成功，使自我价值得到充分实现。20世纪70年代，马斯洛在上述分类基础上又增添了认知和审美两种需要。认知的需要产生于人们对未知事物的好奇心和对客观世界的探索欲望。审美的需要是出于人类爱美的天性，表现为对美好事物的追求和向往。

马斯洛认为，上述各种需要是按低级到高级的层次组织起来的，其中生理需要位于最低层次，其他依次上升，自我实现是最高层次的需要。通常，低层次的需要得到满足后，较高层次的需要才会出现。而一种需要一旦得到满足，就失去对动机和行为的支配力量，转而由新的占优势的需要起支配作用。马斯洛的理论对研究和划分消费者的需要类别及各类需要之间的相互关系具有重要的指导意义，因而受到各国学者的广泛关注。西方有些经济学家根据需要层次理论的学说，对商品进行分类，使对消费者需要的研究进一步具体化。例如，把商品分为满足生理需要功能的功能类产品，如食品、床上用品等；主要满足安全、防卫、护身需要的渴望类商品，如保洁健康防护产品、化妆用品、体育用品、药品、劳保用品等；主要满足夸耀和自我表现需要的商品，如珠宝、皮货、钻石、高级衣料、贵重服装等；主要满足显示其所处地位和社会阶层归属需要的地位类商品，这类商品因社会角色地位的不同而不同；主要满足游戏、求知、好奇心与模仿需要的娱乐类商品，如玩具、旅游等；主要满足显示成年人成熟、智慧和风度等需要的成人类商品，如烟酒等。

（二）消费者动机

消费者的需要和欲望是多方面的，其消费动机也是多种多样的。就购买活动而言，消费者的购买动机往往十分具体，其表现形式复杂多样，与购买活动的联系也更为直接。

1. 追求实用的动机

这是以追求商品的使用价值为主要目的的购买动机。具有这种购买动机的消费者比较注重商品的功用和质量，要求商品具有明确的使用价值，讲求经济实惠，经久耐用，而不过多强调商品的品牌、包装和新颖性。倘若商品的使用价值不明确，甚至无实际用处，消费者便会放弃购买。这种动机并不一定与消费者的收入水平有必然联系，而主要取决于个人的价值观念和消费态度。

2. 追求安全健康的动机

现代消费者越来越注重自身的生命安全和生理健康，并且把保障安全和健康作为消费支出的重要内容。抱有这种动机的消费者通常把商品的安全性和有益于身心健康作为购买的首要条件。就安全性能而言，消费者不仅要求商品在使用过程中各种性能安全可靠，如家用电器不出现意外事故，住房装饰材料不含有毒物质，汽车的安全性能有绝对保障，等等，而且会刻意选购各种防卫安保性用品和服务，如人寿保险、私人保镖等。与此同时，追求健康的动机日益成为消费的主导性动机。在这一动机的驱动下，消费者经常选购医药品、保健品、健身用品等。

3. 追求便利的动机

追求便利是现代消费者提高生活质量的重要内容。受这一动机的驱动,人们的购买目标指向可以减少家务劳动强度的各种商品和服务,如洗衣机、冰箱、方便食品、家庭服务、家庭运输等,以求最大限度地减轻家务劳动负担。为了方便购买,节约购买时间,越来越多的消费者采用直销购买、邮购、电视购物、网上购物等现代购物方式。随着现代社会生活节奏的加快,消费者追求便利的动机也日趋强烈。

4. 追求廉价的动机

这是以注重商品价格低廉,希望以较少支出获得较多利益为特征的购买动机。出于这种动机的消费者,选购商品时会对商品的价格进行仔细比较,在不同品牌或外观质量相似的同类商品中,会尽量选择价格较低的品种,同时喜欢购买优惠品、折价品或处理品。虽然消费者会因其收入水平较低而关注商品的低价格,但对于大多数消费者而言,追逐物美价廉是一种普遍性的购买动机。

5. 追求新奇的动机

这是以追求商品的新颖、奇特、趋时为主要目的的购买动机。具有这种动机的消费者往往富于想象,渴求变化,喜欢创新,有强烈的好奇心。他们在购买过程中,特别重视商品的款式是否新颖独特、符合时尚,对造型奇特、不为大众熟悉的新产品情有独钟,而不大注意商品是否实用和价格高低。这类消费者在求新动机的驱动下,经常凭一时兴趣进行冲动式购买。他们是时装、新式家具、新式发型及其他各种时尚商品的主要消费者和消费带头人。

6. 追求美感的动机

追求美好事物是人类的天性。体现在消费活动中,即表现为消费者对商品美学价值和艺术欣赏价值的要求。具有求美动机的消费者在挑选商品时,特别重视商品的外观造型、色彩和艺术品位,希望通过购买格调高雅、设计精美的商品获得美的体验和享受。这类消费者同时注重商品对人体和环境的美化作用,以及对精神生活的陶冶作用。例如,通过款式色彩和谐的服装、饰品美化自我形象,选购具有艺术气息的家庭装饰用品美化居住环境,以及对美容、美发服务的消费,等等,都是求美动机的体现。

7. 追求名望的动机

这是因仰慕产品品牌或企业名望而产生的购买动机。由于名牌产品质量精良、知名度高、声誉卓著、市场竞争力强而备受消费者的青睐。许多消费者出于慕名心理,在购买前即将名牌产品确定为购买目标。求名的购买动机不仅可以满足消费者追求名望的心理需要,而且能够降低购买风险,加快商品选择过程。

8. 自我表现的动机

这是以显示自己的身份、地位、名望及财富为主要目的的购买动机。具有这种动机的消费者在选购商品时，不太注重商品的使用价值，而特别重视商品所代表的社会象征意义，喜欢购买名贵商品、稀有商品、某些顶级的商品，以及价格惊人的特殊商品；选择特殊的消费方式，如住豪华宾馆的总统套房，品尝珍奇美味的盛筵，选择奢华昂贵的休闲方式等，以显示超人的财富、特殊的身份地位或不同凡响的品位，达到宣扬自我、炫耀自我的目的。

9. 好胜攀比的动机

这是一种因好胜心、与他人攀比不甘落后而形成的购买动机。抱有这种动机的消费者，购买某种商品往往不是出于实际需要，而是为了争强好胜，赶上他人、超过他人，以求得心理上的平衡和满足。这种购买动机具有偶然性和浓厚的情绪化色彩，购买行为带有一定的冲动性和盲目性。在生活水平迅速提高、贫富差距急剧拉大的社会转型时期，攀比性动机表现得较为普遍和强烈。

10. 满足偏好的购买动机

这是以满足个人特殊偏好为目的的购买动机。许多消费者由于专长、兴趣，而偏爱某一类商品，如邮票、摄影作品、花鸟鱼虫、古玩字画、音响器材等。这些偏好往往与消费者的职业特点、知识领域、生活情趣有关，因而其购买动机非常明确，购买指向也比较稳定和集中，具有持续性和重复性的特点。

11. 惠顾性购买动机

惠顾性购买动机或称习惯性动机。它是指消费者对特定商店或特定商品品牌产生特殊信任偏好，从而在近似条件反射的基础上习惯性地重复光顾某一商店，或反复地、习惯性地购买同一品牌的商品。惠顾性动机有助于企业获得产品的忠实消费者群，保持稳定的市场占有率。

除上述主要动机外，还有自卫性、储备性、纪念性、补偿性、馈赠性等购买动机。这些动机大都有明确的指向性和目的性，也是消费活动中较常见的购买动机。

二、影响消费者购买行为的因素

在购买过程及行为中，消费者会受到多方面因素的影响。对消费者购买行为影响较大的因素有文化因素、社会因素、个体因素以及群体因素。

（一）文化因素

文化是一系列在社会中才能获得的价值观。社会作为整体接受了这些价值观，并把它以语言或象征的形式传达给社会中的成员。因此，一个社会的价值观会影响其成员的购买和消费模式。文化不仅影响消费者行为，而且还反映消费者行为。因此，文化是社会成员的价值观和拥有品的一面镜子。

根据文化对各类商品的固定作用的界定可以将文化分为以下两种。

1. 例行行为

例行行为就是经常重复且按一定顺序发生的一系列象征性行为。作为主导文化价值观的反映，例行行为在不同的文化中是不同的。例如，日本人赠送礼物是某人在社会团体中对他人负责任的体现。而在美国，赠送礼物则是属于人们个性的事，虽然在赠送礼物时也常有一些义务感，但这种义务感是个人化的而不是集体化的。

2. 真纯消费与现实消费

真纯消费是对能促进合作、有利于保护自然、使事物更加美好的商品的消费。有些消费者容易被有关自然的形象或家庭纽带的消费所吸引。他们喜爱具有天然成分的食品和款式简单的服装。真纯消费的另一方面便是人们对某些产品怀有喜爱之情甚至敬意。如对于因某一特定事件而被赋予的珠宝，或与事业或社会成功相联系的套装、裙子，以一种神圣的态度对待。对哈利–戴维森亚文化群的研究显示了摩托车手们对他们的摩托车怀有敬意。在未经允许的情况下动别人的车是绝对的忌讳。清洗哈雷摩托车的过程是非常复杂的，包括小心翼翼地清洗和上光。而摩托车停放的车房几乎被视为圣地。当骑上哈雷摩托车时，他们称那种感觉是"魔法一般地超脱于尘世"。

现实消费是对那些能够促进科技发展、征服自然和加强竞争的商品的消费。寻求消费现实性的消费者喜欢那些能加强对自己生活的控制的商品。

（二）社会因素

社会阶层是指消费者在社会层次中的位置。按照消费者的权力和威望把他们划分到上层、中层和下层等不同的社会等级之中。这种划分取决于三个重要的人口因素：职业、收入和受教育程度。

常用的划分消费者社会阶层的方法是沃纳（Warner）的地位特征指数以及科尔曼—雷沃特（Coleman‐Rainwater）的社会地位层次划分法。一般将社会层次划分为上层、中上层、中产阶层、工薪阶层和下层社会消费者。这些群体在行为准则、价值观念、家庭准则及购买行为模式等方面都存在着明显的差别。这些差别使得不同社会阶层在诸如服装、家具、娱乐产品甚至食品的购买上都产生了相当大的差异。例如上层消费者在购买电器时强调款式和颜色，而下层消费者则重视电器的工作性能。又如下层消费者更有可能在打折商场和邻近商场购物，因为在这些商场中他们感觉更自在，而且还可以与这些商场中的售货员建立友情，便于获取信息。上层消费者则更有可能在正规百货公司购买有风险的产品，而在打折商场购买几乎没有风险的产品。

（三）个体因素

在消费者决策过程中，个性也起一定的作用。也就是说，个性不同的消费者，在购买决策中会有不同的表现。从个性角度把握消费者购买决策过程差异的变量有认知欲望与T性个性。

1. 认知欲望

认知欲望是指个人爱思考的倾向。就是说，认知欲望反映的是"个人思考多少""爱思考的程度如何"等问题。认知欲望高的消费者（爱思考的消费者）比认知欲望低的消费者（不爱思考的消费者）更注意信息的质量，而认知欲望低的消费者比认知欲望高的消费者更容易受到像广告模特那样的边缘刺激的影响。

2. T性个性

有些消费者在购买决策过程中总是忧愁思虑，担心受损失。这些消费者个性叫作T性个性。具有T性个性的消费者对营销的刺激比一般的消费者更敏感，习惯搜寻更多的信息。所以，针对这些消费者，企业以"我们企业的产品是最佳选择""精明的消费者才选择我们的产品"等方式来消除他们的忧虑。

（四）群体因素

消费者周围的群体是对消费者行为影响最大的一个环境因素，参照群体提供了一个对这种影响进行分析的途径。所谓参照群体，是指对消费者形成的信仰、态度、行为起到参考作用的一个群体。比如营销人员经常在一个群体背景中为其产品做广告，全家人享用麦片粥早餐，朋友们在打完橄榄球后喝软饮料，邻居对新买的汽车表示赞赏，等等。这样做是利用了朋友和亲属对消费者的影响。此外，营销人员常用典型消费者来证明他们的产品。典型消费者反映了购买者的标准和价值观，并且扮演了消费者参照群体中一个代表的角色。例如在促销Dove（多芬）牌香皂的印刷广告上，标题是"从斯格兰顿到萨克拉门托的女人都将告诉你Dove牌更好"，接着是6个女人引证了这种产品的好处。营销人员也经常利用社会名流作为发言人来影响消费者。在这种情况下，名人代表的是距离普通消费者很远而且又被消费者所羡慕的群体中的一员，而不是消费者参照群体中的一个实际成员。这些例子都说明了参照群体对于消费者的购买行为有着深远的影响。

第二节　网络消费者行为分析

随着生活水平的提高、生活节奏的加快，消费者的购物行为发生了极大的变化，电子商务得到了快速、蓬勃的发展。调查显示，相对于传统购物方式，网上购物优势体现在三个方面：首先是送货上门比较方便，其次是价格便宜，再次是可以购买到本地没有的物品。正是因为具有这些优点，网上购物近几年发展很快。

（一）网络消费者的购买动机分析

购买动机是消费者购买并消费商品最直接的原因和动力。网络消费者的购买动机主要包括方便型动机、低价型动机、表现型动机。

1. 方便型动机

方便型动机是为了减少体力与心理上的支出而出现的消费动机。消费者只需要点击鼠标，在网上寻找自己所需要的产品，然后进行确认就可以完成网上购物。这样可以省下他们去商场购物的往返时间、寻找商品和挑选商品的时间、排队交款结账的时间；同时，免除他们去商场购物所产生的体能消耗。由此可见，网络购物可以方便消费者的购买，减少消费者的劳动强度，节省体力，这些都可以满足消费者求得方便的动机。

2. 低价型动机

低价型动机是消费者追求商品低价格的一种消费动机。网上购物之所以具有生命力，重要的原因之一是网上销售的商品价格较低。由于商家通过网络销售产品，可以减少经销商、代理商等中间环节，按订单生产，减少库存，从而降低了成本，往往同种商品，网上的价格比超市和商场的价格低。许多网络消费者就是冲这一点选择网络购物方式的。

3. 表现型动机

表现型动机是指消费者通过购买商品来宣扬自我、夸耀自我的一种消费动机。目前，网络用户以年轻、高学历用户为主，体现自我意识是青年人在消费中的心理需要。因此，他们更喜欢能够体现个性的商品，往往把所购商品与个人性格、理想、身份、职业、兴趣等联系在一起。青年人喜欢标新立异、强调个性色彩，而不愿落入"大众化"。网络上提供的产品包括很多新颖的产品，即新产品或时尚类产品，并且这些产品一般来说是在本地传统市场中暂时无法买到或不容易买到的。因此，网络购物能较容易地实现他们展示自己的个性和与众不同品位的需要。

（二）影响网络消费者购买的因素分析

1. 产品特性

网上市场不同于传统市场，并不是所有商品都适合在网上销售。网上消费者的消费需求特性也不同于传统市场。追求商品的时尚和新颖是许多网络消费者，特别是青年消费者重要的购买动机。因此网上销售产品时，一般要考虑产品的新颖性，即产品是新产品或时尚类产品，以此来吸引网络消费者的注意。

2. 产品价格

从消费者的角度来说，价格不是决定消费者购买行为的唯一因素，但却是消费者购买商品时肯定要考虑的因素，而且是一个非常重要的因素。对一般商品来讲，价格与需求量之间经常表现为反比关系，同样的商品，价格越低，消费者的需求量越大，企业的销量越大。网上购物之所以具有生命力，重要的原因之一是网上销售的商品价格普遍低廉。在购物网站上打出"包邮""清仓处理""秒杀"之类的字眼能够更容易地吸引消费者。

3. 安全感和信任感

虽然网络购物用户年龄多集中在18～35岁，但事实上，25～35岁的主流消费群活跃度并不高，这一人群的特征是有稳定的收入，有自己认定的品牌，喜欢时尚的同时注重品质。他们对网络购物存在着一定的顾虑，主要表现在缺乏信任和安全感，担心没有售后服务或是售后服务差。此外，许多网络消费者觉得目前的网络支付系统要么是太复杂，不易普及，要么就是缺乏安全性，并且注册时需要透露真实的姓名、地址和联系方式等私人信息，会有信息泄露的危险。正因为如此，目前网络购物中交易量较大的商品，主要集中在书籍、日用百货、音像制品等种类，消费金额较低。对于电器、通信器材等大宗商品，许多消费者持谨慎态度。这些都大大制约了网上消费的发展。

（三）网络消费者行为转变趋势

网络消费者行为转变趋势即网络消费者态度和行为的改变，网络消费者消费个性更明显，消费品质要求更高，移动购物渐成主流，O2O应用更加广泛。

1. 消费个性更明显

更多的网络消费者主张个性化消费，希望能得到与别的消费者不一样的商品或服务。如2013年7月中旬，爱奇艺PC客户端推出个性化视频内容推荐，此举受到了广大网友的推崇，很多网友因此成为爱奇艺的忠实付费会员。

2.消费品质要求更高

网络消费者在网上购物，不仅能够完成实际的购物需求，还能获得许多额外的信息，得到在传统商店没有的乐趣。同时，更多的消费者希望有更便捷的渠道、更低廉的价格，购买到更优质的商品。这主要分两种情况：一种是工作压力大，时间安排非常紧凑的消费者，他们期待尽量节省时间和劳动成本，但对商品品质要求丝毫不含糊。这类消费者收入水平较高，是高端商品和进口商品的主要购买力。另一种消费者自由支配时间较多，希望通过网上购物来寻找更低廉的价格，从而在心理上获得满足感。此类消费者会花大量的时间在互联网上货比三家，价比三家，也会因为某个电商购物节而通宵达旦。这种看似省钱的消费者，实际上仍然是网络消费者的中坚力量。

3.移动购物渐成主流

未来几年，移动购物预计将保持48%的复合增长率，成为网络购物市场快速发展的主要推动力，越来越多的网络消费者选择使用移动网络完成商品浏览和购物。在移动互联网时代，用户对于手机App（应用）的接受显然比预期要快，分析其原因有以下几点：我国手机用户数量和手机上网用户数量增加迅速；廉价智能手机及平板电脑大量普及；上网速度增快，无线宽带资费下调；传统电商为移动电商的发展奠定了基础。

4.O2O应用更加广泛

O2O即online to offline，简单地讲就是"线上拉客，线下消费"。对于O2O模式来说，其核心理念是把线上用户引导到现实的实体商铺中，通过在线支付，实体提供优质服务，实时统计消费数据并将其提供给商家，再把商家的商品信息准确推送给消费者。这种模式对于服务型尤其是体验型的产品将是最佳的方式，与传统电子商务的概念有较大差别。传统电子商务产品的销售缺少了商户的参与。O2O依靠线上推广交易引擎带动线下交易，以加大商户的参与度和用户的体验感，这种融合产生的价值十分惊人。而在此基础上的数据分析更是为O2O模式的持续发展提供了不竭动力。电子商务主要由信息流、资金流、物流和商流组成。O2O的特点是只把信息流、资金流放在线上进行，而把物流和商流放在线下。目前O2O模式已广泛应用于在线旅游、房地产、订票、餐饮、汽车租赁、奢侈品等诸多领域。

第三节　跨境电商消费者行为

一、　跨境电商消费者行为概述

VISA（维萨）发布的《2015年电子商务消费者行为调查》显示，消费者进行跨境网购的主要原因包括：更好的促销活动和优惠（26%）、更便宜的价格（24%）、商品设计更独特（24%）以及商品种类更多（24%）和其他（2%）（图3-1）。

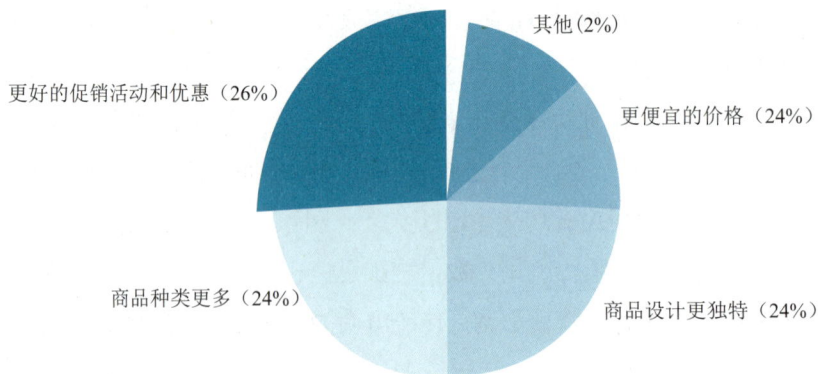

图3-1　消费者进行跨境网购的主要原因

PayPal（贝宝）报告和Gallop（冠奥通）网络2015年9月17日至2015年10月28日消费调查显示，美国一直是最受欢迎的跨境电商目的市场，PayPal的数据也显示"made in the USA"（美国制造）的产品是全球跨境出口最高的。中国网民调查显示，35%的网民声称2015年进行了跨境购买，这个数字在2014年是26%。爱尔兰、奥地利和以色列有世界上最活跃的跨境电商用户，分别为86%、85%和79%。关于支付终端，全球调查显示，16%的在线付款是通过智能手机完成的。其中，以尼日利亚、中国、阿联酋的比例最高，尼日利亚的智能手机付款率达到37.8%，高出平均水平接近3倍；其次是中国（34%）和阿联酋（31%）。单单就增长来看，移动端消费增长最高的为法国、荷兰和阿根廷。

2014年美国PayPal和法国Ipsos（益普索）两家公司的研究显示，跨境贸易现在是全球化经济的一个强大的推动力量。目前超过10%的网络购物是跨境购物，跨境购物消费者的平均支出大约是境内购物消费者的两倍。"多渠道零售商"网站2014年数据显示，衣服和鞋子是跨境消费者购买最多的商品，占跨境网购的39%。在以下区域中，跨境网购消费者首选衣服和鞋子的比例分别是：北美（33%）、拉丁美洲（47%）、中东

（47%）、西欧（33%）、北欧（36%）、中东欧（50%）、亚太（43%）。电子产品是列在衣服和鞋子之后的第二大消费热点，占全部跨境网购消费的26%。但是这一数字在不同地区有所差异，在亚太地区，电子产品位居第三，列在化妆品和美容用品之后；在北欧，电子产品位居第四，列在娱乐用品和旅行用品之后；而在北美，电子产品落在了第五位。就地区而言，美国和中国产品总体上来说最受欢迎，分别占跨境网购的26%和18%。但是各地区消费者的喜好也不尽相同，北美、拉丁美洲、北欧和中东地区消费者普遍喜欢美国产品，西欧跨境消费者主要喜欢德国产品，而中东欧消费者则更喜欢从中国购买商品。

二、 跨境电商消费者行为特点

（一）跨境电商消费者购买决策的心理模式

每个人的想法都是独一无二的，但我们仍然可以通过观察一系列的心理触发反应来判断它是如何影响消费者的购物习惯的。面对有众多选择的网络，消费者是如何选择产品的呢？消费者心理模式，如果被正确利用，它能够有效地帮助企业增加销量。

1. 损失厌恶

人们对将要失去某事物的恐惧感受非常真切，而很多电商网站会利用消费者的这种心理，促使人们尽快做购物决定。在网站上设置一个关于库存或是促销时间的倒计时，消费者会感觉到自己需要加快速度，在优惠消失之前赶紧入手。利用消费者的这种损失厌恶心理确实可以增加销量。

2. 社会认同

人天生具有社会性，倾向于依赖团体的力量。消费者一般对品牌推广都会持怀疑的态度，所以通过一些比较有影响力的形象大使甚至是一些想跟其他人分享自身体验的普通人来推广自己的网站、产品等就显得非常有必要。电商网站应该通过展示评论、推荐等来得到社会的认同，并且应该知道，消费者的观点带来的影响是很重要的。当然，展示的评论也并不一定很完美，太完美的评论反而不容易赢得消费者的信任。正所谓"众口难调"，实际上，一些负面的评价反而会显得更加真实，也会更容易得到消费者的认可。

相信权威和社会认同类似。权威更容易在品牌和用户之间建立起信任，人们更倾向于信赖专家的观点和他们对某一产品的评价。对于一个还在犹豫的消费者来说，专家的观点是一个很好的助推器，这也是电商网站寻求权威推荐的原因。而且，电商网站还可以通过展示著名合作伙伴商标的方式来增加消费者的信任度。如果消费者对其合作商家有好感，那他们也就更容易信任网站。

3. 长期关系

人的本性都是期望建立长期关系的。可以通过给消费者一些小礼物或是店铺优惠券，给予二次购买打折等方式，在消费者和品牌之间建立一条纽带。毕竟，每个商家都希望与顾客建立一种长期、友好的关系，而忠诚度也是企业成功的关键。这样，商家和顾客之间就会有一种往复，消费者在得到满足之后倾向于回馈商家，不管是通过再次购买的方式，还是通过在社交媒体上宣传的方式，对商家来说都是一种成功。

4. 寻求组织

人会本能地寻求组织，寻求一些有共同爱好、信仰、想法的组织，这种融入感会让他们更自信。而这种心理促使人们更容易信任能引起他们共鸣的品牌，并与该品牌达成一种长期的关系。如 Weekend Society是一个服装品牌，该品牌的美好发展都是靠那些热爱旅行的团体支撑起来的。而那些热爱旅行的人，为了让自己能更加融入组织，就会更倾向于选择该品牌。

5. 选择恐惧

在自己的网站上放置各种各样的商品当然比较容易，但这也更容易使消费者陷入选择恐惧的状态，从而放弃做购物决策。如果某个选择包含太多的选项，消费者会感觉非常不舒服，所以电商网站最好聚焦在少数产品上，主推某几个产品。一次主推一个产品是一种比较好的方法。

以上就是促使消费者做出购物决策的心理触发器，但是仅仅依靠这些还是不够的，我们应该把心理触发器和更广泛的用户体验、营销策略综合起来。如此，我们能更深入地了解目标受众，更正确地利用消费者的心理特点，慢慢地，销量就会稳步上升。

（二）跨境电商消费者行为分析

境外喜欢跨境网购的消费者在心理上也有相似的地方，主要包括以下几点。

1. 实用性

敦煌网数据显示，网上的卖家多分布于欧美发达国家，这些国家的消费者大多重视产品的实用性。

2. 注重质量

境外的消费者往往比较理智，在这种消费动机的驱动下，简洁大方、重点突出的产品描述更吸引消费者的眼球。

3. 创新性

这种购买心理动机对年轻人的作用最大，时髦、独特的产品最能吸引他们。想要抓住这类买家的心，新颖奇特的产品是制胜的法宝。

4. 美观性

优美的产品外形、精美的页面展示、图片和包装对女性消费者最有杀伤力。这种追求美观的心理动机能促使他们快速下单，满心期待地等着产品邮寄到家。

5. 追求廉价

拥有这种购买动机的买家最在意的是产品的价格，优惠的价格很容易促使他们下单。这类买家最常做的是在输入完他们想要购买的产品名称后，选择免运费，然后按照价格重新排序搜索结果。

6. 方便性

爱网购的人都有这种消费动机，如果你能站在买家的角度来上传自己的产品，降低买家决策和下单的难度，那么你的店铺将是"懒人"常来的购物天堂。

7. 偏好性

这类买家往往对某个品牌、某种特征的产品有特殊的偏好。应对这类买家最重要的是投其所好。他们往往更喜欢专业的店铺而非杂货铺。

而目前奢侈品的消费向上攀升，企业开始利用大量的科技成果提升用户消费品质。大众在休闲娱乐等方面的支出明显增加，同时消费更加国际化，更关注国际品牌。普通消费者要求有更好的衣食住行，不单满足于一般的耐用品消费，开始追求生活品质，追求精品名品的消费，对商品品质、服务的关注发生改变。这也驱动跨境网购消费需求呈现出以下三大特征。

1. 体验消费

消费是一个过程，消费结束后留下来的将是对过程的体验——体验另一种身份、另一种环境（场景），以及体验自身的创造力等，消费者愿意为这类体验付费。体验式消费不单单是看、试用一个产品那么简单。消费者应该能够进入购物环境，参与销售的过程，体验一种完全不同的消费氛围，而不仅仅是接受卖家单方面的信息灌输。体验式消费不纯粹是买东西，而是一种新型的消遣方式。

2. 品质消费

首先是新中产崛起带来的消费升级。目前在中国就有超过1亿的新中产群体，他们在消费中更加关注品牌、品质和服务。价格不再是核心影响因子，消费者倾向于通过可信、便捷的渠道购买具有良好信誉、正品率高、货物来源可靠、售后服务有保障的品质商品。

3. 理性消费

随着社会化媒体时代到来，自媒体的爆发增长令消费者对购物、商品认知越来越全面，消费者的投机消费行为也逐渐减少，随之而来的是理性消费。消费决策从价格导向变成了需求导向。

三、跨境电商消费者行为差异

（一）跨境电商消费者与境内消费者观念比较

不同的区域有不同的历史，各个国家或地区在没有沟通的情况下形成了完全不同的发展道路和轨迹。地域决定了沟通的有限性，或者从根本上限制了文化的交流和互通。文化的差异导致人们观念的差异，文化的差异也就是人们看待事物的角度和态度的差异。总的来说，基于人口基数和地区面积，如今主要形成了两种消费观念，即保守观念和提前消费观念。

与欧美等发达国家（地区）超前的消费观念相比，境内的消费观念显得非常保守，特别是农村地区，更是难以接受"借贷消费"的生活观念。把境外的消费信贷发展历史与发展规模同境内情况相比较，可以很好地佐证这一观点。就境内不同地区来看，居民的消费观念也有很大的地域差异，具体表现为东中部地区的居民消费观念较为开放，西部地区则相对较为保守；同时，同一地区内的农村与城镇居民的消费观念也不一样。

中国与外国从文化上就有本质的不同，就中国的传统文化而言，中国人要背负的东西很多。比如同样是50岁的中年人，在中国正是上有老下有小的阶段，这个时段，老人可能生病的较多，需要花费许多钱用来治疗，同时小孩刚刚步入社会也有许多需要开销的地方。而在国外，例如欧洲，情况就大不同了。欧洲人的家庭观念并没有中国人那么重，或者说并没有上升到道德义务的高度，那么作为一个50岁的欧洲人，很可能是最轻松的时候：父母老了可以送到疗养院，那里的环境是让人放心的，花销也不是很大，养老保险就足够支付了；自己的小孩成年了，步入社会就该自己打拼了，做父母的不需要太操心。这样一来，这个年龄段的欧洲人反而变得很轻松。他们愿意花费时间和精力去享受生活，较低的物价，轻松的工作，很高的福利，很长的假期……应该说欧洲人从精神层面上就很放松。相比之下，中国人的顾虑就多了，全家的重担都在自己身上，那唯一能做的就是增加收入，节约开支，应对未来未知的各种情况。从消费理念的根本层面上，中国与欧洲完全不同。

从微观层面上来说，中国目前的大部分中低端消费者处于一个买不起、不敢买的尴尬局面，大部分人的购买力很有限。而中国目前的市场监控力度又存在一些问题，这部分消费者所涉及的多数为中低端消费品，而正是这部分消费品中假冒伪劣产品最多，让很多消费者手足无措。除此之外，中低端消费人群愿意拿出来的消费资金相对少很多，他们为了防止各种意外情况的发生，会把大部分资金放在储蓄上，造成本来就不足的购买力进一步被削弱。

（二）跨境电商消费者行为地域分布特点

1. 北美

（1）美国

北美地区是全球最发达的网上购物市场，北美地区的消费者习惯并熟悉各种先进的电子支付方式。网上支付、电话支付、电子支付、邮件支付等各种支付方式对于美国消费者来说都不陌生。在美国，信用卡是常用的在线支付方式。同时PayPal也是美国人非常熟悉的电子支付方式。与美国做生意的中国商家，必须熟悉这些电子支付方式，一定要习惯并善于利用各种各样的电子支付工具。美国是信用卡风险最小的地区。来自美国的订单，因质量引起纠纷的案例并不多。而拒付率上升是因为买家采用 PayPal支付。因为PayPal独立于信用卡征信系统，多次拒付都不怕，有些买家就钻这个空子。如果是信用卡支付，商家就不会有轻易被拒付的担忧。

美国媒体报道，2015年美国网购者达1.67亿人，占全国总人口的53%，比2014年增长15%。与中国网购"盛宴"设定在11月11日及12月12日不同，美国的网购打折季与传统购物季节重合，长达一个多月，即从感恩节后的第一天（又称"黑色星期五"）一直延续到圣诞节。2015年购物季期间，全美网购总额为794亿美元，平均每人网购消费额572美元。

美国人最关心的首先是商品的质量，因此产品质量是进入美国市场的关键。在美国市场上，高、中、低档货物差价很大，如一件中高档的西服零售价在40～50美元，而低档的则不到5美元。美国人非常讲究包装，它和商品质量本身处于平等的地位。因此，出口商品的包装一定要新颖、雅致、美观、大方，使人感到舒服惬意，这样才能吸引买家。中国的许多工艺品就是因包装问题一直未能打入美国的超级市场。如著名的宜兴紫砂壶，只用黄草纸包装，80只装在一个大箱子中，内以杂纸屑或稻草衬垫，十分简陋，在买家心目中被排在低档货之列，只能在小店或地摊上销售，可见包装是何等重要！此外，要注意季节选品，每个季节都有一个商品换季的销售高潮，如果错过了销售季节，商品就要削价处理。美国大商场和超级市场的销售季节是：1—5月为春季；7—9月为初秋升学期，主要以销售学生用品为主；9—10月为秋季；11—12月为假期，即圣诞节时期。圣诞节时期又是退税季节，人们都趁机添置用品，购买圣诞礼物。美国各地商场此时熙熙攘攘，对路商品很快就会销售一空。这一时期的销售额占全年的1/3左右。美国人上网时间跨度大，由于美国版图比较大，横跨多个时区，所以不同时区的买家上网采购的时间不同。为了提高发布商品的关注率，卖家应该积极总结，选择一个买家上网采购时间比较集中的时间段来有针对性地发布。

（2）加拿大

2016年的第十三届年度加拿大购物者调查结果，综合性地体现了加拿大在日常消费品上的购物习惯。加拿大人喜欢创新，愿意为新产品买单。无论是经济发展时期还是衰落时期，加拿大消费者都很喜欢新产品，75%的人支持创新。这个趋势也关系到消费者的钱包，67%的人称愿意为新产品"多付一些钱"，只要新产品真正有所提升。品牌须清晰地向消费者展示它们的创新。有报告显示，消费者在购物活动中购买首次上架新产品的概率为13%，所以新产品必须要能引人注意。加拿大人对家居用品购物之旅持不同意见：52%的人享受购物过程，46%希望少去商店购物。更多的加拿大人喜欢购买家居用品，因为52%的购物者称寻找划算交易的过程让购物更加有趣。56%的人经常在几个店中购物，以得到最优价格，随着搭配价格的兴起，这一比例有所下降。仅33%的购物者称一站式购物的便利性比低价格更具诱惑力。46%的加拿大人称想少跑几次商店。

53%的加拿大人喜欢纯天然保健品。如果他们知道某种保健品效果好，55%的加拿大人愿意付出更多的钱。柜台保健品中如果打着"天然"的广告语，会更受消费者欢迎。53%的人称更喜欢天然保健品，因为这种产品的效果更好。虽然70%的加拿大人认为天然保健品不像有机保健品那样有具体指标规定，效果经常被夸大，但是号称纯天然的保健品依然很受消费者喜爱。加拿大购物者信任有机食品，却不爱买，36%的加拿大人承认有机食品更加健康，但是仅23%的人定期购买有机食品。60%的人称如果有机食品没那么贵的话，他们愿意购买更多有机食品。加拿大人也承认环境状况跟有机食品关系非常紧密，42%的人同意有机食品对环保有益。但是这种益处也不足以让人们提高生活成本，仅33%的购物者愿意花费更多钱购买环保有机食品。

加拿大人对品牌忠诚度有所降低，开始追求更优价格。45%的加拿大消费者称对品牌的忠诚度不如几年前，2014年有此观点的人仅占33%。品牌忠诚度降低是一个很有趣的现象。部分是因为食品价格上升，以及加拿大元贬值，因为促销活动比以前更多了。75%的购物者称会查看每周打印的宣传页，试图找到低价促销产品。数码宣传页虽然比不上打印宣传页，但使用人数在不断增加，40%的家居用品购物者每周都会查看。50%的加拿大购物者认为大众品牌的美容产品与著名品牌的产品效果一样好，加拿大消费者对美容产品效果的看法发生了改变。53%的购物者认为持续的研究和发展让更多有效果的美容产品出现，而不仅仅是名牌产品比较好。

2. 欧洲

由于有着深厚的文化、教育、历史背景，欧洲人的素质普遍比较高，工作作风严谨，思维缜密，办事效率高，支付能力良好。这一切奠定了欧洲买家在全球生意人中的良好形象。

（1）西欧和中欧

西欧和中欧包括比利时、法国、爱尔兰、卢森堡、摩纳哥、荷兰、英国、奥地利、德国、列支敦士登和瑞士等。英、法、德这几个世界大国都属于这一地区，这些国家也和中国生意往来较多。这些国家买家的普遍特点是追求质量和实用主义，讲究效率，关注细节，所以对产品的要求很高，并且会很认真地查看产品的详细描述。

德国人严谨保守、思维缜密，在谈判前就做好充分的准备，知道谈判议题、产品的品质和价格，也会对对方公司的经营、资信情况做详尽而周密的研究和比较；追求质量和实用主义，讲究效率，关注细节。德国人对产品的要求非常高，不喜欢与犹豫不决、拖泥带水的卖家合作。综上所述：卖家产品必须要跟描述、图片一致，不然就别怪他们找茬了。不要匆忙地答应或保证任何事情，也不要给模棱两可的答复，必须做好充分的考虑。

英国人冷静持重，自信内敛，注重礼仪，幽默也守旧，崇尚绅士风度，也特别懂得形象管理；喜欢按部就班，特别看重订单且订单循序渐进。当然也非常精明，注重性价比。综上所述，英国人对于外在形象的追求非常严苛。所以，必须满足他们对产品款式的期许。产品必须确保品质，货运货期也必须保证。选择合适的供货商和货运方式，是避免不必要问题出现的关键。

法国人一般比较注重自己的民族文化和本国语言，天性浪漫、重视休闲，时间观念不强。法国人在谈判中重视条款，思路灵活，效率高；对商品的质量要求十分严格，条件比较苛刻。同时，他们也十分重视商品的美感，要求包装精美。综上所述，赞美、赞美、赞美，法国人喜欢他人的赞美；要营造舒适休闲的意境，同时保证产品质量；法国人对于款式的要求也只有一个——"美"。

比利时、荷兰、卢森堡等国的买家通常较稳重、计划性强，注重外表、地位、礼节、程序化，讲信誉，商业道德高；卢森堡的买家以中小企业为主，一般回复率较高，但不愿意为物流承担任何责任，通常和中国香港供应商做生意较多。综上所述，产品质量、物流运输要给力。

（2）南欧

南欧国家主要包括意大利、西班牙、葡萄牙、希腊等。南欧文化和北欧、中欧、西欧差距较大，这里的人民少了几分严谨苛刻，多了几分激情。南欧国家的买家特点主要是订单普遍稍小，做事都比较拖拉，不会立刻下订单，效率相对较低。意大利人很追求时髦，对时尚流行的产品非常感兴趣，但是希腊人则不同，他们不讲究时尚。

意大利人善于社交，情绪多变。意大利人说话时手势较多，表情富于变化，易情绪激动，常常会为很小的事情而大声争吵，互不相让；比较慎重，同时比较重视产品的价格；注重节约，崇尚时髦。意大利人有节约的习惯，不愿多花钱追求高品质；同时追求时髦，衣冠楚楚，潇洒自如。他们的办公地点比较现代化，他们对生活的舒适度也十分注重；意大利人与外商做交易的热情不高，所以，与意大利人做生意要有耐心，要让他们相信你的产品比他们国内的产品更为物美价廉。综上所述，产品本身质量、款式、价格一定要得到市场认可，然后有底气地告知意大利人，我的产品很时尚、很多人追随，店铺里面全是有品位的时尚产品。现在是活动期，买到就是赚到了。

西班牙买家通常乐观向上、无拘无束又讲求实际、热情奔放但很难认错；热情大方，非常容易跟他们交朋友，无论何时，都能像老友那样侃侃而谈；非常懂得生活，他们认为不应该被生活绑架，而要把生活安排得多姿多彩；自强自立，敢于尝试，亲力亲为，遵守规矩。综上所述，你可以向他们推荐新款，如果产品性价比不错的话，他们很可能成为你的忠实客户。

葡萄牙买家一般性格随和，以自我为中心，不过协调性差，不守时；倾向农业、手工业，制造商较少。直言直语，不愿相互绕弯，有"男尊女卑"现象；关于偏好与忌讳，话题方面可以从斗牛、石竹花入手，从赞美方向延伸；切记不可提"13"与"周五"；喜欢烹饪，厨艺有一手；热衷于野餐，享受生活，欣赏风景。综上所述，价格应直截了当。他们愿意购买用于野餐、派对等的产品，颜色多选择紫色、玫红、玫瑰金等。产品细节描述要客观且到位，或是描述产品能给他们带来怎样的体验。

希腊买家诚实但效率低，不追求时髦，喜欢浪费时间，希腊人以懒著称。性格开朗，容易激动，但也容易平息，同样忌讳"13"与"周五"；有幽默感，喜欢喝酒和浓咖啡，享受微醺的醉感；他们不喜欢黑色，不喜欢猫，对客人慷慨。综上所述，不要向他们推销黑色、猫形的商品。可多用生活场景代入，如咖啡厅、酒吧的休闲时光等。他们也喜欢讨价还价，直接应对是告诉他们购买这件商品是值得的。

（3）北欧

北欧国家主要包括丹麦、芬兰、冰岛、挪威和瑞典。这些国家政治稳定、人民生活水平较高，较善良、和蔼。北欧国家的买家普遍特点是重视产品对环境的友好度，他们不喜欢也不善于讨价还价，如果产品质量过硬、环保、证书齐全，他们会选择直接下单，很少和卖家沟通价格问题。另外，北欧人民对于款式新奇的消费品非常感兴趣。

（4）东欧

东欧国家包括俄罗斯、波兰、罗马尼亚、保加利亚等国。东欧国家中不得不提到俄罗斯，俄罗斯跨境电商市场近几年受到了越来越多的关注，也成为敦煌网重点发展的潜力市场之一。东欧的很多国家都经历了经济体制和政治体制的巨大变化，所以这些国家的买家都很看重实际利益并且态度比较散漫，也比较多变，卖家应对东欧国家的买家及时地跟进。

2016年11月《俄罗斯商务咨询报》数据显示，俄罗斯跨境购买量已经是其国内电商购买量的几倍。在跨境电商发展方面，2016年第三季度俄罗斯国内电子商务市场增长了27%，网络销售额达2020亿卢布。截至2016年年底，跨境电商在俄电商份额将达到35%，相较2015年增长6%。跨境电商对俄罗斯电商份额的增长起推动作用，86%的俄罗斯网购族的首次购物体验来自跨境网购，跨境贸易为俄罗斯电商吸引了1200万新消费者。18～39岁的俄罗斯人是网购的主力军，他们对网购态度积极。统计数据显示，61%的18岁以上的莫斯科人在网上购买商品。消费者的消费偏好相对比较稳定，调查数据显示，俄罗斯排行前100名的网店依然保持不变，排名顺序也只发生了不超过10%的变化。而在这100家网店更细分的调查中发现：首先，只有十几家网店推动着整个市场的发展；其次，从传统的直销变为网上直销并同时发展多渠道零售的网上销售模式增长速度很快，超过只发展单一网上渠道的零售商。值得一提的是，俄罗斯消费者更倾向于使用移动客户端网购。统计数据显示，2016年移动订单量份额增至40%，相比上年实现7%的增长；移动销售量则相比上年实现13%的增长。而移动交易额在网店总交易量中的份额增长了17%，俄罗斯最大网站的移动交易量占总交易量的37%。此外，移动设备订单量的80%左右主要通过网站桌面版与移动版办理，而不通过应用程序。

3. 拉美

拉丁美洲由墨西哥，中美洲、南美洲以及西印度群岛组成，自然资源丰富但经济水平较低。本区居民主要以农业生产为主。工业以初级加工为主，国家主要为发展中国家。拉美是一个价格高度敏感的市场，中国商品的性价比刚好在多数消费者最能接受的位段，很利于打开市场。

在拉丁美洲，越来越多的人通过网络在海外购物。服装、配饰、电子及旅游产品等是最受拉美民众喜欢的跨境网购产品。截至2014年年底，拉美互联网用户已占全球用户总量的10%。巴西占据了南美洲电商市场的半壁江山，其总销售额在2015年达到370亿美元，被列为全球第十大电子商务市场；阿根廷电子商务市场发展最快，占全国零售总量的40%；墨西哥2014年的电子商务销售额虽然只占全国零售总量的1.5%，但已达到了57亿美元。国外电商网站的选择范围更大，价格也往往更便宜。根据尼尔森市场研究公司关于跨境购物动机的调查，一个主要原因是"网购省钱"，另一个主要原因是"网上能找到更多当地没有的商品"。

南美洲各国消费者的口味和政治现状千差万别，唯一的共同点是多样性。以汽车为例，在秘鲁，整船的廉价日本车在码头上改装成左舵车，之后再销售到南美相对贫困的地区。在巴西，多年的政治稳定和经济增长使汽车制造商计划从美国进口汽车。在委内瑞拉，汽车制造商担心其工厂被政府接管。在阿根廷公路上行驶的大型轿车和卡车都很陈旧。这表明汽车制造商在阿根廷的利润很高，但销量较低。

如果拉美的客户能说英语，我们可以打电话问候一下。最好先别谈工作，简单问候就可以了。如果有意向了，他会直接跟你说。另外，拉美国家跟中国时差大概是12个小时。北京时间晚上10点打拉美客户的电话比较好，那时候对方应该吃完早饭，刚进办公室，心情比较好。以智利为例，智利人喜欢耐用的东西，只要你能让客户相信你的产品质量好，能使用很长时间，客户就不太计较价格上的差异。但实际上中国的廉价低档产品进入居多，这让智利人对中国货又爱又恨。所以跟智利人做生意，重点是让他们相信买到的东西是耐用品。建议做机械或电子的朋友们，给智利客户发货的时候一定要带足备件。智利因为国家比较小，所以很少有大的进口商。通常以家庭企业为多。他们的汽车配件生意不错。如果有机会弄到智利、阿根廷或玻利维亚的电话黄页，几乎可以在上面找到你想要的全部商家资料。因为只要在智利注册时间超过一年的正规公司就可以在黄页上找到。

拉美国家的效率低下，很让人头疼。经常会出现和客户约好了时间而被放鸽子的情况。在他们看来，约会迟到或爽约不是什么大不了的事情。所以如果想和拉美人做生意，耐心是很重要的。不要因为他们几天不回邮件就以为没下文了，其实很有可能撞上了节日。比如智利法律规定，节假日不可以强迫加班，即使加班也要付四倍的薪水。与拉美人谈判，要为漫长的谈判程序留出足够的时间，同时在最初出价时要留足余地。谈判过程将很长而艰难，因为拉美人普遍擅长讨价还价，要保持耐心。

4. 亚洲

（1）日本

为顾客和品牌建立联系的全球领导者Epsilon（艾司隆）2015年完成了对日本消费者行为习惯的研究。通过深入研究不同产品类别和人口分类下的忠诚度激励因素，Epsilon的报告《忠诚度的真实模样》（"What Loyalty Looks Like"）发现日本消费者对信用卡、多商户奖励计划及电商平台的忠诚度相对较高。2015年的调查结果和Epsilon以往的日本忠诚度报告所总结的许多关键趋势是一致的，品质、性价比和服务依然是保持消费者忠诚度的三大法宝，电子邮件仍是较受欢迎的沟通方式。特别值得关注的新发现是——消费者如今对信用卡、多商户奖励计划和电商平台的忠诚度最高。

在日本，性价比是刺激购买的绝对因素。经由信用卡、电商平台及多品牌联盟平台上的每一次消费以及消费者由此积累的经济价值，让奖励计划成为日本消费经济密不可分的一部分。对于品牌来说，与消费者的联系是很重要的。与消费者一对一的互动会在原本以价值为基础的购买行为上强化与消费者的个人联系。当问到日本消费者对最爱的品牌保持忠诚的理由时，我们发现对生活的态度与性价比高这两个理由平分秋色。在杂货和电商方面，性价比高的产品有更多的支持者。然而在时尚、食品和饮料方面，日本消费者喜欢追求创新的产品，因此在这些领域"拥有满足需要和符合我的生活方式的新产品"所占的权重几乎是"性价比最高"的两倍也就不足为奇了。

（2）印度

外媒Firstpost（第一邮报）2015年2月25日报道：调查发现，大约37%的印度人希望使用移动设备购物时的网速能够和PC端的速度一样。50%的印度消费者认为，网购带来的体验优于实体店购物。购物网站加载所需的时间和网购的安全性成为影响印度电商收入的两个主要因素。研究发现，42%的消费者在等待购物网站加载超过4秒之后会转到别的网站；36%的印度消费者网购时会担心安全性的问题。与此同时，23%的消费者也会担心移动客户端网购的安全性问题。全球化电商巨头对印度当地电商而言是潜在的大威胁。调查发现，47%的印度网络消费者表示，从国外零售网站购物结果令人满意，符合自己的消费预期。更令人吃惊的是，比例高达83%的印度消费者称，相比而言，自己更喜欢到国外电商网站购物，因为这些国际化网站购物流程更简单、更便捷。60%的消费者表示跨境网购带来的消费体验更佳，以后一定会更频繁地跨境网购。33%的消费者表示，如果购物网站加载速度很慢，将会转向别的网站搜索。这一比例在一些快速增长的电商市场甚至更高，比如印度、中国和马来西亚。在这些国家，43%的消费者遇到购物网站下载速度慢时，一般会选择放弃，转向别的网站。

2016年8月Ipsos代表PayPal执行了一项研究，报告显示，相比海淘，印度18～34岁的消费者更多地在国内网站购物。该研究调查了2015年9—10月期间2.3万名印度国内及海外消费者，报告显示，有61%的18～34岁的消费者在国内网站购物，而有39%的消费者同时参与国内购物及海淘。报告显示，在过去12个月里，所有受访的18～34岁的消费者中，有82%的人网上购物，有86%选择用PayPal付款。美国是最受欢迎的网购目的地，有27%的受访者表示在美国网站购物，随后是中国（11%）和英国（10%），新加坡也很受欢迎。报告还提及了德国和加拿大等新网购市场。跨境网购中，消费者购买最多的产品品类是服装、鞋业和配饰。有59%的18～34岁的消费者从国外购买此类产品，而普通买家中，只有53%表示从国外网站购买此类产品；海淘在18～34岁的消费者间越来越流行，因为他们认为国外的产品质量更好。许多18～34岁的消费者选择国内网站购物而不是海淘是因为海淘有额外的运费。有近1/3的国内及海淘消费者使用手机进行网上交易，但是大部分消费者还是利用PC端或是平板进行网上购物。

（3）东南亚各国

东南亚各国的数字化普及率很高。比起其他国家，菲律宾人民发送的短信数量是最多的；印度尼西亚首都雅加达拥有世界上最多的Twitter（推特）用户。据统计，2016年4月在这个地区，超过2.5亿人使用智能手机。但是，网络市场的规模仍然不大。由贝恩公司和谷歌联合发起的，针对印度尼西亚、马来西亚、菲律宾、新加坡、泰国、越南等国家的6000多名消费者的调查表明，只有大约25%的16岁以上的消费者进行过网上购物。东南亚的网络零售渗透率是3%，也就是说销售额只有大约60亿美元。而中国和美国的网络销售额超过2500亿美元，渗透率占14%。这个市场"天平"即将被倾斜。根据调查，在东南亚，1亿名的消费者成功地用手机购物，同时1.5亿名消费者在网上搜索产品或者与卖家进行商谈。一些企业的销售额已经开始增大：24%的服饰鞋类以及18%的旅游产品交易是在网上达成的。

东南亚生活着不同的族群，他们有着各种语言、不同的消费偏好以及一系列的规章制度。具体的例子是，印度尼西亚法律不允许外国的投资商直接在当地的零售电商公司进行投资。东南亚同样缺乏固定的地区支付方式以及物流的基础结构，这为中国惊人的数字零售提供了基础。另外，接受调查的消费者们还没有完全信任电商平台，他们对缺乏正面接触的交易行为感到忧虑，并且他们很难找到想要的商品。但是当地有相当数量的数字化人群，该地区广泛接受电子商务是迟早的事。

与一线城市不同，许多人直接绕开PC，转而使用手机来访问电商平台。在泰国，85%的没有居住在都市中心的消费者使用移动设备来进行网上购物。东南亚的网购者经常访问大量的网站。在新加坡，超过12个平台服务90%的市场。由于市场的分裂，当搜寻产品时，购物者更倾向于先访问搜索引擎，而不是公司网站。通过社交媒体渠道调查发现，他们并不忠实于零售商以及商店。超过80%的该地区的数码消费者使用Instagram（照片墙）等社交媒体来寻找产品，或者直接与卖家联系。由于通过社交媒体达成的销售额占总交易金额的30%，一些公司正在快速地扩展它们的服务以便吸引消费者。

在许多市场中，为了寻找廉价交易，消费者从实体购物转战网络零售。但是东南亚的情况并非如此，根据调查，该地区的消费者认为网上的经历或者网络可提供的选择更为重要。许多市场偏爱通过非现金的方式，如信用卡或者送货上门进行支付。而东南亚的消费者渴望其他的支付以及快递方式。超过1/3的接受调查的主要城市以及偏远地区的消费者愿意支付运费，而一线城市的消费者偏向于送货上门，但是其他地区的网购者更喜欢亲自去取快递。

第四节 跨境电商消费者价格敏感度

多渠道零售商网站2014年调查显示，针对跨境消费者最关注的运费问题，在过去12个月里进行过跨境购物的消费者中，51%的人说昂贵的运费经常会让他们在跨境网购时望而却步。与此类似，在全部网络购物的消费者中，47%的人说，如果可以包邮，他们会更喜欢从别的国家或地区买东西，而51%成年网络用户说，免运费购买或者免运费退货是必需的。一些发展中国家喜欢打价格战，而且价格敏感度很高。

（一）跨境电商产品成本分析

1. 价格成本

跨境电商经营要成功，选择一个优质的供应商是重中之重。供应商要具备优质的产品品质、较强的产品研发能力、良好的电商服务意识，但核心的是供应商给的价格必须具备一定的市场竞争力。我国小型跨境电商企业的价格成本一般由下面几部分组成：进货成本（产品价格、快递成本、破损率）+跨境平台的成本（推广成本、平台年费、活动扣点）+跨境物流成本+销后维护成本（退货、换货、破损率）+其他综合成本（人工成本、跨境物流包装成本等）。平台的推广成本，核心是市场推广成本，对于商品的推广投入应该谨慎并且有非常详细的预算。售后纠纷是指跨境物流很多中小跨境卖家在境内发货，线长点多周期长，经常会出现一些产品破损、丢件甚至客户退货退款的纠纷事件。因为跨境电商的特性，成本投入往往比较高，在核算成本的时候应该把这些成本明确地算进去。

2. 物流成本

物流不是影响跨境购物的决定因素，但会影响消费者的购物体验。随着跨境电商的深入发展，模式多元化趋势日益明显，但动不动就占售价一半的物流成本，影响了跨境电商的开展。从境内情况来看，跨境电商物流服务体系尚不完善，诸多跨境电商物流企业运作水平较为滞后，服务单一、物流效率低、成本高，成为制约跨境电商发展的瓶颈。市场上大部分跨境电商物流企业规模小、功能单一，仅局限于某类服务、某个环节做得比较出色。这些物流企业仅提供快递、直邮代理、海运、空运、报关、仓储等服务当中的某一两类，通常它们整合全球服务资源或跨供应链运作的能力有限，缺少能将多种运输方式、进出口通关、仓储与跨境配送乃至跨境供应链管理等功能集成优化的能力，缺乏有效融合跨境电商物流、信息流、现金流的技术实力，存在价格高、速度慢、后期追踪难、便利性差等问题。物流服务的单一化必造成跨境电商企业对物流服务采购的碎片化及供应商的管理的分散化，导致物流综合成本高、服务效率低，阻碍跨境电商业务的发展。适应跨境电商更进一步发展的物流需求，整合优化跨境物流服务功能，对促进跨境电商行业发展、提高跨境电商企业综合竞争力有着极其重要的意义。

3. 交流成本

根据相关的统计数据来看，小语种市场非常火热，特别是俄罗斯和巴西两大市场。巴西目前是南美最大的电商市场，预计在线零售将从2013年的150亿美元增加到2018年的350亿美元。同期在线消费者将增加79.3%，从3090万人增加到5540万人。从这些数据来看，巴西已成为跨境电商非常有价值的目标市场。尽管小语种市场的网购需求急剧增长，但由于语言的障碍，中国跨境电商企业要从中获得订单并不容易。某外贸电商公司的数据表明，在2013年之前，其网站来自巴西、印度尼西亚等小语种国家的访客量占网站总访客量的20%，但是订单转换率超低，不到1%。小语种市场一个个有可能到手的订单"不翼而飞"，原因主要是语言障碍。俄语、葡萄牙语、西班牙语、阿拉伯语等各种对中国人来说看似"天书"的语言，犹如一道道鸿沟横亘在中国商家与顾客之间，使得那些订单"看得见，却摸不着"。目前境内电商网站在走向国际化的过程中，小语种网站建设的问题主要体现在：一是翻译成本高昂，人工翻译费用高，使用谷歌翻译得到的仅仅是翻译视图，不能提供真正的网站；二是人工成本高，多语言站点需要同主站一样多的维护成本，这包括服务器成本、运营人员成本、网站推广成本；三是跨境电商网站库存量单位（stock keeping unit，SKU）普遍量大，多个站点同步上新，非常麻烦；四是虽然目前有些小公司也做网站多语言，但是不能达到多语言站点和源站同步上新，后台的维护非常麻烦；五是多语言站点的优化推广不能及时精准营销。小语种市场有无限机遇，境内电商想尽快占领小语种市场，成为国际化的公司，还需要走很长的路。

（二）跨境电商消费者价格敏感差异分析

通过对中美消费者价格敏感度异同的比较，分析跨境电商中存在的不同国家（地区）消费者价格敏感度的差异。

1. 动态定价与价格歧视

沃顿商学院市场营销学教授波尔顿（Bolton）探究当消费者发现有人以更低廉的价格买了同样的产品时，他们会有什么反应。以美国和中国消费对比分析来看，中国和美国消费者往往有不同的态度，在某些情况下也有相似的态度。

总的来说，中国消费者更在乎和朋友的攀比结果。对中国人来说，陌生人对他们的影响没有朋友的影响大，而美国人则一律对价格歧视很敏感。除此之外，首次购物者和忠实顾客相比较，差异化价格会影响他们对价格的公平感，以及顾客和商家的关系。对美国消费者而言，他们是第一次购买还是忠实顾客似乎无关紧要，多付了钱就是不公平，不管他们和商家的关系如何。但是对中国人来说，如果忠实顾客付了高价，这会令他们更加愤怒。中国消费者"对商家与顾客之间的关系更为敏感"。

研究者认为，做市场营销需要理解顾客怎样确定公平，这里有几个原因。第一，"公平是重复购买的推动力"，因此理解顾客的想法是经营成功的关键。而且，在动态定价的趋势下公平问题可能会更为频繁地出现，现在"更多的公司尝试向不同的顾客以不同的价格出售相同的产品"，包括机票和书籍等物品。互联网的快捷让企业制定不同的价格和迅速修改价格更为便捷，但是互联网公开交流也使得消费者更容易发现市场上的不均等。虽然朋友间分享价格信息可能更普遍，但是互联网使消费者有更多机会了解陌生人付了多少钱，例如其他消费者贴在eBay、旅游社区网站TripAdvisor和其他类似网站上的价格信息。如果顾客发现自己比别人多付了钱，而决定去别处购买，那么厂家的动态定价策略可能会产生事与愿违的结果。有些消费者更愿意坚信动态定价就是价格歧视。从研究的角度来看美国和中国很有趣，因为美国是一个成熟的市场。而中国是"世界上最大的新兴市场"，在今天的全球化经济中，美国企业有必要理解中国消费者做出购买决策时的所思所想，而中国企业同样需要读懂美国人的心思。

2. 不同的定价选择

研究者说，中国和美国消费者对定价公平的看法有可能受到文化差异的影响。研究者认为，美国文化比较尊崇个人主义（每个人或每个购物者只为自己），而集体主义或"与社会相联系的自我"观念是中国文化的主导思想。研究者报告指出："举例来说，美国人平等对待朋友、同事和公司老板，而中国人更在意群体归属感和名誉感。"波尔顿指出，中国有一种现象，即人们组成非正式的团体或俱乐部，向商家争取更优惠的价格，这种做法叫作团购。一群有着共同购买意向（比如汽车或电器）的人通过网上聊天室认识后，突然一起造访一家商店或销售商，团购由此形成。这样做的理念是多人购物可以获得比单独购物更好的价格。波尔顿说，虽然美国人有加入一个团体可获得某些折扣的经验，但是中国人似乎更普及也更接受这样的事实。

调查结果表明，目前美国消费者可能不太接受动态定价，因为他们认为"看得到的公平才是公平"。相较之下，在中国可能有更大的操作空间来设定不同的价格水平，因为消费者会和"群体中的成员"比较，也就是和朋友而非陌生人比较，并从这一角度看待定价公平。显然，每个商店或品牌每年都会按照其销售情况制定销售目标，开展营销策划活动。但是，那种偶尔打折促销，大部分时候客户老实全价交易的时代已经一去不复返。有句话说得好，不占便宜就是吃亏，同样地，不给客户便宜占商家就会吃亏。随着营销技术和互联网的普及，商家越来越关注动态定价或个性化的价格歧视的潜力。

第五节　营销活动对跨境电商消费者的影响

研究消费者的购物心理，能为企业制定市场营销策略提供一定的参考。对于一个品牌，消费者的认知度不一样，购买行为也就不一样。网络营销专家们分析了不同阶段应该采取的网络营销策略。

1. 品牌认知阶段——广告策略

这个阶段，就是网购者对品牌从不知道到知道的过程。最能让网络消费者直接感知品牌的最有力工具无疑是网络广告，普及面广，曝光率高。当然也有通过软文、博客、微博、社区等传播方式认知品牌的，但这些效果都很慢。当然，也并不是用户看到你的品牌广告就记住这个品牌了，因此，需要不断地投入广告，加深消费者的印象。

2. 品牌调查阶段——口碑营销

消费者已经是该品牌的潜在客户了。消费者在购买之前，必定有一个品牌调查期，调查的结果将对是否选购该品牌起关键作用。调查品牌的渠道通常有三：第一，通过网络搜索相关信息，如果搜到的是品牌的好评或是企业正面新闻，成交的希望就很大，否则反之；第二，向周边的人询问，这个要看企业的服务到底怎么样了，大家都说好，距该消费者成交也就不远了，若大家都有一种被骗的感觉，成交也就会成为泡影；第三，直接打电话或者与品牌服务人员在线沟通，这需要专业的咨询师来处理。因此，这阶段就需要加大口碑营销的投入力度，用好评来博得用户的信任。

3. 选购决策阶段——定价与促销策略

当用户觉得品牌是值得信任的，接下来就要考虑该品牌产品的价格是否在他可承受的范围之内，再者就是看与该品牌相对等的竞争品牌的价格。如果在定价上稍占优势，这一环节容易胜出；如果定价高出竞争品牌，可通过促销策略来变相体现价格优势。

4. 购后体验阶段——产品与服务营销

这一切都搞定，用户也下单购买了，那么就万事大吉了吗？并没有！我们的产品有缺陷吗？肯定是有的，没有完美的产品，但相对其他产品能够更人性化，这就能体现出优势。像苹果手机，从产品自身创新出发，而不是从品牌策划出发，产品制胜仍是王道。

另外需要做好的是售后服务，好品牌加上好服务，才会留住客户。如果售后服务质量差，不仅影响品牌形象，还可能导致现有顾客的流失。

■■■ 本章小结

消费者需求动机较多，其表现形式复杂多样，如追求实用、追求安全健康、追求便利、追求廉价、追求新奇、追求美感、追求名望、自我表现、好胜攀比、满足偏好、惠顾性购买等动机。影响消费者购买的因素主要包括文化因素、社会因素、个体因素与群体因素等。

网络消费者的购买动机主要包括方便型动机、低价型动机、表现型动机。影响网络消费者购买的因素主要包括产品特性、安全感和信任感、产品价格等。伴随网络购物的普及与发展，网络消费行为呈现出网络消费者消费个性更明显、消费品质要求更高、移动购物渐成主流、O2O应用更加广泛等新趋势。

跨境电商消费者在购买商品时，会呈现出损失厌恶、社会认同、长期关系、寻求组织、选择恐惧等心理特征。境外消费者在心理上也多表现出实用性、注重质量、创新性、美观性、追求廉价、方便性、偏好性等特征，这与境内消费者在跨境网购中的需求表现趋同。在跨境电商发展推动下，消费者也表现出体验消费、品质消费、理性消费的消费趋势。

跨境电商产品成本主要由价格成本、物流成本、交流成本构成。在跨境电商发展不同阶段，需要针对性地应用不同的网络营销策略。在品牌认知阶段，主要采用广告策略；在品牌调查阶段，主要采用口碑营销策略；在选购决策阶段，主要采用定价与促销策略；在购后体验阶段，主要采用产品与服务营销策略。

【实训】

■■■ 思考题

1. 简述消费者需求理论。
2. 简述消费者需求动机。
3. 论述消费者购买行为的影响因素。
4. 简述网络消费者的购买动机。
5. 简述影响网络消费者购买的因素。
6. 论述网络消费者行为的变化趋势。

7. 简述跨境电商消费者购买决策的心理模式。

8. 简述跨境电商消费者的消费新特征。

9. 如何分析跨境电商产品成本构成?

10. 论述跨境电商不同消费阶段的营销策略。

■■■ 案例分析题

亚马逊卖家注意了，海外消费者最关心的是这些问题

数字营销机构CPC Strategy最新报告数据显示，超过一半的美国消费者，不会单单浏览亚马逊后就下网购订单，而会到其他不同的电商网站对比价格。另外，亚马逊购物者最关心的是价格和运费。

2016年12月，CPC Strategy对1500名年龄在18岁及以上的美国购物者进行了调查。调查结果显示，23.1%的购物者表示，价格是促使他们在亚马逊上购物的主要影响因素，其次是运费，占了19.8%。

在CPC Strategy的报告中，有一半以上的购物者（53.5%）表示，他们会先到其他网站上对比价格再购买，只有18.2%的人表示，他们在购买前仅会在亚马逊上查看价格，而其余受访者（28.3%）表示不在亚马逊上购物。

多年来，运费一直是影响消费者做购买决定的主要因素。2013年，Forrester Research（弗雷斯特研究公司）发现，59%的美国消费者会在做网购决策时考虑运费，53%的受访者表示，运费低是促使他们转向其他零售电商购买的重要原因。McKinsey & Co.（麦肯锡公司）的报告中指出，70%的消费者会选择最便宜的配送服务。McKinsey & Co的报告调查了中国、德国和美国的4700多名消费者（每个国家受访者数量超过1500名）。根据Top500Guide.com称，美国网上零售商前1000强中，有635家提供免费配送服务。亚马逊Prime会员项目为特定产品提供了两日达服务，不需要额外费用，也不限最低购买额。对非Prime会员，亚马逊刚把免费送货限额从49美元降至35美元，此举旨在应对沃尔玛三周前所做出的类似举措。消费者愿意在其他网站搜寻产品，给试图与亚马逊竞争的零售商打开了一扇门，它们可以提供更低的价格和运费组合来吸引消费者。

CPC Strategy在报告中指出：亚马逊购物者不一定会对品牌忠诚，但他们会永远对价格忠诚。亚马逊购物者基本上可以分为两类：第一类是图方便的购物者，他们看中如送货速度和客服等；另一类是看中产品价值的购物者，他们想在亚马逊上买到真正有价值的好商品。如果没有找到想要的产品，他们就会到其他零售商那里购买更便宜的产品。

CPC Strategy的报告还显示：

①亚马逊购物者倾向于购买熟悉的商品或品牌。45.8%的受访者表示，他们偶尔或很少在亚马逊上尝试购买新产品，而只有23.2%的受访者表示，他们经常尝试新产品或品牌。

②与手机（23.4%）和平板电脑（10.5%）相比，购物者更喜欢在电脑上购买（37.7%），其余购物者表示他们不在亚马逊购物。

③大多数亚马逊购物者不会在"黑色星期五"期间上亚马逊购物。66.7%的受访者表示不会在"黑五"期间购物，而19.8%的受访者表示，"黑五"期间他们会在亚马逊上买东西。

（资料来源：亚马逊卖家注意了，海外消费者最关心的是这些问题［EB/OL］.［2017－10－1］. http://www.cifnews.com/article/24628.）

思考：

1. 为何亚马逊购物者最关心价格与运费？是哪些消费动机形成了他们的这些特征？

2. 低价格能够成为亚马逊商家吸引消费者的原因吗？为什么？

■■■ **学习目标**

　　了解第三方支付及跨境移动支付的概念；了解第三方支付原理；掌握第三方支付业务流程；掌握第三方支付的优缺点；掌握针对不同跨境电商平台的跨境支付模式；了解常用的跨境支付工具；了解跨境移动支付类型；掌握跨境支付风险；掌握如何防范跨境支付风险；了解跨境电商支付发展方向。

■■■ **章节纲要**

　　本章主要分五节来阐述与探讨跨境支付问题。第一节主要介绍跨境电商支付管理；第二节主要介绍跨境电商支付渠道问题；第三节主要介绍跨境移动支付管理问题；第四节主要介绍跨境电商支付风险管理；第五节主要介绍跨境电商支付发展前景问题。

第一节　跨境电商支付管理

（一）跨境电商支付产生的背景

　　近年来，传统进出口货物或服务贸易受到全球经济增长放缓、需求降低、人力成本上涨等诸多不利因素影响，"集装箱"式传统外贸大额贸易方式受到一定的冲击，市场规模增长乏力，进出口业务发展趋缓，出口业务甚至出现负增长。而随着互联网技术的迅猛发展和日渐成熟，我国跨境电子商务发展却呈现迅猛增长的势头，成为国际贸易的新方式和新手段，逐渐成为我国外贸不可忽视的新增长点。

　　随着中国跨境网购用户数量的激增、人民币升值以及配送环节的不断成熟和完善，境内用户的境外网购交易额呈现逐年递增趋势。在跨境电商、海淘、留学教育、出境游等产业的推动下，中国跨境清算结算需求增长强劲，跨境电商支付市场将获得极好的发展机遇。在当前经济全球化、金融全球化、消费国际化的环境中，跨境电子支付服务已经成为中国支付体系的重要组成部分，并在跨境商务和个人消费生活中发挥重要的作用，在现代支付体系中扮演着越来越重要的角色。

　　随着跨境电子商务和非金融机构支付业务的迅猛发展，一些规模较大、发展比较成熟的支付机构对扩展跨境支付业务的需求逐步强烈。2009年，国家外汇管理局批复同意支付宝和财付通开办境外收单业务，外卡支付业务一直未予放开。但实际业务中，个别支付机构通过境外设立分公司的方式变相开展了外卡支付。2012年，占我国跨境第三方支付市场份额最大的支付宝，跨境支付总额约9亿美元，仅占我国跨境电子商务总交易额的5%，每年数百亿美元规模的跨境第三方支付市场主要由美国PayPal等境外支付公司垄断。大量跨境电子商务企业在境外开立账户收取货款，并通过个人分拆结汇等方式流回境内。同时，这些境外支付公司对我国境内外贸企业不仅收费高，而且管理苛刻，在发生纠纷时普遍偏袒境外持卡人，冻结我国境内企业的资金动辄数月甚至半年。因此，扶持我国自有支付公司拓展跨境业务，对于促进我国跨境电子商务和第三方支付市场健康发展具有重要意义。

（二）第三方支付概念

迅猛发展的电子商务浪潮改变了传统购物方式和商业模式，消费者通过网上购物可以享受到境外质优价廉的商品。然而，跨境电子商务与境内电子商务相比，买卖双方风险更难控制。在跨境电商平台这种虚拟的无形市场中，交易双方互不认识，不知根底，卖家不愿先发货，怕货发出后不能收回货款；买家不愿先支付，担心支付后拿不到商品或商品质量得不到保证。由于货物和款项在国家（地区）间传递交易，物流与资金流在时间和空间上不同步，各国或各地区语言不同，法律法规各异，相隔万里。这种信息不对称，导致商家与消费者的彼此信任度相对较低。因此安全、便捷的支付方式，成为商家和消费者最为关心的问题。

传统国际贸易中所使用的结算方式难以满足单票金额较小、批量较多及批次较多的碎片化跨境电商的需要，传统的结算方式主要有电汇（T/T）、托收和信用证（L/C），汇付和托收以商业信用为基础，出口商需要承担较大的风险，且贸易融资不便。信用证以银行信用为基础，虽可以降低出口商的收款风险并提供融资便利，但手续较为繁杂，费用较高。而国际电子商务的每笔成交金额较低，无法承担国际贸易中传统结算方式的费用，亟需低费用甚至零费用的支付手段，以解决国际电子商务发展过程中跨境支付费用高昂的难题。

正是在这种背景下，第三方支付在国际小额贸易中应运而生。第三方支付是指具备实力和信誉保障的第三方企业和境内外的各大银行签约，为买方和卖方提供的信用增强。在银行的直接支付环节中增加一个中介，通过第三方支付平台交易时，买方选购商品，不直接将款项打给卖方而是付给中介，中介通知卖家发货；买方收到商品后，通知付款，中介将款项转至卖家账户。它在商家与消费者之间建立了一个安全的可以信任的中介，可以对双方进行监督和约束，满足了商家与消费者对信誉和安全的需求。为了解决网络交易安全问题，可使用"第三方担保交易模式"。第三方是买卖双方在缺乏信用保障或法律法规支持的情况下的资金支付"中间平台"。买方将货款付给买卖双方之外的第三方，第三方提供安全交易服务，其运作实质是在收付款人之间设立中间过渡账户，使汇转款项实现可控性停顿。第三方担当中介保管及监督的职能，并不承担相应的风险，属于支付托管行为，通过支付托管实现支付保证。

（三）跨境电商支付原理

第三方支付系统的实现原理：第三方机构与各个主要银行之间签订有关协议，使得第三方机构与银行可以进行某种形式的数据交换和相关信息确认。这样第三方机构就能在持卡人（或消费者）与各个银行以及最终的收款人（或者商家）之间建立一个支付的流程。

第三方机构必须具有一定的诚信度。在实际的操作过程中，这个第三方支付机构可以是发行信用卡的银行本身。在进行网络支付时，信用卡号以及密码的披露只在持卡人和银行之间转移，降低了通过商家转移而导致的风险。

同样当第三方是除了银行以外的具有良好信誉和技术支持能力的某个机构时，支付也通过第三方在持卡人（或者客户）和银行之间进行。持卡人首先和第三方以替代银行账号的某种电子数据的形式（例如邮件）传递账户信息，避免了持卡人将银行信息直接透露给商家，另外也不必登录不同的网上银行界面，取而代之的是每次登录时，都能看到相对熟悉和简单的第三方机构的界面。第三方支付模式中，商家看不到客户的信用卡信息，同时又避免了信用卡信息在网络多次公开传输而导致的信用卡信息被窃事件。第三方支付业务流程如图4-1所示。

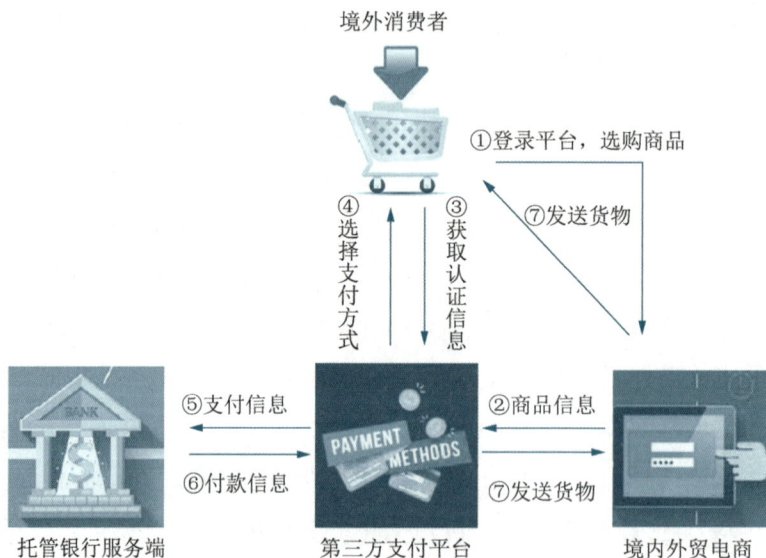

图4-1 第三方支付业务流程

（四）第三方支付的优缺点

1. 第三方支付的优点

①第三方支付平台提供一系列的应用接口程序，将多种支付方式整合到一个界面上，负责交易结算中与银行的对接，使网上购物更加快捷、便利。

②利用第三方支付平台进行支付操作更加简单而易于接受。通过第三方支付平台，交易双方不需要通过电子商务认证授权机构（certificate authority, CA）认证各方的身份，商家和客户之间的交涉由第三方来完成，使网上交易变得更加简单，更为快捷，成本更低。

③第三方支付平台本身依附于大型的门户网站，且以与其合作的银行的信用作为信用依托，因此第三方支付平台能够较好地突破网上交易中的信用问题，有利于推动电子商务的快速发展。

④对商家而言，通过第三方支付平台可以规避无法收到客户货款的风险，同时能够为客户提供多样化的支付工具，不需要在不同的银行开设不同的账户，帮助商家降低运营成本，尤其为无法与银行网关建立接口的中小企业提供了便捷的支付平台。

⑤对客户而言，不但可以规避无法收到货物的风险，而且货物质量在一定程度上也有了保障，增强了客户网上交易的信心，同时不需要在不同的银行开设不同的账户，可以帮助消费者降低网上购物的成本。

⑥对银行而言，通过第三方平台，银行可以扩展业务范畴，同时也节省了为大量中小企业提供网关接口的开发和维护费用。

可见，第三方支付模式有效地保障了交易各方的利益，为整个交易的顺利进行提供支持。

2. 第三方支付的缺点

①风险问题。在电子支付流程中，资金都会在第三方支付机构滞留，成为沉淀资金，如果缺乏有效的流动性管理，则可能存在资金安全和支付的风险。同时，第三方支付机构开立支付结算账户，先代收买家的款项，然后付款给卖家，可能为非法转移资金和套现提供便利，因此形成潜在的金融风险。

②电子支付经营资格的认知、保护和发展问题。第三方支付结算属于支付清算组织提供的非银行类金融业务，银行将以牌照的形式提高门槛。因此，对于从事金融业务的第三方支付公司来说，面临的挑战不仅仅是如何赢利，更重要的是能否拿到第三方支付业务牌照。

③恶性竞争问题。电子支付行业存在损害支付服务，甚至给电子商务行业发展带来恶意竞争的问题。境内专业电子支付公司已经超过40家，而且多数支付公司与银行

之间采用纯技术网关接入服务，这种支付网关模式容易造成市场严重同质化，也挑起了支付公司之间激烈的价格战，惯用的价格营销策略将让电子支付行业利润被摊薄。

第二节　跨境电商支付渠道与工具

一、　跨境电商支付渠道

通俗而言，跨境支付就是境内消费者在网上购买境外商家产品或境外消费者购买境内商家产品时，由于币种不一样，就需要通过一定的结算工具和支付系统实现两个国家或地区之间的资金转换，最终完成交易。

跨境电子支付服务涉及企业、个人、银行、汇款公司及第三方支付平台等多个主体，典型的跨境电子支付服务主要包括网上银行支付服务系统和有第三方支付平台参与的电子支付服务。

跨境电子商务的业务模式不同，采用的支付结算方式也存在着差异。跨境支付行业形成多渠道并存格局，包括银行电汇、快汇公司、国际卡组织、第三方支付及香港离岸账户五种渠道，各种渠道优劣并存，各有千秋（表4-1）。

表4-1　常用的跨境支付模式

跨境支付模式	主要支付工具	特点
银行电汇	银行电汇	传统外贸付款方式，一般通过SWIFT（一种编程语言）传递数据
快汇公司	西联汇款、速汇金	到账速度快，但同样手续费相对较高，同时网点不足
国际卡组织	万事达卡、维萨	用户人群庞大，与信用体系挂钩、费用较高
第三方支付	PayPal、Payoneer、ClickandBuy、Qiwi wallet 等	使用方便，种类繁多
香港离岸账户	香港账户、离岸账户（内资）、离岸账户（外资）	境内操控，境外运作，资金调拨自由

B2B信息服务平台模式，主要为我国外贸领域规模以上 B2B 电子商务企业服务，如为境内外会员商户提供网络营销平台，传递供应商或采购商等合作伙伴的商品或服务信息，并最终帮助双方完成交易。传统跨境大额交易平台的典型代表有环球资源网、中国制造网、博纳工业领航等。大宗交易平台仅提供买家和卖家信息，提供商家互相认识的渠道，不支持站内交易。外贸交易主要以线下支付为主，金额较大，一般采用 T/T、

L/C、西联汇款等方式。

B2B交易服务平台模式，主要提供交易、在线支付、物流、纠纷处理、售后等服务。目前，这种跨境平台主要有阿里巴巴国际站、敦煌网、慧聪网等。B2B交易服务平台的市场集中度较高，这种平台模式多采用线上支付，支付方式主要包括 PayPal等。

B2C开放平台模式，主要提供交易、在线支付、物流、纠纷处理，售后等服务，以小额批发零售为主。代表性平台有兰亭集势、米兰网、大龙网、兴隆兴、TOMTOP（通淘国际）等。这种模式普遍采用线上支付，如PayPal、信用卡、借记卡等。

B2C自营平台模式，一般自建平台，代表性平台有兰亭集势、环球易购等。这种模式与B2C开放平台一样，普遍采用线上支付，如PayPal、信用卡、借记卡等。

C2C跨境电商零售模式，主要提供交易、在线支付、物流、纠纷处理、售后等服务，跨境电商平台主要有敦煌网、速卖通、易唐网等。这些C2C平台不参与跨境电商交易，而是在买卖双方交易的基础上收取一定比例的佣金，普遍采用线上支付，如PayPal、信用卡、借记卡等。

自建电商模式，一般通过自建网站，精准定位，将商品销往境外，其主要业务包括交易、物流、支付、客服等，典型代表有Antelife、义乌外贸饰品零售网店Gofavor等。支付方式按客户需求，可有多种选择。

二、跨境电商支付工具

按照是否需要去柜台现场办理业务，跨境支付方式分为两大类：一种是线下支付，比较适合较大金额的跨境B2B交易；另一种是线上支付，包括各种电子账户支付和国际信用卡，由于线上支付手段通常有交易额的限制，所以比较适合小额的跨境零售。

（一）线下支付工具

线下支付是相对于线上支付而言的，具体支付工具有：信用证、托收、电汇、西联汇款、速汇金MoneyGram、香港离岸账户。

1. 信用证

信用证（letter of credit, L/C）是指由银行（开证行）依照（申请人的）要求和指示或自己主动，在符合信用证条款的条件下，凭规定单据向第三者（受益人）或其指定方进行付款的书面文件。即信用证是一种银行开立的有条件的承诺付款的书面文件。

在传统国际（地区间）贸易活动中，买卖双方可能互不信任：买方担心预付款后，卖方不按合同要求发货；卖方也担心在发货或提交货运单据后买方不付款。在信用证结算方式中，银行以银行信用代替商业信用，为交易双方提供信用保证，从而促进交易的顺利达成和资金的安全支付。信用证是银行有条件保证付款的证书，成为传统国际贸易活动中常见的结算方式。买方先提交信用证申请书，支付保证金和银行费用，由银行开立信用证，再由异地卖方银行通知卖方，卖方按合同和信用证规定的条款发货，开证银行在审单无误的条件下代买方先行付款。

（1）费用

信用证相应的银行费用项主要可分为以下几类：①开证：开证费、改证费、撤证费；②信用证传递：信用证预先通知费、通知费、转递费；③信用证交单：邮递费、电报费、审单费；④信用证收汇：议付费、承兑费、保兑费、偿付费、付款手续费、转证费、无兑换手续费、不符点费、不符点单据保管费；⑤信用证中可能涉及的罚款项等。

同一银行对不同费用项的收费方式也不一样，有些是定额收取的，如通知费、不符点费等，按每笔收取；有些则是按比例收取的，如议付费、兑换费等；还有按时间循环收取的，如承兑费、保兑费等。另外不同银行间的收费标准也是不一样的。

（2）优点

有银行信誉参与，相对比较安全，风险相对较低；在交易额较大、交易双方互不了解且进口国或地区进行外汇管制时，信用证的优越性更为突出；受UCP600（跟单信用证统一惯例）的约束，贸易双方交易谨慎度较高；相比较于电汇、托收方式，信用证方式中交易双方资金负担较平衡；买方开立信用证需要交纳一定比例的保证金，保证金比例取决于买家的资信和实力，资信越高比例越低，卖方可以从中粗略了解买方的资信状况；即使买方拒付，卖方也可以控制货权，损失相对较少。

（3）缺点

信用证是独立的文件，银行只审单不管货，因此容易产生欺诈行为，存在假单；信用证方式手续繁杂，环节较多；信用证对单据要求较高，容易出现不符点拒付；费用比较高，影响出口商利润，如果信用证金额较小，各项银行费用总和将超过1%；遭遇软条款陷阱，审证、审单等环节需要较强的技术性。

（4）适用范围

主要适用于成交金额较大（一般大于5万美元）的线下交易。

2. 托收

托收（collection）是出口人在货物装运后，开具以进口方为付款人的汇票（随附或不随附货运单据），委托出口地银行通过它在进口地的分行或代理行代出口人收取货款的一种结算方式，属于商业信用。根据托收时是否向银行提交货运单据，可分为光票托收和跟单托收两种。跟单托收根据交单条件的不同，又可分为付款交单（documents against payment, D/P）和承兑交单（documents against acceptance, D/A）两种。

托收属于商业信用。银行办理托收业务时，既没有检查货运单据是否正确或是否完整的义务，也没有承担付款人必须付款的责任。托收虽然是通过银行办理，但银行只是作为出口人的受托人行事，并没有承担付款的责任，进口人不付款与银行无关。出口人向进口人收取货款靠的仍是进口人的商业信用。如果进口人拒绝付款，除非另外有规定，否则银行没有代管货物的义务，出口人仍然应该关心货物的安全，直到对方付清货款为止。

托收对出口人的风险较大，D/A比D/P的风险大。跟单托收方式是出口人先发货，后收取货款，因此对出口人来说风险较大。进口人付款靠的是其商业信誉，如果进口人破产，丧失付款能力，或货物发运后进口地货物价格下跌，进口人借故拒不付款，或进口人事先没有领到进口许可证，或没有申请到外汇，被禁止进口或无力支付外汇等，出口人不但无法按时收回货款，还可能蒙受货款两空的损失。虽然出口人有权向进口人索赔所遭受的各种损失，但在实践中，在进口人已经破产或逃之夭夭的情况下，出口人即使可以追回一些赔偿，也难以弥补全部损失。在当今国际市场出口竞争日益激烈的情况下，出口人为了扩大销售占领市场，有时也采用托收方式。如果对方进口人信誉较好，出口人在境外又有自己的办事机构，则风险可以相对小一些。

托收对进口人比较有利，可以免去开证的手续以及预付押金，还有可以预借货物的便利。当然托收对进口人也不是没有一点风险。如进口人付款后才取得货运单据，领取货物，如果发现货物与合同规定不符，或者根本就是假的，也会因此而蒙受损失。但总体而言，托收对进口人比较有利。

（1）费用

托收所发生的正常的银行费用主要有托收费和寄单费。扣费包括两部分：境外银行扣费一般为35~95美元，境内交单行扣费150~350元。

（2）优点

相比于信用证，托收的操作比信用证简便许多，单据要求相对简单，费用相对较低；先发货后收款，因此对进口商有利，容易促成交易。

（3）缺点

托收是建立在商业信用基础之上的一种结算方式，卖方承担了较大的风险；对出口商不利，因为出口商能否按期收回货款，完全取决于进口商的资信；相较于电汇等方式，托收手续较繁杂，费用较高。

（4）适用范围

对于出口商来说风险较大，只适用于金额较大、往来多年的、彼此比较熟悉和了解的、信誉比较好的客户。

3. 电汇

电汇（telegraphic transfer）是汇款人将一定款项交存汇款银行，汇款银行通过电报或电传给目的地的分行或代理行（汇入行），指示汇入行向收款人支付一定金额的一种汇款方式。跨境电汇是汇款人通过所在地的银行将所汇款以电报、电传的形式划转境内各指定外汇银行，同时由境内银行通知收款人就近存取款项。相对于信用证、托收等方式而言，电汇适用范围广，手续简便易行，中间程序少，灵活方便，因而目前是一种应用极为广泛的结算方式。

（1）费用

一般来说，电汇的费用分两部分，一部分与电汇金额有关，即1‰的手续费，另一部分与汇款的金额无关，而与笔数有关，即每汇一笔就要收取一次电信费。具体费用根据银行的实际费率计算，不同的银行收费标准差距较大，在选择汇款银行时要做好比较。汇款手续费一般都有最高限额，超出最高限额，以最高限额为限。

（2）优点

电汇没有金额起点的限制，不管款项多少均可使用；汇兑结算手续简便易行，单位或个人均可办理；收款迅速，快速到账；可先付款后发货，保证商家利益不受损失。

（3）缺点

需要去银行柜台办理业务，受限于银行网点分布；先付款后发货，买方容易产生不信任感；买卖双方都要支付手续费，相对于一些线上支付工具而言，费用较高，相对于第三方在线支付方式，电汇手续较为繁杂；在实际业务中，一般采用前T/T，买方承担的风险较大。

（4）适用范围

电汇是传统B2B付款常用模式，适用于跨境电商较大金额的交易付款。

4. 西联汇款

西联汇款是西联国际汇款公司（Western Union）的简称，是世界上领先的特快汇款公司。西联汇款拥有全球最大最先进的电子汇兑金融网络，代理网点遍布全球近200个国家和地区。中国建设银行、中国农业银行、中国光大银行、中国邮政储蓄银行、浦发银行等多家银行是西联汇款中国合作伙伴。

（1）费用

收款人不需要支付任何费用，汇款人需要按照一定的比例支付汇款金额的手续费，如有其他额外要求，则加收附加服务费。中国西联汇款手续费明细，具体如表4-2所示。

表4-2 西联国际汇款资费

汇款金额	手续费
500.00美元及以下	15.00美元
500.01～1000.00美元	20.00美元
1000.01～2000.00美元	25.00美元
2000.01～5000.00美元	30.00美元
5000.01～10000.00美元	40.00美元
超过10000.00美元	每增加500美元或其零数，加收20.00美元

（2）优点

汇出金额等于汇入金额，无中间行扣费；西联全球安全电子系统确保每笔汇款的安全，并有操作密码和自选密码供核实，使汇款安全地交付到指定的收款人账户；西联汇款手续简单，利用全球最先进的电子技术和独特的全球电子金融网络，收款人可在几分钟内如数收到汇款；手续费由买家承担，卖家无须支付任何手续费；西联国际汇款公司在国外的代理网点遍布全球各地，代理点包括银行、邮局、外币兑换点、火车站和机场等代理网点，方便交易双方进行汇款和收款。

（3）缺点

汇款手续费按笔收取，小额收款手续费高；买家难以在第一次交易时信任卖家，在发货前打款，容易因此而放弃交易；买家和卖家需要去西联线下柜台操作；属于传统型的交易模式，不能很好地适应跨境电商的发展趋势。

（4）适用范围

1万美元以下的中等额度支付。

5. 速汇金MoneyGram

速汇金国际汇款是国际速汇金公司MoneyGram推出的国际汇款方式，是通过其全球网络办理的一种境外快速汇款业务，为个人客户提供快捷简单、安全可靠、方便的国际汇款服务。速汇金汇款公司在全球194个国家和地区拥有总数超过275000个代理网点，是一家与西联相似的汇款机构。境内目前中国银行、中国工商银行、中国交通银行、中信银行代理了速汇金收付款服务。

（1）费用

速汇金汇入汇款业务无收费，卖家无须支付手续费；速汇金汇出汇款业务费用，包括佣金和手续费两个部分，佣金收费标准按办理汇款业务时，国际速汇金公司速汇金系统自动生成的金额为准扣收；手续费根据速汇金公司提供的费率（表4-3）执行。

表4-3　速汇金国际汇款资费

汇款金额	手续费
0.01～400.00美元	10.00美元
400.01～500.00美元	12.00美元
500.01～2000.00美元	15.00美元
2000.01～5000.00美元	23.00美元
5000.01～10000.00美元	30.00美元

（2）优点

汇款速度快，在速汇金代理网点（包括汇出网点和解付网点）正常营业情况下，速汇金汇款在汇出后十几分钟即可到达收款人账户；速汇金的收费采用的是超额收费标准，汇款金额不高时，费用相对较低；无其他附加费用和不可知费用，无中间行费，无电报费；手续简单，无须填写复杂的汇款路径，收款人无须预先开立银行账户，即可实现资金划转。

（3）缺点

速汇金仅在工作日提供服务，节假日不提供相应的服务，而且办理速度缓慢；汇款人及收款人均必须为个人；必须为境外汇款，不提供境内汇款业务；客户如持现钞账户汇款，还需交纳一定的现钞变汇的手续费；速汇金合作伙伴银行对速汇金业务部不提供VIP服务；买家和卖家需要去线下柜台操作，不能很好地适应跨境电商的发展趋势。

（4）适用范围

适用于境外留学、旅游、考察、工作人员，亦适用于年汇款金额不超过50000美元的中等交易付款。

6. 香港离岸账户

离岸账户，也叫OSA账户，在金融学上指存款人在其居住国家（地区）以外开设的银行账户。相反，位于存款人所居住国家（地区）的银行则称为在岸银行或境内银行。境外机构按规定在依法取得离岸银行业务经营资格的境内银行离岸业务部开立的账户，属于境外账户，如内地的公司在香港开立的账户，即香港离岸账户。卖家通过在香港开设离岸银行账户，接收境外买家的汇款，再从香港账户汇到内地账户。离岸账户只针对公司开户，个人开户是不支持的。离岸账户相较于境内外汇账户（NRA账户）受外汇管制更少些，从资金的安全性角度来看，离岸账户要安全些，受国家外汇管理局监管没那么严格。

（1）费用

主要包括香港离岸账户开户费用和后续维护费用。不同银行开户费用略有不同，亲临香港办理费用约为1150港元；内地视频开户费用为1750~3150港元；如不方便可以选择委托代理。后续维护费用包括：年审费用（不包括雇员申报等费用），香港公司满18个月报税费用，汇款的费用以及资金量不到会员每月最低标准时的账户管理费。

（2）优点

资金调拨自由，离岸账户等同于在境外开设的银行账户，可以从离岸账户上自由调拨资金，不受内地外汇管制；存款利率、品种不受境内监管限制，特别是大额存款，可根据客户需要，在利率、期限等方面度身定做，灵活方便；中国政府对离岸账户存取款之利息免征存款利息税；加快境内外资金周转，降低资金综合成本，提高资金使用效率；利用一个离岸账户来收款，使企业在税务方面可以合理安排，对公司以后的发展具有极大的好处；接收电汇无额度限制，不同货币直接可自由兑换。

（3）缺点

开设离岸账户的起点储蓄金额一般较高，至少1万港元激活资金；若低于规定的资金量，每月需要缴纳一定的账户管理费；香港银行账户的钱还需要转到内地账户，较为麻烦；离岸账户常被犯罪分子用来洗钱，名声不佳；离岸公司的税务情况，受到比较严格的监管；部分客户选择地下钱庄的方式，有资金风险和法律风险。

（4）适用范围

传统外贸及跨境电商都适用，适合已有一定交易规模的卖家。

（二）线上支付工具

1. PayPal

PayPal是美国eBay公司的全资子公司，总部在美国加利福尼亚州。PayPal与许多电子商务网站合作，成为跨境电商平台的线上支付方式之一。PayPal是账户模式，需要交易双方都注册有PayPal账号，买家必须在PayPal账户上绑定信用卡账号，用信用卡充值到PayPal账户中，才可以进行付款。PayPal交易不经过银行网关，如果买家拒付，在线操作即可，对其信用没有任何影响。

PayPal是目前全球使用最为广泛的网上交易工具。它能帮助我们进行便捷的外贸收款、提现与交易跟踪；从事安全的国际（地区间）采购与消费；快捷支付接收包括美元、加元、欧元、英镑、澳元和日元等25种国际主要流通货币。用PayPal支付方式转账时，需要支付一定数额的手续费。

（1）支付流程

通过PayPal支付一笔金额给商家或者收款人时，可以分为以下几个步骤：

① 付款人首先要有一个电子邮件地址，登录邮件地址开设PayPal账户，通过验证成为其用户，并提供信用卡或者相关银行资料，增加账户金额，将一定数额的款项从其开户时登记的账户（例如信用卡）转移至PayPal账户下。

②在进行付款时，付款人先进入PayPal账户，指定特定的汇出金额，并提供收款人的电子邮件账号给PayPal。

③接着PayPal向收款人发出电子邮件，通知其有等待领取或转账的款项。

④如果收款人也是PayPal用户，在决定接受款项后，付款人所指定的款项即汇入收款人的PayPal账户。

⑤如果收款人没有PayPal账户，收款人要根据PayPal电子邮件内容指示连线站进入网页，注册取得一个PayPal账户。收款人可以选择将取得的款项转换成支票寄到指定的处所，转入其个人的信用卡账户或者转入另一个银行账户。

（2）PayPal限制

关于PayPal账户使用遇到的问题，最常见的就是账户的限制，关于PayPal账户的限制主要类型及应对措施如下：

①新账户21天低限。新账户的限制很频繁，这是PayPal对新账户的审核。不需要提交任何资料，PayPal会在审核结束后自动解除限制，遇到这种情况，只须耐心等待即可。

②临时审查限制。在多次收款之后的某一天突然被限，出现这种情况，PayPal需要了解卖家的经营模式和产品信息，卖家需要做出积极的回应，提供相应的资料让PayPal了解卖家所经营的产品，常见的解除限制资料包括信用卡证明、地址证明、供应商信息、发票等。

③风险审查类的限制。这类型的限制，是由账户风险的审核引发的。账户的风险包括两方面，如果是来自买家的风险，买家账户风险过高，PayPal会自动退款，交易无法进行；如果来自卖家，那就要从几个方面找原因，是否投诉率过高，是否短期内收款过多。

④高限。高风险、高限的账户不能收款、不能付款，产品违规、投诉率都会导致高限的产生。另外，账户出现限制的情况，如没有及时回应，限制会自动升级到高限，直至被封。所以若账户出现限制情况，要第一时间在账户中做出积极回应，按要求提交资料。

（3）PayPal冻结

PayPal账户冻结，是指账户的某笔交易被临时冻结，账户使用者不能对这笔交易进行退款提现等操作。一个账户从注册到收款然后到提现，PayPal公司从来没有从用户手里得到过任何的资料，所以每个账户从开通到提现的过程中肯定要被冻结一次，然后要求账户使用者递交身份证明、地址等资料来证明使用者是真实存在并且遵纪守法的公民。出现以下几种情况也会被冻结：

①收款后立马提现，比如账户收了1000美元，收款后马上提现900美元。存在这种情况，卖家收了款，货还没发就提现，难免引起怀疑导致账户被冻结。

②提现金额过高。例如收款1000美元，发货后，卖家需要资金周转，把1000美元全部提现，这种情况比较危险。PayPal上一般提现金额在80%以内是比较安全的，留20%是为了防止买家退单，也是为了让PayPal放心。

③被客户投诉过多、退单过多。一般投诉率超过3%，退单率超过1%就会被PayPal公司终止合作了。

④所售产品有知识产权问题。境外非常重视知识产权的保护，如果出现仿牌或者假货，PayPal将禁止其交易，一旦国际品牌商向PayPal投诉，后果非常严重，卖家将难以再使用PayPal进行支付。

（4）费用

收款方费用——每笔收取0.3美元银行系统占用费；交易时候收2.9%～3.9%手续费；跨境交易，每笔收取0.5%的跨境费；每笔提现收取35美元。

（5）优点

无开户费用；PayPal符合大多数国家或地区人群的交易方式，在国际上知名度较高，拥有不可忽视的用户群。

（6）缺点

不支持仿牌收款。偏向保护买家利益，相对于卖家来讲比较没有保障。交易费用主要由卖家提供。提款等后续限制和费用较多，而且账户容易被冻结，如果有一笔交易存在争议，而买家和卖家不能达成一致意见，支付公司则会冻结卖家的整个账户，用来保护买家的利益不受损失。

（7）适用范围

适合跨境电商零售行业，几十到几百美元的小额交易。

2. 国际信用卡支付

国际信用卡收款通常指的是国际信用卡在线支付，目前国际信用卡收款是支付网关对支付网关模式（类似于网银支付）。信用卡消费是当今国际流行的一种消费方式，尤其在欧美，信用体系非常完善，人们习惯用信用卡刷卡进行提前消费，基本是人手一张卡。购物时用信用卡在线付钱，早已成为主流。

（1）支付流程

信用卡支付的风险，来自"先用钱，后还款"，其支付流程如下：①买家从自己的信用卡上发出支付指令给发卡银行。②银行先行垫钱支付给卖家银行。③银行通知持卡人免息期满的还款日期和金额。

虽然卖家已经完成交易，但只有当买家做出如下行动时货款才有100%的保证：买家在还款日到期之前还款，交易顺利完成，卖家收货款成功；买家先还部分，一般大于银行规定的最小还款额，其余作为向银行贷款，并确认同意支付利息，以后再逐步偿还本息，最终买家得到融资便利，银行得到利息收入，卖家及时得到货款。

（2）优点

①客户群巨大，国际维萨、万事达卡用户量超过20亿人次，特别是欧美地区，使用率很高，符合境外买家的提前消费习惯，使支付更方便。

②扩大潜在客户：信用卡支付是只要买家持有信用卡就能完成付款。信用卡持有人相较在支付公司注册的人数要多得多，在欧美几乎人手一张信用卡，是所有人都接受也乐意使用的一种消费模式。

③减少拒付：由于属于银行对银行模式，买家拒付需要到发卡行操作。同时发卡行也会对该笔拒付进行核查，看看是否属于恶意拒付（如果是恶意拒付的话，银行就会在持卡人的信用记录上有所记录，给买家以后的生活、学习和工作会带来很大的不便，所以持卡人一般不会随意拒付）。账号对账号模式的拒付对持卡人的信用记录没有任何影响，所以信用卡支付的拒付率相对于账号对账号模式的拒付率要小。根据国际卡组织统计，使用信用卡消费的拒付概率不超过5‰。

④不会冻结账号：信用卡支付，如果有笔交易存在交易争议，则会冻结该笔交易的金额，不影响整个账户。信用卡通道注重买家和卖家双方的利益，会根据货品的发货情况以及买家的态度来进行处理，不会关闭通道造成商户资金冻结，因此对拒付的处理无疑更加公平。

⑤买家付款过程简单方便：在买家页面选定相应的物品后直接进入信用卡验证页面，从而减少付款步骤，方便买家付款。付款快捷，仅需3～5秒钟。

（3）缺点

①需要开户费和年服务费，门槛有点高。

②仍可能拒付。国际信用卡本身有180天的拒付期（个别信用卡甚至180天后还可以拒付）。所谓拒付，是指信用卡持卡人本人主动要求把钱要回去的行为，拒付的原因：客人没有收到货，货不对板，货物质量问题，黑卡、盗卡、商务卡交易，诈骗分子。

（4）适用范围

一般用于外贸中的1000美元以下的小额收款，比较适合网店零售，主要商品有鞋服、饰品、生活用品、电子产品、保健品、虚拟游戏等。

3. 阿里巴巴Secure Payment

Secure Payment（原Escrow服务）是阿里巴巴国际站针对国际贸易提供交易资金安全保障的服务。它联合第三方支付平台Alipay提供在线交易资金支付的安全保障，同时保护买卖双方从事在线交易，并解决交易中资金纠纷问题。为了买卖双方更清晰地了解及认知线上交易中资金安全保障的流程、支付方式及纠纷退款问题处理方法等，对原Escrow服务系统进行了升级优化，Escrow 服务将名称更换为Secure Payment。

（1）Secure Payment 流程

Secure Payment 相当于国际支付宝服务，为在线交易提供资金安全保障，在交易双方的快递订单/在线批发订单中，提供资金安全的担保服务。其业务流程如图4-2所示。

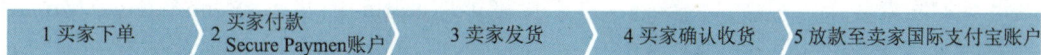

| 1 买家下单 | 2 买家付款 Secure Paymen账户 | 3 卖家发货 | 4 买家确认收货 | 5 放款至卖家国际支付宝账户 |

图4-2 Secure Payment业务流程

①买家通过阿里巴巴国际站下单；

②买家通过阿里巴巴Secure Payment 账户付款；

③买家付款后，平台会通知卖家发货，卖家在看到买家的付款信息后通过EMS、DHL、UPS、FedEx、TNT、SF（顺丰速运）、邮政航空包裹等七种运输方式发货；

④买家在阿里巴巴国际站确认收货；

⑤买家收到货物或者买家收货超时，平台会放款给卖家。

（2）费用

仅开通阿里巴巴国际站平台的Secure Payment服务不需要支付额外费用，但使用该服务过程中会产生交易手续费和提现手续费。

①交易手续费5%，须包含在产品价格中，可根据交易手续费平衡交易产品价格。

②提现费用：美元提现每次需支付15美元手续费，银行收取；人民币提现无手续费。

（3）优点

①快速交易：支持起草快递订单或批发在线交易，买家线上下单，通过阿里巴巴后台可实时查看订单进展。

②多种支付：支持信用卡、西联、银行汇款多种支付方式，方便买家支付。

③安全收款：买家支付货款成功后会通知卖家发货，买家确认收货或者物流妥投且超时后，会放款至卖家国际支付宝账户，卖家不用担心收不到钱的情况。

（4）缺点

Secure Payment是针对国际贸易提供交易资金安全保障的服务，暂不能像支付宝一样直接付款或收款。

（5）适用范围

为降低国际支付宝用户在交易过程中产生的交易风险，目前支持单笔订单金额在10000美元（产品总价加上运费的总额）以下的交易。

4. Cashrun Cashpay

Cashrun Cashpay中文是铠世宝，旨在通过其诈骗防范和全球支付方案服务，保护电子商务免受不确定风险，利用先进的支付平台，给商户们增添全球互联网市场支付渠道，扩充业务增长。铠世宝的产品分别为现金盾和现金付。现金盾主要是一个全面的风险控制/反欺诈的系统，通过对大量订单进行快速、有效的审核，有效识别欺诈性订单并做出合适的反应，并根据欺诈方式的改变，不断改善风险评估标准，以应对互联网世界的纷繁复杂。现金付使得商家能够接受全球通用的PayPal、Yellow Pay、Money bookers等支付渠道的交易，能在三天之内把款项偿还给商家，促进商户资金流动，从而扩展全球业务，增加销售额度。相对于境内现有的支付宝、财付通、网上银行或信用卡支付，现金付无疑是更高效、更安全的支付渠道。

Cashrun Cashpay铠世宝成立于2007年，铠世宝的目标是帮助网业商户设立支付管道和防止诈骗行为。铠世宝刚开始在瑞士的圣加仑营业，为了进入亚洲市场，铠世宝2008年在新加坡建立了分公司，计划开发与扩大亚洲其他业务。德国的分公司在2009年设立，主要扩充和提高在欧洲的业务与服务水平。2010年在中国上海成立分公司，为广大网上商户提供防欺诈、抗风险的"安保"服务。通过一系列发展和创新的磨炼过程，铠世宝不断地改进解决方案，以应付不断改变的诈骗行为。铠世宝通过在全球的合作伙伴，来开发为网业商户提供风险控制的业务，在境外有一定的知名度。

（1）费用

由收款方支付，现金付的费率一般在2%～3%，是所有支付工具中最低的。

（2）优点

①安全性高，有专门的风险控制防欺诈系统。

②可选择提现币种，商户从此不再受指定的外汇限制。现金付让商户可以选择用首选的支付货币来接收款项，降低外汇风险。

③快速偿还商户的款项，普通的支付服务可能需要一个星期的时间来偿还款项给商户，现金付能在三天之内把款项偿还给商家，促进商户资金流动。

④无隐藏费用，所有收费都会预先讲解给商户而且会清楚地记载在协议里，不会有其余的隐藏费用。

⑤本土化的支付，商户能拓展支付渠道，增加全球范围的业务。

（3）缺点

刚进入境内市场，知名度不高。

5. Moneybookers

Moneybookers是一家极具竞争力的网络电子银行，它诞生于2002年4月，是英国伦敦Gatcombe Park风险投资公司的子公司之一。Moneybookers以邮件地址作为账户，所以申请的时候要选安全的邮箱地址。Moneybookers注册完后就可以收发钱，这一点对于没有信用卡的用户来说非常方便。当然账户需要激活，但这个激活只是用来提升账户流量的，以及从Moneybookers取钱到国家（地区）内银行。Moneybookers 账户里有钱的话，可以取现到国家（地区）内银行，每次转账到国家（地区）内会收1.8欧元的费用。

（1）费用

即时到账，付款方支付1%手续费（最高0.5欧元），收款方免手续费，提现收取1.8欧元费用。

（2）优点

①安全，以电子邮箱为支付标识，不需要暴露信用卡等个人信息；

②只需要电子邮箱地址就可以转账；

③可以通过网络实时进行收付费。

（3）缺点

①不允许多账户，一个客户只能注册一个账户；

②目前不支持未成年人注册，须年满18周岁才可以。

6. Payoneer

Payoneer成立于2005年，总部设在美国纽约，是万事达卡组织授权的具有发卡资格的机构。主要业务是帮助其合作伙伴，将资金下发到全球，其同时也为全球客户提供美国银行/欧洲银行收款账户，用于接收欧美电商平台和企业的贸易款项，为支付人群提供简单、安全、快捷的转款服务。

Payoneer的合作伙伴涉及的领域众多并已将服务遍布全球，不管需要支付的对象是偏远区域的雇员、自由职业者、联盟成员还是其他人群，都可以通过收款人申请获得Payoneer预付万事达卡并为其提供安全、便利和灵活的收款方式。Payoneer预付万事达卡可在全球任何接受万事达卡的刷卡机（POS机）刷卡、在线购物或者在自动取款机取出当地货币。

（1）收费标准

①转账到全球各个国家和地区的当地银行账户，收取2%的手续费；

②使用Payoneer万事达卡内的资金，自动柜员机取款每笔取现手续费为3.15美元，在中国用自动柜员机直接取人民币时，还有不高于3%的汇率损失，每天最多2500美

元；POS机消费不收取费用；

③超市商场消费（每天最多2500美元，Payoneer不收手续费）；

④合作联盟不同， 以上费用会有所不同；

⑤Payoneer万事达预付卡的年费为29.95美元，每年收一次；

⑥美国银行账户转账收取金额的1%为手续费，每笔进账都收。

（2）优点

①便捷。凭中国身份证即可完成Payoneer账户在线注册，并可自动绑定美国银行账户和欧洲银行账户。

②合规。像欧美企业一样接收欧美公司的付款，并通过Payoneer和中国支付公司的合作完成线上的外汇申报和结汇，可避开每年5万美元的个人结汇额度限制。

③安全。对于欧美客户的入账，在提供一定文件的基础上为卖家审核并提供全额担保服务。

（3）缺点

①Payoneer账户之间不能互转资金，无法通过银行卡或信用卡充值，无法从PayPal收款。

②手续费较高。

（4）适用人群

单笔资金额度小但是客户群分布广的跨境电商网站或卖家。

7. ClickandBuy

ClickandBuy是独立的第三方支付公司，允许通过互联网进行付款和资金转移。1999年在德国科隆成立，之后在英国建立业务点，2010年3月25日，德国电信收购ClickandBuy的国际有限公司。现有客户超过13万名，包括苹果iTunes商店、美国在线、MSN、Napster公司、橙、PARSHIP、BWIN、McAfee（迈克菲）和蒸汽等，目前可在众多网店使用。

ClickandBuy是德国电信针对PayPal研发的版本。ClickandBuy和PayPal这两款在线支付系统的原理一样，网友只需要注册账户，通过自己的支付账户在网店购物，不需要在网店提交自己的账户信息。ClickandBuy客户可以通过ClickandBuy向交易账户注入资金，可以自由选择任何一种适合自己的汇款方式。ClickandBuy的汇款确认后，在3~4个工作日内会入金到客户的账户中。每次交易金额最低100美元，每天最高交易金额1万美元。

（1）优点

①绝大多数情况下是免费服务；

②很多网店接受使用，在国际范围内可以使用；

③购物者的权益能受到保护；

④账户资金过夜就有利息，有正有负；

⑤账户资金随着汇率波动有价差，同样有正收益和负收益。

（2）缺点

①注册麻烦，需要特别认证；

②必须有维萨或万事达卡，并开通国际支付功能；

③提现时间周期长；

④有可能受到病毒邮件的攻击；

⑤每次购物都会留下信息痕迹。

8. WebMoney

WebMoney（简称WM）是由WebMoney Transfer Techology公司开发的一种在线电子商务支付系统，是俄罗斯最主流的电子支付方式。俄罗斯各大银行均可自主充值取款，其支付系统在包括中国在内的全球70个国家和地区可以使用。

WebMoney使用前需要先开通一个WMID，此ID可以即时与别人聊天，像ICQ（即时通信软件）、MSN一样。ID里面可设有多种货币的钱包，如以美元来计的Z钱包里的货币就是WMZ。它有多种使用方式，应用得比较多的是Mini版本，只需要注册和设置账户就可以转账，但Mini版本的转账有日、月限额；然后就是Keeper Classic版本，需要下载软件安装，最新版本的Keeper Classic注册需要用Mini账号转换，进行二次注册。

国际上越来越多的公司和网络商店开始接受WebMoney支付方式,它已经成为人们进行电子商务交易强有力的工具。只需3分钟就可以免费申请一个WebMoney账号,账号之间互相转账只需10秒钟,可以把账号里的收入转到全球任何一个人的账户里。目前许多国际性网站使用WebMoney向用户收款和付款,例如一些外汇交易网站和投资类站点都接受WebMoney存取款。

目前WebMoney支持中国银联卡取款，但手续费很高，流程很复杂，所以充值和提现一般通过第三方网站来进行，可找有信誉的兑换站卖出自己的WMZ、WME，买入需要的电子货币。

（1）费用

①WMID下不同钱包之间转账收取0.8%的手续费，由付款方支付；

②WMZ（美元），收取0.8%转账手续费，最低0.01WMZ，最多50WMZ；

③WME（欧元），收取0.8%转账手续费，最低0.01WME，最多50WME；

④WMR（俄罗斯卢布），收取0.8%转账手续费，最低0.01WMR，最多1500WMR；

⑤WMG（黄金），收取0.8%转账手续费，最低0.01克，最多2克；

⑥还有其他一些账户，如WMU、WMB、WMY、WMV等。

（2）优点

①安全，转账需要手机短信验证，异地登录IP（网络之间互连的协议）保护等多重保护功能；

②迅速，即时到账；

③稳定，俄罗斯最主流的电子支付方式，俄罗斯各大银行均可自主充值取款；

④国际性，人人都能在网上匿名免费开户，可以零资金运行；

⑤方便，只需要知道对方的钱包号即可转账汇款，不需要去银行办理烦琐的手续。

⑥匿名申请，保护双方隐私；

⑦通用，全球许多外汇、投资类站点、购物网站都接受WebMoney收付款。

（3）缺点

WebMoney支持中国银联卡取款，但手续费很高，流程很复杂。

9. Paysafecard（欧洲）

Paysafecard是欧洲比较流行的预付卡支付方式，不仅在欧洲可以购买，在澳大利亚以及北美、南美等地区都可以使用。Paysafecard在全球有45万个销售网店，用户可以在超过4000家在线商店使用Paysafecard支付。Paysafecard购买手续非常简单，大多数国家的报刊亭、加油站、商场和店铺都可以买到，其支付过程也相当快捷安全。Paysafecard主要用于购买虚拟类产品，比如游戏充值等。境内很多销售到欧美的游戏币交易网站也已经支持Paysafecard支付，比如offergamers、igxe、igvalut。

用户在网上购物支付时，选择Paysafecard支付方式，然后只需输入一个16位的PIN Code（个人识别码密码）便可完成交易，不需要银行账号也不需要提供个人信息。支付的款项将从Paysafecard的账户里面扣除，终端客户可以随时查询账户的余额。Paysafecard还可提供面值10、25、50、100欧元的代金券，大额交易用户可以使用多张卡组合，最高不超过1000欧元。

（1）优点

①支付过程简单、快捷、安全，消费者不需填写任何银行账号和个人信息，有效地提升了支付体验，保障交易安全；

②实时交易，和PayPal或者信用卡是一样的；

③不能拒付；

④无保证金或者循环保证金，大大缓解了商家的资金周转压力。而PayPal或者信用卡一般都会有一定的交易保证金，以及10%的循环保证金；

⑤无交易额度限制，可支持英镑、欧元、美元、瑞士法郎等币种。

（2）缺点

①交易费用高，对于商家而言交易费用一般在15%左右。费用高算是预付卡支付的一个惯例，境内的游戏卡支付一般也是这个费用；

②需要有企业营业执照才能开通Paysafecard支付。

（3）适用范围

应用范围非常广泛，如游戏、软件、音乐、电影、通信。

10. CashU（中东）

CashU是中东和北非地区非常流行的一种预付支付方式，在埃及、沙特阿拉伯、科威特、利比亚以及阿联酋都比较受欢迎。用户线下购买充值卡，线上使用充值卡付款。由于该地区很多人没有信用卡或者银行账户，以埃及为例，只有2%的人有信用卡，而且本地的信用卡在国外都无法使用，当地人更愿意使用现金完成支付。据统计，该地区70%～80%的在线购物是通过货到付款形式支付的。

CashU隶属于阿拉伯门户网站Maktoob，主要用于支付在线游戏、电信和IT服务，以及实现外汇交易。CashU允许使用任何货币进行支付，但该账户将始终以美元显示资金。CashU现已为中东和独联体广大网民所使用。在中东和北非地区，相对于其他付款方式，CashU最大的好处就在于它不能恶意退款。

CashU是一个安全的支付方法和定制服务，现有的服务在所有的阿拉伯语和周边国家都可促进网上购物安全，提供方便和易于使用的支付解决方案。CashU多年来已经建立了一个可信的、平易近人的大型网络顶级供应商，确保了它在中东、北非的各个国家和城市的可用性和用户的传播点。

（1）费用

①年费1美元；

②不同的国家或地区的汇兑手续费为交易金额的5%～7%。

（2）优点

①实时交易，这和PayPal或者信用卡是一样的；

②不能拒付；

③无保证金或者循环保证金，减轻商家因资金周转而产生的压力。

（3）缺点

交易费用较高。CashU商家支付的费用大概在交易金额的6%～7%。

（4）适用范围

有中东客户的电商以及游戏公司。

11. Onecard（中东）

2004年Onecard在沙特阿拉伯成立，它是中东和北非地区非常流行的一种支付方式，用户可以通过预付卡、本地银行、Fawry、UAExchange、UKash、信用卡以及Masary等方式完成支付。由于很多人没有信用卡或者银行账户，而且本地的信用卡在国外都无法使用，目前Onecard支付主要用于购买VOIP（网络电话）、游戏充值、下载服务以及网购等。

Onecard在沙特阿拉伯、埃及、科威特、利比亚都比较受欢迎，甚至在加拿大都有用户，目前offgamers、网龙游戏已经支持Onecard支付方式。

（1）特点

①实时交易，和PayPal或者信用卡一样；

②不能拒付；

③无保证金或者循环保证金，缓解商家的资金周转压力。

④交易费用较高，Onecard对于商家的费用大概在交易金额的6%～7%。

（2）适用范围

有中东客户的电商以及游戏公司。

12. Qiwi wallet（俄罗斯）

Qiwi wallet即Qiwi钱包，是俄罗斯当地的一种在线支付方式，用户可以使用Qiwi钱包交水电费等各种费用。但其并不仅限于俄罗斯，在乌克兰、哈萨克斯坦、乌兹别克斯坦等国都比较流行。Qiwi在纳斯达克上市后更进一步国际化，现在很多国家都可以注册使用Qiwi，但还不支持中国手机号注册。Qiwi钱包和用户手机号绑定，使用手机号注册开通后即可收发款。个人用户使用Qiwi钱包是免费的，只有商家使用Qiwi钱包收款才会收费。

用户使用Qiwi钱包创建支付后，可选择线上使用信用卡、银行卡或者余额付款，另外也可以选择使用线下的kiosks（付款终端）付款。这点非常重要，因为俄罗斯人更习惯使用现金支付。 Qiwi钱包在线下布了17万个付款终端。不光Qiwi钱包，俄罗斯的其他支付服务公司也都习惯于在线下布很多的支付终端，方便人们使用现金支付。

（1）特点

①实时交易，和PayPal或者信用卡一样；

②无保证金或者循环保证金，缓解商家的资金周转压力。

（2）适用范围

适用于俄罗斯、哈萨克斯坦及乌兹别克斯坦等国家。

13. Yandex.Money（俄罗斯）

Yandex.Money是俄罗斯Yandex旗下的电子支付工具。买家注册后，即可通过俄罗斯所有地区的支付终端、电子货币、预付卡和银行转账（银行卡）等方式向钱包内充值。Yandex.Money可以让用户轻松安全地完成互联网商品支付、给他人转账或收款。为加强交易保护，Yandex.Money允许使用一次性密码、保护码、PIN码等多种安全措施，并将相关的操作信息通过电子邮件或手机短信发送。

（1）特点

①充值方便，实时到账；

②可通过支付终端、电子货币、预付卡和银行转账（银行卡）等方式向钱包内充值，实时到账；

③无拒付风险，不能拒付；

④支持多币种交易，目前支持欧元、美元、卢布三种货币进行支付，且每笔交易不能超过10000美元。

（2）适用范围

独联体国家均可使用，包括俄罗斯、亚美尼亚、阿塞拜疆、白俄罗斯、哈萨克斯坦、吉尔吉斯斯坦、摩尔多瓦、乌兹别克斯坦、塔吉克斯坦等。

14. iDeal（荷兰）

iDeal成立于2005年，是一种在线实时银行转账的支付方式，几乎支持所有荷兰本地银行，目前在荷兰占据50%以上的市场份额。当地有80%在线电商都支持iDeal，在荷兰当地最流行的支付方式就是iDeal。

iDeal支付份额已经占据绝对优势，而且还呈现递增趋势，目前敦煌网已经支持iDeal支付方式。

（1）特点

①实时交易，和PayPal或者信用卡一样；

②不能拒付（当然商家可以选择是否开通买家保护，如果没有开通则不会拒付）；

③交易费用低；

④无保证金或者循环保证金，缓解商家的资金周转压力。

（2）适用范围

有荷兰客户的电商网站。

15. Boleto（巴西）

巴西是金砖国家之一，也是拉美发展得比较好的国家。除了信用卡，当地人习惯使用Boleto支付。Boleto，全称是Boleto Bancário，是受巴西中央银行监管的一种官方支付方式，每年大约有20亿笔交易，其中30%的交易来自在线交易。由于巴西人倾向于使用现金交易，且其申请可用于跨境交易的信用卡很困难，另外Boleto通常是公司以及政府部门唯一支持的支付方式，可以说Boleto是跨境电商打通巴西支付的不二之选。如速卖通、兰亭集势都支持Boleto支付。

Boleto可以说是一种现金支付，卖家需要在线打印一份发票，发票中有收款人、付款人信息以及付款金额等。付款人可以打印发票后去银行或者邮局网点，以及一些药店、超级市场等完成付款，另外也可以通过网上银行完成付款。

（1）特点

①非实时交易，买家一般可在3～5天内完成支付，具体取决于发票上的到期日期。

②不能拒付；

③交易有限额，每个巴西人每月累计支付不超过3000美元（如果要突破此限额需要申请）；

④交易费用低，一般低于4%；

⑤无保证金或者循环保证金，缓解商家的资金周转压力。

（2）适用范围

有巴西客户的电商网站。

16. Sofortbanking（欧洲）

Sofortbanking，又被称作Sofortüberweisung，是欧洲一种在线银行转账支付方式，支持德国、奥地利、比利时、荷兰、瑞士、波兰、英国以及意大利等国家的银行转账支付。目前已经有超过3万家商家集成了Sofortbanking支付，覆盖电商、航空以及各种在线服务类行业，比如DELL、Skype、Facebook、KLM Royal Dutch Airlines、Emirates等都支持Sofortbanking支付。Sofortbanking在德国、奥地利、比利时等国家很流行，另外中国航空从2012年开始也支持Sofortbanking支付。

商家可以通过接入Sofortbanking：和Sofortbanking两种方式直接联系开通账户，但前提是，需要有一个欧洲银行账户才能结算；通过Payssion一站式接入全球多个国家（地区）的本地支付方式，包括Sofortbanking，商家无须拥有欧洲银行账户。

（1）特点

①实时交易，这和PayPal或者信用卡是一样的；

②不能拒付（当然商家可以选择是否开通买家保护，如果没有开通则不会拒付）；

③交易费用低，Sofortbanking的费用不超过3%。

④无保证金或者循环保证金，缓解商家的资金周转压力。

17. MOLPay（东南亚）

2005年年底MOLPay在马来西亚成立，是马来西亚第一家第三方支付服务公司，起初命名为NBePay，被MOL AccessPortal Sdn. Bhd.收购后改名为MOLPay。MOLPay支付几乎涵盖了东南亚的大部分地区。通过MOLPay可以接入以下支付通道：马来西亚为信用卡（维萨&万事达卡）以及网上银行支付；新加坡为eNETS、SingPost SAM；印度尼西亚为信用卡、ATM Transfer（VA）；菲律宾为Dragonpay；越南为Nganluong；澳大利亚为POLi Payments；中国为支付宝、银联、财付通。

（1）支付流程

整个支付流程和使用支付宝付款的流程很相似。

①用户创建订单后选择MOLPay作为支付方式；

②页面跳转到MOLPay支付页面，用户选择具体的支付方式，比如信用卡或者银行转账；

③完成支付。

（2）特点

①实时交易，和PayPal或者信用卡一样；

②非信用卡交易不能拒付；

③交易费用低；

④无保证金或者循环保证金，缓解商家的资金周转压力。

18. World First

俗称WF账户，是一家注册于英国的顶级国际汇款公司，在英国、美国、澳大利亚、新加坡、中国香港有办公室，提供24小时中文电话服务。以个人或公司身份均可申请，提现时WF会自行打款到卖家绑定的法人、私人账户或者对公银行卡里。

World First总部设立于金融高度发达的澳大利亚的新南威尔士州，于2008年正式加入英国金融服务局（FSA），成为其会员。它为全球客户提供最便捷的期货、贵金属和外汇等品种的交易服务，是目前世界上首屈一指的衍生品交易平台。World First（中国香港）有限公司于2005年1月成立，旨在统一管理和协调World First在亚洲区域的业务活动，属World First澳大利亚总公司直属机构。它在中国从事金融投资推广，中文服务支持，并对World First在中国及亚洲其他区域进行宏观管理及广泛的业务支持，推动World First在中国市场的不断发展。

（1）费用

①无年费，没有提款额度限制。

美元账户：一次性转款1000美元以下每笔30美元，1000美元以上免手续费。

英镑账户：一次性转款500英镑以下每笔10英镑，500英镑以上免手续费。

欧元账户：一次性转款500欧元以下每笔10欧元，500欧元以上免手续费。

加元账户：一次性转款1000加元以下每笔30加元，1000加元以上免手续费。

②汇损：每次转款汇损在1%~2.5%，转款金额越大越优惠。

（2）特点

①提供24小时中文电话服务；

②费用较低，最高费用为2.5%，提现越多越便宜，无注册手续费、无年费、无入账费用；

③具有竞争力的汇率，实时返佣，固定点差；

④支持美元、欧元、英镑、加元四个币种；

⑤更快的付款速度，欧元、英镑和美元在当日内付款，加元在一天后付款。

19. NETeller

NETeller是在线支付解决方案的领头羊，免费开通。全世界数以百万计的会员选择NETeller的网上转账服务，可以将其视为一种电子钱包，或者一种支付工具。

NETeller是随着互联网交易而发展起来的公司，为广大网友提供在线支付服务。它的原理是通过银行转账或者电汇把钱转入NETeller账户，以后在网上交易时只要在接受NETeller付款的网站用NETeller支付就行了，不用再输入银行、信用卡账号等敏感信息，大大增加了资金的安全性。

第三节　跨境移动支付

（一）跨境移动支付概念

移动支付也称为手机支付，是指交易双方为了某种货物或者服务，以移动终端设备为载体，通过移动通信网络实现的商业交易，就是允许用户使用其移动终端（通常是手机）对所消费的商品或服务进行账务支付的一种服务方式。单位或个人通过移动设备、互联网或者近距离传感直接或间接向银行等金融机构发送支付指令，产生货币支付与资金转移行为，从而实现移动支付功能。移动支付所使用的移动终端可以是手机、平板电脑、移动PC等。移动支付将终端设备、互联网、应用提供商以及金融机构相融合，为用户提供货币支付、缴费等金融业务。所谓的跨境移动支付，是指用于跨境交易活动的移动支付方式，可以视为移动支付的一个分类。

移动支付业务是由移动运营商、MASP（移动应用服务提供商）和金融机构共同推出的、构建在移动运营支撑系统上的一个移动数据增值业务。移动支付系统为每个移动用户建立一个与其手机号码关联的支付账户，其功能相当于电子钱包，为移动用户提供了一个通过手机进行交易支付和身份认证的途径。用户通过拨打电话、发送短信或者使用WAP（无线应用通信协议）接入移动支付系统，移动支付系统将此次交易的要求传送给MASP，由MASP确定此次交易的金额，并通过移动支付系统通知用户。在用户确认后，付费方式可通过多种途径实现，如直接转入银行或者实时在专用预付账户上借记，这些都将由移动支付系统（或与用户和MASP开户银行的主机系统协作）来完成。

（二）跨境移动支付的特性

跨境移动支付属于电子支付方式的一种，因而具有电子支付的特征，但因其与移动通信技术、无线射频技术、互联网技术相互融合，又具有自己的特征。

1. 移动性

移动设备一般在用户身边，其使用时间远高于PC，可随身携带，消除了距离和地域的限制。用户只要申请了移动支付功能，便可随时随地完成整个支付与结算过程。移动支付的交易时间成本低，减少了往返银行的交通时间和支付处理时间，可随时随地获取所需要的服务、应用、信息和娱乐。

2. 安全性

移动支付作为电子商务最为重要的支付环节，直接涉及用户和运营商的资金安全，所以，支付安全是移动支付的核心问题之一。移动设备用户对隐私性的要求远高于PC用户。不同于互联网公开、透明、开放的特点，移动设备用户显然不需要让他人知道或共享自己设备上的信息，移动设备的隐私性保障了支付的安全。移动支付采用的高安全级别的智能卡芯片，和目前的银行磁条卡相比，具有更高的安全性。

3. 方便性

用户不受时间地点的限制，可方便地通过手机使用移动互联网，随时随地查询账户余额、交易记录，实时转账，修改密码，等等，及时获取信息，管理自己的移动支付账户。用户还可以通过手机客户端对离线钱包进行空中充值，减少了去营业厅或者充值点充值的麻烦。这充分体现了移动支付方便时尚的特点。

4. 定制化

基于先进的移动通信技术和简易的手机操作界面，用户可定制自己的消费方式和个性化服务，选择支付宝、微信、银联、易付宝、外币、NFC（近距离无线通信技术）一体刷卡等方式，账户交易更加简单方便，可以融合多种金融资源。

5. 集成性

以手机为载体，通过与终端读写器近距离识别进行的信息交互，运营商可以将移动通信卡、公交卡、地铁卡、银行卡等各类信息整合到以手机为平台的载体中进行集成管理，并搭建与之配套的网络体系，从而为用户提供十分方便的支付以及身份认证渠道。

（三）跨境电商移动支付分类

1. iPayment MobilePay

此支付系统是由Flagship Merchant Services和ROAMpay开发的。该系统可以接纳各种支付卡，同时可以记载现金交易记录。这款App可以通过顾客地址框，帮助用户建立顾客资料数据库，用户可以按月使用这一服务。App和读卡机是免费的，服务价格为每月7.95美元。

2. Square

Square是一种简易的信用卡支付系统。Square提供免费的App，并为苹果手机和苹果平板电脑用户提供免费的信用卡读卡机。此外，Square提供一系列工具，帮助用户跟踪销售额、税金等数据，同时也可以显示顾客购买数据，从而知悉哪些顾客买得最多。Square不提供按月支付的服务，费用算是比较高的，每刷一次的费用为交易额的2.75%，每次手动输入的交易费用为交易额的3.5%再加0.15美元。但是如果使用移动支付的频率不那么高，Square算是一个不错的选择。

3. PayPal Here

PayPal Here接受多种多样的支付方式，包括信用卡、PayPal、支票和发票等。通过PayPal Here可以清晰地罗列出销售额，也可以计算税金、提供折扣、管理支付邮件通知单等。PayPal Here可以兼容iOS和安卓系统。App和读卡机是免费的，每刷卡一次交易费用为交易金额的2.75%；每次手动收入，交易费用为交易额的3.5%再加0.15美元。

4. Google Wallet

Google Wallet即谷歌钱包，是一种虚拟钱包，可以帮助商家创造更具吸引力的购物体验。无论商家运营的是网店还是实体店，都可以使用谷歌钱包。谷歌钱包通过销售终端的NFC读卡机，帮助实体店商家让顾客使用手机进行支付。谷歌钱包还可以帮商家展示优惠商品。如果使用谷歌钱包的Instant Buy功能，顾客可以在商家的移动网站上快速地完成结算。费用为免费。

5. Intuit GoPayment

Intuit GoPayment是Intuit公司开发的App，接受信用卡、支票等支付工具。这款App可与QuickBook和Intuit公司的其他销售终端产品同步使用。兼容安卓系统和iOS系统，读卡机免费，服务费用为每月12.95美元，刷一次收取交易金额1.75%的手续费。

6. LevelUp

LevelUp是一种使用QR代码的移动支付系统。使用时，将扫描仪LevelUp与POS机相连，或者使用独立的扫描仪也可以操作。此外，通过LevelUp Merchant App，可以使用智能手机的摄像头读取QR代码，输入交易金额并完成支付。LevelUp还提供了一系列的工具帮助用户利用顾客数据资源。费用为交易金额的2%，扫描仪50美元，平板电脑200美元。

7. ISIS

ISIS可以帮助实体店通过近场通信终端从顾客的手机中收取相关货款，以非接触的传输方式简化顾客支付的程序。通过ISIS移动钱包支付的，ISIS不收取任何费用。

8. Boku

Boku使用方便。在Boku的帮助下，顾客以手机号码为媒介，直接从手机账单中扣除他们购买商品的金额，而无须提供信用卡号码、银行账号等信息，也无须注册。

9. PayAnywhere

通过读卡机，PayAnywhere可以在智能手机和平板电脑上使用。根据所处的具体位置，可以自动计算税费，提示折扣商品信息、商品图片、库存信息以及其他数据。PayAnywhere系统有英语和西班牙语两个版本。它的App和信用卡读卡机是免费的，与安卓系统和iOS系统兼容。费用为每次交易金额的3.49%。

10. mPowa

通过mPowa，顾客可以使用信用卡、借记卡和支票进行支付。mPowa即将推出PowaPIN芯片和PIN读卡机，从而与Europay、万事达卡和维萨等支付卡标准接轨。mPowa支付系统为商家向全球扩张的业务提供了良好的解决方案。费用为每次交易金额的2.95%。

11. MCX

MCX是由一大群零售公司创建并发展的一个移动App。MCX致力于提供一种可定制的个性化平台服务。MCX的团队成员包括一系列的零售商，比如便利店、药店、食杂店、快餐厅、特色商品零售店和旅游行业的商家。

第四节　跨境电商支付风险及其控制

（一）跨境电商支付中的风险

随着小额外贸零售如速卖通和敦煌网的兴起和境外的eBay的兴起，在线支付也逐渐被卖家接受，但在线支付的风险也随之而来。如果第三方缺乏足够的风险控制系统，或者用户的风险防范意识不足，拒付、冻结、退款和盗卡支付等情况必然出现。

1. 交易信用风险

跨境电商模式中，除跨境物流风险大、通关困难等严重制约跨境电商发展外，由于网络的虚拟性及开放性，参与者的信用问题成为阻碍行业发展的另一难题。信用风险本质上是交易对象没有按照约定履行承诺，而对交易方的收益或资产造成损失的风险。跨境电商的交易双方由于时空差异、商业习惯不同，极易造成款项已付但货物未收或者货物已发而款项未收等现象。而在跨境电子支付服务中，由于没有完善的跨境信用协调体系，银行或者第三方支付平台不能充分地了解交易主体的信用及信誉状况，难以确定交易的实际情况。在不同信用状况的国家（地区），实现跨境信用保障还存在一定的阻力。另外，第三方的介入也很难改善，比如PayPal在针对境外贸易法纠纷时，往往会对买家有意偏袒，而使境内卖家企业在面对交易纠纷时处于被动地位，信用风险得不到控制。

2. 交易真实性的核实风险

交易的真实性是跨境电商运行和发展的生命线，是跨境电商平台必须守住的底线。交易真实性包括交易主体的真实性和交易内容的真实性。与一般跨境贸易相比，跨境电商支付的真实性更加难以把握。

首先，从跨境交易的对象方面看，跨境交易双方难以进行交易对象的审查，难以真正了解客户。在当前环境下，还未出台相关的有效法律法规，第三方交易平台及第三方支付机构缺乏有效的身份识别手段，极易导致交易主体提供虚假身份信息。

其次，跨境交易内容真实性的审核同样也存在一定困难，难以判断客户实际财务状况、经营范围与资金交易情况是否与提供的信息相符，无法核实跨境交易金额和交易商品是否匹配。网上交易的部分商品或服务是虚拟产品，虚拟产品如何定价缺乏衡量标准，可能出现网络诈骗和欺诈交易。买卖双方基于邮件联系达成交易而产生付款请求，此邮件信息是否能作为认定交易真实性的材料尚不明确。支付机构难以通过比对订单信息、物流信息、支付信息等方式，确认现金流与货物流或服务流是否匹配，因为从信息获取渠道角度来讲，电商平台和支付平台是两个不同的主体，支付机构仅负责支付事项，并不掌握订单信息和物流信息。从信息质量角度看，支付机构从电商平台和物流公司获取的信息可能滞后，信息的准确性也受影响。总之，第三方支付机构审核跨境交易内容真实性和主体真实性都存在不少困难，跨境电商支付存在交易真实性识别风险。

3. 跨境支付的网络风险

随着跨境电商的迅猛发展，尤其是跨境电商B2C与C2C的发展，迫切需要一站式跨境支付综合服务，开展线上支付、信用支付、移动支付等业务。作为跨境电商交易流程中的关键一环，跨境支付涉及交易双方资金的转账安全。跨境电商支付是通过互联网的渠道来进行款项收付的，在交易转账的过程中可能产生诸多网络安全问题，主要包括电子信息传输系统故障或计算机信息故障造成的支付信息丢失的风险、跨境支付信息因遭黑客攻击而产生的支付信息的泄漏、木马和钓鱼网站泛滥造成的资金流失等，严重影响消费者的跨境购物体验，进而阻碍跨境电商的发展。另外，跨境支付对支付信息的审核要求更高、时间更长、难度更大，因而相应的跨境支付需要更长的时间，进一步加大了跨境支付的风险。

4. 跨境支付的法律风险

跨境电子商务支付涉及多个国家（地区），增加了跨境支付的法律风险。跨境电子支付中的法律（法规）风险，具体包括：第一，对不同国家（地区）之间风险监管法律（法规）制度冲突的风险、主权国家（地区）法律（法规）与国际电子支付风险监管规则之间的冲突，以及跨境电子商务中适用哪个国家（地区）的监管法律（法规）体系还存在有争议和模糊的地方；第二，传统金融业务法律（法规）不能适应电子商务、电子支付发展的需要，在电子支付服务中出现了许多新的问题，如发行电子货币的法律（法规）界定及范围，电子支付服务主体资格的确定，电子支付服务活动的监管缺少技术性高、层次较高的法律规定，等等；第三，洗钱的风险，犯罪分子利用互联网进行洗钱活动具有更强的隐蔽性，这给电子支付造成了法律（法规）上的连带风险。此外，电子支付还面临客户隐私权、网络交易等其他方面的法律风险，在从事新的电子支付业务时必须对其面临的法律（法规）风险进行认真分析与研究。

5. 虚拟账户沉淀资金风险

虚拟账户沉淀资金的来源主要有以下三个方面：其一，在跨境第三方支付方式中，客户选择利用第三方作为交易中介，将货款划到第三方账户。第三方支付平台要求商家在规定时间内发货，客户收到货物并验证后通知第三方，第三方将其账户上的货款划入商家账户中，交易完成。资金将会在第三方的账户上停留一定时间成为沉淀资金。其二，作为商家，不能将虚拟账户中的资金全部提现，需要留下部分资金用于货不对板、货损货差、恶意拒付等造成的退款。以PayPal为例，一般PayPal账户提现比例不能超过80%，否则容易导致PayPal账号被限制，这些留待退款的资金同样成为沉淀资金。其三，在诸多跨境在线支付方式中，将虚拟账户的资金提现需要缴纳金额不等的手续费（同样以PayPal为例，提现资金在150～100000美元，单笔提现须支付35美元的费用）。商家为了降低资金的提现手续费率，会在资金积累到一定金额才进行提现，在此限额之前这些资金将停留在账户中成为沉淀资金。在跨境支付业务中，由于信息不对称及监管难度大，支付机构也无须缴纳存款准备金，支付机构可以轻易挪用虚拟账户的沉淀资金；支付机构有可能因操作失误、结算周期长、调度不及时等发生结算资金不足的情况，引发流动性风险。另外，大量的沉淀资金容易引发洗钱、套现、赌博、欺诈等非法行为。

6. 外汇管理监测风险

跨境支付外汇管理监测风险主要体现在以下几个方面：其一，部分跨境电商平台的参与者是个人用户，而在第三方支付平台中，没有对企业用户和个人用户进行区分，加大了外汇管理的监管难度。其二，目前实行的资本项目下的外汇管制，经常项目基本可自由兑换。但对于个人结售汇实行年度限额管理，个人年度结售汇限额不超过等值5万美元。为了规避个人结售汇限额，部分跨境电商商家开设香港离岸账户，以实现对账户资金更为自由的管控。其三，第三方支付机构为了保护交易双方的相关信息，对交易双方的银行账号、信用卡账号等进行保密，屏蔽资金的真实来源及去向，影响跨境电商商家的收支申报和外汇监管部门对其收支的监管。其四，第三方支付平台中沉淀资金的存在和不断积累，不仅会产生流动性风险等资金安全问题，而且会影响收支的统计及监管。

（二）跨境电商支付风险控制

针对跨境贸易中主体的信息审核、支付交易的汇率变动等潜在风险问题，从企业、第三方机构和监管机构角度考虑，提出如下具有建设意义的对策和建议，以使其尽早发现跨境支付的漏洞和支付风险，保证跨境电商业务顺利进行、扩大规模。

1. 应对跨境电商支付中的信用风险

跨境电商发展的重要条件之一就是诚信。鉴于网络的虚拟性，买家和卖家没有面对面交流，大多数情况下都是通过沟通工具和视频工具进行交流，交易成功的关键取决于买家对于卖家公司、产品以及交易安全性的信心。网上交易失信的问题，是商家和各电子商务网站应首先解决的。

从跨境电商商家的角度，对于买家的信用风险，卖家也可以自己采取一些措施来鉴别是否是因为信用卡被盗或账户被盗而产生了欺诈交易，如通过搜索引擎的IP地理定位服务跟踪并核实买家的送货地址。保留交易存根、建立买家黑名单、限制买家购买条件和电话核对买家信息也是有效的防范手段。同时，卖家需要紧密监测和核实收货地址为高欺诈风险的国家（地区）的订单、付款后提出变更收货地址的要求、邮寄至同一地址的多个订单、由于超额支付而提出的电汇退款申请，以及其他可疑行为等。对于敦煌网和速卖通等小额外贸批发平台，除了信息、支付和物流服务外，还可以充分利用平台上的风险预警系统。另外，可以建立信用机制，将新的欺诈交易方纳入信用黑名单，及时停止与其进行跨境交易。

从跨境电商平台的角度，应建立健全客户身份识别机制，对客户实行实名制管理，向买家提供真实、可靠的卖家信息，鼓励卖家诚信经商，引入第三方诚信认证和自身诚信评价。目前中国规模最大的B2B网站包括阿里巴巴、慧聪网、中国制造网、环球资源网、酷配网、敦煌网、中国供应商、阿土伯交易网等都推出了自身网站诚信认证和第三方诚信认证两种方式。同时，跨境电商平台可与保险机构合作，推出针对平台卖家的跨境交易保险产品，如退货运费险、拒付货物损失险等网络购物类保险和个人消费信用类保险。

从政府层面，可建立跨境电商出口信用体系，营造良好的交易环境，给境外买家提供更好的用户体验，也给境内信誉好的卖家提供一个公平竞争环境，用以解决信用体系和市场秩序有待改善的问题。搭建跨境电商公共信息共享服务平台，建立企业、个人、事业单位、公共组织和政府等五类信用主体的信用主体库，提供电商主体身份识别、电商信用评价、电商信用查询、商品信息查询、货物运输以及贸易信息查询、对外贸易法律咨询服务、商务咨询服务、法律机构在线服务等信用服务，以帮助跨境电商企业、个人商家和跨境电商平台更好地防控信用风险。

推动建立信用认证体系，综合多方信用基础数据，建立跨境电商信用数据库、信用监管系统和负面清单系统，形成跨境电商平台、平台经营户、物流企业及其他服务企业的基础数据，实现对买卖双方的身份认证、资质审查和信用评价。

2. 应对跨境电商支付中的网络风险

无论是企业内部的信息网络还是外部的网络平台，都必须建立在一个安全可信的网络之上。网络信息技术在现代外贸公司中的作用越来越大，并成为必不可少的工具。但网络信息技术是一把锋利的双刃剑，外贸公司在处理日常业务中可大量运用网络信息技术，提高自身业务效率，但钓鱼网站盗号、木马病毒盗号等信息安全隐患也成为巨大的威胁。

对于网络风险，卖家可以加强交易系统的维护，对交易数据加密，配置网络安全漏洞扫描系统，对关键的网络服务器采取容灾的技术手段。支付机构处于跨境贸易的核心位置，是跨境交易参与者的中介。为保障交易的安全，应加大技术的研发力度，提升跨境支付的网络安全技术，如开发可以精确验证参与者身份信息的系统，对跨境支付的数据信息进行加密，利用当前先进的大数据以及云技术对跨境交易的参与者进行信用等级划分，并在后续的交易中对等级低的客户和商家着重考量，为境内外客户提供安全、更加有保障的购物网络环境，赢得更多参与者的信赖。此外，监管机构应定期检查跨境购物的网络环境，加大对妨害支付安全行为的处罚力度，为境内消费者营造一个和谐的跨境消费氛围。

3. 应对交易真实性的核实风险

交易真实性包括交易主体的真实性和交易内容的真实性。针对交易主体的真实性，从跨境电商商家的角度，应通过IP地址查询、买家购买行为分析、买家购买意图等多方面进行买家身份的核实，以降低欺诈等情况发生的概率。从跨境电商平台方面，采用效用高的大数据信息技术实现核查环节，防范跨境贸易主体利用技术漏洞伪造个人身份信息，确保交易主体身份真实。从政府监管层面，外汇管理局及央行应出台相关的信息审核指导意见，要求第三方支付机构按照有关指导意见认真核实跨境支付业务中参与者的身份信息。

对于交易真实性的核实风险，从跨境电商商家的角度，应本着诚信原则进行跨境电商交易，避免采用刷单、虚假信息引流等制造虚假交易的行为。从跨境电商平台角度，应构建有效的交易审查机制，严格审查交易对象信息、订单信息、物流信息，并制定严厉的奖惩制度，对于不诚信、提供虚假信息的交易对象予以产品下架、账号限制等惩罚，以尽量减少刷单、欺诈等行为的发生。支付机构应当向客户充分提示网络支付业务的潜在风险，及时揭示不法分子新型作案手段，对客户进行必要的安全教育，并对高风险业务在操作前、操作中进行风险警示。在政府层面，应当由海关、税务局、国家外汇管理局、中国人民银行、国家邮政局等多个监管部门联手，建立联动工作机制，构建适宜的监管和服务体系，制定相应的行业标准规范，优化监管服务体系，对跨境电商支付平台进行全面监管，实现信息流、资金流和物流的匹配和统一，有效解决跨境电商运作过程中存在的真实性和合法性问题。

4. 应对跨境电商支付的法律风险

对于法律风险，提高立法层次，加强电子支付服务交易立法。结合境内电子支付服务实践，制定相应的法律，以规范电子支付服务中参与主体间的权利义务关系。适时修改并完善相关法律，明确国家外汇管理局的监管职责和跨境第三方支付机构的法律地位。跨境电商支付机构实际上承担了一定的类银行管理职责，执行一定的外汇管理政策，但第三方支付机构是非金融机构，让其承担这样的管理职责也缺乏上位法依据。机构明确、权责统一是实现有效监管的基本前提。建议及时修改法律，明确非金融机构在外汇管理中的法律地位。

同时，加强与不同国家（地区）之间电子支付服务监管的法律（法规）协调性，具体包括电子支付服务内容、风险责任认定及监管标准等方面的协调，以及不同国家（地区）监管主体之间的协调、国家（地区）监管主体与国际规则监管主体之间的协调，明确各国家（地区）监管主体的责任和任务，建议各国（地区）联合起来专门制定有关跨境电子商务支付的规范，以解决跨境电子商务支付结算所产生的纠纷。另外，加强国家（地区）内法律（法规）与国际监管规则的衔接，在国家（地区）间电子支付服务法律协调性还存在极大阻力的情况下，积极促进电子支付服务国际监管规则在主权国家（地区）间的适用具有更为重要的意义。

5. 应对跨境电商支付的沉淀资金风险

首先，对风险分担，本金的充裕程度与抗风险能力直接对应，应建立健全风险准备金制度。央行公布的《非银行支付机构网络支付业务管理办法》规定：支付机构应当建立健全风险准备金制度和交易赔付制度……支付机构应在年度监管报告中如实反映上述内容和风险准备金计提、使用及结余等情况。按照这一规定，可以直接避免在支付机构的备付金账户里沉淀太多的资金，弱化部分支付机构账户体系的隐形清算结算功能，从而减少风险的积累和信息的不透明。

其次，设计风险监控指标。支付机构应将客户外汇备付金账户资金与自有外汇资金严格区分，并且将交易中所使用的资金存入银行独立账户中，并对其设立风险监控指标，针对账户资金的使用情况和资金流向进行监控，出现可疑交易便可以立即触发风险指标预警；为客户办理结售汇及跨境收付业务均应通过外汇备付金账户进行，外汇备付金账户不得提取或存入现钞，不得在无交易情况下预收、预存。同时设计出分布于支付平台控制后台和客户端账户交易中的监控指标，分级评估风险大小，对后台操作和客户的危险转账行为进行风险划分，针对不同风险指标等级采取警告、暂停交易或者冻结账户等措施。

再次，对监管部门来说，可考虑在借鉴境外经验基础上，结合境内金融改革的特色，逐渐尝试分层监管的模式。如在更严格的条款下可给予一定的容忍度，因为在现代金融产品和服务层面，支付清算、资金融通、风险和信息管理的功能融合趋势日益明显，在风险可控前提下，某些创新探索也有其存在的意义。

最后，理清沉淀资金的持有人与第三方支付机构的关系。在跨境支付过程中，用户与支付机构不是储蓄合同关系，因为支付机构不是金融机构而是信息服务提供商，第三方支付收入来源主要有按照交易比例收取的服务费或者手续费、沉淀资金的利息等。为了确保安全，必须像限制保险资金投资那样，限制第三方支付沉淀资金的投资范围，严控风险。

6. 应对跨境电商支付中的监管风险

现行的国际收支申报制度及其主要规定是建立在贸易方式传统、货物贸易占交易额绝大多数的基础之上的。随着越来越多的贸易由线下转移到线上，服务贸易占比逐渐攀升，虚拟商品大量出现，一些贸易找不到对应的国际收支统计项目。一方面需要对国际收支统计申报项目进一步细化，保证国际收支统计的准确，缩小国际收支统计误差；另一方面，需要在网上监控交易，加强对个人外汇账户真实性审核。

应适当填充跨境支付业务中外汇的统计制度，把检测信息和外汇信息统计相联系，强化监管制度和机制，同时落实责任追究制度，保障跨境支付有序进行。要建立审查的制度，针对异常的情况给予交易账户预警的风险控制。这里要求处理跨境支付业务的第三方机构应具备真实物品和虚拟物品隔离的管理机制，对不同交易的信息进行分类和协同管理，并应该定期向国家外汇管理局或央行等监管机构汇报情况。另外，还应在外汇管理局的协调下，与工商部门、海关合作，建立跨境贸易共享平台，使跨境贸易和跨境交易的信息监测更加准确和细化，减少支付的风险。

第五节　跨境电商支付发展前景

1. 第三方跨境支付市场份额将快速增长

从跨境电商出口看，2014年随着全球电商市场的高速增长，境内外贸电商发展面临着较好的机遇。国务院办公厅转发商务部等部门发布的《关于实施支持跨境电子商务零售出口有关政策意见的通知》，其中提出6项具体措施解决跨境电商在海关、检验检疫、税务和收付汇等方面存在的问题，跨境电商已经成为实现外贸转型升级的重要支点。跨境电商的高速发展，需要跨境支付的支撑，跨境支付市场无疑将成为支付领域新的增长点。受政策限制，在以往的跨境支付业务中，目前第三方支付公司所提供的外贸收单主要还是在香港用美元结算，之后客户再通过其他渠道将资金转移至境内。而国家外汇管理局的试点推行后，第三方支付公司可直接在境内结汇给客户。跨境外汇支付的许可为中国第三方支付开辟了留学教育、航空机票及酒店住宿等服务贸易领域。境内支付公司提供更大范围的跨境支付服务成为可能，为支付公司开辟了更广阔的发展空间。

从跨境电商进口看，随着境内海淘需求日益强烈，跨境电商进口增长迅猛，跨境进口支付市场无疑是支付领域的另一片"蓝海"。虽然大部分境外购物网站都只支持PayPal，但是使用PayPal账户进行支付也有其局限性，即境内消费者一旦把钱汇入PayPal，便无法在境内取出。这导致消费者在跨境消费时出现对交易安全的担忧。国家外汇管理局正在推进支付机构跨境电子商务外汇支付业务试点，获得牌照的第三方支付公司即可通过银行为外贸电商提供外汇资金集中收付和结算的服务。此外，上海自贸区的东方支付等第三方支付机构，还将互联网支付产品由境内延伸至境外，打造跨境支付实时处理服务平台，全面实现客户通过第三方支付机构使用人民币进行境外购物，极大地满足了境内客户境外购物的需求。这些便利措施，将使得境内第三方支付机构抢占更多的跨境电商支付业务市场份额。

2. 跨境支付一站式综合服务体系将受到零售电商青睐

对于跨境电商，尤其是跨境B2C而言，一站式跨境支付综合服务是其迫切需要的。深受欧美客户欢迎的PayPal，除了开展互联网支付、移动支付、信用支付、线下支付等核心业务外，它还为消费者提供了便捷、安全的支付选择，以及为客户提供了更多的延伸服务，比如提供跨境商业服务解决方案：代收代付、跨境电商、资金归集、咨询服务、O2O服务等。eBay甚至借助在电商领域的资源积累，在支付、技术支撑及完善的金融服务体系方面，为电子商务行业及传统行业电商化提供综合解决方案，集合在线支付、移动支付、线下支付以及信用支付等多元化支付解决方案，将来会进一步提供数据服务、营销服务、信贷金融服务等。eBay还通过对平台积累的庞大用户、商户交易信息进行数据挖掘和分析，为商户提供营销及供应链金融等增值服务。面对境内跨境电商零售企业的诸多不便，境内跨境支付机构，尤其是第三方支付机构未来将在政策支持下，加强与电子商务平台合作，从商户商品展示、贸易撮合到在线签约及电子单证的拟定、资金托管，以及最终的支付结算、通关交付、出口退税等全程参与，提供一体化解决方案，实现全程无纸纯电子化交易，缩短交易周期，提升结算效率，其发展前景将十分广阔。目前，这种趋势已开始出现，如上海自贸区的东方支付与跨境通平台等。哈尔滨中俄跨境电子商务在线支付平台集电子数据交换、身份认证、电子数据申报、数据整合汇总、数据控制管理、物流和通关状态信息查询为一体，实现网上支付、电话支付、便携终端支付（基于手机和 PC 端）、电子钱包支付等多种方式跨境支付。

3. 移动支付随着移动设备的快速发展和手机商务的持续扩大，发展潜力巨大

由于智能手机的普及以及移动互联网催生的便捷友好型App的出现，手机支付将会在未来很长一段时间继续巩固其领先地位。2016年，中国在基于移动商务的交易量中占据了58%份额。估计到2020年，英美地区也将与中国一样，消费者使用移动设备购买商品和服务的次数将超过PC端。

随着消费者对在线支付以及手机功能的进一步熟悉，通过电子支付交易的意愿将持续增长。越来越多的商品和服务开始接受互联网支付，以前那些只接受现金的传统业务，比如出租车、理发、清洁服务等，现在也接受在线预订和支付。移动互联网的发展和智能手机的出现让消费者能够随时随地进行交易，它的即时性和便捷性也让消费者乐意去尝试和使用。

不同行业的服务产品，包括门票、影音下载、餐饮支付以及外卖等，将会更加频繁地使用手机支付。服务型的商业行为在进行数字化转变时将产生多样的方式，比如，餐饮支付和外卖支付在不同设备上下单的使用差异是所有行业里最小的，在电脑上购买的比例是26%，而通过智能手机购买的比例为20%。

智能移动设备、移动支付、可穿戴设备技术与NFC开始迎合消费趋势与预测。可穿戴设备技术、智能移动设备和移动支付的日益普及让营销者可以利用更成熟的营销技巧向消费者推广他们的产品及服务。基于定位技术的智能移动设备和NFC支付无疑正在改变品牌与消费者之间的关系。支持蓝牙跟NFC技术的移动设备如苹果手表以及其他智能移动设备使得品牌体验、可穿戴设备技术与支付能够无缝衔接。这些技术共同为公司提供了提升顾客体验的新方法，企业可以为顾客提供定制化产品或服务。NFC和BLE Beacons为消费者、设备和支付环境提供了更快更无缝的衔接。

NFC在悄然发展。在商户付款的时候，消费者利用手机就能代替支付设备，方便简单，这就是近场支付的好处。特别是随着Android Pay、Apple Pay、Samsung Pay等支付方式的不断推出，业内人士普遍对这些支付方式持有乐观的态度。与传统支付方式相比，移动支付必须是小额、安全、便捷的，只有这样才会被视为一个可行的选择。

■■■ 本章小结

随着互联网技术的发展与成熟，全球各个产业互联网化程度不断加深，跨境电商市场规模近年来呈现快速增长的趋势，消费者对于在线消费的需求不断上升。随着中国进出口贸易在全球市场重要性的提升和跨境电商的快速发展，境内跨境支付市场进入了新的发展阶段。当前跨境支付的主要应用场景集中在跨境电商、跨境旅游以及留学教育三个领域，体量最大的跨境电商将成为跨境支付快速增长的主要推动力。

跨境电商支付工具主要分为线上支付与线下支付两类。跨境支付工具有两大类：一种是线下汇款模式，包括电汇、西联汇款、速汇金等，比较适合较大金额的跨境B2B交易；另一种是线上支付，包括各种第三方支付工具和国际信用卡，线上支付手段通常有交易额的限制，比较适合小额的跨境零售。第三方支付工具种类繁多，在使用跨境电商支付工具的同时，应注意风险的分析和控制。

【实训】

■■■ 思考题

1. 何为第三方支付？
2. 简述第三方支付原理。
3. 简述第三方支付业务流程。
4. 论述第三方支付的优缺点。

5. 简述不同跨境电商平台常用的跨境支付模式。

6. 论述常用的跨境支付工具。

7. 简述跨境移动支付特征。

8. 简述跨境移动支付类型。

9. 论述跨境支付风险及防范措施。

■■■ 案例分析题

中国光大银行跨境电子商务支付系统正式上线

日前，该系统根据跨境电子商务一站式需求的特点设计，集结售汇、收付款为一体，第三方支付机构可顺利完成线上结售汇、收付款汇、线上国际收支申报与个人结售汇登记等多样化操作，为跨境电子商务支付交易提供全流程跨境支付金融服务。

据悉，光大银行跨境电子商务支付系统可提供实时或"T+N"工作日批量清算服务，支持14个币种、定额人民币、定额外币等多种交易支付模式，满足第三方支付机构多元化的清算要求。

近年来，跨境电子商务支付业务发展迅猛，而第三方支付机构在整个支付过程中扮演重要角色。依托光大银行跨境电子商务支付系统，第三方支付机构可全接口、全自动对接银行各内部系统，全线上、"不落地"推送业务数据，只需一次操作，即可完成跨境贸易资金收付，实现高效、精确自动化运营。

光大银行跨境电子商务支付系统的推出，打通了第三方支付机构境内外资金往来通道，为消费者提供更便利快捷的跨境金融消费体验，完善了银行跨境金融服务体系。该系统是光大银行金融互联网技术的又一技术成果，也是光大银行跨境贸易金融电子化特色发展的重要战略布局。

（资料来源：光大银行跨境电子商务支付系统正式上线［EB/OL］．［2017-12-1］．http://www.js.xinhuanet.com/2017-03/08/c_1120590993.htm.）

思考：

1. 光大银行为何要开通跨境电子商务支付系统？

2. 简述光大银行的跨境电子商务支付系统业务流程。

第五章　跨境物流与关境

第五章

■■■ 学习目标

　　了解跨境物流概念；了解跨境物流涉及的企业类型；掌握不同的跨境物流模式；了解不同跨境邮政包裹特征；了解不同国际（地区间）快递特征；掌握不同跨境物流模式异同；掌握境外仓与边境仓；掌握跨境物流运作流程；掌握跨境电商关境流程。

■■■ 章节纲要

　　本章主要分五节来阐述与探讨跨境物流与关境问题。第一节主要是跨境物流的概述；第二节主要介绍传统的跨境物流模式；第三节主要介绍新型跨境物流模式及其与传统物流模式的对比；第四节主要介绍跨境物流运作流程；第五节主要介绍跨境电商关境问题。

第一节　跨境物流概述

（一）跨境物流的概念

　　跨境物流指在两个或两个以上国家（地区）之间进行的物流服务。跨境物流是物流服务发展到高级阶段的一种表现形式。由于跨境电子商务的交易双方分属不同国家（地区），商品需要从供应方国家（地区）通过跨境物流方式实现空间位置转移，在需求方所在国家（地区）内实现最后的物流与配送。根据商品的空间位移轨迹，跨境物流分为境内物流、国际（地区间）物流与运输、目的国（地区）物流与配送三块。与境内物流相比，跨境物流涉及输出国（地区）关境和输入国（地区）关境，需要进行清关与商检，工作内容较为复杂，且很少有企业依靠自身能力单独办理并完成这部分业务。

（二）跨境物流企业类型

　　跨境电子商务的发展推动着跨境物流的发展。跨境物流企业包括以下几种：①交通运输业、邮政业发展起来的跨境物流企业，如UPS、FedEx等；②传统零售业发展起来的跨境物流企业，如美国的沃尔玛、法国的Cdiscount等；③大型制造企业或零售企业组建的跨境物流企业，如海尔物流、苏宁物流等；④电商企业自建物流体系，如京东物流、兰亭集势的兰亭智通等；⑤传统快递企业发展跨境物流业务，如顺丰、申通等；⑥

新兴的跨境物流企业，如递四方、出口易等。

（三）跨境物流发展现状

与境内物流相比，跨境物流除具备其共性外，还伴随国际（地区）性等特点，涉及范围更广，影响更深远。跨境物流不仅与多个国家（地区）的社会经济活动联系，更受多个国家（地区）间多方面、多因素的影响。物流硬件环境与软件环境存在国家（地区）间差异，标准也不同，境内物流、国际（地区间）物流与目的国（地区）物流在衔接上会存在障碍，导致顺畅的跨境物流系统难以构建。物流环境的差异，导致物流公司在运输与配送过程中，需要面对不同的法律、文化、习俗、观念、语言、技术、设施等，增大了跨境物流的运作难度和系统的复杂性。此外，如关税或非关税壁垒、物流成本、空间距离等，都会直接或间接影响或制约跨境物流。目前，境内企业的跨境物流还停留在传统的商品运输、配送、货代等层面，物流高端服务与增值服务缺失，无法提供物流系统集成、供应链优化解决方案、大数据物流、云计算信息平台、跨境物流金融等，境外即时送能力也不足。此外，境内物流、国际（地区间）物流与目的国（地区）物流在衔接、可视化、信息透明度等方面表现较差，影响并降低了顾客对跨境物流的满意度。

第二节　传统跨境物流模式

随着海淘或代购模式逐渐向跨境电商模式转变，跨境物流模式也逐渐趋于正规化、合法化、多样化。在跨境电商的发展过程中，国际（地区间）邮政包裹（尤其是国际或地区间邮政小包）与国际（地区间）快递扮演着极其重要的角色，在众多跨境物流模式中这两种的使用比重最大。在跨境电商发展与演进的推动下，市场需求刺激了多种物流模式的出现，跨境物流模式也不再拘泥于国际（地区间）邮政包裹与国际（地区间）快递。以境外仓为首的新型跨境物流模式逐渐受到关注，开始被应用于跨境电商市场。根据跨境物流模式的出现时间及发展过程，我们将国际（地区间）邮政包裹与国际（地区间）快递视为传统跨境物流模式，将境外仓等近两年涌现的跨境物流模式视为新型跨境物流模式。学术界对跨境物流模式的研究较少，现有的成果也多集中在传统跨境物流模式上。虽有个别学者也提出了境外仓、第四方物流等新型跨境物流模式，但是这些模式出现较晚，尚缺乏系统的针对性研究。

（一）国际（地区间）邮政包裹

在介绍邮政具体渠道之前，跨境电商经营者需先了解一个组织，即万国邮政联盟

（Universal Postal Union，UPU），简称万国邮联或邮联。它是商定国际邮政事务的国际组织，宗旨是组织和改善国际邮政业务，发展邮政方面的国际合作，以及在力所能及的范围内给予会员所要求的邮政技术援助。万国邮联规定了国际邮件转运自由的原则，统一了国际邮件处理手续和资费标准，简化了国际邮政账务结算办法，确立了各国（地区）邮政部门争讼的仲裁程序。截至2014年12月，万国邮政联盟有192个成员方，包括中国。正是由于这个组织的存在，我们可以通过万国邮政系统将一个包裹或信件从中国寄送到其他国家及地区。

在跨境电商市场中，国际（地区间）邮政包裹又以国际（地区间）邮政小包居多。国际（地区间）邮政小包在目前跨境电商中使用最多，也是海淘与境外代购最常用的跨境物流模式。以中国为例，据不完全统计，目前跨境电商中有超过60%的商品是通过国际（地区间）邮政小包运输的。在万国邮政联盟中，跨境电商使用较多的有中国邮政、新加坡邮政、中国香港邮政、英皇邮政、比利时邮政、俄罗斯邮政、德国邮政、瑞士邮政等。国际（地区间）邮政小包的优势较明显，其价格便宜，且方便个人操作实现通关；但是劣势也较为显著，主要有递送时间久、包裹丢失率高、非挂号件难以追溯进度。国际（地区间）邮政包裹适合轻、小型商品，在货物体积、重量、形状等方面限制性较高，如含粉末、液体等的特殊商品无法通过正常方式在邮政渠道实现通关。在一些国家通关政策变化的影响下，国际（地区间）邮政小包的优势受到挑战，如俄罗斯宣布2015年1月15日起停收邮政平常小包，美国从2014年11月起逐渐停止扫描国际（地区间）邮政小包。

1. 中国邮政挂号小包

据不完全统计，跨境电商70%的包裹都通过邮政系统投递，其中中国邮政占据50%左右的份额，中国香港邮政、新加坡邮政等邮政小包也是跨境电商卖家常用的物流方式。

（1）优势：线路覆盖广、最具价格优势，清关有优势

中邮小包是我国市面上最有价格优势的小包产品之一，被广泛运用。有卖家举例，发1千克的邮政小包，到南美洲、非洲120元，到邻国（地区）80～90元，到其他国家（地区）均价100元左右，在这个基础上加上8元挂号费，乘以各地货代折扣，才是最终发货成本。相较之下，其他11小包即使基础收费持平也鲜有折扣，甚至收费高一个档次，成本优势都不如中邮小包。

（2）劣势：时效不太稳定，状况多

总体来说，中邮小包时效尚可，部分地区甚至谈得上很快。不过，无论是价格还是时效，都比较不稳定，状况会多一些。速度最快的1～2个工作日，慢的则好几个工作日。目前北京、上海、广州、深圳、天津是中国邮政挂号小包发货较快的城市，上网速

度快，内陆城市上网速度略慢，但折扣比较高。

（3）派送范围

全球200多个国家及地区。

（4）时效

正常情况：16～35天到达目的地。

特殊情况：35～60天到达目的地。特殊情况包括：节假日、政策调整、偏远地区等，例如巴西等南美洲国家，预计时效可能超过60天。

（5）物流信息查询

物流详情可追踪节点：提供国内段收寄、封发、交航以及目的国（地区）妥投等信息。

物流详情查询平台：中国邮政官网，网址http://intmail.11185.cn/。

（6）计费

方式：按克计费，1克起计，挂号费8元，并采用分区定价，主要面对跨境电商主流市场，在小包中具有很大的价格优势。

重量及尺寸限制如表5-1所示。

表5-1 重量及尺寸一览表

包裹形状	重量限制	最大体积限制	最小体积限制
方形包裹	小于2千克（不包含）	长+宽+高≤90厘米，单边长度≤60厘米	至少有一面的长度≥14厘米，宽度≥9厘米
圆柱形包裹		2倍直径及长度之和≤104厘米，单边长度≤90厘米	2倍直径及长度之和≥17厘米，单边长度≥10厘米

示例：以0.320千克发英国的包裹为例，货代折扣为9折。

挂号不打折：90.5×0.32×0.9+8=34.064元。

挂号运费都打折：（90.5×0.32+8）×0.9=33.264元。

注：大部分卖家的运费计价公式都为第一种，中小卖家相对较难拿到挂号费的折扣。

公式中的90.5来源于中国邮政挂号小包资费公布价，详见表5-2。

表5-2 中国邮政挂号小包新资费

序号	国家（地区）	资费标准（元/千克）	挂号费
1	日本	62	8
2	新加坡、印度、韩国、泰国、马来西亚、印度尼西亚	71.5	8
3	奥地利、克罗地亚、保加利亚、斯洛伐克、匈牙利、瑞典、挪威、德国、荷兰、捷克、希腊、芬兰、比利时、爱尔兰、意大利、瑞士、波兰、葡萄牙、丹麦、澳大利亚、以色列	81	8
4	新西兰、土耳其	85	8

续表

序号	国家（地区）	资费标准（元/千克）	挂号费
5	美国、加拿大、英国、西班牙、法国、乌克兰、卢森堡、爱沙尼亚、立陶宛、罗马尼亚、白俄罗斯、斯洛文尼亚、马耳他、拉脱维亚、波黑、越南、菲律宾、巴基斯坦、哈萨克斯坦、塞浦路斯、朝鲜、蒙古、塔吉克斯坦、土库曼斯坦、乌兹别克斯坦、吉尔吉斯斯坦、斯里兰卡、巴勒斯坦、叙利亚、阿塞拜疆、亚美尼亚、阿曼、沙特、卡塔尔	90.5	8
6	俄罗斯	96.3	8
7	南非	105	8
8	阿根廷、巴西、墨西哥	110	8
9	老挝、孟加拉国、柬埔寨、缅甸、尼泊尔、文莱、不丹、马尔代夫、东帝汶、阿联酋、约旦、巴林、阿富汗、伊朗、科威特、也门、伊拉克、黎巴嫩、秘鲁、智利	120	8
10	塞尔维亚、阿尔巴尼亚、冰岛、安道尔、法罗群岛、直布罗陀、列支敦士登、摩纳哥、黑山、马其顿、圣马力诺、梵蒂冈、摩尔多瓦、格鲁吉亚	147.5	8
11	斐济、汤加、图瓦卢、瓦努阿图、萨摩亚、阿森松岛、关岛、帕劳、埃及、苏丹、摩洛哥、吉布提、埃塞俄比亚、肯尼亚、突尼斯、布隆迪、乌干达、卢旺达、乍得、尼日利亚、布基纳法索、贝宁、喀麦隆、阿尔及利亚、加蓬、几内亚、马达加斯加、毛里塔尼亚、津巴布韦、安哥拉、中非、佛得角等	176	8

2. 中国邮政平常小包

中国邮政平常小包，简称平邮，是中国邮政推出的经济小包，与中国挂号邮政小包基本一致，仅没有挂号服务，即一般出国后无法查询网上跟踪信息，更无妥投信息。

（1）优势：价格便宜

平邮不需要挂号费，适合货值低、重量轻的物品，例如饰品、手机壳等品类。对于克重低的商品，如重量只有几克的，正常运费仅需几元，甚至更少。如果这类产品选择挂号小包，要增加至少8元的挂号费，将使得产品价格失去竞争力。

（2）劣势：安全性差，稳定性差

由于平邮无法追踪信息，买卖双方都无法知晓包裹在运输后半程的信息，丢件率也明显高于挂号小包。各跨境平台由于平邮小包提起的纠纷也明显高于其他小包。倘若包裹丢失，卖家一般要承受所有损失，包括产品、运输费用以及退款。正因为如此，跨境电商平台不推荐卖家使用平邮，以免影响买家购买体验。

例如，速卖通平台只允许卖家选择线上发平邮，不允许卖家线下发货使用平邮，一旦产生纠纷，平台会要求卖家全额退款。即使线上可发平邮，也有限制条件。以下是速卖通规定的几个国家线上发平邮的条件：

俄罗斯：实际支付金额≥2美元的订单不可使用平邮。

美国：实际支付金额≥5美元的订单不可使用平邮。

乌克兰、白俄罗斯：所有订单不可使用经济类物流服务发货。

3. 中国邮政大包

中国邮政大包服务是中国邮政区别于中国邮政小包的新业务，是中国邮政国际（地区间）普通邮政包裹三种服务中的航空运输服务，可寄达全球200多个国家和地区。对时效性要求不高而重量稍重的货物，可选择使用此方式发货。通常分为普通空邮（normal air mail，非挂号）和挂号（registered air mail）两种。前者费率较低，邮政不提供跟踪查询服务；后者费率稍高，可提供网上跟踪查询服务。

（1）优势

价格比EMS稍低，且和EMS一样不计算体积重量；以首重1千克、续重1千克的计费方式结算，没有偏远附加费和燃油费；成本低。相对于其他运输方式（如EMS、DHL、UPS、FedEx、TNT等）来说，中国邮政大包服务有绝对的价格优势。采用此种发货方式可最大限度地降低成本，提升价格竞争力。

（2）劣势：时效性不高，退件有费用

由于大包在运输和处理上相对难于小包，所以妥投速度相对较慢。中国邮政大包和中国香港包裹国外退件是有费用的。根据用户选择的退回方式收取对应的运费，邮局都会给发件人对应的收费凭据（中国包裹运单上可以选择经什么渠道退回）。

（3）重量尺寸限制

重量限制：0.1千克≤重量≤30千克（部分国家不超过20千克，每票快件不能超过1件）。

体积限制：寄往各国包裹的最大尺寸限度分为两种，一种为单边≤1.5米，长度+长度以外的最大横周≤3米；另外一种为单边≤1.05米，长度+长度以外的最大横周≤2米。

横周的计算公式：横周=2×高+2×宽+长。

中国邮政大包最小尺寸限制：最小边长≥0.24米，宽≥0.16米。

4. E邮宝

E邮宝是中国邮政速递物流为适应跨境电商轻小件物品寄递需要推出的经济型国际速递业务，利用邮政渠道清关，经合作邮政轻小件网络投递。主要路向参考时限为7～10个工作日，价格实惠。

（1）优势：性价比高，时效快

虽然E邮宝价格略高于中邮小包，但其时效性强，以致其性价比高。例如同样一个普货小包裹经由中邮小包寄往美国，正常时效在15~30个工作日，而E邮宝时效是7~10个工作日。另外寄往美国的E邮宝可追踪物流信息，而小包不可。将货发往美国的卖家更多选择E邮宝。

（2）劣势：服务范围小

E邮宝目前仅开通了面向32个国家或地区的服务，所以相对小包少了很多。

（3）时效

参考时效：主要路向7~10个工作日；墨西哥20个工作日；沙特、乌克兰、俄罗斯7~15个工作日。

（4）重量尺寸限制

限重：2千克。

单件最大尺寸：长、宽、高合计不超过90厘米，最长一边不超过60厘米；圆卷邮件直径的两倍和长度合计不超过104厘米，长度不得超过90厘米。单件最小尺寸：长度不小于14厘米，宽度不小于11厘米；圆卷邮件直径的两倍和长度合计不小于17厘米，长度不小于11厘米。

（5）查询

提供收寄、出口封发、进口接收实时跟踪查询信息，不提供签收信息，只提供投递确认信息。客户可以通过EMS网站www.ems.com.cn、寄达国邮政网站或拨打客服专线等查看邮件跟踪信息。

（6）赔偿及退回

暂不提供邮件的丢失、延误、损毁补偿、查验等附加服务。对于无法投递或收件人拒收的邮件，提供集中退回服务（德国E邮宝暂不提供集中退回的服务）。

（7）投递范围

美国：本土，本土以外所有属地及其海外军邮地址。

英国：本土及海峡群岛、马恩岛。

法国：仅本土区域，邮编范围为01—95开头的地区及其海外属地无法投递。

德国：少数区域无法覆盖。

其他国家：仅本土。

5. 中国香港邮政小包

中国香港邮政小包又称香港小包，是指通过中国香港邮政发送到境外客户手中的小包。最早被用于跨境电商领域，曾是独立站大佬们的"独门武器"，资历最老。

（1）优势：综合质量较高、各个指标较稳

普货配送方面，是小包中时效、价格、清关方面较为稳定的产品。包裹直接送往香港邮政机场空邮中心，而无须经过多个环节的中转，节约了派送时间，同时也降低了丢包率。中国香港邮政小包的离岸处理时间只需要1～3个工作日。它对跨境电商主要市场发货都适用，客户体验更有保障，物流引发的售后问题相对较少。就综合质量而言，它是小包中的又一理想选择。

（2）劣势：价格相对略高，退件需费用

中国香港小包价格总体上相对中国邮政挂号小包略高，不仅单价总体略贵，挂号费一般都是13港元/票。另外，包裹退回后是直接退往香港，然后再从香港到内地。香港的小包退件收费是发出多少运费，退回来就收多少运费，退回内地还有进口费用。客户在填单的时候应填写是否要退回，没有填写的，邮局默认弃件。

（3）时效

香港是全世界物流最发达的地区，每天均有直飞航班到达全世界任意一个国家或地区。香港邮政的航空小包，几乎能做到当天投递，当天上飞机开始运送，大部分国家和地区只需要5～12个工作日，有时候3个工作日即可到达英国、爱尔兰、美国、加拿大。

具体投递时间大致如下：亚洲为3～7个工作日；英国、爱尔兰为3～10个工作日；美国、加拿大、澳大利亚为5～12个工作日；西欧为7～21个工作日。

值得注意的是，中国香港小包发货，需要转运到香港，和内地的邮政发货不一样，上网时效是2～4个工作日，稍慢。当然这不影响总体时效，也不排除个别货运代理能做到承诺的次日上网。

（4）分类：普通空邮平邮与挂号

中国香港邮局称邮政小包平邮为大量投寄空邮（bulk air mail service），称香港邮政挂号小包为易网邮服务（iMail service），前者费率较低，邮政不提供跟踪查询服务，后者费率稍高，可提供网上跟踪查询服务。一般eBay卖家所销售的电子产品、饰品、配件、服装、工艺品都采用后者来发货。通常我们说的香港小包是指中国香港邮政挂号小包。

6. 新加坡邮政小包

新加坡邮政小包，即新加坡邮政航空小包裹，又叫新加坡挂号小包，是新加坡邮政推出的一项针对重量在2千克以下的货物的邮政小包服务，具有时效好，通关能力强的特点，可寄达全球各个邮政网点。

（1）优势：可寄带电产品（曾是其"王牌"），在东南亚地区有优势

众所周知，大部分小包是不允许寄送带电产品的，而新加坡邮政小包却可以，所以这一度让新加坡邮政小包成为其有别于其他小包的"王牌"。因为，中邮小包和中国香港邮政小包都限制带电产品，新加坡邮政是主要出货渠道，其成本优势也仅次于中邮小包。对于东南亚市场而言，新加坡邮政的配送服务、时效及收费具有优势。2014—2015

年，阿里巴巴两次注资新加坡邮政，双方签署了一份联合战略业务发展框架协议，希望进一步提升电商物流的服务效率及全链覆盖。双方将促进平台资源的共享，充分利用双方的优势，以实现在电商物流全链路的布局。

（2）劣势：价格略高，退货麻烦

新加坡邮政小包价格略高于中国邮政小包，退件麻烦，是中邮小包以外其他小包的通病。

（3）时效

官方宣传到达多数国家或地区的正常运输时间约7～15个工作日，大部分跨境电商还是相对认可其时效的。

7. 德国、比利时、瑞士、荷兰等小包

（1）优势：时效和稳定性要好很多，发欧洲尤其理想，可寄带电产品

举例说明，德国（DHL）小包寄到英法德只需要5～8个工作日，部分线路可发带电物品。瑞士小包最快时效也能做到10个工作日，也支持带电产品配送。此类产品由本土邮政承运，本土清关能力强，一般欧盟境内无须二次清关，稳定性好，配送及时，丢包少。发往比利时、西班牙、荷兰、瑞典、挪威、芬兰、丹麦及其他欧洲小国，这类小包优势明显，几乎8～15天妥投。目前，比利时邮政小包和荷兰小包也都支持带电产品配送。

（2）劣势：价格优势不明显

这些小包较前述小包产品的价格优势不是那么明显，不过卖家若一心想提升客户体验，不失为理想选择。当然，也不是所有货物都适用此类小包。饰品等超轻、超微利的产品，就不适合发这类小包。

8. 瑞典邮政、马来西亚邮政小包

（1）优势：官方宣传超平价，可寄带电产品

瑞典小包发美国和加拿大、欧洲的平均时效都在20～30天，不算突出。可接内置电池、有配套电池的货物，无需特殊包装，增加了其赢面。性质类似，马来西亚邮政挂号小包可寄有电池的货物，无需特殊包装，同样也是超平价的小包产品。对于尤其注重成本的卖家，这两大小包产品，为其提供了选择余地。

（2）劣势：揽收范围小，稳定性待考察

由于这些小包较新且比较小众，揽收范围相对小一些，但产品稳定性如何，还需卖家自己少量发货测试。

9. 特殊说明

邮政国际（地区）小包并不能做到所有国家（地区）都妥投，不能妥投的主要原因

如下。

①邮政小包全境不能提供妥投信息的国家（地区），指的是183网站和对方国家（地区）都跟踪不到妥投信息，只能跟踪到交航、出口封发或交付等信息。主要国家及地区有阿尔及利亚、阿富汗、博茨瓦纳、多哥、佛得角、格鲁吉亚、洪都拉斯、津巴布韦、几内亚、莫桑比克、马尔代夫、马里、摩纳哥、孟加拉国、摩洛哥、萨尔瓦多、斯威士兰、突尼斯、土库曼斯坦、乌兹别克斯坦、乌干达、瓦努阿图、新喀里多尼亚、牙买加、秘鲁、安圭拉（英国）、奥兰群岛（芬兰）、阿森松岛（英国）、巴哈马、巴勒斯坦、朝鲜、赤道几内亚、多米尼加、多米尼克、梵蒂冈、冈比亚、刚果、古巴、圭亚那、海地、基里巴斯、卡塔尔、科摩罗、科威特、科索沃、科特迪瓦、老挝、利比亚、马达加斯加、毛里塔尼亚、蒙古、孟加拉国、缅甸、莫桑比克、尼日尔、帕劳、圣多美和普林西比、塔吉克斯坦、图瓦卢、委内瑞拉、伊拉克、乍得。

②邮政小包有部分（30%以上）不能提供妥投信息的国家（地区），指的是183网站和对方国家（地区）有部分邮件可跟踪到交付或交航信息，但跟踪不到妥投信息。主要有英国、美国（2014年12月开始）、白俄罗斯、哥伦比亚、奥地利、澳大利亚、阿曼、德国、安道尔、巴巴多斯、巴布亚新几内亚、巴拉圭、贝宁、不丹、菲律宾、斐济、卢旺达、毛里求斯、圣卢西亚、乌兹别克斯坦、赞比亚、中非、加拿大（2005年8月15日开始）。

以上所指的小包包含目前市场上的所有邮政类小包。造成以上国家（地区）无法妥投的原因：目的地国家（地区）或者派送地邮政不支持小包派送录单上传功能；目的地邮政信息技术网络不支持；目的地政治或者政策因素（如罢工、通邮等）。

须特别说明的是：没有网上妥投信息并不表示邮政小包没有派送，邮件的递送工作一般会正常完成，只是当地邮局派送完成后不会上传妥投信息，所以需要多与收货人沟通收货情况，以免影响到平台收款。

（二）国际（地区间）快递

跨境电商常用的另一种跨境物流模式为国际（地区间）快递。国际（地区间）快递是指货物通过快递公司实现在两个或两个以上国家或地区之间进行配送的活动。全球性国际快递公司主要有UPS、FedEx、DHL、TNT、ARAMEX等。中国知名的快递公司也扩展了国际快递业务，包括EMS、顺丰速递、申通、韵达等。国际（地区间）快递在对货物计费时一般分为重量计算与体积计算，常以两者中费用较大的一项为最终计费方式，并在货物包装方面要求较高。国际（地区间）快递可以根据不同的客户需求，如地域、货物种类、体积大小、货物重量等选择不同的渠道实现货物运输与速递。国际（地区间）快递与国际（地区间）邮政小包具有明显的互补性，国际（地区间）邮政小包的优势是国际（地区间）快递的劣势，国际（地区间）邮政小包的劣势一般是国际快递的优势。国际（地区间）快递具有速递时效性高、丢包率低、可追溯查询等优点，国际（地区间）快递全球网络较完善，能够实现报关、报检、保险等辅助业务，支持货物包装与仓储等服务，可以实现门到门服务以及货物跟踪服务。但是，国际（地区间）快递的价格偏高，尤其在一些偏远国家或地区收取的附加费更是惊人。国际（地区间）快递也会遭遇一些限制，在一些国家或地区某些货物会成为禁运品或限运品。在美国，一些货物被列入国际（地区间）快递的禁运目录，如新鲜、罐装的肉类与肉制品，植物种子，蔬菜，水果，非罐装或腌熏的鱼类及鱼子，等等。

1. DHL

DHL的三个字母来自于三个创始人的名字。DHL隶属德国邮政，是全球快递、洲际运输和航空货运的领导者，也是全球第一的海运和合同物流提供商。它的业务遍布全球，是全球国际化程度最高的公司。像中国的邮政和EMS一样，它也分邮政和速递，不过它们两者都叫DHL。然而DHL速递并不等同于中国EMS。DHL速递更像是一个商业化的国际快递公司，除了发出和接收与德国有关的国际快递，还在全球提供紧急文件和物品的输送服务。

（1）资费标准

计算运输货品的体积重和实际重量，二者中取较大者来计费。

体积重计算公式为：体积重=长（厘米）×宽（厘米）×高（厘米）÷5000。

21千克内的小货都是按首重续重计费，21千克以上的大货按重量来计费。具体资费看货代的价格，或者在DHL官网查询。

（2）参考时效

上网时效：从客户交货之后第二天开始计算，1~2个工作日会有上网信息。

妥投时效：3~7个工作日（不包括清关时间，特殊情况除外）。

（3）跟踪及查询

跟踪查询网址：www.cn.dhl.com。DHL可全程跟踪包裹信息，并可以查到签收时间和签收人。

（4）重量尺寸限制

限重：不超过70千克（大部分国家和地区）。

尺寸：单件包裹最长不超过1.2米。

部分国家和地区会有特殊要求，具体以DHL官方公布为准，或者咨询货代。

（5）优势

欧美航线有优势；适合走大件，5.5千克以上，或者21千克以上70千克以下货物；可送达目的地较多；网站查询信息更新及时，遇到问题解决速度快。

（6）劣势

小件商品价格没有优势；对托运货品的限制比较严格，拒收许多特殊商品；不提供DHL服务的国家有秘鲁、巴西、乌拉圭、阿根廷、巴拉圭、叙利亚、沙特、俄罗斯。

当选择"寄件人支付目的地关税、税款"这一可选服务后，DHL即开始计算由寄件人或第三方在目的地产生的关税和税费，并向寄件人或者第三方收取相关的服务费。

2. UPS

UPS（United Parcel Service），即联合包裹服务公司，是世界上最大的快递承运商与包裹递送公司，同时也是运输、物流、资本与电子商务服务的领导性的提供者。

（1）四种快递服务及资费

UPS worldwide express plus——全球特快加急服务；

UPS worldwide express——全球特快服务；

UPS worldwide saver——全球速快服务；

UPS worldwide expedited——全球跨界服务；

UPS worldwide express freight——UPS全球特快货运；

UPS expedited——UPS全球快捷服务。

在UPS的运单上，前三种快递服务都是用红色标记的，第四种是用蓝色标记的。但是，通常说的红单是第三种，即UPS worldwide saver，蓝单是第四种，即UPS worldwide expedited。第一种服务派送速度最快，资费最高；第四种速度最慢，资费最低。具体资费标准咨询UPS官方或者货代。

计费方式：以包裹实际重量和体积重量较大者计费，不足或等于0.5千克的以0.5千克计费，超过0.5千克不足1千克的以1千克计费。如果一票货物内含多件包裹，运费则以所有包裹计费重量总和计算。

（2）参考时效

官方公布的参考时效如表5-3所示。

（3）跟踪查询

跟踪信息查询网址：www.ups.com。

（4）重量尺寸限制

限重：70千克（超过70千克的货物，可以考虑UPS全球特快货运）。

表5-3　UPS快递服务参考时效

递送承诺		服务
出口和进口（在提供的地方）		
1～3个工作日	最早可在8：00递送	UPS全球特快加急服务
1～3个工作日	递送通常在10：30或12：00之前。	UPS全球特快服务
1～3个工作日	一天结束前递送	UPS worldwide express freight（UPS全球特快货运）
1～3个工作日	日终前递送	UPS全球速快服务
3～5个工作日	一天结束前递送	UPS全球快捷服务

尺寸限制：最大长度≤270厘米。每个包裹最大尺寸：长度+周长≤330厘米，周长=2×（高度+宽度）。

一般情况下，UPS国际快递小型包裹服务不接收超过重量和尺寸标准的包裹。如果接收，须收取一定的超重超长附加费，且每个包裹最多收取一次。

（5）优势

时效高，速度快，服务好；美洲线路优势明显，英国和日本优势也很明显；查询网站物流更新信息及时，遇到问题解决效率高。

（6）劣势

运费较高，要计算产品包装后的体积重；适合发6～21千克的货物；对托运物品限制比较严格。

3. FedEx

FedEx全称Federal Express，即联邦快递，是全球最具规模的快递运输公司，隶属于美国联邦快递集团，是集团快递运输业务的中坚力量。FedEx分为FedEx IP（International Priority/IP，联邦快递优先型服务）和FedEx IE（International Economy/IE，联邦快递经济型服务）。

（1）FedEx IP和FedEx IE的区别

FedEx IP：时效快，递送时效2～5个工作日，清关能力强，可为全球200多个国家及地区提供服务。

FedEx IE：价格相对优惠，递送时效一般为4～6个工作日，略慢于FedEx IP，可为全球90多个国家及地区提供快递服务。

虽然两者享受同等的派送网络，但是有少部分国家或地区的运输线路不同。

（2）资费标准

FedEx资费计抛，计算运输货品的体积重和实际重量，二者相比取较大者来计费。

体积重计算公式为：体积重=长（厘米）×宽（厘米）×高（厘米）÷5000。

具体资费详见官方公布或者咨询货代。

（3）跟踪查询

查询网址：www.fedex.com.cn。

（4）重量尺寸限制

重量限制：每件≤68千克，单件超过须提前预约，一票多件的总重量不要超过300千克，超过须提前预约。

尺寸限制：最长边≤274厘米，最长边+（高度+宽度）×2≤330厘米。

4. TNT

TNT全称是Thomas National Transport。TNT是世界四大商业快递公司之一，公司总部设在荷兰的阿姆斯特丹。利用公司遍布全球的航空与陆运网络，TNT提供全球门到门、桌到桌的文件和包裹的快递服务。特别是在欧洲、亚洲和北美洲等地，TNT快递可以针对不同顾客的需求，提供9点派送、12点派送、隔天派送、收件人付费快件等服务内容。TNT快递的电子查询网络也是全球最先进的。

（1）资费标准

运费结构：基本运费+燃油附加费（燃油附加费每个月有变动）。

体积重超过实际重量时以体积重计费。

体积重计算公式：体积重=长（厘米）×宽（厘米）×高（厘米）÷5000。

具体以TNT官方公布为准，或者咨询货代。

（2）参考时效

一般情况，TNT参考时效为3～7个工作日。

（3）跟踪查询

跟踪查询网址：www.tnt.com。

（4）重量尺寸限制

重量限制：单件包裹≤70千克。尺寸限制：三条边分别不超过2.4米、1.5米、1.2米。

（5）优势

速度较快，提供报关代理服务；无偏远地区派送的附加费；在欧洲、中东及政治或军事不稳定区域有优势。

（6）劣势

价格相对较高；综合时效相对慢一点。

5. EMS

EMS国际（地区间）快递是各国家（地区）邮政开办的一项特殊邮政业务。该业务在各国（地区）邮政、海关、航空等部门均享有优先处理权。以高速度、高质量为用户传递国际（地区间）紧急信函、金融票据、商品货样等各类文件资料和物品，同时提供多种形式的邮件跟踪查询服务。EMS还提供代客包装、代客报关、代办保险等一系列综合延伸服务。

（1）优势

计费简单，价格为中国邮政EMS的公布价乘以折扣。当天发货，当天交付邮局，当天上网跟踪，从而节省了快件在境内运输的时间。通关能力强，可发名牌产品、电池、手机等3C产品。货物不计体积，适合发体积大重量小的货物。EMS国际（地区间）快递全世界通邮，可到达全球200多个目的地。无燃油附加费及偏远附加费。时效有保障，东南亚、南亚地区3个工作日内可以妥投，澳大利亚4个工作日可以妥投，欧美国家5个工作日能妥投。无法正常妥投时，有免费退回服务。寄往南美洲各国及俄罗斯等地具有绝对优势，因为俄罗斯自2014年暂停个人接收商业快递包裹服务，而南美洲国家对商业快递不仅容易征收关税，而且需要提供税号。

（2）劣势

速度相对其他商业快递慢一点。网站跟踪信息相对滞后，出现问题只能做书面查询，查询时间较长。不能一票多件，大货价格偏高。

另外，跨境邮寄包裹中，客户在查询国际（地区间）包裹信息时经常会显示包裹已经互封封发或者直封开拆等提示信息，以下将做一个介绍。

互封开拆：经过查验后合格的总包，要再封上，称为互封。互封开拆就是指从关境出来的总包，继续走投递程序，总包经由邮政人员拆开（二次开封），分拣，过机扫描，进行抽查，看看物品是否和申请一致。

互封封发：根据不同地址分拣后的出口小包裹，再次封装成为总包，发往目的地投递站点，等待配送即可。

直封开拆：总包在出口境外之前已经封好，直接邮寄到当地国家（地区），称为直封。例如，从中国至目的国家（地区）的包裹，没有拆开过邮袋，到了目的国家（地区）才拆开，再由目的国家（地区）按地区分开，之后按地区装袋封发，进行邮寄配送。直封开拆操作在境内办理出关时，关境及进出口检验检疫部门会打开总包的袋子（一次开封），根据清单核对里边的小包裹数量和内容，如有需要，可能会过X线机检查物品与登记信息是否相符。

6. 顺丰及其他

随着跨境电商如火如荼地发展，以顺丰为代表的国内快递也渐渐加入跨境电商物流分一杯羹。顺丰国际快递的主要优势在于国内网点分布广，服务意识强，价格具有一定竞争力。劣势在于开通的国际（地区间）线路少，卖家可选择的国家（地区）相对较少，揽收人员对于国际（地区间）快递的专业知识相对不足。

顺丰国际小包系列，如欧洲小包，是顺丰和荷兰邮政联手推出的优质区域小包，清关好，派送快，查询优，平邮也有跟踪轨迹。

除欧洲小包，顺丰开通有美国小包、俄罗斯小包、澳大利亚小包，以及覆盖全球的经济小包，帮助卖家货通全球。若确认货件遗失，顺丰会在8个工作日内完成赔付。

顺丰也有和本土邮政合作的小包。本土邮政会开辟绿色通道，既享有邮政发达的网络覆盖系统，又能实现在本土优先清关、配送，整条线路畅通无阻。发往欧洲5～10个工作日即可妥投，美国、加拿大7～12个工作日妥投，时效较以往的普通小包有不小的提升，收费逼近邮政小包，是广大卖家又一个理想的选择。

第三节　新型跨境物流模式及其与传统跨境物流模式的对比

一、　新型跨境物流模式

（一）境外仓

境外仓俗称境外仓储，是近两年兴起的跨境物流模式。境外仓是指跨境电商企业在卖方所在国（地区）之外，尤其是买方所在国（地区）通过租赁或建设仓库，预先将所售商品运至该仓库，再通过跨境电子商务平台进行商品展示与销售，在接到消费者下单后，从该仓库进行出货与配送活动的物流模式。跨境电商的发展与需求创新推动了境外仓的出现，境外仓是解决跨境电商物流困境的一个有效方案，也是跨境物流发展道路上的一个突破。境外仓模式自出现后，便备受关注，越来越多从事跨境电商业务的企业纷纷建立境外仓，用于解决所面临的跨境物流难题。亚马逊与eBay在全球各地通过不同模式组建境外仓，有与政府合作模式、与企业合作模式、租赁模式、自建模式，在澳大利亚、拉美、中国、西欧快速密布境外仓；大龙网、炽昂科技等投入巨资自建境外仓，顺丰与韵达等快递企业也试水境外仓模式。境外仓能够集中进行大批量商品运输，避免了效率低的困境，利于降低物流成本。境外仓的使用能够有效解决国际（地区间）邮政小包与国际（地区间）快递的劣势与短板，如物流时效性低、物流成本高、通关与商检难、退换货难、本地化偏好等问题。境外仓也存在一定的风险，首先，租赁、建设与运营仓库需要人力、物力与财力；其次，需要提前将商品批量运入境外仓库，对前期的消费预期与商品数量、种类预测要求极高，否则货物送到后因销售不畅会造成库存与积压，再加上市场变化会产生资金积压与货物滞销风险，如果回流到境内，则又成为商品的进口活动，除了国际（地区间）货运成本外，还需要缴纳各类进口费用；境外仓也会面临所在地的政治、法律、社会等风险。

（二）边境仓

边境仓是一个衍生于境外仓的概念与跨境物流模式。边境仓与境外仓的区别在于仓库所处的地理位置不同。境外仓是建设在跨境电商交易主体卖方所在国家（地区）之外的仓库，边境仓则是建设在跨境电商交易主体买方所在国家（地区）或邻国（相邻地区）的仓库。边境仓具体指的是在商品输入国家（地区）的邻国（相邻地区）边境，通过租赁或建设仓库，预先将商品送达该仓库，通过跨境电子商务平台进行商品的陈列、浏览、下单、处理、支付及客服等一系列活动，通过线下物流直接从该仓库进行跨境物流运输与配送。按照仓库所处地理位置的差异，边境仓可以分为绝对边境仓与相对边境仓两类。绝对边境仓的仓库设在交易主体卖方所在国家（地区）内，该仓库所在地与买方所在国家相邻。如中国在中俄边境的城市（如哈尔滨等）成立仓库对接与俄罗斯的跨境电子商务业务。相对边境仓指的是跨境电商交易主体所在国家（地区）不接壤，仓库设在交易主体买方所在国家（地区）的邻国（相邻地区）的边境城市，用于应对跨境电商交易所产生的跨境物流业务需求。如中国与巴西的跨境电商交易，在与巴西接壤的阿根廷、哥伦比亚、巴拉圭、秘鲁等国家的临近巴西的边境城市设立仓库。相对边境仓是一个相对的概念，相对于交易主体中买方所在国家（地区）而言属于边境仓范畴，相对于交易主体的卖方所在国家（地区）而言又归属于境外仓范畴。边境仓可以规避境外仓的一些风险，是针对本国（地区）保护主义以及跨境电商业务发展而产生的一种新型跨境物流模式。一些国家（地区）政局不稳定、税收政策苛刻、货币贬值及境内通货膨胀等因素，刺激了边境仓的出现与发展，如乌克兰政治危机，阿富汗国内政局动荡，巴西限制外来企业以及严格的税收政策。边境仓尤其在一些自由贸易区极具优势，如巴西因为本土保护主义及苛刻的税收政策，制约了跨境电商与跨境物流的发展，但是利用南美自由贸易协定的优势，可以通过在巴西的邻国建立边境仓，从而规避风险，推动巴西及南美跨境电商业务发展。边境仓具有境外仓无法实现的优势，可以规避输入国（地区）的政治、税收、货币、法律等风险；可利用区域政策，如南美自由贸易协定、北美自由贸易区等。

（三）国际（地区间）物流专线

国际（地区间）物流专线也是跨境电商发展背景下出现的一种新型跨境物流模式。国际（地区间）物流专线具体指在两个以上国家（地区）形成的跨境物流模式，运输线路、运输时间、物流起点与终点、运输工具都是固定的，固定跨境物流线路尤其如此。国际（地区间）物流专线对跨境电商而言，可以长途跨境运输，具有很高的规模化属性，通过专线物流模式，能够起到规模经济效应，对于降低跨境物流成本意义重大，尤其对固定市场的跨境电商而言，是一种行之有效的跨境物流解决方案。依据线路的不同，国际（地区间）物流专线可分为很多种，以中国为例，可分为中俄专线、中美专线、中欧专线、中澳专线等。依据运输方式的不同，国际（地区间）物流专线分为航空专线、港口专线、铁路专线、大陆桥专线以及多式联运专线。已经开通的专线主要有郑欧班列、日本OCS、欧洲GLS、渝新欧专线、中欧（武汉）冠捷班列、国际传统亚欧航线、顺丰深圳—台北全货机航线等。国际（地区间）物流专线的时效性优于国际邮政小包，弱于国际快递；国际（地区间）物流专线的物流成本低于国际（地区间）快递，但要高于国际（地区间）邮政小包。国际（地区间）物流专线具有明显的区域局限性，无法适应跨境电商的无地域限制性物流需求。这将导致跨境物流专线无法成为跨境物流的主要模式之一。国际（地区间）物流专线会成为挖掘固定市场的跨境电商物流解决方案，也可以成为跨境物流的中间环节以及周转环节。在业务量能够支撑的情况下，可以开发多条国际（地区间）物流专线，尤其是可形成国际（地区间）物流专线网络，能够增加国际（地区间）物流专线的使用频率与整体价值。

（四）保税区、自贸区物流

在跨境电商发展背景下，自贸区与保税区价值突显，全球各国（地区）加快了自贸区与保税区建设的步伐，依托保税区或自贸区的物流服务，成为跨境电商市场中一种新兴的跨境物流模式。保税区或自贸区物流是指通过国际（地区间）货运预先将商品运至保税区或自贸区仓库，通过跨境电子商务平台进行商品陈列、下单、处理、支付等活动，当处理完网络订单后，通过线下的保税区或自贸区仓库实现商品的分拣、包装、发货和终端配送等物流活动。自贸区或保税区物流模式集规模化物流、集货物流、本地化物流优势于一身，有利于缩短物流时间、提高物流时效、降低物流成本，还利于享受保税区或自贸区的资源优势。保税区或自贸区物流可以享受保税区或自贸区的优惠政策与综合优势，主要体现在物流、通关、商检、收付汇、退税等方面，也简化了跨境电商与跨境物流烦琐的流程与手续。如亚马逊在上海自贸区建立了自贸区物流仓库，预先将商品送至自贸区物流仓库。当消费者下单后，商品由自贸区物流仓库发出，能够实现集中化的国际（地区间）货运、通关与商检，既降低了跨境物流成本，也缩短了物流时间，提高了物流与配送时效。天猫国际、苏宁全球购等纷纷推出保税区物流模式，通过与郑州、重庆等跨境电商试点城市合作，在保税区设立物流保税仓库，预先将商品送至保税仓库，当消费者下单购买后，商品直接从保税区仓库发出。

（五）集货物流

跨境电子商务隶属于电子商务范畴。基于互联网络的跨时空界限特性，跨境电商消费较分散，单笔订单量小，产品种类繁多。在快速发展的跨境电商驱使下，集货物流随之出现。集货物流模式的出现是为了降低高额的跨境物流成本。集货物流具体指先将商品运输到本地或当地的仓储中心或集散中心，当积累到一定数量或达成一定规模后，通过与国际（地区间）物流公司合作，通过国际（地区间）货运模式将商品运至境外的买家手中，或者将各地发来的商品先进行聚集，然后再批量配送；或一些商品属性或种类相似的跨境电商企业形成战略联盟，成立共同的跨境物流运营中心，利用规模优化与互补优势等理念，实现降低跨境物流成本的目的。如，米兰网在广州与成都自建了仓储中心，商品在仓储中心聚集后，通过与国际（地区间）快递公司合作将商品送至境外买家手中。大龙湾在深圳建立了仓储中心，采取集中发货方式满足跨境物流需求，既提高了跨境物流的整体效率，又降低了跨境物流成本。虽然保税区或自贸区物流模式类似于集货物流模式，大致可以归属于集货物流范畴，但是集货物流又不等同于保税区或自贸区物流模式。集货物流不仅可以集中仓储再进行跨境电子商务活动，还可以先进行跨境电子商务活动再集中进行物流与配送。

（六）第三方物流

第三方物流指的是由交易主体以外的第三方承担物流功能，由第三方物流企业采取合同委托模式，承担交易产生的商品物流需求。在境内电商交易中，自建物流可视为第一方物流，如中国的京东商城、阿里菜鸟物流、海尔日日顺物流，境外的Ulmart自建物流、亚马逊物流、沃尔玛物流等。第二方物流由买家来承担物流功能，第三方物流则由专业的第三方物流公司来承担，如中国的"四通一达"等。在跨境电商中，流程与环境更加复杂，自建物流投入多，要求高，风险大，虽然个别跨境电商也在采取自建物流模式，如京东商城、洋码头等，但是基于资金、跨境物流的复杂性以及诸多风险与障碍等因素，绝大多数跨境电商除了使用国际（地区间）邮政小包与国际（地区间）快递外，逐渐开始转向第三方物流模式，与万国邮政联盟体系、国际快递公司等合作，或者与专业第三方跨境物流公司合作。在跨境物流中，也会存在多种模式或多个第三方物流公司合作的现象。此外，还存在自建物流与第三方物流共存的现象。如兰亭集势不仅自建跨境物流体系，还与国际性（地区间）跨境物流资源合作，将商品销往全球170多个国家或地区。大批海运公司、航运公司、陆运公司、多式联运公司、国际货代公司拥有丰富的国际贸易经验、境外运作经验、境外业务网点及国际化实践经验，这都是跨境电商或跨境物流公司合作的潜在对象。顺丰物流与荷兰邮政合作，推出欧洲小包业务，实现了中国境内物流与目的国（地区）物流的衔接，缩短了物流周期，降低了物流成本。在巴西，FedEx与UPS等快递公司业务量无法满足其国内市场的需求，它们集中在城市区域，偏远地区则依托于巴西邮政以及其旗下的Sedex。

（七）第四方物流

在跨境电商发展的刺激下，跨境物流需求也驱动第四方物流应用于跨境电商市场。第四方物流是独立于交易主体双方以及专业第三方物流商之外的主体，承担商品物流与配送业务。它具体指为商品交易的买卖双方、第三方提供物流咨询、物流规划、商品运输、物流信息系统、供应链管理等综合性活动的一个供应链集成商，通过管理自身资源以及外部可协调资料、能力与技术，提供综合性的、全面的供应链解决方案。第四方物流强调供应链资源整合能力，通过其在整个供应链的影响力与话语权，以解决物流需求为基础，整合各类内部及外部资源，实现物流信息共享及社会物流资源充分利用。伴随着跨境电商的发展与成熟，跨境物流更加复杂，服务已不再局限于商品跨境空间位移需求，会产生许多增值服务需求，随之涌现出一批第四方物流公司，为跨境电商市场提供更丰富的跨境物流服务。如兰亭集势在2015年1月26日宣布正式启动"兰亭智通"全球跨境物流开放平台，通过整合全球各地配送服务资源，提供开放比价竞价、全球智能物流路径优化、多种物流协同配送、自动打单跟单、大数据智能分析等综合性服务内容。Axado与全球150多个物流公司通力合作，通过整合碎片化跨境物流市场，为需求方提供一揽子物流解决方案。递四方和出口易也属于第四方跨境物流公司范畴，整合全球物流服务资源，不仅能够提供专线物流服务，还可以提供购物车建站、货源分销、在线推广、渠道管理软件服务、在线收付、全球物流与仓储等一站式综合服务项目，并逐渐涉足大数据、信息技术及金融增值服务等。

二、 新型跨境物流模式与传统跨境物流模式对比分析

通过分析各跨境物流模式在速度、成本、适用性以及目前的使用率等方面的表征，能够对各类跨境物流模式有较为清晰的了解，如表5-4所示。在主要的跨境物流模式中，国际（地区间）邮政小包与国际（地区间）快递使用较早，且是主要的跨境物流使用模式。国际（地区间）邮政小包得益于万国邮政联盟的物流网络体系，在全球范围内网络最密集，能够辐射全球近200个国家或地区。在跨境物流模式中，国际（地区间）邮政小包的成本是最低的，相应的时效性也是最差的，跨境物流周期基本在一个月以上，有时甚至几个月，还容易出现丢包、商品丢失等问题。国际快递基于成熟的全球性国际快递公司，如UPS、DHL、FedEx、EMS等，在跨境电商市场中使用率也很高，主要得益于物流速度快。境外仓近几年出现后，发展极快，已成为诸多跨境电商极佳的物流解决方案。境外仓还可以有效解决本地化及退换货问题，其使用率正处于快速上升趋势。第三方物流与第四方物流得益于专业性优势，在同一国家（地区）内应用范围较广，所以也具有较好的发展前景。其物流时效性与成本视不同情况、企业与商品需求而不同。规模性优势显著的保税区或自贸区物流、国际（地区间）物流专线、集货物流等模式，在物流时效性与成本方面具有一定的优势，但是在适用性上具有显著的局限性。局限性不仅体现在地理局限性、时间局限性等方面，还存在于企业与商品方面。保税区或自贸区物流与其他物流模式相比，具有一个显著的特征，因其设在自贸区或保税区内，所以能够充分利用自贸区或保税区的政策促进其发展。并不存在占绝对优势或劣势的跨境物流模式，需要根据不同需求来确定。不同跨境物流模式也有其最佳的适用范围。

表5-4　跨境物流模式对比

模　式	速　度	成　本	适用性	目前使用率
国际（地区间）邮政小包	慢	低	广	高
国际（地区间）快递	快	高	广	高
境外仓	较快	较低	广	较高
边境仓	较快	较低	局限性显著	低
国际（地区间）物流专线	较快	较低	局限性显著	低
保税区、自贸区物流	较快	较低	局限性显著	较高
集货物流	一般	较低	局限性显著	低
第三方物流	不确定	不确定	广	较高
第四方物流	不确定	不确定	广	较高

第四节　跨境物流运作流程

跨境电商物流的发运有别于境内物流的发运，而且有着本质上的区别。跨境电商物流与境内一般电商物流最大的区别在于跨境，成交商品需要通过关境进出境，货品进出境的方式决定了跨境物流的运作方式和复杂程度。跨境电商物流所要经历的程序远远复杂于境内一般物流。以跨境电商出口物流为例，其主要运作流程如图5-1所示。

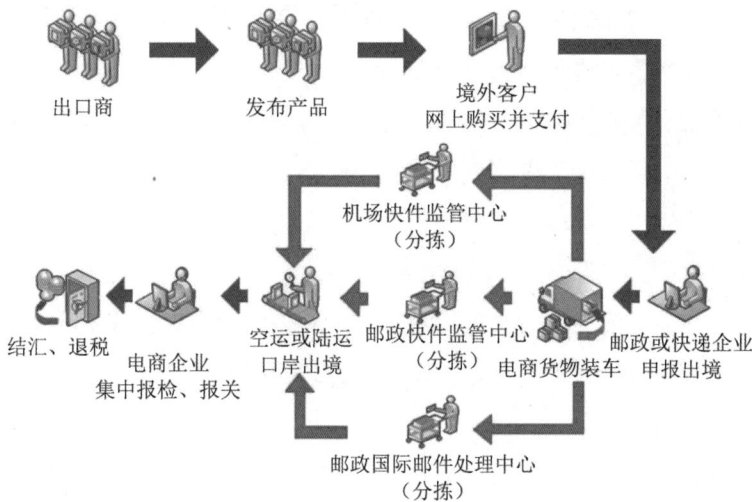

图5-1　跨境电商出口物流流程

（一）品检

在跨境电商物流发运阶段，特别将品检提出来的原因在于，跨境电商卖家还有一大部分自己没有工厂，需要向厂家采购商品。所以这里的品检更多是第二次商品质量检查。如果没有品检，倘若发错商品，或者发了残次品，这个订单很可能导致卖家财货两空。

跨境电商发运过程中品检的作用如下。

1. 把关作用

把关是品检最基本的作用。工厂的生产是一个复杂的过程，人、机、料、环境等诸要素，都可能对生产过程产生影响。各个工序不可能处于绝对稳定状态，质量特性的波动是客观存在的，要求每道工序都100%生产合格产品，是不太可能的。因此，通过质量检验把关，挑出不合格品以保证产品质量，是完全必要的。

2. 预防作用

预防不合格产品运被送到买家手里，引起纠纷等不必要的麻烦。一个产品经历了漂洋过海、长途跋涉好不容易到达消费者手中，倘若是不合格产品，这将极大影响买家的购物体验。卖家不仅要面临全额退款的风险，而且会丢失好不容易得到的客户。

（二）包装

商品一旦到了物流供应商的手中，便不再受卖方的控制。卖家不能指望物流人员对商品特别小心，卖家能做的就是做好之前的包装，避免运输过程中的意外情况发生。在跨境电商中，绝大多数包裹都是按克或者0.5千克为单位来计费的。所以产品的包装不仅要保证产品在远渡重洋的长途运输中不受损坏，还要兼顾控制包装成本。使用合理的包装可以有效保证消费者接收到完整的商品。

跨境电商物流常见的包装材料主要有：气泡信封、气泡膜、瓦楞纸箱、胶纸、包装袋、快递袋、气泡袋、珍珠棉、气柱袋、泡沫箱、木架等。其中气泡信封和胶纸最常用，且是必不可少的包装材料。

1. 包装材料

在实际包装产品之前，卖方必须按平台和物流公司的要求设置不同类型的包装。

外包装不需要太大的尺寸，卖家需要看看包装的成本和它的重量。包装所需的材料类型取决于所出售的产品。

（1）气泡信封

气泡信封（图5-2）是两层结构，具有体积轻又环保的优点。外层为牛皮纸，内衬有气泡。袋子美观大方，表面易书写，其独特的韧性可防止袋子破裂；内层透明气泡具备良好的缓冲作用，防止所装物品因压、碰、跌落而损坏等，尤其适合一些小商品例如饰品的寄送。同时，信封外层材质可按客户要求定做，如铝箔、各种颜色的镀铝膜，可印刷各种图案如logo、二维码或者网址，可添加易撕条等。气泡信封尺寸有不同大小，价格因规格不同而异。

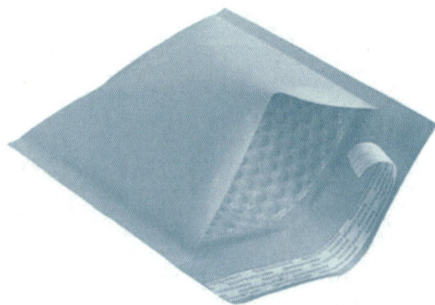

图5-2　气泡信封

（2）气泡膜

气泡膜（图5-3）是一种质地轻、透明性好、无毒、无味的新型塑料包装材料，可对产品起防湿、缓冲、保温等作用，也叫气泡垫，在物流中是必不可少的一个包装材料。由于气泡膜中间层充满空气，所以体轻、透明、富有

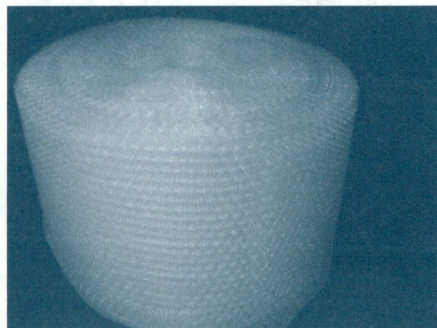

图5-3　气泡膜

弹性，具有隔音、防震、防磨损的性能，广泛用于电子产品、仪表、陶瓷、工艺品、家用电器、自行车、厨房用品、家具和漆品制品、玻璃制品及精密仪器等抗震性缓冲包装。目前市场上气泡膜可按重量、尺寸或者按卷来购买。

（3）瓦楞纸箱

瓦楞纸箱是一种应用最广的包装制品，用量在境内物流行业一直是各种包装制品之首。在跨境电商中由于纸箱重量大，运费成本高，所以气泡信封相对用得更多。半个多世纪以来，瓦楞纸箱以其优越的使用性能和良好的加工性能逐渐取代了木箱等运输包装容器，成为运输包装的主力军。瓦楞纸箱属于绿色环保产品，它利于环保，利于装卸运输。按隔层数量一般可分为三层、五层和七层瓦楞纸箱，常见的为三层和五层。

跨境电商中使用的瓦楞纸箱一般没有固定大小的规格，不同公司会结合自己产品特点定制合适的纸箱，例如邮政会定制不同系列的纸箱。定制纸箱的优势在于形状大小合适，可以在最大程度上减少体积重，不仅方便打包还可以减少运费成本。对于中小卖家，各种规格的纸箱也无法完美地包装每个产品，因而在实际打包过程中需要自行切割，以便适配不同商品的包装。

（4）胶纸

胶纸又叫胶带、透明胶，是日常打包中使用最多的一种打包材料。普通的封箱包装胶带（BOPP双向拉伸聚丙烯）是任何企业、公司、个人生活中不可缺少的日常用品。但是目前的一个状况是，胶纸厂家虽多，技术却参差不齐。

那么要怎么选择胶带呢？其实，胶带的胶水好坏在使用中有两个标准，一个是初黏力，另一个是保持力，两者是成反比的。一般情况下初黏力低于10号的胶带胶水覆涂较少，只有20微米左右，如文具胶带、普通促销捆绑用的胶带。正常的封箱胶带的初黏力在15~20号，这种胶带胶水的厚度一般有22~28微米，符合标准的厚度。但市场上的胶带大部分掺了杂质，所以厚度增加，为了遮蔽杂质，胶水中还掺有色粉，所以透明胶带就出现了淡黄色、淡绿色，这种胶带一般都是劣质的。

目前市场上有各种各样的胶带，也有可印刷品牌logo等文字的胶带。但从跨境电商需要通关的特殊性考虑，一般推荐使用透明胶带或者黄色胶带。

透明胶带在跨境电商中除了打包，还可以使用在以下这些方面：用透明胶带在气泡袋信封袋封口处粘一层，这样方便买家收货时辨别是否被拆封过；用透明胶带覆盖在手工贴的面单上（例如邮政小包面单），起到防水、防损坏的作用。覆盖挂号条码一定要保证平整，避免胶带下面产生气泡影响扫描枪扫描条码。

黄色胶带一般用于以下几个方面：覆盖普通纸箱外包装，用于防水；用于覆盖重复利用的纸箱上的文字或者logo。需要注意的是，黄色胶带具有遮挡作用，所以用其打包时，要避免覆盖如地址、条码等重要信息，否则将影响包裹顺利寄送。

（5）包装袋

跨境电商中使用的包装袋跟日常收寄包裹的包装袋一样，外面是灰白色，里面是黑色，封口自带封口胶。在跨境电商物流中主要用于包装服装之类，不用担心被压、被挤、被摔的产品，当然也可以用于再次包裹纸箱、气泡袋、气柱袋，作为外包装，可防水防刮伤。包装袋的规格较多，根据商品需要，卖家可以自选适合的规格。需要注意的是，在包装袋外侧贴面单时要注意贴平整，避免面单在运输过程中因扯动包装袋而被撕毁。

我们通常用的包装袋一般没有任何文字、图案或者logo，除了快递公司提供的快递专用袋。其正面印制了快递公司logo，背面通常会有一个不封口的小塑料袋，用于装发票。快递包装袋规格较少，通常只有大、小两种。需要注意的是，一般快递公司都不允许折叠快递袋。

（6）珍珠棉

珍珠棉（图5-4）是较新的一种包装材料，作用类似于气泡膜，但不会像气泡膜因气泡破裂而失去保护作用。另外，珍珠棉还具有轻、易切割的优点。但是相对于气泡膜，珍珠棉更容易被撕破。

（7）泡沫箱

跨境电商中泡沫箱（图5-5）在普货中使用较少，但在手机等3C电子产品中使用很广。泡沫箱主要用于保护产品不受外力碰撞，以免产品被损坏，例如手机、货值高的手表等。所以这类泡沫箱尺寸相对较小，质地很轻，但非常坚固，保证商品不被损坏的同时控制运费成本。产品在放入泡沫箱前，一般须用气泡膜或者珍珠棉包裹，以防产品在泡沫箱内晃动；接着用胶带对泡沫箱进行封箱，然后再用一层包装袋包裹在泡沫箱外侧，用于防水，并贴运输单据。

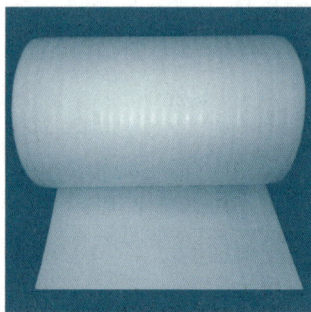

图5-4　珍珠棉

图5-5　泡沫箱

（8）气柱袋

气柱袋（图5-6）又称缓冲气柱袋，是21世纪使用自然空气填充的新式包装，需要配合充气机或者打气筒使用。在跨境电商中主要用于寄送带大屏幕的电子产品，例如平板、手机、全球定位系统（GPS）导航仪、行车记录仪、精密仪器或工艺品等。

气柱袋运用物理原则，一次充气，全排充满，自动锁气，形成潜水舱。遇到破损，只有破损的气柱部分失效，其余气柱，完全不受影响，仍然维持保护效果，提供长时间储运不漏气的抗震保护。气柱式全面性包覆的缓冲保护，将损坏率降至最低。使用注意事项：①不要过量充气，以免充爆或者让气柱处于破裂的临界点；②不用于尖锐物品的包装，否则容易引起气柱破裂；③气柱包装好后，外面要加一层包装袋或者纸箱。

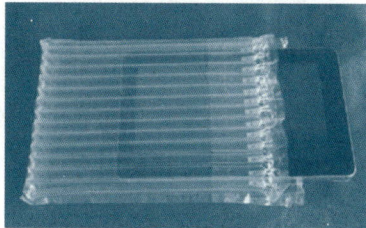

图5-6 气柱袋

2. 相关物料及设备

跨境电商中相关的物料主要有胶带切割器、美工刀、记号笔、剪刀、卷尺、电子秤、打印机、扫描枪和相机等。这里主要介绍经常使用的几个设备。

（1）打印机

跨境电商运营初期，一般用普通激光打印机打印面单及出口相关单据，例如形式发票、装箱单、订单信息等。这里建议不要用喷墨打印机，到后期订单数量增加时喷墨打印机适应不了巨大的打印量。

除了激光打印机，热敏打印机在跨境电商中被广泛使用，主要用于打印各类物流面单。它的优点是速度快，故障率低。

另外，针式打印机也有使用，主要用于打印一式多联的单据，例如快递单。使用时要注意调好模板，避免打印位置偏离。

（2）扫描枪

扫描枪是一种输入设备，用于扫描货品或者包裹上的条形码。它每扫一个条形码后就等于在电脑里输入了条码对应的字符，可以非常方便地输入产品的SKU（库存量单位）条码、包裹跟踪号码等信息。使用时注意不要对着人眼，因为激光会轻微伤害眼睛。

（3）电子秤

电子秤是一种带数字显示，可以把重量信息直接输入电脑的秤，一般配合内部出货系统和扫描枪使用。具体过程是：首先，把包裹放到电子秤上，电子秤会显示重量信息；接着，用扫描枪扫描跟踪条码，内部出货系统就会自动记录这个包裹的跟踪条码并将其重量对应记录下来。

(4) 相机

跨境电商出货时，收件人信息、跟踪号码、重量等内容在以后可能发生的纠纷当中显得尤其重要，所以有必要记录这些信息。目前一些跨境电商大公司已采用视频实录出货称重过程，但这对于一般公司来说成本相对较高。而用相机拍摄待出货的包裹，照片能看清包裹收件人信息和跟踪号即可，这样能在一定程度上保留出货证据，在今后可能发生的纠纷或投诉中多一分胜算。

（三）发货

跨境电商发货按选择渠道不同，可分为线上发货和线下发货；按效率分类可分为人工发货和智能发货。以下将具体介绍这两种归类。

1. 线上发货和线下发货

（1）线上发货

线上发货一般是指跨境电商卖家选择通过跨境电商平台后台直接发货。这些物流商是平台的合作方，价格相对优惠，且有一些保护政策。例如速卖通平台对线上发货的订单给予不少保护政策，平台网规认可，规避物流低分，来提高账号表现。中小卖家在运营初期订单量不多时，线下发货很难拿到折扣，且市场上大小货代鱼龙混杂，所以线上发货是一个不错的选择。

（2）线下发货

线下发货是相对于线上发货而言的。除了各大跨境电商平台线上的物流渠道，卖家用任何其他物流方式发运统称为线下发货。线下发货通常通过邮政渠道或快递等物流渠道进行，但商家一般会通过选择货代进行合作，这样可以拿到一个相对优惠的价格。那些规模庞大的公司，也有直接跟邮局和快递合作的，也许比与货代合作的成本更低。

货代即货运代理公司，往往和邮局或者快递公司有着较好的合作关系，能拿到中小卖家拿不到的折扣。几乎每家货代公司都有着自己的优势渠道，或者优势专线物流服务，所以每家货代公司给出的折扣会略有差别。卖家需要参考周边货代报价及服务，选择适合自己的货代。这里特别要注意的是，选择货代的标准不只是价格，还要看其服务、资质和责任心。

图5-7为速卖通线上和线下发货的区别，仅供大家参考。

线上发货：可享受卖家保护政策，物流商服务有保障、承诺运达时间，支持卖家在线投诉维权。

在线选择物流商 → 在线创建物流订单 → 交货给物流商 → 在线支付运费

线下发货：需谨慎选择口碑好、有保障的物流商。

线下找物流商 → 交货给物流商 → 线下支付运费

图5-7　速卖通线上和线下发货的区别

2.人工发货和智能发货

（1）人工发货

一般来说，传统的跨境电商卖家在没有使用第三方工具的情况下，一般是登录各个电商平台（如亚马逊、eBay、速卖通等平台），进入订单管理模块，导出未发货订单表格，把订单按照产品进行归类，拿着这个归好类的表格到仓库中去拣货，拣货之后再批量打印地址标签（打印地址标签的时候，如果不借助第三方打单软件，还需要手动拷贝粘贴地址打印），然后按照订单打包货物，打包之后拿着地址标签和打包好的货物一个一个按照订单信息进行地址标签的粘贴，最后是到电商平台的后台将发货状态标注为已发货，同时输入物流跟踪号。只有这样才能把货物发走。

（2）智能发货

假如使用第三方工具，例如市面上一些ERP（企业资源计划）系统，发货时不需要登录每个平台甚至每个账号去获取订单信息并导出，也不需要手工合并订单。利用ERP系统的订单自动下载合并功能，就能把当天的订单从各个平台上下载并合并好。结合订单中的产品在各个仓库不同的库存情况（针对多仓库而言），系统将订单中产品自动分发到对应符合条件的仓库，并提醒仓库发货人员发货。发货人员可以在系统中打印配货单，拣货之后，直接扫产品上的二维码自动打印对应的订单收货地址标签，然后贴上去，即可完成发货，不需要校对订单。而且发完后，ERP系统会自动将对应的已发货的订单标记为已发货的状态，同时也不用手工录入跟踪号。ERP通过与第三方物流信息的对接，可以直接将物流跟踪号自动录入平台的跟踪号里，免去了很多重复、烦琐的操作。

通过对比，我们可以看出，传统的发货采用的是人工发货模式，而ERP采用扫单发货的方式，大大提高了发货速度，降低了发货的出错率。使用ERP发货，流程变得智能和便捷，省去了很多重复的操作；而采用传统发货流程则操作重复、冗余，而且流程节点多，耗时耗力，容易出错，大大降低了工作效率。

第五节　跨境电商关境

关境作为跨境电商中一个必不可少的关键环节，涉及大量通关知识。跨境电商卖家需要了解关境货物监管的基本制度及注意事项。货物监管是关境代表国家（地区）在口岸，根据其进出口法律、法规和政策，监督合法进出境货物和运输工具的重要管理职责，也是完成征收关税、制止走私违法、编制海关统计等各项任务的基础。对进出境的运输工具及其所载货物，进行审单（申报）、查验、征税、放行，是货物监管的基本作用。

关境对进出境个人邮递物品的管理原则是：既方便正常往来，照顾个人合理需要，又要限制走私违法活动。据此原则，关境规定了个人每次邮寄物品的限值、免税额和禁止、限制邮寄的物品。对邮寄进出境的物品，关境依法进行查验，并按章征税或免税放行。如果买家所购买的商品价值超过其所在国（地区）的免税金额，则买家有可能需要为商品交纳关税。

跨境电商涉及的关境至少有两个：一个是出口方出口关境，另外一个是消费者所在地的进口关境。

（一）跨境电商出口关境

在我国跨境电商出口中，只要卖家遵守法律法规，不运输明令禁止的违禁品，办理进出口海关手续时，经查验货主申报的进出口货物的单证与实际进出口货物相一致，即做到单货相符，一般都没有什么问题。以下大概介绍我国跨境电商出口报关方面的信息。

1. 出口报关

部分港口的跨境电商企业已经可以借助跨境电商通关服务平台实现通关一次申报。关境、税务、外汇、市场监管等部门则可通过这个平台同步获取跨境电商产品信息，实现对产品的全流程监管。

（1）跨境电商出口通关流程

①在跨境电商服务平台上备案；

②货物售出后，电商、物流、支付企业向跨境电商服务平台提交订单、支付、物流三单信息；

③跨境电商服务平台完成三单比对，自动生成货物清单，并向电子口岸发送清单数据；

④货物运往跨境电子商务监管仓库；

⑤关境通过跨境电商服务平台审核，确定单货相符后，货物放行出口；

⑥电商公司凭报关单向国税局申请退税。

（2）报关单据

一般情况下，传统外贸出口通关单据包含发票、装箱单、报关单。在跨境电商中，由于订单零散碎片化，所以大多数情况下不会使用到这些正式的单据。例如，邮政类小包的报关信息就直接显示在面单上。

只有在寄送商业快递时，快递公司会才让卖家提供货物的发票。发票又分为形式发票（proforma invoice）和商业发票（commercial invoice）。在理论上，用于报关的发票必须是商业发票，但实际操作中，用形式发票也可以。两者涵盖的内容基本一致，主要区别在于，一方面名称不同，另一方面，形式发票更像是一种估价单据，没有商业发票那么正式。

发票一般包含以下内容：①发票字样及寄件人的公司抬头（英文）；②寄件人的

公司名称、地址（英文）及电话；③收件人的公司名称、地址（英文）及电话；④分运单号码和发票号码；⑤贸易术语［如FOB（离岸价格）、CFR（成本+运费）、CIF（成本+保险费+运费）等］；⑥货物重量；⑦货物尺寸或体积；⑧物品名称的详细描述（中英文）；⑨货物数量；⑩单价及申报总价（注明货币单位：美元）；⑪原产地；⑫关境编码（部分快递公司要求）；⑬寄件人的公司章（部分国家有要求）。

　　注意事项：发票必须是打印原件（不可手写），复印件、传真件无效；不得有修改痕迹（修改后须盖章）。图5-8为DHL发票模板，供参考。

发票声明书
INVOICE STATEMENT

收件人:
Consignee:

公司名称:
Company Name:

地址:
Address:

城市 / 地区号:
Town/Area Code:

电话 / 传真:
Phone/Fax:

州名 / 国家:
State/Country:

2) 运单号:
Airway Bill No.:

订单号 (如果有):
PO No.(if have):

3) 详细的商品名称 Full Description of Goods	4) 海关商品编码 Harmonised Code (if have)	5) 生产厂商 Manufacturer	6) 重量 Weight	7) 体积 Dimensions	8) 数量 No. of Items	9) 单价 Unit Value (US$)	10) 报关总价 Total Value (US$)

11) 本人认为以上提供的资料属实和正确，货物原产地是:
I declare that the above information is true and correct to the best of my knowledge and that the goods are of _____ origin.

12) 出口理由:
Reason for Export:

签名:
Signature:

公章:
Stamp:

13) 发件人 :
Consignor :

公司名称:
Company Name:

地址 :
Address :

城市 / 地区号:
Town/Area Code:

州名 / 国家:
State/Country:

电话 传真 / 电子邮件:
Phone/Fax/E-mail:

图5-8　DHL发票模板

2. 出口退（免）税

近几年谈得比较多的是跨境电商出口退税问题。2014年之前，跨境电商出口商品特点是多品种、小批量、多频次，大多从事跨境电子商务的企业选择通过行邮物品渠道将产品寄到境外。由于缺乏正规出口报关单，电商企业的出口产品既不能合法结汇，又不能享受退税优惠。不少跨境电商企业被迫处于"灰色"生存状态，无法做强做大。

为促进跨境贸易电子商务零售进出口业务发展，方便企业通关，规范海关管理，实现贸易统计，我国海关总署增列海关监管方式代码9610，全称跨境贸易电子商务，简称电子商务，适用于个人或电子商务企业通过电子商务交易平台实现交易，并采用清单核放、汇总申报模式办理通关手续的电子商务零售进出口商品（通过海关特殊监管区域或保税监管场所一线的电子商务零售进出口商品除外）。公告内容详见海关总署公告2014年第12号。

2014年6月，我国首单全程在海关9610监管代码下操作的跨境电商出口订单退税2.9万元，退税数值虽然不大，但意义不凡。

通关方面，我国部分港口采取分送集报、合并同类项、产品提前备案等通关监管措施。比如在通关流程上，针对电商企业的需求设计了入区暂存模式。根据规定，部分港口海关将电商货物进入保税港区设置成暂存入库状态，货物实际离境出口，电商企业才向海关报关；如果货物没有销售出去，则可以直接退回境内，从而大幅降低电商的通关成本。

那么在我国，什么条件下电子商务出口享受退免税？

（1）享受退税的四个条件

电子商务出口企业出口货物必须同时符合以下四个条件，才能享受增值税、消费税退免税政策（财政部、国家税务总局明确不予出口退税或免税的货物除外）。

一是电子商务出口企业属于增值税一般纳税人并已向主管税务机关办理出口退（免）税资格认定；

二是出口货物取得海关出口货物报关单（出口退税专用），且与海关出口货物报关单电子信息一致；

三是出口货物在退（免）税申报期截止之日内收汇；

四是电子商务出口企业属于外贸企业的，购进出口货物取得相应的增值税专用发票、消费税专用缴款书（分割单）或海关进口增值税、消费税专用缴款书，且上述凭证有关内容与出口货物报关单（出口退税专用）有关内容相匹配。

注意，对上述规定可归纳为：生产企业实行增值税免抵退税办法，外贸企业实行增值税免退税办法；出口货物属于消费税应税消费品的，向出口企业退还前一环节已征的消费税。

（2）享受免税的三个条件

如果电子商务出口企业出口货物，不符合上述退（免）税条件，但同时符合下列三个条件，可享受增值税、消费税免税政策。一是电子商务出口企业已办理税务登记；二是出口货物取得（海关）签发的出口货物报关单；三是购进出口货物取得合法有效的进货凭证。

如出口企业只有税务登记证，但未取得增值税一般纳税人资格或未办理出口退（免）税资格认定，以及出口货物报关单并非出口退税专用联次，购进货物出口时未取得合法凭证等，应当享受免税政策。

注意，在上述规定中，如果出口企业为小规模纳税人，均实行增值税和消费税免税政策。

如何操作电子商务出口退免税申报？电子商务出口货物适用退（免）税、免税政策的，由电子商务出口企业按现行规定办理退（免）税、免税申报。

（3）退（免）税申报要求

出口退（免）税预申报：出口企业在当月出现销售收入后，应收齐单证（凭证）及收汇的货物于次月增值税纳税的申报期之内，向主管税务机关提出预申报。若在主管税务机关审核当中发现申报的退（免）税的单证（凭证）无对应电子信息或者信息不符，应进行调整之后再次进行预申报。

出口退（免）税正式申报：企业在主管税务机关确认申报单证（凭证）的内容与所对应的管理部门电子信息准确无误之后，应提供规定的申报退（免）税的凭证和资料以及正式申报电子数据，向主管税务机关进行正式申报。

3. 免税申报要求

《国家税务总局关于出口货物劳务增值税和消费税有关问题的公告》规定，自2014年1月1日起，出口企业出口适用增值税、消费税免税政策的货物，在向主管税务机关办理免税申报时，采用备案制不再实行申报制，出口货物报关单、合法有效的进货凭证等资料，按出口日期装订成册留存企业备查。

（二）跨境电商进口关境

全球跨境贸易蓬勃发展，"一带一路"打开"筑梦空间"，加强了世界经济共同体进程。在经济全球化进程中，世界各国海关对进口贸易政策也有所不同。

1. 关境扣关

在目的国（地区）遇到的最多问题当属扣关。遇到货物被扣关了这类问题时不要太紧张，首先要了解货物被扣关的原因，因为每个国家、地区的关境条例都有所不同。当出现扣货、扣关，相关关境部门会给出一份说明，里面肯定有扣货的原因，发件人或收件人必须配合关境部门提供相关的文件。

（1）货物被扣关或者不允许清关原因

①商品货物品填写不详细、不清楚，须重新提供证明函，具体说明货物的品名及其用途；

②货物申报价值过低（关境部门有理由怀疑逃税）；

③国际（地区间）快递货物单、证不齐全，需要提供必需的单、证，例如发票、装箱单、进口许可证、3C认证；

④敏感货物，属于进出口国家（地区）禁止或者限制进口、出口的物品；

⑤收货人条件不允许（没有进口权等）；

⑥超过目的国（地区）进口最低免税金额；

⑦其他当地国家（地区）规定的相关政策。

一般情况下，我国B2C遇到的大多数扣关问题的原因是当地国家（地区）的相关政策。货物一旦扣关，发件人或收件人应尽量配合关境部门，提供相关的文件。一般情况下，关境部门会对货物进行评估，只要与发件人或收件人陈述相符，办理完清关手续，即可放行。

（2）处理方法

①申报货值太低扣关：与客户协商交关税后从关境部门拿货出来，如果关税不高可以考虑和买家分摊。

②手续不全的货物扣关：比如个人进口，关境部门要求有进口权，可以找有进口权的公司代理清关。

③如果需要相关认证手续，将手续提供给关境部门。

④可以向关境部门申请货物退运，按国际惯例，清关不了的货物可以申请退运回发货地或是第三方贸易港口。

（3）如何尽量避免海关扣货

①为了避免扣货，针对一般的包裹，尽量勾选gift，但不要直接在申报品名里填写gift。相对而言，私人包裹被查的概率低一些。为了避免扣货后产生高额的清关费，申报价值可以写得相对少一点，不要低于实际价值太多，因为贵重物品的扣货率高。但低报的前提是需要和买家协商好，如若没有协商好，因卖家低报申报价值导致扣关，到时便百口莫辩。另外，关境部门扣货后，清关费是根据申报价值计算的，申报价值越高，清关费越高。同样如果需要客户寄回产品时，也注意让客户把申报价值写低一点。

②了解各国（地区）政策。如澳大利亚虽然通关容易，但是电池类产品是海关不允许的，因此电池或者带电池的产品，尽量不要发往澳大利亚。如果一定要卖带电池的产品，可以给客户说清楚不发电池，只发产品。

③选择安全的递送方式。 DHL的扣货率是很高的，其次是FedEx和UPS；相对安全的递送方式是航空挂号小包和EMS，另外EMS就算是被关境部门扣货，还能免费退回到发货地点。尤其是针对俄罗斯、巴西等海关极为严格的国家，航空挂号小包和EMS在通关上有绝对的优势。

④越重的包裹被关境部门扣货的可能性越大。

⑤不同产品被关境部门扣货的概率不同，如电子产品被扣的概率比服装类高。

⑥寄往不同的国家（地区），采用的申报策略也有所不同。英美海关相对不那么严格，申报价值可以适当放低；德国海关比较严，就不宜把申报价值放太低。

需要注意的是这些都只能降低被扣货的概率，不可能完全杜绝被扣货。

2. 部分国家关税起征点及免税金额

最低免税申报金额是指符合条件的货件其申报金额小于规定金额，即可免于正式报关也无须缴纳关税或税款。

（1）美国

2016年初，美国对入境货件的最低免税申报金额标准已从每票货件200美元提高至800美元。这意味着大多数运入美国货值低于800美元的货件可免于正式报关以及缴纳进口关税。此项调整将有效促进贸易发展、降低成本和加快商品的流通。特别是亚洲的出口商可因此获益，减少了书面工作，加快了货件的清关速度以及缩短了货件到达美国的运输时间。

起征点：800美元。

综合关税的组成：DUTY（关税）+ ADV（清关杂税）；

DUTY = 货值×税率。

（2）欧盟

欧盟对货值大于22欧元的包裹就开始收税，因为免税申报金额较低，所以在欧盟区，包裹时常会因低申报而被查。从以往资料看，有少量包裹被查到，航空挂号小包及EMS的安全系数相对高一些。德国是欧盟区相对特别的一个国家，海关的检验力度比其他欧盟区国家要大些，EMS时常因海关原因被退回。

综合关税的组成：VAT=［货值（向海关申报）+运费+DUTY］×19%；

DUTY =（货值+70%运费）×产品税率 。

（3）英国

英国：在申报价值大于18英镑时会收关税。

起征点：15英镑；

综合关税的组成：VAT（增值税）+ DUTY（关税）+ ADV（清关杂税）；

VAT ＝［货值（向海关申报）＋ 运费 +DUTY］×20%；

DUTY ＝ 货值×产品税率。

（4）澳大利亚

对于进口的包裹类货量查验相对宽松，对低于1000澳元的包裹免征关税，除一些违禁和原木制品外，很好清关。

起征点：1000澳元；

综合关税的组成：DUTY + GST + ADV（清关杂费）；

GST ＝［货值（向海关申报）+运费 + DUTY］× 10%；

DUTY ＝ 货值×税率。

（5）俄罗斯

据俄罗斯媒体《消息报》报道，2016年10月，俄海关总署向俄经济发展部提出降低网购进口商品免税额度、分阶段对网购进口国际邮包征税的建议。当前，俄罗斯联邦海关对于进境包裹中一个月之内购买的，价值不超过1000欧元、重量不超过21千克的商品实行免税。此外，俄罗斯是个很特别的国家，快递只能走EMS，邮政通路很正常。

（6）乌克兰

乌克兰的海关也较为严格，除邮政EMS和小包裹外，都很难清关。

（7）巴西

巴西曾是速卖通平台订单主要来源国之一，但是物流成本居高不下及其严格的海关政策以致近来逐渐失去优势。主要表现在：一方面，速卖通削减了对巴西的宣传；另一方面，平台很多卖家设置巴西须补运费，甚至设置成巴西不发货。

目前发往巴西的主要渠道还是邮政，例如各国邮政小包，通关相对简单。商业快递寄送包裹至巴西一直是跨境电商卖家最头痛的问题之一。如果用商业快递寄送包裹到巴西，会有以下条件限制：

①须提供收件人的税号。税号有两种类型：CNPJ（公司税号——××.×××.×××/×××-××）和CPF（私人税号——×××.×××.×××/××）。一般收件人为个人，则提供CPF，收件人为公司一般需要正式报关。

②巴西海关对申报金额在3000美元以内，无再次销售目的，且未正式清关的进口货物（如从互联网购买的进口货物或礼物，通过邮件、国际快递运输至巴西）实行简易税

制。关税起征点为50美元左右，进口关税在简易税制的基础上征收，均按照货物申报金额的60%征收，另外当地还会征收18%左右的目的国税金。

③若包裹申报货值不准确，巴西海关可能会强制扣关、强制退运或者处高昂的罚金。

④当收件人为个人时，可能出现巴西海关认定货物为商业用途，禁止安排进口，要求强制退运的情况。通常这一情况在超过合理数量的物品寄往同一个人时发生，以上判断甚至可能取决于巴西海关的主观看法。例如，10件相同商品寄给同一收件人，则可能被认定为用于转售的商业用途货物，巴西海关会禁止进口且做强制退运。故出口至巴西的个人货件，建议合理调配同一个包裹内的相同商品数量及发货时间。

（8）印度尼西亚

自2017年1月28日起，印度尼西亚对进口货件的最低免税申报金额标准将从每票货件50美元（696550印尼盾）提高至100美元（1393100印尼盾）。

（9）菲律宾

2016年对入境货件的最低免税申报金额标准已从每票货件10菲律宾比索（0.21美元）提高至10000菲律宾比索（210美元）。

（10）新加坡

对于申报金额大于400新加坡币（约320美元）的包裹征收关税。从数据上看，到新加坡的包裹很少出现问题。

总之，由于各国（地区）关境政策的差异，卖家在发货前须大概了解相关信息，以便让货物顺利通关。相关信息可以咨询其他卖家、货代等。

■■■ 本章小结

跨境物流为顺应跨境电商业务需求，除了传统的跨境物流模式，如国际（地区间）邮政包裹与国际（地区间）快递外，还衍生出一些新型的跨境物流模式。这些新型跨境物流模式有境外仓、边境仓、国际（地区间）物流专线、保税区及自贸区物流、集货物流、第三方物流、第四方物流。不同跨境物流模式具有不同特征与适用范围。虽然这些新型的跨境物流模式使用比重目前仍偏小，但是已经呈现出增长趋势，也起到了有效补充传统跨境物流模式的作用。跨境电商涉及的关境至少有两个，一个是出口方出口关境，另外一个是消费者所在的进口关境。

【实训】

■■■思考题

1. 简述何为跨境物流。

2. 简述跨境物流涉及的企业类型。

3. 论述传统跨境物流模式。

4. 论述新型跨境物流模式。

5. 对比分析不同的跨境邮政包裹。

6. 对比分析境外仓与边境仓。

7. 对比分析跨境物流模式。

8. 以出口模式为例,论述跨境物流运作流程。

9. 简述跨境电商海关流程。

■■■案例分析题

兰亭集势启动跨境物流开放平台

2015年1月26日消息,跨境电商企业兰亭集势宣布正式启动兰亭智通全球跨境电商物流平台,旨在以开放平台模式为跨境电商卖家整合全球各地配送服务商,从而降低跨境物流成本。

据亿邦动力网了解,兰亭智通将提供开放比价竞价、全球智能路径优化、多物流商协调配送、自动打单跟单、大数据智能分析等一系列功能,第一期比价引擎试用版已于今日上线。

"兰亭智通就是将兰亭集势八年来积累的物流经验、数据整合在一起,以开放平台给所有跨境电商企业使用,同时也开放给更多的物流企业与代理商,让他们能够参与到跨境电商的大潮中来,从而让更多的中国企业可以做到'不出家门卖全球'。"兰亭集势董事长兼首席执行官郭去疾对亿邦动力网说。

据悉,物流方面,兰亭集势与全球各顶级物流商达成了合作,并相继在欧洲与美国设立了海外仓。2014年,兰亭集势与深圳前海自贸区合作,成功完成了中国跨境电商出口退税第一单,与苏州工业园区合作,实现了分送集报的自动化跨境电商出口报关。

"全球跨境电商将带来新一轮基于移动互联网与大数据的全球物流革命,我们期待让包裹送达全球的体验像打车一样容易,在这场新革命里,比拼的将不再是谁拥有更多仓库面积或者运输飞机,而是谁会更好地利用技术激活更多潜在的市场参与者,从而释放出更大的市场活力。"郭去疾如是说。

　　兰亭集势成立于2007年，是一家全球电子商务公司，目前通过几十种主要语言服务全球顾客，主要市场在欧洲和北美。公司的核心品类包括服装、家居和各类配件。该公司于2013年6月6日在纽约证券交易所上市。

　　（资料来源：兰亭集势启动跨境物流开放平台［EB/OL］.［2017-10-2］.http://www.ebrun.com/20150126/122402.shtml.）

　　思考：

　　1. 作为一家跨境电商平台企业，兰亭集势为何要涉足跨境物流业务？

　　2. 简述兰亭集势的跨境物流模式，并给出后续的跨境物流发展建议。

第六章

跨境电商采购与供应链管理

■■■学习目标

　　了解跨境电商采购涉及的几个常用概念；掌握跨境电商采购的作业流程；掌握跨境电商检验检疫工作流程；对比分析跨境电商检验检疫与进出口商品检验检疫的异同；掌握跨境电商环境下供应链的特征；掌握跨境电商环境下供应链管理和传统管理模式的区别；掌握跨境电商供应链管理的内容和方法。

■■■章节纲要

　　本章主要分三节来阐述与探讨跨境电商采购与供应链管理问题。第一节主要介绍跨境电商采购管理问题；第二节主要介绍跨境电商商品检验检疫；第三节主要介绍跨境电商供应链管理问题。

第一节　跨境电商采购管理

　　跨境电商与采购具有密不可分、相辅相成的关系，跨境电商采购的主要特征、相关流程、如何追单，采购过程存在哪些问题，都是跨境电商企业应该考虑的问题。

一、　跨境电商采购的相关概念

1. 跨境电商采购

　　跨境电商采购也称为跨境网上采购，是指通过建立电子商务交易平台，发布采购信息，或主动在网上寻找供应商、寻找产品，然后通过网上洽谈、比价、网上竞价实现网上订货，网上支付货款，最后通过物流进行货物的配送，完成整个交易过程。跨境电商全流程需要采购供应、配送、电子支付、售后服务等环节的衔接配合，任何环节出问题都可能影响跨境电商的发展。

2. 商品编码

　　商品编码也称为商品代号、商品编号，是指赋予某种产品的一个或一组有序的符号排列，以便于人工或计算机识别商品和处理商品。商品编码在跨境电商采购中具有极其重要的意义，商品编码的科学性，直接影响跨境电商采购流程。

3. 采购计划

采购计划指跨境电商采购人员在了解市场供求情况、掌握电商经营特点和物料消耗规律的基础上，对计划期内的物料采购活动所做的预见性安排和部署。

4. 采购订单

采购订单指跨境电商采购人员根据采购计划，向供应商提出的关于采购业务的正式、最终的确认单据。

5. 采购追单

采购追单指跨境电商采购人员根据采购订单，对采购的材料及产品进行追踪，处理从下单到收到所购材料及产品过程中遇到的各种问题，如质量、数量、期限等。

跨境电商采购追单也称为采购订单追踪。它是跨境电商采购流程中贯穿始终的一项工作，是指订单发出后，由采购人员对供应商的原材料采购、生产、质检、交货，以及物流商的货物运输、仓储、配送等进行全程监控的过程。

6. 采购到货处理

采购到货处理指跨境电商采购人员对收到的采购材料产品进行各种处置，包括到货准备、到货清点、到货检验、到货上架等。

二、 跨境电商采购的主要特征

1. 库存周转速度快

跨境电商采购过程中，即时响应用户需求，降低库存，提高物流速度和库存周转率，使电商企业由"为库存而采购"转变为"为订单而采购"。

2. 多批次、少批量、快速响应

跨境电商采购要提高库存周转速度，就必须做到多批次、少批量和快速反应。这样，就对供应商提出了更高的要求，增加了供应商的生产成本。

3. 采购的广泛性

所有的供应商都可以向采购方投标，采购方也可以调查所有的供应商。这样，可以扩大供应商范围，产生规模效益。

4. 采购的互动性

跨境电商采购的过程中，采购方与供应商可以通过电子邮件或聊天等方式进行实时信息交流，既方便又迅速，而且成本较低。

5. 采购效率高

跨境电商采购的过程中，可以突破时间和空间的束缚，有效地收集、处理和应用采购信息。

6. 采购的透明性

跨境电商采购的过程中，应实现采购过程的公开、公平、公正，杜绝采购过程中的腐败。将采购信息在网站公开，由计算机根据设定标准自动完成供应商的选择，有利于实现实时监控，使采购更透明、更规范。

7. 采购流程的标准化

按规定的标准流程进行，可以规范采购行为，规范采购市场，减少采购过程的随意性。

8. 采购管理向供应链管理转变

采购方可以及时将数量、质量、服务、交货期等信息通过商务网站或电子数据交换（EDI）传送给供应方，并根据需求及时调整采购计划，使供方严格按要求提供产品。

三、 跨境电商采购流程

（一）跨境电商采购的作业流程

采购作业流程是指企业选择和购买生产所需的各种原材料、零部件等各种物品的全过程。采购作业流程主要包括三方面的内容：一是寻购，作为买方需要寻找相应的供应商，调查其产品的质量、数量、价格等方面的情况是否满足购买条件；二是订购，买方在选定供应商之后，要把详细的购买计划和需求信息以订单的形式传递给供应商并商议结算方式，以便供应商能够准确地进行生产和供货；三是采购，要对采购物料的管理工作进行定期跟踪和评价，寻求更高效的采购作业流程。跨境电商采购的具体流程如下。

1. 编制采购计划

采购计划是企业进行采购的基本依据。所以企业应该根据采购需求、资金状况、采购时机等编制合理的采购计划并严格执行。

2. 选择供应商

可以通过网络将采购计划信息传输给供应链中的供应商，并要求他们执行。而对于非供应链中的供应商，采购部门可以将提供所需物品的供应商编成一览表，从质量好、价格低、货物交付及时、服务周到的供应商中进行选择。

3. 商务谈判

在同选中的供应商进行谈判的过程中，要做到知己知彼，明确下列问题：希望得到什么？对方要求什么？能做出什么样的让步使谈判成功？

4. 签订采购合同

谈判成功之后就是签订采购合同，明确双方的权利、义务以及对违规方的处理办法。

5. 货物通关

我国跨境电商进口通关模式主要有以下三种。

（1）快件清关

确认订单后，境外供应商通过国际（地区间）快递将商品直接从境外邮寄至消费者手中。无海关单据。其优点是灵活，有业务时才发货，不需要提前备货。缺点是与其他邮快件混在一起，物流通关效率较低，量大时成本会迅速上升。适合业务量较少，偶尔有零星订单的阶段。

（2）集货清关

商家将多个已售出商品统一打包，通过国际（地区间）物流运至国家（地区）内的保税仓库，电商企业为每件商品办理通关手续，经关境部门查验放行后，由电商企业委托国家（地区）内快递派送至消费者手中。每个订单附有关境单据。优点是灵活，不需要提前备货，相对于快件清关而言，物流通关效率较高，整体物流成本有所降低。缺点是须在境外完成打包操作，境外操作成本高，且从境外发货，物流时间稍长。适合业务量迅速增长的阶段，每周都有多笔订单的情况。

（3）备货清关

商家将境外商品批量备货至海关监管下的保税仓库，消费者下单后，电商企业根据订单为每件商品办理海关通关手续，在保税仓库完成贴面单和打包，经海关查验放行后，由电商企业委托境内快递派送至消费者手中。每个订单都附有关境部门单据。优点是提前批量备货至保税仓库，物流成本最低，有订单后，可立即从保税仓库发货，通关效率最高，可及时响应售后服务要求，用户体验最佳。缺点是使用保税仓库有仓储成本，备货会占用资金。适用于业务规模较大，业务量稳定的阶段。可通过大批量订货或提前订货降低采购成本，可逐步从空运过渡到海运以降低物流成本，或采用质押监管融资解决备货引起的资金占用问题。

6. 货物上架销售

货物上架后，访客在线选择商品并支付，接下来就进入境内的配送等环节。顾客收到货物之后进行验收，并在线上进行交易确认。在跨境电商采购中，电子支付安全是跨境电子商务的关键问题。

（二）跨境电商采购的管理流程

跨境电商采购的管理流程如图6-1所示。

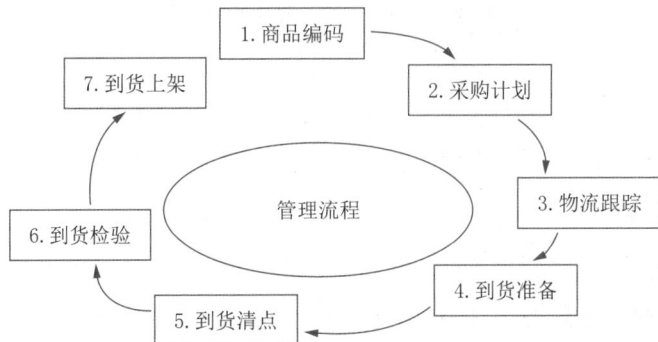

图6-1 跨境电商采购的管理流程

1. 商品编码

商品编码有两类，一是商品代码，二是规格代码。商品编码具有不可更改性，必须由电商企业的最高管理层决定。

2. 采购计划

采购计划一般以"采购计划表"的形式制订。内容包括供应商代码、商品代码、采购价格、物流信息、物流成本、结算方式、发货日期、到货日期、采购数量等。

3. 物流跟踪

物流跟踪内容包括供应商何时发货、供应商何时将货物交给物流公司、货物在途情况、货物到达时间等。

4. 到货准备

根据物流跟踪结果，随时做好到货准备。主要包括货场准备、人员准备、设备准备、货架准备。

5. 到货清点

主要包括收包清点（核对物流清单、检查外包装是否破损）、数量清点（数量、款式、规格）、到货差异确认（填写到货差异表，与供应商共同确认）。

6. 到货检验

主要包括确定检验重点（校验标准）、拆包、根据标准进行检验、二次再包装、粘贴条码、检验报告、次品退回。

7. 到货上架

经过前期各流程准备，对商品与库位进行匹配，将商品上架到对应库位上。

（三）跨境电商采购流程优化

1. 商品编码一次到位

商品编码确定后，即使有错误，也不得随意更改。更改商品编码需要付出很大的成本代价。

2. 从供应商管理转变为供应链管理

把跨境电商企业和供应商看作一个虚拟企业同盟，把供应商看作这个虚拟企业同盟中的一个部门，实现利润共享，风险共担。

3. 采购计划精确合理

采购时间、采购数量、到货时间等，尽可能做到准确无误，真正做到为订单而采购，争取实现零库存。

4. 物流跟踪可视化

运用GPS技术、传感器技术和信息通信技术等，对采购货物进行全程、实时可视化跟踪，实现供应商、物流商与电商的无缝对接。

5. 收货处理自动化

运用条码技术、单片机技术、自动控制技术和传感技术等，对所到货物进行自动化清点、校验和上架，提高入库效率。

6. 采购管理信息化

在跨境电商采购过程中，开发采购管理信息系统，实现采购管理的信息化。

四、 跨境电商采购追单

（一）跨境电商采购追单的内容

采购追单的内容主要包括：追发货日期，追产品质量，追产品数量，追物流信息，追到货日期，追发票。

（二）跨境电商采购追单

1. 生产型追单

通过向生产厂商下达指令来完成追单。需要把握四个关键因素：一是商品的上下架日期，二是在途和在库商品数量，三是供应商的产能，四是追单时间和追单量的计算。

2. 档口拿货型追单

档口拿货型追单是指此款商品拥有一个成熟的现货供应商，可以直接在供应商处采购现货。档口拿货型追单的特点：第一，采购的时间可以忽略不计，供应商有现货的库存可以提供，采购过程中不计算商品的生产周期。第二，档口拿货型追单一般没有最小起订单的制约。档口拿货型的追单需要把握两个关键因素：一是供应商供货能力管理，二是商品的红线库存管理。

3. 定制开发型追单

定制开发型追单是对定制商品的追单。往往适合一些有定制化生产需求的行业。定制开发型追单需要把握两个关键因素：一是采购订单和销售订单具有很强的关联性，需要根据销售订单的详细内容生成相应的采购订单，相同商品的采购订单不可合并采购。二是前台的销售人员必须跟踪销售订单的操作过程。定制开发型追单的生产状态跟踪不仅仅由采购人员操作，前台销售人员也需要跟踪整个采购或生产的过程，以使顾客知悉采购进程。

五、 我国跨境电商采购存在的问题

1. 供货渠道受限，难以保证货源数量及品质

目前，进口跨境电商货源多由个人买手或者是专业团队向境外零售商采购，再销售给境内销售者。除了天猫国际、苏宁易购等大型电商与境外直接洽谈对接外，其他的跨境电商与境外品牌商家还未能实现货源上对接，较难取得境外品牌商或者大型零售商的授权。跨境电商市场窄且不固定，对境外货源掌控力弱，货源品质得不到保证，造成供货不及时，甚至可能成为假货销售的平台。

2. 物流瓶颈成为跨境电商切肤之痛

主要表现在两个方面：一方面，境内物流企业与国际（地区间）物流公司差距较大，难以有效满足电商和消费者的需求。境内物流企业在全球的覆盖范围、物流仓储设施、配送效率、物流信息处理、物流服务体系等方面尚处于低水平。依靠转运公司完成跨境物流容易造成供应链断裂，降低商品流转速度。另一方面，境外建仓使电商告别传统快递模式，能远程掌控物流供应链，同时也使电商面临巨大挑战。境外仓库更多地关注提高库存周转、降低运营成本等问题，服务体系不完善，货物转仓信息登记不及时、货物丢失、客户信息泄露、仓库与客服信息衔接不畅等问题时有发生。

3. 电子支付面临制度困境和技术风险

跨境电商支付涉及国际贸易、外汇管理等环节，复杂程度较高。跨境电商第三方支付行业发展迅速，支付宝、易宝支付、钱宝、京东支付等22家第三方支付公司已经获得

跨境电商外汇支付业务试点资格，拥有跨境支付牌照，可通过银行为小额电子商务交易双方提供跨境互联网支付所涉及的外汇资金集中收付和相关结汇服务。但是第三方支付仍面临着不少现实困难。通关、退税等跨境业务复杂，在一定程度上制约了跨境支付的推进。境外买家支付的美元等不能直接兑换成人民币，企业资金回笼面临着外汇兑换问题。目前缺乏统一的法律法规制度对跨境支付加以规范，支付信用安全风险、跨境消费者和商户的身份认证技术性风险高，跨境交易资金流向监管难。

4. 售后服务难题让消费者望而却步

对于境内消费者而言，境外购物的售后服务面临着一系列的麻烦。由于涉及跨境通关和物流，换货后的商品很难顺畅地返回境内；物流等种种费用需要消费者承担，甚至出现退货费用严重超出货品价值的现象；同时，跨境购物的质量维权、货品丢失处理、技术售后服务等都要耗费巨大时间成本，这些会让消费者打消跨境消费的念头。

第二节　跨境电商商品检验检疫

检验检疫是国际贸易活动中的一个重要环节，对我国商品进出口起着重要的把关、服务与促进作用，对国内进出口企业、国内消费者起着保护、服务、扶持作用。经济越发展，检验检疫对外贸发展的辅助作用，对国内产业的保护作用，对国内消费者的生活安全保障作用就越大，是我国经济贸易和经济发展的安全保障。本节将着重介绍商品检验检疫的相关内容。

一、　进出口商品检验检疫

进出口检验检疫是指检验检疫部门和检验检疫机构依照法律、行政法规和国际惯例，对出入境货物、交通运输工具、人员等进行检验检疫、认证及签发官方检验检疫证明等监督管理工作。

（一）进出口商品检验检疫发展

中国出入境检验检疫产生于19世纪后期，迄今已有100多年历史。中国出入境检验检疫的发展历程是漫长和曲折的，只有在中华人民共和国成立后，中国出入境检验检疫事业才得到迅速发展。

1. 中华人民共和国成立前的进出口商品检验

19世纪后期，中国近代对外贸易逐渐发展起来。由于清政府的腐败，西方列强侵略中国，霸占了中国海关的主权，同时控制了中国的对外贸易和商品检验主权。清同治三年（1864年），由英商劳合氏的保险代理人——上海仁记洋行代办水险和船舶检验、鉴定业务，这是中国第一个办理商检业务的机构。随后一些规模较大的外国检验机构，先后到上海及其他重要口岸设立了公证检验机构，办理洋行贸易商品的检验、鉴定工作，在中外贸易关系中充当居间人，袒护本国商人的经济利益，控制了中国的进出口商品检验主权，公证检验机构成为对中国进行经济侵略的工具之一。

1928年，国民政府工商部颁布了《商品出口检验暂行规则》，规定对生丝、棉麻、茶叶等8类商品实施检验。1929年，国民政府工商部又颁布了《商品出口检验局暂行章程》。同年，国民政府工商部上海商品检验局成立，这是中国第一个由国家设立的官方商品检验局。之后又在汉口、青岛、天津、广州设立了4个商品检验局，并在其他指定管辖地区设立了分支机构和办事处。1932年，国民政府行政院通过《商品检验法》。该法明确规定商品检验范围包括进口和出口商品，对"有掺伪之情弊者、有毒害之危险者、应鉴定其质量等级者"，依法实施检验。同时规定，"应施检验之商品，非经检验领有证书不得输入输出"，对违反该法者进行罚款或进行惩处，开创了中国对进出口商品实施法定检验的先河。

1940年，汪伪政府公布了与国民政府商检法内容完全相同的《商品检验法》和伪工商部《商品检验局组织条例》，在沦陷区陆续成立上海、天津、青岛商品检验局，并公布应检验的进出口商品的种类表，对列入种类表内的商品实施强制性检验。抗战胜利后，国民政府恢复了天津、上海、青岛、广州、汉口等5个商检局，连同重庆商检局，当时全国共有6个商检局，由国民政府经济部领导。

中华人民共和国成立前的商品检验，虽然有法律和法规作依据，也设有官方的商检局实施检验工作，但由于中国当时处于半殖民地半封建社会，中国商检局的证书得不到国际上的承认，只能用作国内通关凭证，不能在国际上发挥交货、结汇、计费、计税和处理索赔的有效凭证作用。

2. 中华人民共和国成立后的进出口商品检验

1949年10月1日中华人民共和国成立后，中央人民政府贸易部国外贸易司设立商品检验处，统一领导全国商检工作，并在改造国民政府遗留下来的商检局的基础上，在大连、新疆设立了商品检验局。除青岛、新疆两局只管辖所在省和自治区的检验业务外，其他商检局都实行按大行政区化和商品的流向，跨省区市检验的体制。

1952年，中央贸易部分为对外贸易部和商业部，在对外贸易部设立了商品检验总局，统一管理全国的进出口商品检验工作，加强了全国进出口商品检验工作的管理。通过全国商检人员的共同努力，中国商检证书很快在国外树立了良好的信誉，得到了世界各国的普遍承认，成为国际贸易中进出口商品交接、结算和处理索赔争议时具有法律效力的重要证件。

1980年，国务院做出了关于改革商检管理体制的决定，将对外贸易部商品检验总局改为中华人民共和国进出口商品检验总局，并将各地商检局的建制收归中央，实行中央与地方双重领导、以中央领导为主的垂直领导体制，地方局改称进出口商品检验局，冠以所在省、自治区和直辖市名称。

1989年2月，第七届全国人大常委会第六次会议审议通过了《中华人民共和国进出口商品检验法》（以下简称《商检法》）。《商检法》规定了商品检验的宗旨是确保进出口商品质量，促进对外贸易的发展。它以法律的形式明确了商检机构对进出口商品实施法定检验，办理进出口商品鉴定业务以及监督管理进出口商品检验工作等基本职责。《商检法》同时规定了法定检验的内容、标准，以及质量认证、质量许可，认可国内外检验机构等监管制度，并规定了相应的法律责任。《商检法》实施后，国家商检局根据该法第31条的规定，制定了《中华人民共和国进出口商品检验法实施条例》（以下简称《商检法实施条例》）。《商检法实施条例》经国务院批准，于1992年10月发布施行。

2018年3月，国务院机构改革方案提出，将出入境检验检疫管理职责和队伍划入海关总署。2018年4月20日起，原出入境检验检疫系统统一以海关名义对外开展工作，口岸一线旅检、查验和窗口岗位实现统一上岗、统一着海关制服、统一佩戴关衔。原出入境检验检疫职能能顺利并入海关，将减少一次检验过程，简化单据办理流程，推动实现关单统一化。在港口，或仅需要一次掏箱作业，可提高作业效率。这也就意味着将缩短通关时间，有效改善通关环境，将带来港口、航运、物流企业的重大利好。

（二）进出口商品检验检疫一般程序

进出口商品检验检疫工作程序是指出入境货物、运输工具、集装箱、人员及其携带物，从报检、抽样及制样、检验检疫、卫生除害处理、计/收费到签证与放行的全过程。

1. 报检

报检是指出口前商品的生产、经营部门或进口商品的收货、用货或代理核运部门按照《商检法实施条例》的规定，向商检机构申请办理检验、鉴定手续。报检人办理手续时要填制报检申请单，并提交买卖合同、信用证、往来函电等有关资料。

2. 抽样及制样

凡需检验检疫并出具结果的出入境货物，均需检验检疫人员到现场按有关规定抽取样品。对所抽取样品进行加工以检验的过程称为制样（样品制备）。样品及制备的小样经检验检疫后重新封识，超过样品保存期后销毁；需留中间样品的按规定定期保存。

3. 检验检疫

检验检疫是对出入境应检对象，通过感官的、物理的、化学的、微生物的方法进行检验检疫，以判定所检对象的各项指标是否符合合同及买方所在国家（地区）的有关规定。

4. 卫生除害处理

按照《中华人民共和国国境卫生检疫法》《中华人民共和国食品卫生法》《中华人民共和国进出境动植物检疫法》规定，检验检疫机构卫生除害处理包括：出入境的货物、动植物、运输工具、交通工具的卫生除害处理等。

5. 计 / 收费

目前检验检疫机构执行的计 / 收费办法及计 / 收费标准的依据是国家发改委、财政部联合发布的《出入境检验检疫收费管理办法》。

检验检疫机构严格执行《出入境检验检疫收费管理办法》的规定，不得擅自变更收费项目、提高或降低收费标准。

6. 签证与放行

（1）检验检疫的签证与放行

第一，出境货物。凡法律、行政法规、规章或国际公约规定须经检验检疫机构检验检疫的出境货物，经检验检疫合格的，签发"出境货物通关单"，作为海关核放货物的依据；同时，境外要求签发有关检验检疫证书的，检验检疫机构根据对外贸易关系人的申请，经检验检疫合格的，签发相应的检验检疫证书；经检验检疫不合格的，签发"出境货物不合格通知单"。

第二，入境货物。凡法律、行政法规、规章或国际公约规定须经检验检疫机构检验检疫的入境货物，检验检疫机构接受报检后，先签发"入境货物通关单"，海关据以验放货物。经检验检疫合格的入境货物签发《入境货物检验检疫证明》放行，经检验检疫不合格的货物签发《检验检疫处理通知书》，需要索赔的签发检验检疫证书，供有关方面对外索赔。

（2）出入境鉴定业务的检验检疫签证

第一，出境货物。检验检疫机构凭对外贸易关系人的委托，按照合同、信用证的要求，对外签发各种相应的检验检疫证书。对检验检疫鉴定不合格的出境货物，对内签发不合格通知单。

第二，入境货物。检验检疫机构根据有关合同和报检人的申请，对货物品质、卫生、重量等项目进行检验检疫鉴定，对外签发相应的检验检疫证书。凭检验检疫机构的检验检疫结果进行结算的入境货物，检验检疫机构签发检验检疫证书。其他鉴定业务按照相关规定办理。

（3）委托检验检疫的签证

委托检验检疫机构检验检疫，由被委托检验检疫机构签发检验检疫结果单的签证。

（4）签证的领取

报检人领取证书时应如实签署姓名和领证时间，对证书应妥善保管。各类证书应在其特定的范围内使用，不得混用。

二、 跨境电商商品检验检疫

随着互联网及信息化的高速发展，传统的商务活动正以一种前所未有的速度电子化。网络的全球性和非中心化，使电子商务的跨境行为丧失了传统交易所具有的地理因素，跨境电子商务应运而生。可以肯定，跨境电子商务已成为当今世界的一种基本经济形态和贸易自由化重要途径。作为跨境贸易活动监督管理的主要官方部门之一，检验检疫部门顺势而为，做了大量基础性的研究及探索工作，部分试点城市的检验检疫部门还出台了系统扶持措施。但地方政府和外贸行业对检验检疫扶持力度有更高期待，特别是在B2C和保税B2B2C进口食品、保健品、化妆品等高风险产品方面。检验检疫面临着巨大的社会压力。

检验检疫主要职能是防止人类传染病、动植物病虫害跨境传播，防止不安全、不合格产品进出口。检验检疫环节必须在销售和使用之前完成，该时间特性也决定了其无法为便利消费者做出相应让步。

相对于常规的检验检疫工作流程，跨境电子商务检验检疫在发展过程中遇到了一些瓶颈。一是在报检受理过程中，难以提供各类审批证件，如化妆品批文、保健食品批文等；二是在报检环节中，境内外标准不一致，如婴儿奶粉中蛋白质含量、乳糖含量等；三是在检测环节中，检测周期较长，难以满足跨境电子商务"快进快出"的需求。

跨境电子商务检验检疫最重要的工作内容之一即跨境电子商务检验检疫监督作业指导书，其目的是支持跨境电子商务健康持续发展，规范跨境电子商务检验检疫监管工作，建立跨境电子商务检验检疫监管机制。它的总体要求是对电商和电商平台进行监管；对电商、电商平台、销售的商品实施备案管理；电商和电商平台对销售的商品实施质量安全责任、产品通报、召回承诺管理；限制类商品电商和电商平台须提示消费者相关商品可能未按照中国标准生产，购买相关商品仅限于个人自用，不能用于市场销售。

跨境电子商务检验检疫监管流程包括：信用管理、流程管理、风险监控。

1. 信用管理

信用管理是指对跨境电商备案企业实行A、B、C、D四类诚信等级管理，根据企业诚信等级的不同，可实施不同的检验检疫政策和监管措施；对备案产品实行风险分类管理，根据产品风险类别的不同，确定不同的检验检疫监管规则。

2. 流程管理

流程管理包括直邮进口模式、备货进口模式、集货进口模式三种。

（1）直邮进口模式

直邮进口模式是指对个人自用的入境电子商务商品，按照快件和邮寄物相关检验检疫监管方法的要求管理。电商平台或电商向检验检疫监管平台提供交易物流信息。检验检疫机构在检验检疫监管平台中对直邮商品进行查验。检验检疫机构在检验检疫监管平台中登记查验结果，并进行放行管理。

（2）备货进口模式

备货进口模式是指收货人及其代理人应在商品上架前完成商品报检。允许"先入区、后检疫"，保证了入区检疫要求，同时适应了海关"先理货、后报关"的监管模式，方便企业一次申报。其中有以下几个主要环节。

①入区申报。跨境电商相关企业向检验检疫监管平台申报，提交合同、发票、箱单、进货凭证、相关证书（如原产地证、卫生证书）、质量安全承诺书、第三方检测报告等申报资料，生成核准单。相关企业凭检验检疫机构出具的放行证提货入区。

②入区检疫。检验检疫机构在监管场地实施检疫查验。

③集货预检验。检验检疫机构根据电商相关企业提供的申报资料，在产品风险评估的基础上，进行验证、采集或由第三方检测鉴定机构实施合格评定、抽批检验等检验监管工作。

（3）集货进口模式

跨境电子商务集货进口模式和备货进口模式在检验检疫业务流程方面基本相同。不同之处是集货进口模式没有区内监管，先由消费者在电商网站上下订单，再由相关企业到境外购货。而备货进口模式中，相关企业在境外购货后，备货于保税区中并进行区内监管，之后消费者再下单。

3. 风险监控

跨境电子商务检验检疫监督的风险监控是指建立质量安全风险检测机制。跨境电商平台企业应向检验检疫机构提供跨境电子商务商品交易的顾客评价综合信息、质量差评、投诉或退货信息。根据跨境电子商务商品的顾客评价、投诉和退货信息等，对跨境电子商品进行风险监控、抽样检测和评估，定期发布监督抽查结果，对有关企业相关商品实施通报、预警、调整抽检率等处置措施。

风险监控的具体措施包括：

①建立质量安全追溯机制，对多发性质量安全问题和严重安全事故进行调查。

②根据风险监测和调查结果，采取停止销售、退运或销毁，以及强制召回等措施，确保质量安全。

③打击跨境电子商务中的假冒伪劣产品，对经营假冒伪劣商品的企业，实施"黑名单"制度，加大打击力度，做好行政处罚和司法衔接工作。

④ 检验检疫溯源管理平台建设：通过防伪溯源标识、二维码、条形码等手段，探索建立以组织机构和商品条码为基础的跨境电子商务商品质量追溯体系，实现"源头可溯、去向可查、产品可召回"。

第三节　跨境电商供应链管理

一、 供应链管理概述

（一）供应链管理相关概念

1. 供应链管理的概念

供应链管理（supply chain management，SCM）是指利用计算机网络技术全面规划供应链中的商流、物流、信息流、资金流等，并进行计划、组织、领导与控制。它是在20世纪80年代后期由咨询业界提出来的，一经提出，便得到管理业界的广泛关注。供应链管理将企业管理者的目光从传统的关注企业内部管理扩大到关注整条产业链的管理。这使人们认识到，现在企业间的竞争，是供应链与供应链之间的竞争。

2. 供应链管理的特征

（1）供应链管理是一种基于流程的集成化管理模式

传统的管理以职能部门为基础，往往由于职能矛盾、利益冲突及信息分散等，各职能部门无法完全发挥其潜在效能，因而很难实现最优的整体目标。供应链管理则是一种纵横的、一体化经营的集成管理模式，它以流程为基础，以价值链的优化为核心，强调供应链整体的集成与协调，通过信息共享、技术扩散、资源优化配置和有效的价值链激励机制等方法来实现经营一体化。

（2）供应链管理是全过程的战略管理

供应链上各环节不是彼此分割的，而是环环相扣的一个有机整体，因此，从总体上考虑，如果只依赖部分环节的信息，则会由于信息的局限或失真，导致决策失误、计划失控、管理失效。进一步来说，由于供应链上供应、制造、分销等职能目标之间的冲突是经济生活中不争的事实，所以，只有最高管理层才能充分认识到供应链管理的重要性和整体性，只有运用战略管理思想才能有效实现供应链的管理目标。

（3）供应链管理以最终客户为中心

不管供应链的链节企业有多少种类型，也无论供应链是长还是短，供应链都是由客户需求驱动的，企业创造的价值只能通过使客户满意并产生利润来衡量，只有客户取得成功，供应链才得以存在、延续并发展。因此，供应链管理以最终客户为中心，将客户服务、客户满意与客户成功作为管理的出发点，贯穿供应链管理的全过程，并将改善客户服务质量、实现客户满意、促进客户成功作为创造竞争优势的根本手段。

（4）供应链管理提出了全新的库存观

传统的库存管理思想认为，库存是维系生产或销售的必要措施，它保护生产、流通或市场，避免其受到上游或下游在供需方面的影响，因而企业与其上下游企业之间在不同的市场环境下只是实现了库存的转移，整个社会库存量并未减少。在买方市场的今天，供应链管理的实施可以加快产品通向市场的速度，另外，供应链管理把供应商看作伙伴，而不是对手，从而使企业对市场需求的变化反应更快，总体库存大幅度地降低。所以说，库存是供应链管理的平衡机制。

（5）供应链管理采取新的管理方法

诸如用总体综合方法代替接口的方法，接触最薄弱链寻求总体平衡，用简化供应链方法防止信号的堆积放大，用经济控制论方法实现控制等。

（二）供应链管理的内容

作为各环节企业相关运营活动的协调平台，供应链管理应把重点放在以下几个方面。

1. 战略管理

供应链管理本身属于企业战略层面的问题，因此，在选择和参与供应链时，必须从企业发展战略的高度考虑问题。它涉及企业经营思想，在企业经营思想指导下的企业文化发展战略、组织战略、技术开发与应用战略、绩效管理战略等，以及这些战略的具体实施。供应链运作、技术开发与应用以及绩效管理等都必须符合企业经营管理战略。

2. 信息管理

信息及信息的处理质量和速度是企业在供应链中获益的关键，也是实现供应链整体效益的关键。因此，信息管理是供应链管理的重要方面之一。信息管理的基础是构建信息平台，实现供应链的信息共享，通过ERP和VMI（供应商管理库存）等系统的应用，将供求信息及时、准确地传递到相关节点企业，从技术上实现与供应链其他成员的集成化和一体化。

3. 客户管理

客户管理是供应链的起点。如前所述，供应链源于客户需求，同时也终于客户需求，因此供应链管理是以满足客户需求为核心来运作的。通过客户管理，详细地掌握客户信息，从而预先控制，在最大限度地节约资源的同时，为客户提供优质的服务。

4. 库存管理

供应链管理就是利用先进的信息技术，收集供应链各方以及市场需求方面的信息，减少需求预测的误差，用实时、准确的信息控制物流，减少甚至取消库存（实现库存的"虚拟化"），从而降低库存的持有风险。

5. 关系管理

通过协调供应链各环节企业，改变传统的企业间进行交易时的"单向有利"意识，使节点企业在协调、合作的基础上进行交易，从而有效地降低供应链整体的交易成本，实现供应链的全局最优化，使供应链上的节点企业收益增加，进而达到双赢的效果。

6. 风险管理

信息不对称、信息扭曲、市场不确定以及其他政治、经济、法律等因素，导致供应链上的节点企业产生运作风险，必须采取一定的措施尽可能地避免这些风险。例如，通过提高信息透明度和共享性，优化合同模式，建立监督控制机制，在供应链节点企业间合作的各个方面、各个阶段，建立有效的激励机制，促进节点企业间的诚意合作。

从供应链管理的具体运作看，供应链管理主要涉及以下四个领域：供应管理、生产计划、物流管理、需求管理。具体而言，供应链管理包含以下内容：物料在供应链上的实体流动管理，战略性供应商和客户合作伙伴关系管理，供应链产品需求预测和计划，供应链的设计（全球网络的节点规划和选址），企业内部和企业之间物料供应与需求管理，基于供应链管理的产品设计和制造管理，基于供应链的客户服务和物流（运输、库存、包装等）管理，企业间资金流管理（汇率、成本等问题），基于Internet（互联网）/Intranet（内联网）的供应链交互信息管理。

（三）供应链管理的程序

1. 分析市场竞争环境，识别市场机会

分析市场竞争环境就是识别企业所面临的市场特征，寻找市场机会。企业可以根

据波特模型的原理和方法，通过市场调研等手段，对供应商、用户、竞争者进行深入研究；企业也可以通过建立市场信息采集监控系统，开发对复杂信息的分析和决策技术。

2. 分析顾客价值

所谓顾客价值是指顾客从给定产品或服务中所期望得到的所有利益，包括产品价值、服务价值、人员价值和形象价值等。供应链管理的目标在于不断提高顾客价值。因此，营销人员必须从顾客价值的角度定义产品或服务的具体特征，而顾客的需求是驱动整个供应链运作的原动力。

3. 确定竞争价值

从顾客价值出发找到企业产品或服务定位之后，企业管理人员要确定相应的竞争战略。根据波特的竞争理论，企业获得竞争优势有三种基本战略形式：成本领先战略、差别化战略以及目标市场集中战略。

4. 分析本企业的核心竞争力

供应链管理注重的是企业核心竞争力，强调企业应专注于核心业务，建立核心竞争力，在供应链上明确定位，将非核心业务外包，从而使整个供应链具有竞争优势。

5. 评估、选择合作伙伴

供应链的建立过程实际上是一个合作伙伴的评估、筛选和甄别的过程。选择合适的对象（企业）作为供应链中的合作伙伴，是加强供应链管理的重要基础。企业选择合作伙伴不当，不仅会减少企业的利润，而且会使企业失去与其他企业合作的机会。评估、选择合作伙伴的方法很多，企业在实际具体运作过程中，可以灵活地选择一种方法或将多种方法组合起来。

6. 供应链企业运作

供应链企业运作的实质是以物流、服务流、信息流、资金流为媒介，实现供应链的不断增值。具体而言，就是要注重生产计划与控制、库存管理、物流管理和采购信息技术支撑体系这四个方面的优化与建设。

7. 绩效评估

供应链节点企业必须建立一系列评估指标体系和度量方法，反映整个供应链运营绩效的评估指标主要有产销率指标、平均产销绝对偏差指标、产需率指标、供应链总运营成本指标、产品质量指标等。

8. 反馈和学习

信息反馈和学习对供应链节点企业非常重要。相互信任和相互学习，从失败中汲取经验教训，通过反馈的信息修正供应链并寻找新的市场机会成为每个节点企业的职责。因此，企业必须建立一定的信息反馈渠道，从根本上转变为自觉的学习型组织。

二、电子商务供应链管理

（一）电子商务对供应链管理的影响

电子商务的出现和发展是经济全球化与网络技术创新的结果。它彻底改变了原有的物流、信息流、资金流的交互方式和实现手段，能够充分利用资源、提高效率、降低成本和提高服务质量。

1. 电子商务使供应链管理思想得以实现

电子商务是以管理人员为中心的人机交互式的管理信息系统。它是将先进的管理思想，运用到企业内外各个层面，实施企业流程再造，应用信息技术，借助计算机实现供应链管理的全过程。通过电子商务，能有效连接供应商、制造商、分销商和用户。

2. 电子商务促进了供应链的发展

电子商务的应用在促进供应链发展的同时，也弥补了传统供应链的不足。从基础设施的角度看，传统的供应链管理一般建立在私有的专用网络上，且须投入大量的资金，只有一些大型的企业才有能力进行自己的供应链建设，并且这种供应链缺乏柔性。而电子商务使供应链可以共享全球化网络，使中小企业以较低的成本进入到全球化供应链中。

3. 供应链管理是电子商务中不可或缺的重要一环

供应链管理不仅是电子商务的一个重要组成部分，还是企业提高业务经营管理能力的重要手段。利用电子商务的优势，企业可以及时搜集信息并在此基础上进行统计分析，生成有价值的数据，以应用到企业内部日常经营和外部上下游供应链企业垂直一体化的优化管理中。供应链管理提供了制造商与其他企业体系间的供需联系渠道，通过电子商务了解顾客的需要，以适时、适地、适量及优惠的价格提供客户所需的产品或服务，为客户、供应商及企业三方创造价值。

4. 供应商管理是实现电子商务的前提

企业建立电子商务是通过现代化的管理手段，用新的管理模式代替旧的管理模式的一场变革，实现电子商务必须以供应链管理理论为前提，在供应链管理思想指导下，实现电子商务。借助于计算机，通过网络实现企业供应链管理，提高企业竞争力，是管理的变革，是实现电子商务的基础。没有这样的基础，电子商务只不过是空中楼阁。供应链管理思想，使在传统商务形势下被忽视的如对应服务活动、按单生产、基于模块化的大规模定制以及物流服务等高附加值活动，在电子商务中得到了全面实现和受到了高度关注。

（二）电子商务供应链管理的含义

电子商务供应链是指利用网络及电子信息技术在企业及其供应商、客户等贸易伙伴之间进行商务活动，以降低成本、提升服务质量、实现产品或服务增值的新渠道。电子商务供应链管理包括从原材料供应、生产制造、产品分销、运输配送、仓储库存到产品销售的全过程，涉及众多独立的公司和客户，比如制造商、供应商、运输商和零售商等。电子商务供应链使企业间的交易发生了革命性的变化，大大降低了交易成本，提高了反应速度，节约了交易时间。

（三）电子商务的供应链管理原理

供应链管理的内容包括生产计划与控制、库存控制、采购、销售、物流管理、需求预测、客户管理及伙伴管理等，其实质是信息流、物流和资金流的管理，因此可以从这"三流"的运动来说明供应链管理的基本原理。

1. 信息流

用户在分销网站的交易系统中在线下单，分销商实时完成订单处理，并立刻向产品制造商在线下单采购，产品制造商实时完成分销商的采购订单并向上级供应商采购零部件或原材料。由于是在线下单，分销商、产品制造商与供应商几乎同时得到了需求信息。

2. 物流

与传统物流供应链管理一样，电子商务的物流方向是从供应商到产品制造商，再到分销商，最终到达用户。不同的是信息流指挥物流。基于Internet/Intranet/Extranet（互联网/内联网/外联网）的电子商务的高度信息共享和即时沟通力，物料或产品能在指定时刻到达指定地点，从而减少甚至消除各节点企业的库存。

3. 资金流

与传统供应链管理一样，电子商务的资金流方向是从用户到分销商，再到产品制造商，然后到达供应商。不同的是电子商务的支付方式以在线支付为主，大大提高了订单的执行速度和交货速度。

（四）电子商务供应链管理的主要内容

1. 订单处理

通过电子商务系统进行订单状况管理。当收到客户订单时，核心企业要及时分析所需产品的性能要求，判断是否能够达到订单中的技术指标，在能够达到要求的条件下进一步分析订单中的产品成本、数量和利润。如果能够从该订单中获利，便可以与客户签订订货合同。之后查询现有库存，若库存中有客户需要的产品，便立即发货；否则及时组织生产。可缩短订单的循环周期，大大提高营运效率。

2. 生产组织

一般来说，生产组织是供应链中最难的环节，但利用电子商务可以通过改善供应商、核心企业和客户间的沟通有效地降低组织生产的难度。核心企业利用电子商务系统，与供应商协调供应程序，与多个供应商协调制订生产计划。此外，由于订单处理中，可以提供核心企业相关产品、销售和服务的实时信息，在一定程度上会使销售预测更精准，大大改善生产组织管理。

3. 采购管理

通过电子商务系统，可以有效地实现与供应商的信息共享和信息的快速传递。一方面，通过互联网提供给供应商有关需求信息和商品退回情况，获得供应商报价、商品目录，从而形成稳定、高效的采购、供应体系；另一方面，通过网上采购招标等手段，集成采购招标和互联网优势，扩大采购资源选择范围，使采购工作合理化，大大减少采购人员，有效降低成本。

4. 配送与运输管理

通过电子商务系统，对配送中心的发货进行监视，对货物运至仓储的过程进行跟踪，同时实现对配货、补货、拣货和流通加工等作业的管理，使配送的整个作业过程实现一体化的物流管理。此外，通过对运输资源、运输方式、运输线路的管理和优化，对运输任务进行有效的组织调度，可以降低运输成本，并实现对运输和货物的有效跟踪管理，确保指定货物能够在指定时间运送到指定地点。特别是在大数据时代背景下，可依托云技术构建电子商务云配送网络，电子商务供应链节点企业的配送与运输协作变得更加紧密。

5. 库存管理

通过电子商务系统，核心企业通知供应商有关订单交送延迟或库存告急，使库存管理者和供应商追踪商品存量情况，获得即时信息以便早做准备，实现对仓储有效的管理。同时电子商务库存管理能够及时反映销存动态，并实现跨区域、多库存管理，提高仓储资源的利用效率，进而降低库存水平，减少总的库存维持成本。而随着电子商务的不断发展，云仓储成为电子商务供应链库存管理的新方法。云仓储是一种全新的仓库体系模式，它主要依托科技信息平台，做出迅速快捷经济的选择，是理想的仓储服务。在这一模式下，快件可直接由仓储到同城快递物流公司的公共分拨点，实现就近配送，极大地减少配送时间，提升用户体验，给那些对物流水平需求极高的企业带来了新的机遇。云仓储实施的关键在于预测消费者的需求分布特征。只有把握了需求分布，才能确定最佳仓储规模，并进行合理的库存决策，从而有效降低物流成本，获得良好收益。云仓储构成如图6-2所示。

```
┌─────────────────────────────────────────────┐
│    基于云仓储与云物流的电子商务大物流模式      │
└─────────────────────────────────────────────┘
                    │
                    ↓         决策支持
              ┌──────────┐    ◄──────    ┌──────────┐
              │  云仓储   │               │ 云物流平台 │
              └──────────┘               └──────────┘
```

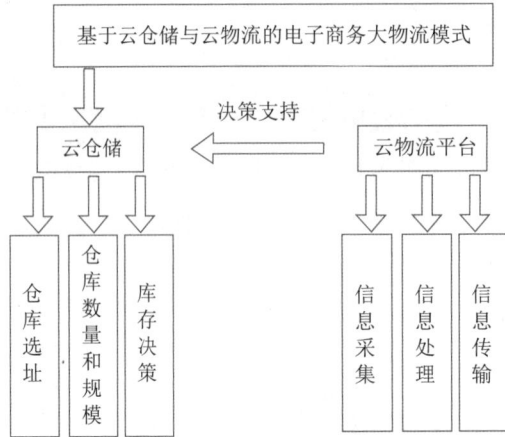

图6-2　云仓储运营模式

6. 电子商务支付管理

电子商务支付系统是指消费者、商家和金融机构之间使用安全电子手段交换商品或服务，即把新型支付手段（包括电子现金、信用卡、借记卡、智能卡等）的支付信息通过网络安全传送给银行或相应的处理机构来实现电子支付，是集购物、支付工具、安全技术、认证体系、信用体系以及现代金融体系为一体的综合大系统。可通过电子商务系统与银行相连接，用电子商务方式代替原来的支票支付模式，用信用卡支付代替原来的现金支付方式，既可以大大减少结算费用，又可以加速货款回笼，提高资金使用率。

7. 电子商务供应链金融

供应链金融（supply chain finance，SCF）是指银行围绕核心企业，管理上下游中小企业的资金流和物流，并把单个企业的不可控风险转变为供应链企业整体的可控风险，通过供应链信息技术获取各类信息，将风险控制在最低的金融服务。供应链金融很好地实现了物流、商流、资金流、信息流等多流合一。供应链融资和一般的贷款融资有很多不同之处，需要通过物流中的货权动态管理等实现，电子商务供应链融资模式包括订单融资模式、应收/应付账款融资模式、仓单质押融资模式以及委托贷款融资模式。目前我国的电子商务企业多是一些中小型企业，订单特点主要表现为多品种、小批量以及多批次等。电商通过质押订单来获得融资，具体而言，交易平台服务的优势是为企业整合大订单提供便利，订单完成后，卖方再向银行申请融资授信、银行抵押、贷款等，银行核实交易信息并做出回购承诺，开设专门的账户便于贷款的发放和回收，电商在获得贷款后生产产品。电子商务的性质决定了，在交易平台上，电商企业收到货款往往需要一段时间，为了缩短账期，企业可以选取应收或应付账款融资模式来获取资金，提高资金的周转率。仓单质押融资模式是指电商把自身的货物存放在第三方物流仓库中，向银行申请抵押贷款。委托贷款融资模式是指将本身所具有的资金，委托银行找合适卖家提供贷款的模式，这种融资模式风险最小，降低了借款人的生产成本，非常有利于电子商务的供应链的良性发展。

（五）电子商务供应链集成模式创新

随着经营模式的转变，供应链已经从线下发展到线上，电商供应链以企业及内部ERP管理系统为基础，在统一了人、财、物、产、供、销各个环节的管理并规范了企业的基础信息及业务流程的基础上，建立了经销商电子商务协同平台，并实现了外部电子商务与企业内部ERP系统的无缝集成，实现了商务过程的全程贯通。在电子商务环境下，越来越多企业认可供应链的价值。在实践中，新品上市速度、为客户提供高效的服务体验、应变力、可扩展性和为客户提供低价的服务，被认为是电子商务公司物流环节最重要的五项价值。可以说，电子商务供应链既是瓶颈，又是竞争力。从结构上看，整个电子商务产业链是品牌供应商和制造商、零售商与其他渠道中介以及消费者之间，通过传统渠道或互联网所联通起来的复杂互动组织关系。前端是消费者接入的多媒体渠道，后端是向所有供应商对接与开放的大平台，中间是采购、财务、商品管理等诸多商业运营功能模块，底层则是物流、资金流、信息流。因而企业也在顺应时代变化，根据自身情况对电子商务供应链模式进行创新。

1. 大型B2C企业自建电子商务供应链系统集成模式

大型B2C企业自建电子商务供应链系统集成模式是指企业依托自身资源建立以自身业务为核心的集供应、采购、生产、销售为一体的模式。境内目前除个别在规模上较为突出的企业外，普遍的物流企业规模都不大，物流服务的技术和标准都不是很完善，这是促使企业自建供应链体系的原因之一。该种模式以京东、亚马逊、凡客等大型B2C电子商务企业为代表。通常，自建供应链体系的企业，在相对成熟后将陆续社会化，未来将成为电商核心的社会化供应链服务平台。但此种电子商务供应链集成模式，运营成本相对较高，资金回收较慢，存在一定的运营风险。

2. 传统零售与电子商务企业集合的供应链集成模式

传统零售与电子商务企业集合的供应链集成模式是指传统零售供应商自建电子商务供应链体系，打造线上、线下双向服务功能，实现O2O布局。该模式下供应链的集成拥有依托零售企业的线下零售网点+自建的物流体系+服务网络+线上平台的综合优势，促使供应链实现线上服务的创新、线下服务的变革。但该模式由于涉及广度较大，包括线上线下双向服务，供应链上核心企业的运作遇到一定的挑战，同时，该类模式以服务自身为主，社会化难度较大。该模式以国美、苏宁为代表。

3. 垂直产业电子商务供应链集成模式

目前传统商贸平台陆续向电子商务模式渗透，其中以产业为依托的垂直产业（如钢铁、化工、农产品等）电子商务交易平台正在逐步兴起。且伴随着垂直产业的转型，垂直产业电子商务供应链集成模式也初现端倪。该模式将集中整合产业资源，依托电子商务服务交易，涵盖物流、金融、信息等综合服务。虽然现阶段我国产业成熟度不够，此类电子商务供应链平台相对松散，但存在巨大商机。

4. 大平台型电子商务供应链集成模式

大平台型电子商务供应链集成模式是指以电子商务交易平台为核心企业对供应链进行集成。该模式下目前存在两种集成模式：第一类，服务端口轻型电子商务集成模式。该模式是核心电子平台向其他供应链节点企业开发平台服务端口，完成供应链上游企业与下游客户的有效衔接。该模式以腾讯供应链为代表，供应链对象多为服务类产品。第二类，以零售消费平台集成电子商务供应链模式。如淘宝电子商务供应链集成模式，是依托淘宝大物流体系进行深度整合，服务于淘宝、天猫的综合供应链体系，由淘宝组织仓储、配送的服务体系，对商家供应链预测、需求分析、采购策略、库存控制等进行引导。该模式具有先天的整合和控制优势，但运营体系相对复杂，掌控力度弱，对社会物流的整合具备一定价值。

三、 跨境电商供应链设计

（一）跨境电商供应链设计原则

根据供应链在跨境电商环境下的特点，有必要对传统的供应链进行重新设计和改造，构建供应链的新模式。在重新设计供应链的过程中，提出以下几个方法和原则。

1. 建立基于供应链的动态联盟

在需求的不确定性大大增加的环境下，供应链必须有足够的柔性，随时支持用新的平台和新的方式来获取原材料、生产产品、服务顾客并完成最后的配送工作。而建立动态联盟可以极大地提高供应链的柔性。供应链从面向职能到面向过程的转变，使企业抛弃了传统的管理思想，把企业内部以及节点企业之间的各种业务看作一个整体过程，形成集成化供应链管理体系。通过对集成化供应链的有效管理，整条供应链将达到全局动态最优目标。供应链集成的最高层次是企业间的战略协作，当企业以动态联盟的形式加入供应链时，即展开了合作的过程，企业之间通过一种协商机制，谋求双赢或多赢的局面。

2. 构建统一的信息平台

跨境电子商务环境下，顾客需求的不确定性增大，也增加了供应链构建的风险。构建统一的信息平台，增加各供应链节点之间的交流，将有效地防止信息延迟，减少供应链的"波动放大性"，增加供应链的响应速度，从而降低供应链构建的风险。

3. 统一管理"虚拟贸易社区"

尽管通过信息技术可以实现供应链信息的共享，但供应链伙伴仍然有一些敏感信息不愿意与别人共享，信息不对称的问题依然存在。建立集成化的管理信息系统，统一管理"虚拟贸易社区"，加强企业间的协调，保证供应链伙伴信息的安全性，才能有效地实现供应链中关键信息的充分共享，从而提高整个供应链的管理效率，实现供应链效率的最大化。

4. 密切关注顾客的需求和重视顾客服务

供应链从产品管理转向顾客管理，以及客户需求拉动的特点，使得企业更加密切地关注顾客的需求，并通过数据仓库和数据挖掘等技术，增加对顾客需求的理解。在理解顾客需求的基础上，通过大规模定制等技术，为顾客提供一对一的个性化服务。

5. 改造企业内部业务流程

在传统企业"筒仓式"组织结构中，信息的传递效率极其低下，导致企业内部业务效率难以提高。应对企业内部的组织结构进行改造，打破原来的职能化组织结构形式，尽量实现组织结构的扁平化，减少信息流的传递环节，重新设计企业的业务流程，减少整个流程的环节，从而提高组织的业务效率。

供应链设计是一项复杂而艰巨的工作，也是供应链管理的重要环节，它涉及供应链组织机制、供应链成员的选择、供应链成员之间的相互关系、物流网络、管理流程的设计与规划，以及信息支持系统等多方面的内容。供应链设计必须遵循一定的原则，运用科学合理的方法。

（二）跨境电商供应链设计的基本要求

1. 客户优先

客户是供应链中唯一真正的资金流入点，任何供应链都只有唯一的一个收入来源——客户。因此，供应链的设计要考虑客户优先的原则。客户服务由客户开始，也由客户终止，客户最能感受到供应链中复杂的相互影响的全部效应。供应链的设计必须具有高度柔性和快速响应能力，才能够满足客户的现实需求和潜在需求。

2. 定位明确

供应链由原材料供应商、制造商、分销商、零售商、物流与配送商以及消费者组成。一条富有竞争力的供应链要求组成供应链的各成员都具有较强的竞争力，不管成员为整个供应链做了什么，都应该是专业化的，专业化就是优势。无论企业在供应链中处于主导地位，还是从属地位，都必须明确自己在供应链中的定位优势。根据自己的优势来确定自己的位置，并据此制定相关的发展战略，对自己的业务活动进行适当的调整和取舍，着重培养自己的业务优势，保证以自己的优势业务参与供应链。只有这样，企业才有可能在供应链中被认可，并与其他企业合作，最终实现共赢。

3. 防范风险

由于受到自然和非自然因素的影响，供应链的运作实际上存在着不确定性，从而使企业面临着一定的风险。例如，由于不确定因素的影响，市场需求总是变化的，具有不稳定性，所以，每个节点企业都必须保持一定的库存。为了达到为客户服务的目标，必须保持足够的库存（也就是安全库存），这样即使上游过程出现问题，也不至于影响客户。在供应链的设计中，应该对各种风险因素进行度量和说明，了解各种不确定性因素对系统所产生的影响，并制定相应的防范措施。

4. 量力而行

供应链的建立与运行是一个十分复杂的工程，它要求企业必须具备较强的经济实力、较高的决策水平和熟练的供应链运作技巧。因此，企业应根据自己的实际情况，对于建立什么样的供应链、自己在其中的地位和作用、供应链未来运作的预期状况等问题，做出理性的判断并量力而行，使未来的供应链运作能够在自己的掌控之中。只有这样，企业才有可能达到供应链设计和实施的目的。

（三）供应链设计的基本内容

1. 供应链合作伙伴选择

每一个供应链都包括从采购、供应、生产到仓储、运输、销售等多个环节的多家供应商、制造商和零售商以及专门从事物流服务的多家企业，供应链成员囊括了为满足客户需求、从原产地到消费地、直接或间接相互作用的所有公司和组织。因此，供应链成员的选择是供应链设计的基础。供应链成员的选择是双向的。一般而言，参与供应链的成员在市场交易的基础上，为了共同的利益而结成相对稳定的交易伙伴关系。但供应链的主体企业，尤其是核心企业，主导整个供应链的存在和管理，因而在对供应链其他成员的选择上具有一定的主动性；其他非主体企业，规模和经济实力相对较小，在供应链上处于从属的地位，往往无法主宰自己能否成为供应链成员。从这个意义上说，供应链成员及其合作伙伴的选择又是单向的。

2. 网络结构设计

整个网络结构由供应链成员、成员间的联系和供应链工序连接方式三方面组成，网络本身体现供应链成员及其分布和成员间的相互关系。供应链网络结构设计的中心是保证网络能合理利用和分配资源，提升物流效率，从而达到提高供应链整体价值的目的。

3. 组织机制和管理程序

供应链的组织机制和管理程序是保证供应链有效运营的关键。由于供应链涉及多家企业的多个业务环节，而这些企业都是独立的市场经济主体，在管理上自成体系，要实现供应链的无缝衔接，各个独立的企业必须在相关环节上达成一致。供应链的组织机制和管理程序实际上是各成员企业相关业务组织机制和管理程序的集合。各成员企业必须从供应链整体出发，设计相关的组织机制和管理程序。尤其是核心企业，其组织机制和管理程序是整个供应链效率的关键。

4. 供应链运行基本规则

供应链上的节点企业之间的合作是以信任为基础的。信任关系的建立和维系，除了需要各个节点企业的真诚和行为之外，还必须有供应链运行的基本规则。其主要内容包括协调机制、信息开放和交互方式、生产物流的计划与控制体系、库存的总体布局、资金结算方式、争议解决机制等。计算机系统、相应的软件和信息系统是供应链运营规则实施必要的物质基础。

（四）供应链设计的评价指标

一个供应链是否合理并有效运营，可以从以下几个方面考察。

1. 灵敏度

灵敏度是企业通过供应链运营了解市场变化的敏锐程度，是供应链系统灵巧运用和重组内外资源的速度。面对越来越短的产品生命周期和日益苛刻而无法预期的需求，企业必须具备敏锐的感知市场变化的能力和变革能力。

2. 应变能力

仅仅提前察觉客户的需求，对未来想要成功的企业来说是不够的，它必须比竞争对手更快做出反应。企业应该具备对现实和潜在客户提前采取行动的能力，市场一旦有蛛丝马迹出现，就要能立即洞察客户的需求变化，并试图满足他们的需要。优秀的供应链不仅能够适应可预测的环境，也能够适应难以预测的环境。

3. 精简化

精简化指的是在能够实现供应链整体目标的前提下，供应链的设计宜简不宜繁。精简的供应链可以降低供应链运作成本，提高供应链运作效率。

4.协调性

供应链是多个企业的集成网链，每个企业又是独立的利益个体，所以它比企业内部各部门之间的协调更加复杂、更加困难。供应链的协调包括利益协调和管理协调。利益协调必须在供应链组织结构构建时将链中各企业之间的利益分配得更加明确；管理协调则是按供应链组织结构要求，借助信息技术的支持，协调物流和信息流的有效流动，以降低整个供应链的运行成本，提高供应链对市场的响应速度。

5.智能化

面对企业和供应链中的事件，能够迅速及时地把握并能正确决策，有效地集成各种资源予以解决，是供应链智能化的表现。

总之，一个全新的、反应能力强的、灵敏的、精简的、协调的和智能型的供应链应该是供应链设计所追求的目标。

（五）跨境电商供应链优化

1.成立跨境电商平台联盟，统一向境外品牌商议价

境内中小跨境电商议价能力弱，不能直接与境外供货商签约的主要原因还是需求分散和需求规模不够。目前跨境进口电商多数由个人或专业团队向境外零售商代购，再向境内消费者销售，并没有打通供应链。如果若干家跨境电商平台联盟，共同议价，取得境外一些著名品牌的授权，取得货源上的对接，就可以极大地降低供应环节的成本和费用。

2.突破传统思维，与境外卖方进行思维互换

目前跨境进口平台上自营模式的电商，90%是通过中间商采购的，中小跨境电商议价能力弱，难以与境外品牌商直接签署供货合同。大型跨境进口平台采购量大，议价能力强，却也很难与品牌商签约，原因很多，比如文化差异、账期问题等，境内电商普遍存在拖欠供应商货款的现象，但是境外企业却坚决要求不能欠账。因此，跨境进口电商要想与境外品牌商取得货源上的协调对接，需要适应不同的商业经营风格、不同的文化、不同政治体系下的思维方式，这确实还有很长的一段路要走。

3.同跨境物流供应链服务商合作

跨境电商的物流模式主要有五种：邮政包裹、国际（地区间）快递、境内快递、专线物流、境外仓或保税仓模式。邮政网络全，但时效性差，从中国到美国的包裹，一般需要15个工作日。国际（地区间）快递就快多了，但费用也较为高昂。境内快递还在发展时期，申通、圆通于2014年才上线韩国，顺丰可以送达美国、澳大利亚、韩国、日本等国家和地区。专线物流通过规模效应降低成本，目前普遍的物流产品有美国专线、欧

美专线、澳大利亚专线等。跨境进口电商根据产品特点选择合适的物流服务商，有时候甚至要采用复合物流供应模式来满足消费者需求，如天猫国际的境外直邮商品采用分段承运和快递联运等方式，综合各物流服务渠道降低跨境物流成本，同时也方便实施物流监控，货源可溯。

4. 做好大数据分析，实行精准营销

与大数据平台合作，及时掌握消费者的个人信息和交易信息，掌握目标人群的需求和关注点，掌握消费者的消费心理和消费习惯，开展有针对性的精准营销。就像淘宝网的每日推荐和私人定制，围绕消费者建立自己的生态圈，布局线下服务和自由店铺或品牌。如蜜芽宝贝更名为蜜芽之后，产品组合定位扩大为母婴用品，开展线下体验店，消费场景得以拓展，借助百度大数据的分析开展精准营销。

5. 境外仓和保税仓物流模式组合

税收新政策实施后，两批跨境进口商品清单可以满足境内大部分消费者的需求，部分跨境电商零售进口商品纳入政策实施范围内，走保税仓进口的大部分货物税率会提高是不争的事实。设立境外仓处理业务将是比较好的选择。比如说境外仓集货后，若不在正面清单内，以个人行邮方式进境，同时征收行邮税；若属于清单内但未能提供通关单的商品，以直邮进口方式进境，同时按跨境进口方式征税；若属于正面清单内商品，可以以批量方式进保税仓（进区同时需提供通关单），后以保税进口方式入境，同时按跨境进口方式征税，软件系统也要相应地与海关系统对接。

▪▪▪ 本章小结

跨境电商指电子商务在进出口贸易中的应用，是传统国际贸易商务流程的电子化、数字化和网络化。跨境电商采购是指通过建立电子商务交易平台，发布采购信息，或主动在网上寻找供应商、寻找产品，然后通过网上洽谈、比价、竞价实现网上订货，网上支付货款，最后通过物流进行货物的配送，完成整个交易过程。跨境电商采购作业流程主要包括寻购、订购、采购。跨境电商采购追单是指订单发出后，由采购人员对供应商的原材料采购、生产、质检、交货，以及物流商的货物运输、仓储、配送等进行全程监控的过程。

进出口检验检疫是指检验检疫部门和检验检疫机构依照法律、行政法规和国际惯例的要求，对出入境货物、交通运输工具、人员等进行检验检疫、认证及签发官方检验检疫证明等监督管理工作。进出口商品检验检疫一般程序为报检、抽样及制样、检验检疫、卫生除害处理、计/收费、签证与放行。跨境电子商务检验检疫监管流程包括：电商及商品备案、信用管理、流程管理、风险监控。其中，流程管理包括直邮进口模式、

备货进口模式、集货进口模式三种。

供应链管理是指利用计算机网络技术全面规划供应链中的商流、物流、信息流、资金流等，并进行计划、组织、领导与控制。供应链管理的内容包括：供应链战略管理、信息管理、客户管理、库存管理、关系管理、风险管理。电子商务供应链是指利用网络及电子信息技术在企业及其供应商、客户等贸易伙伴之间进行商务活动，以降低成本、提升服务质量、开辟增加价值的新渠道。跨境电商供应链管理体系由设计原则、设计要求、设计内容和设计评价指标组成。

【实训】

■■■ 思考题

1. 简述我国跨境电商采购存在的问题。

2. 简述跨境电商采购的作业流程。

3. A公司在烟台出口货物，简述报检的工作程序。

4. 跨境电商环境下供应链具有哪些特征？

5. 简述跨境电商环境下供应链管理和传统管理模式的区别。

6. 试述跨境电商供应链管理的内容和方法。

■■■ 案例分析题

兰亭集势：高效的供应链管理

兰亭集势是一家跨国B2C公司，成立于2007年。兰亭集势成立于金融危机发生之时，致力于为全世界的中小企业提供一个基于互联网的全球整合供应链。它的主要网站是LightInTheBox与MiniInTheBox，基于26国语言，客户遍及全球200多个国家和地区。欧洲和北美市场是兰亭集势的主攻方向，2012年其98%的客户均来自国外。

B2C跨境电商极大地缩短了国际贸易中的流通环节，使毛利率得到很大程度的提高。2012年，迅速发展的唯品会销售实现22.3%的毛利率，起步较早稳步发展的亚马逊实现24.8%的毛利率，而兰亭集势的毛利率达到41.77%，这与兰亭集势较短的供应链和较低的成本密不可分。

兰亭集势之所以能在众多B2C跨境电商企业中遥遥领先，最大的特色在于极大地缩短了B2C跨境电商的供应链，向上绕过众多中间环节，自己采购绝大部分商品，目前70%的商品都是直接从工厂进货的，自己拥有定价权。兰亭集势对供应商有着严格的要求，不仅要满足其要求的采购量，而且还要能及时捕捉境外市场需求，把握境外市场流行趋势，在设计并生产"山寨品"的同时，避开境外知识产权风险。除了这些没有自主品牌的供应商外，一些知名品牌，包括爱国者、神舟电脑、方正科技等也是该公司的供应商。

此外，兰亭集势还拥有非常高效的供应链管理方式，不仅实现了较高的库存周转率，而且降低了库存风险。一方面，针对服装类的定制产品，兰亭集势派其专家团队直接进入供应商的生产线，制订专门的指导方案，帮助其改进生产和管理流程，从而提高生产效率，改善产品质量。兰亭集势会每日更新供应商订单，由于已经在兰亭集势专家团队的指导下调整了生产流程，达到了个性化定制生产的标准，供应商通常能在10~14天内完成定制产品的生产并将其运送至兰亭集势的仓库，这就保证了兰亭集势较高的订单履约率。另一方面，对于标准品而言，兰亭集势2011年第四季度调整了供货方式，要求其部分供应商提前备货。供应商将货物提前存放在兰亭集势的仓库，但是这些货物的所有权依然在供应商手中，只有当客户下单之后，这些货物的所有权才会转到兰亭集势，计入其营收与成本。这种方式，使兰亭集势相当于实现了"零库存"，不仅能够保证订单的高效处理，而且降低了库存风险。对于滞销商品，兰亭集势可以随时要求供应商将其商品从库存取走并支付其将库存运走时的物流费用。也就是说，在提前备货的过程中，兰亭集势只是为供应商提供存放仓库以及支付供应商运走其剩余库存的费用。总之，在供应链的管理方面，兰亭集势有着其独特的模式：一方面通过对接工厂，压缩上游供应商，降低产品成本，实现了较高的毛利率；另一方面，分别与定制品和标准品的供应商建立了独属的合作方式，不仅保证了定制品的生产效率以及订单履约率，而且能有效降低库存风险并提高库存周转率，实现仓储管理的科学化，从而使得兰亭集势在B2C跨境电商行业位居前列。

（资料来源：张红英.中国B2C跨境电商的发展问题研究：以兰亭集势和全球速卖通为例[D].济南：山东大学，2014.）

思考：

1. 兰亭集势的供应链管理在其公司发展中起什么样的作用？

2. 跨境电商应如何管理自己的供应链？

第七章

跨境电商仓储与配送

了解仓储的基本功能；了解配送的基本环节；掌握配送与运输的异同；了解跨境电商配送的特征；掌握跨境电商配送的业务流程；掌握跨境电商仓储的业务流程；掌握跨境电商配送业务模式；理解常用的几种跨境电商物流追踪技术。

■■■章节纲要

本章主要分四节来阐述与探讨跨境电商仓储与配送问题。第一节是关于跨境电商仓储与配送管理的概述，介绍仓储与配送相关基础知识；第二节着重介绍跨境电商仓储的作业流程；第三节着重介绍跨境电商配送业务流程；第四节主要介绍常用的几种跨境电商物流追踪技术。

第一节　跨境电商仓储管理与配送概述

随着网络技术和电子技术的发展，跨境电子商务已然成为时代发展的潮流。其中，仓储管理和配送作为跨境电商的重要内容，得到了跨境电商企业的重视。本节将从这两方面进行详细介绍。

一、　跨境电商仓储管理概述

（一）跨境电商仓储的内涵

仓也称为仓库，是存放物品的建筑物和场地，如房屋建筑、大型容器、洞穴或特定的场地等，具有存放和保护物品的功能。储表示收存以备使用，具有收存、保管、储藏和交付使用的含义。综合仓和储的含义，仓储可理解为利用仓库存放、储存不需要即时使用的物品的行为。

仓储指的是物品在使用之前的保管，它是物品到达客户之前，介于供应和消费之间的中间环节。仓储是物流系统的一部分，其主要功能是在产地、消费地，或者在两地之间储存物品（原材料、零部件、在制品、成品等），并向管理者提供有关储存物品的状态、条件和处理情况等方面的信息。

跨境电商仓储是指利用信息管理技术实现跨境电商业务所需商品的仓储功能，主要包括商品的储存、选拣、再包装、分拨等环节，还包括商品送达消费者之前的相应环节。

（二）仓储管理

仓储管理是指将物品存入仓库并对存放于仓库里的物品进行保管、控制等管理活动，也就是对物品的入库、保管和出库等业务活动所进行的计划、组织、指挥、监督和调节工作。通过仓储管理，按照一定的程序在空间和时间上对仓储各项业务活动进行安排和组织，使整个仓储过程有条不紊地连续进行。仓储管理的目的是实现仓储合理化，即用最经济的方法实现仓储功能，其实质是在保证仓储功能实现的前提下，系统做最少的投入。

与仓储的概念相对应，仓储管理运用现代化的管理技术与方法服务于整个仓储活动，其具体管理内容可分为经济属性和技术属性两个层面。仓储活动通常发生在仓库等特定的场所，仓储的对象既可以是生产资料，也可以是生活资料，但必须是实物。静态的物品储存，通常指仓储；与仓储相关的动态的物品存取、保管、控制等过程，通常指仓储管理。

具体而言，仓储管理包括以下几个方面的内容：

①仓库的选址与建筑作业。包括现代仓库的选址原则、仓库建筑面积的确定、库内运输道路与作业的布置等。

②仓库设施和设备的选择与配置。根据各类仓库作业的特点和储存物的物流化特性，选择适当的仓库设施和设备，并进行相关管理。

③采购管理。根据需求和库存物品的数量，运用合理的方法确定需要采购进库的物品的种类和数量等。

④库存控制。根据企业和市场需求状况，采用合理的采购方式，储存适当数量的物品。

⑤仓库的业务管理。组织管理物品入库验收、库位布局、在库保管、出库检查等。

从决策的角度来分析，仓储管理通常进行以下决策：

①仓库的产权决策。采用自营仓储还是公共仓储。

②集中仓储或分散仓储决策。这一决策实质上是决定公司需要多少家仓库来运作。

③仓库的大小及选址决策。这是与仓库数量和集中仓储或分散仓储决策密切相关的另外两个仓储决策。

④仓库布局决策。即决定仓库内部过道、货架、设备及其他所有占据空间的实施布局。

⑤存货种类和数量决策。在不同的仓库中储存货物的种类与数量。

（三）仓储的功能

自人类社会生产有了剩余之后，就产生了仓储活动。随着技术的进步和社会生产力的提高，社会化大生产方式逐步出现，产品空前丰富，人民生活水平逐步提高。社会生产和人民生活对仓储的需求无论从数量上还是从质量上，均有了较大提高，仓储的功能也有了较大扩展，具体有以下五种。

1. 储存和保管

储存和保管是仓储最基本的功能。由于储存和保管的需要，仓储得以产生和进一步发展。库容量是仓储的基本参数之一。保管过程中应保证物品不丢失、不损坏、不变质，并且需要有完善的保管制度、合理的装卸搬运设备和正确的操作方法，确保物品在装卸搬运过程中不会被损坏。

2. 调节供需、创造时间价值

从生产资料的角度来分析，生产和消费的连续性规律因产品不同而有较大的差别，生产节奏和消费节奏也不可能完全一致。从生活资料的角度来分析，居民消费水平的提高使其对生活用品需求的季节性规律逐步减弱，这样许多食品生产的季节性问题就必须通过仓储来解决。

仓储在物流系统中起着缓冲、调节和平衡的作用，与运输共同构成物流的中心环节。与运输相对应，仓储是以改变物品的时间状态为目的的活动，通过克服产需之间的时间差异以获得更好的效用。物品进入生产领域之前、生产领域过程中、从生产领域进入流通领域之前，或在流通领域过程中，均可能需要停留一定时间，这就形成了仓储。仓储对于社会再生产具有重要作用。

3. 调节运输能力

各种运输工具的运量运力相差较大，水路运输、铁路运输、公路运输、航空运输和管道运输5种运输方式都有着自己的特色和要求，各运输方式之间或运输方式内部的转运，都可能会产生与运输能力不匹配的情况，这种运力的差异等都要通过仓储（仓库或货场等）来调节和衔接。

4. 降低物流成本

科学合理的仓储决策和仓储管理，可以有效地降低整体仓储成本和物流成本，从而实现企业或社会仓储体系的合理化。

5. 配送和流通加工

现代仓储除以保管和储存为主要功能外，还向着流通加工和配送的方向发展，现代仓储逐步演化为集流通加工和配送于一体的多功能的配送中心。现代仓储不仅具备了储存保管货物设施的功能，也增加了分拣、配送、包装、流通加工、信息处理等功能。这既扩大了仓储的功能范围，又提高了物品的综合利用率，同时还促进了物流合理化，方便了客户，提高了服务质量。

二、 跨境电商配送概述

（一）跨境电商配送的内涵

《中华人民共和国国家标准：物流术语》中关于"配送"的解释是这样的，配送是指"在经济合理区域范围内，根据客户要求，对物品进行拣选、加工、包装、分割、组配等作业，并按时送达指定地点的物流活动。"

跨境电子商务配送是指通过电子商务平台达成交易、进行支付结算，借助跨境物流，按照境内外消费者的要求，把配好的货物在规定的时间、规定的地点安全准确地送交给收货人，完成跨境电商交易的一种商业活动。跨境电子商务配送一般简称为跨境电商配送，是跨境电商物流中的一种特殊的、综合的活动形式，它将商流和物流紧密结合在一起。这种新型的配送模式带来了流通领域的巨大变革，越来越多的企业开始积极地搭乘跨境电子商务的快车，采用跨境电子商务配送模式。

1. 从经济学资源配置的角度认识配送

根据配送在社会再生产过程中的位置以及配送的本质，可以把配送描述为以现代送货形式来实现资源最终配置的经济活动。这个概念概括了四点内涵：

第一，配送是资源配置的一部分，因而是经济体制的一种形式。

第二，配送是最终资源配置，处在接近顾客的位置。美国兰德公司对《幸福》杂志所列的500家大公司的一项调查表明，经营战略和接近顾客至关重要，从而证明了这种配置方式的重要性。

第三，配送的主要经济活动是现代送货。配送是以现代生产力、劳动手段为支撑，依靠科技手段实现配和送有机结合的一种方式。因此，它不同于传统意义上的简单送货。

第四，在社会再生产过程中，配送处于接近用户的那一端。可以说，配送是一种重要的方式，有其战略价值，但是由于其局限性，并不能解决流通领域的所有问题。

2. 从配送实施的角度理解配送的概念

从配送最终实现的环节来看，可以把配送描述为按用户订货要求，在配送中心或其他物流结点进行货物配备，并以最合理方式送交用户的过程。

这个概念的内涵包括以下五点：

第一，整个概念描述了接近用户资源配置的全过程。

第二，配送有别于一般送货。配送的实质是从物流节点至用户的一种特殊送货形式，它有别于一般送货，是一种中转形式。一般送货可以是一种偶然的行为，而配送却是一种固定的形态，甚至是一种有确定组织、确定渠道，有一套装备和管理力量、技术力量，有一套制度的体制形式。所以，配送是高水平的送货形式，即前面我们所提到的现代送货。

从送货功能看，其特殊性表现为：从事送货的不是生产企业，而是专职流通企业；一般送货尤其从工厂至用户的送货往往是直达型，而配送是中转型送货；一般送货是生产什么，有什么送什么，配送则是根据企业的需要送货。所以，要做到按需送货，就必须在一定中转环节筹集这种需要。当然，广义上，许多人也将非中转型送货纳入配送范围，将配送外延从中转扩大到非中转。

第三，配送是配和送的有机结合。在运送货物过程中，如果不进行分拣、配货，有一件运一件，需要一点送一点，就会大大增加动力的消耗，增加送货成本。而配送是利用有效分拣、配货等理货工作，使送货达到一定的规模，并利用规模优势取得较低的送货成本。所以，分拣、配货等工作是必不可少的。

第四，配送以用户要求为出发点。定义中强调了按用户的订货要求，明确了用户的主导地位。配送是从用户利益出发，按用户要求进行的一种活动，因此，在观念上必须明确配送企业是服务地位不是主导地位，应从用户利益出发，在满足用户利益的基础上取得本企业的利益，即做到用户第一、质量第一。更重要的是，不能利用配送损伤或控制用户，更不能利用配送作为部门分割、行业分割、割据市场的手段。

第五，概念中提出以最合理方式，目的是避免过分强调按用户要求。因为用户要求受用户本身的局限，因此，对于配送者来说，必须以用户要求为依据，但不能盲目，应该追求合理性，进而指导用户实现共同受益。

（二）配送的基本环节

配送作业是按照用户的要求，将货物分拣出来，按时按量发送到指定地点的过程。配送作业是配送中心运作的核心内容，因而配送作业流程的合理性，以及配送作业效率都会直接影响整个物流系统的正常运行。从总体上看，配送是由备货、理货和送货等环节组成的，其中每个环节又包含着若干项具体的、枝节性的活动。

1. 备货

备货是指准备货物的系列活动。它是配送的基本环节。严格说来，备货应当包括两项具体活动：筹集货物和储存货物。

一是筹集货物。在不同的经济体制下，筹集货物（或者说组织货源）是由不同的行为主体去完成的。若由生产企业直接进行配送，那么，筹集货物的工作则会出现两种情况：其一，由提供配送服务的配送企业直接承担，一般是通过向生产企业订货或购货完成此项工作；其二，选择商流、物流分开的模式进行配送，订货、购货等筹集货物的工作通常是由货主（如生产企业）自己去做，配送组织只负责进货和集货等工作，货物所有权属于事主（接受配送服务的需求者）。然而，不管具体做法怎样，就总体活动而言，筹集货物都是由订货（或购货）、进货、集货及相关的验货、结算等一系列活动组成的。

二是储存货物。储存货物是购货、进货活动的延续。在配送活动中，货物储存有两种表现形态：一种是暂存形态；另一种是储备（包括保险储备和周转储备）形态。

暂存形态的储存是按照分拣、配货工序要求，在理货场地储存少量货物。这种形态的货物储存是为了适应日配、即时配送需要而设置的，其数量多少对下一个环节的工作方便与否会产生很大的影响，但不会影响储存活动的总体效益。

储备形态的货物是按照一定时期配送活动要求和根据货源的到货情况（到货周期）有计划地确定的，它是配送持续运作的资源保证。如上所述，用于支持配送的货物储备有两种具体形态：保险储备和周转储备。不管是哪一种形态的储备，相对来说，数量都比较多。据此，货物储备合理与否，会直接影响配送的整体效益。

以上所述的备货是决定配送成败与否、规模大小的最基础的环节。同时，它也是决定配送效益高低的关键环节。如果备货不及时或不合理，成本高，就会大大降低配送的整体效益。

2. 理货

理货是配送的一项重要的内容，也是区别于一般送货的重要标志。理货包括货物分拣、配货和包装等项活动。货物分拣采用适当的方式和手段，从储存的货物中分出（或拣选）用户所需要的货物。分拣货物一般有两种方式：其一是摘取式，其二是播种式。

摘取式分拣就像在果园里摘果子那样去拣货物。具体做法是：作业人员拉着集货箱（或分箱）在排列整齐的仓库货架间走动，按照配送单上所列的品种、规格、数量等将货物拣出及装入集货箱内。一般情况下，每次拣选只为一个客户装配；在特殊情况下，也可以为两个以上的客户装配。目前推广和应用了自动化分拣技术，大大提高了分拣作业的劳动效率。

播种式分拣货物类似于田野中的播种操作。其具体做法是：将数量多的同种货物集中运发到发货场，然后根据每个货位货物的发送量分别取出货物，并分别投放到每个用户的货位上，直到配货完毕。为了完好无损地运送货物和方便识别装备好的货物，有些已经经过分拣、装配好的货物尚须重新包装，并且要在包装上贴上标签，记载货物的品种、数量、收货人的姓名、地址及运抵时间等。

3. 送货

送货是配送的核心，也是备货和理货工序的延伸。在物流中，送货实际上就是货物的运输（或运送），因此，常常以运输代表送货。但是，组成配送活动的运输（有人称之为配送运输）与通常所讲的干线运输是有很大区别的。由于配送中的送货（或运输）需要面对众多客户，并且要多方向运动，所以，在送货过程中，常常要在全面计划的基础上，制定科学的、距离较短的货运路线，选择就近、迅速、安全的运输工具作为主要的运输方式。

4. 流通加工

在配送过程中，根据用户要求或配送对象（产品）的特点，有时需要在未配货之前先对货物进行加工（如钢材剪切、木材截锯等），以求提高配送质量，更好地满足用户需要。融合在配送中的货物加工是流通加工的一种特殊形式，其主要目的是使配送的货物完全适应用户需要和提高资源的利用率。

（三）配送与运输的关系

《中华人民共和国国家标准：物流术语》对运输的定义是："用专用运输设备将物品从一地点向另一地点运送。其中包括集货、分配、搬运、中转、装入、卸下、分散等一系列操作。"

配送与运输都是线路活动。物流活动根据物品是否产生位置移动可分为两大类，即线路活动和节点活动，产生位置移动的物流活动称为线路活动，否则为节点活动。节点活动在一个组织内部的场所中进行，不以创造空间效用为目的，主要是创造时间效用，如在工厂内、仓库内、物流中心或配送中心内进行的装卸、搬运、包装、存储、流通加工等，都是节点活动。配送与运输的区别如表7-1所示。

表7-1　配送与运输的区别

内　容	运　输	配　送
活动范围	大范围进行的，如国家之间、地区之间、城市之间等	一般局限在一个地区或一个城市范围之内
运输性质	干线运输	支线运输、区域内运输、末端运输
货物性质	少品种、大批量	多品种、少批量
运输工具	使用的是大型火车等重吨位运输工具	所使用的是小型火车，一般不超过两吨的载重量
管理重点	以效率优先	以服务优先
附属功能	只有装卸和捆包	较多，主要包括装卸、保管、包装、分拣、流通加工、订单处理等

配送与运输，虽然都属于线路活动，但功能上有所差异，它们并不能相互替代，而形成了相互依存、互为补充的关系。仅有运输或仅有配送是不可能达到上述要求的，因为根据运输的规模原理和距离原理，大批量、远距离的运输才是合理的，但它不能满足分散消费的要求；配送虽然具有小批量、多批次的特点，但不适合远距离输送。因此必须两者互相配合，方能达到目标。一般来说，运输和配送同时存在的物流系统中，运输处在配送的前面，先通过运输实现物品长距离的位置转移，然后交由配送来完成短距离的输送。

（四）跨境电商配送的特征

1. 配送的特征

配送的概念既不同于运输，也不同于旧式送货。从美国、日本等较早开展配送业务的国家看，配送有以下几个特点：

第一，配送是从物流据点至用户的一种特殊送货形式。在整个输送过程中配送处于二次运输、支线运输、终端运输的位置，配送是中转型送货，其起止点分别是物流据点和用户。通常是短距离少量货物的移动。

第二，从事送货的是专职流通企业，用户需要什么配送什么，而不是生产企业生产什么送什么。

第三，配送不是单纯的运输或输送，而是运输与其他活动共同构成的组合体。

第四，配送是供应者送货到户式的服务。从服务方式来讲，是一种"门到门"的服务，可以将货物从物流据点一直送到用户的仓库、营业所、车间乃至生产线的起点或个体消费者手中。

第五，配送是在全面配货的基础上，完全按用户要求，包括种类、品种搭配、数量、时间等方面的要求所进行的运送。因此，除了各种运与送的活动外，还要从事大量分货、配货、配装等工作，是配和送的有机结合形式。

2. 电子商务配送的特征

电子商务配送是指配送企业采用网络化的计算机技术和现代化的硬件设备、软件系统及先进的管理手段，针对客户的需求，进行一系列分类、编码、整理、配货等理货工作，按照约定的时间和地点将要求数量和规格的商品传递到用户的活动及过程。这种新型的配送模式带来了流通领域的巨大变革，越来越多的企业开始积极搭乘电子商务快车，采用电子商务配送模式。

与传统的配送相比，电子商务配送具有以下特征。

（1）虚拟性

电子商务配送的虚拟性来自网络的虚拟性，借助现代计算机技术，配送活动已由过去的实体空间拓展到虚拟网络空间，实体作业节点可以以虚拟信息节点的形式表现出来；实体配送活动的各项职能和功能可在计算机上进行仿真模拟，通过虚拟配送，找到实体配送中存在的不合理现象，进行组合优化，最终实现实体配送过程效率最高、费用最少、距离最短、时间最少的目标。

（2）实时性

虚拟性不仅有助于辅助决策，让决策者获得更高的决策信息支持，还可以实现对配送过程的实时管理。配送要素数字化、代码化之后，突破了时空制约，配送业务运营商与客户均可通过共享信息平台获取相应配送信息，从而最大限度地减少各方的信息不对称，有效地缩小了配送活动过程中的运作不确定性与环节间的衔接不确定性，打破了以往配送途中的失控状态，实现了全程的监控配送。

（3）个性化

个性化配送是电子商务配送的重要特性之一。作为"末端运输"的配送服务，电子商务配送所面对的市场需求是多品种、少批量、多批次、短周期的，小规模的频繁配送将导致配送企业的成本增加，这就必须寻求新的利润增长点，而个性化配送正是一个新的利润源泉。电子商务配送的个性化体现为配的个性化和送的个性化。配的个性化主要指通过配送企业在流通节点（配送中心）根据客户的指令对配送对象进行个性化流通加工，从而增加产品的附加价值；送的个性化主要是指依据客户要求的配送习惯、喜好的配送方式等为每一位客户制定量体裁衣式的配送方案。

（4）增值性

除了传统的分拣、备货、配货、加工、包装、送货等作业以外，电子商务配送的功能还向上游延伸到市场调研与预测、采购及订单处理，向下延伸到物流咨询、物流方案的选择和规划，库存控制决策，物流教育与培训等附加功能，从而为客户提供具有更多增值性的物流服务。

3.跨境电商配送的特征

（1）跨境电商配送范围的全球化

跨境电子商务物流覆盖的范围广，消费者群体多变，订货规模呈现小批量化，对商品供应的及时性、准确性要求越来越高。企业之间的竞争不再局限于质量、价格等方面，而已经扩展到物流服务等无形手段的竞争，国际（地区间）配送中心正是顺应了这一趋势。作为国际（地区间）物流节点，它能更接近目标顾客、接近市场，将市场的需求及时反馈到生产企业。国际（地区间）配送中心减少了流通过程的中间环节，提高了企业对客户需求的快速反应能力。因此配送的全球化扩大了企业产品的销售空间，扩大了企业的生产销售规模，使企业得到了更多的利益。

（2）跨境电商配送流程的智能化

配送流程的智能化是建立在配送信息化的条件之上的。在整个配送过程中企业需要进行大量的讨论、研究、比较，最后做出最合理的决策，例如企业仓库库存的确定、配送途径的选择、配送中心管理决策等问题。在跨境电子商务物流中，配送中心可以根据计算机网络所反馈的信息，进行快速的反应和处理，从而最终实现配送的简洁化和智能化。通过计算机模拟配送，找到实体配送中存在的不科学现象，并从中进行组合优化，最终在整个实体配送过程中达成效率最高、成本最低、时间最少的目标。

（3）配送的自动化

自动化的基础是信息化，核心是实现机器与计算机的快速反应，具体表现在通过计算机来控制相关的机器设备，自动化不仅可以大大节省劳动力资源，更提高了物流企业的生产效率，减少了人工物流作业时的误差等。实现配送自动化的设施非常之多，例如信息引导系统、货物自动跟踪系统、语音自动识别系统以及射频自动识别系统等，许多发达国家（地区）已普遍把这些设施与系统应用于企业物流作业中，而我国的物流业起步较晚、水平较低，要全面实现配送自动化设施与系统的应用普及还需要相当长的时间。

（4）配送的时效化

传统的配送过程缺乏先进的信息技术支持，要完成整个配送活动需要经过相当漫长的过程。但随着信息技术的不断发展，配送的时间也大大缩短，在跨境配送过程中，物流信息传递、资源整合都可以通过互联网络在短短的几秒钟得到有效的解决。因此在跨境电子商务环境下的配送具有较强的时效性。

（5）配送的柔性化

柔性化是指以客户为中心，满足不同客户的要求。因此，配送模式的柔性化正好适应跨境电子商务时代下的网络客户的个性化需要，将生产、消费及配送有机结合。它要求配送中心根据计算机网络所反应的不同客户的消费信息，进行灵活的物流操作。

在跨境电子商务环境下，物流的各种功能可以通过网络化的方式表现出来，在网络化的过程中，人们可以通过各种组合方式，寻求配送的合理化。在实际的配送过程中不仅减少了企业的库存量、加速了资金流转、提高了物流效率、降低了物流成本，还有利于提高社会经济效益，促进市场经济的健康持续发展。

（6）配送的信息化

在电子商务时代下，跨境配送的信息化是发展电子商务的必然要求。配送信息化表现为在整个配送过程中被现代信息技术全副武装起来，主要体现在物流信息的商品化、物流信息收集的数据库化和代码化、物流信息处理的电子化和计算机化、物流信息传递的标准化和实时化、物流信息存储的熟悉化等。因此，一些先进的信息技术〔条形码、EDI（电子数据交换）、QR（快速反应）等〕在配送上得到了很好的应用。信息化是基础，没有物流的信息化，则任何先进的技术装备都不可能应用于物流领域，现代信息技术的应用大大推动了跨境电子商务物流的发展。

（五）跨境电商配送的功能

1. 配送的功能

（1）配送能够促进物流资源的合理配置

现代物流正朝着科学化、合理化、全球化、信息化、网络化和智能化等方向发展。而就现代物流的本质而言，无非是保障物品的低成本移动和对客户的高效率服务，配送在这一过程中发挥着重要作用。配送对现代物流的意义，不仅在于保障货物的及时送达，还在于其调动了其他环节的合理布局和优化配置。随着现代物流的不断发展和配送率的不断提高，体现在物流资源配置这一方面的科学化和合理化发展对整个经济形势及流通格局发展的影响已经越来越大。

第一，完善了输送和物流系统，减少了交叉运输。第二次世界大战之后，由于大吨位、高效率运输力量的出现，干线运输无论是在铁路、公路还是在海运等方面都达到了较高的水平，长距离、大批量的运输实现了低成本化。但是在所有干线运输之后，往往都需要辅以支线运输和小搬运，这种支线运输或者小搬运成了物流过程的一个薄弱环节。这个环节有和干线运输不同的许多特点，如要求灵活性、适应性、服务性，运力利用不合理、成本过高等问题难以解决。可采用配送的方式，将支线运输和小搬运统一起来，使输送过程得以优化和完善。

第二，简化事务，方便客户，提高物流服务水平。采用配送的方式，客户只需向一处订货或者和一个进货单位联系就可以订购到以往需要去很多地方才能够订购到的货物，因而大大减少了客户的工作量和负担，也节省了事务开支。

第三，配送对于整个社会和生态环境来说，作用很大。可以节约运输车辆、缓解交通紧张状况、减少噪声和尾气污染，保护美好的家园。

第四，配送有利于促进物流设施和装备的进步。

第五，配送促使仓储的职能发生变化。仓储业将从以储存、保管为主的静态储存转向以保管储存、流通加工、分类、拣选、商品输送等为一体的动态储存。建立配送中心后，仓储业的经营活动将由原来的储备型转变为流通型。不仅要保证商品的使用价值完好无损，还要做到货源充足、品种齐全、供应及时、送货上门，其经营方式将从等客上门向主动了解客户的需求状况的方向转变。

（2）配送是降低物流成本的有效途径

现代配送是以专业化为基础的综合性的流通活动。配送对于降低物流成本的意义体现在供应链物流和整个社会物流上，具体来说就是集中社会库存和分散的运力，以配送企业的库存取代分散于各家各户的库存，进而以社会供应系统取代企业内部的供应系统。

第一，通过集中库存使企业实现低库存或零库存。实现了高水平的配送之后，尤其是采取了准时配送方式之后，生产企业可以完全依靠配送中心的准时配送而不需要保持自己的库存。或者，生产企业只需要保持少量保险储备，而不必留有经常储备。这就可以实现生产企业多年追求的"零库存"，将企业从库存的负担中解脱出来，同时解放出大量的储备资金，从而改善企业的财务状况。实行集中库存增加了调节能力，提高了社会经济效益。此外，采用集中库存可以利用规模经济的优势，使单位存货成本下降。

第二，提高了末端物流的效益。采用配送的方式，通过增大经济批量来达到低价进货，又通过将各种商品用户集中起来进行一次发货，达到经济地发货，使末端物流经济效益提高。

此外，配送对于降低物流成本的作用不仅仅体现在供应方面和库存方面，配送的完善和不断发展又为高新技术的开发与应用提供了良机，正是随着各种专用配送设备的广泛使用和各种自动化装置和设施的相继建立，许多生产技术和现代化物流技术（如集装箱运输技术、条形码标识技术、自动拣选技术等）陆续被开发出来。

（3）配送能够有效促进流通的组织化和系列化，提高供应保证程度

配送作为现代物流的重要内容，其发展体现了社会分工的专业化和物流资源配置的整合，也促进了流通的组织化和系列化。生产企业自己保持库存，维持生产，供应保证程度很难提高（受库存费用制约）。采用配送方式，配送中心可以比任何企业的储备量更大。因而对每个企业而言，中断供应、影响生产的风险缩小。

（4）配送为电子商务的发展提供了有力的支持

随着电子商务被越来越多的消费者接受，消费者对物流也提出了更高的要求。在未来，中国消费者将更重视互联网商家的物流服务及其他增值服务能力，配送为电子商务的发展提供了有力的支持。

2. 跨境电商配送的功能

跨境电商配送是实现跨境电子商务的重要环节和保证。

（1）跨境电商配送是跨境电子商务的重要组成成分

随着网络技术和电子技术的发展，人类进入了电子商务时代。从此，网络银行、商务平台和物流公司构成了电子商务运作的三大支柱，也是跨境电子商务时代连接生产企业和消费者的三大主体。电子商务是网络经济和物流一体化的产物，是网络经济和现代物流共同创造出来的，我们可以用公式"电子商务=网上信息传递+网上交易+网上结算+配送"来描述电子商务活动。跨境配送自然也就成了跨境电子商务的基础和重要组成部分。

（2）跨境电商配送为跨境电子商务优势的实现提供了可靠保障

跨境电子商务具有方便、快捷和高效等优势，足不出户便可购买远在境外的优质、实惠、紧俏、高端产品，但如果缺少与跨境电子商务相匹配的跨境配送体系，跨境电子商务交易方便、快捷、高效的优势便难以实现。

（3）跨境配送是企业面对客户的一种营销手段

跨境配送提供了商家和客户面对面交流的机会，有助于双方增进了解和沟通，消除客户对虚拟企业及在线购物的怀疑心理，树立企业在客户心中的良好形象，同时通过跨境配送还可以帮助企业了解客户的真实需求，更好地为客户服务。

第二节　跨境电商仓储作业流程

一、　仓储基本作业流程

仓储作业流程是指货物从入库开始到出库必须经过的、按一定顺序相互连接的作业环节。按其作业顺序主要分为接运、卸车、理货、检验、入库、储存、保管保养、装卸搬运、分拣、包装及发运等环节。每个环节并不是孤立的，它们既相互联系，又相互制约。后一作业环节的开始要依赖于前一作业环节的顺利完成，前一作业环节的完成效果也直接影响到后一作业环节是否顺利完成。由于在仓储作业过程中，各环节内部存在着联系，且需要耗费一定的人力、物力，仓储成本在物流成本当中占很大比重，因此必须对仓储各个作业流程进行深入细致的分析和合理的组织。

不同的货物，由于其特性不同，仓储作业流程所包含的作业环节、各环节的作业内容以及作业顺序可能不尽相同。因此，在组织仓储作业时，应当对具体的作业流程进行分析，目的是尽可能减少作业环节，缩短货物的搬运距离及作业时间，提高入库、出库效率，降低仓储成本。

具体说来，仓储作业流程主要分为三个部分：入库作业管理、在库作业管理和出库作业管理（图7-1）。

图7-1　仓储作业流程

（一）入库作业管理

入库作业管理是仓储管理的重要环节，做好货物入库的工作是仓储管理的前提。同时，入库作业水平的高低直接影响到整个仓储作业的效率和效益。入库作业流程包括入库前准备、货物接运和货物验收与入库。

1. 入库前准备

货物入库前的准备工作主要是根据采购计划和订货合同的规定，对即将入库的商品、货物安排储位，并且组织相关人力、物力完成入库作业。其主要目的是保证货物能按时入库，保证入库工作顺利进行。入库的准备工作包括9个方面的内容，分别是熟悉入库货物、掌握仓库情况、制订仓储计划、妥善安排货位、合理组织人力、准备毡垫材料及作业用具、货物验收准备、装卸搬运工艺设定、文件单证准备。

2. 货物接运

做好货物接运工作，一方面可以防止把运输过程中或运输之前就已经损坏的货物带入仓库，减少或避免经济损失；另一方面为货物验收及后期保管创造良好的条件。货物接运的主要工作是及时而准确地向交通运输部门提取入库货物，要求手续清楚、责任分明，为仓库验收工作创造有利条件。货物的接运方式主要有：车站、码头提货，专线接车，仓库自行接货，库内接货。

3. 货物验收

货物验收是指货物在正式进入仓库前，严格按照一定程序和手续对所接运的货物进行必要的检查，包括货物数量、外观质量等是否符合订货合同的规定。

（1）货物验收要求

货物验收工作是一项技术要求高、组织严密的工作，关系到整个仓储作业是否顺利进行，因此必须做到及时、准确、严格、经济。

（2）货物验收程序

①验收准备。首先，仓库接到到货通知后根据货物的特性和数量安排好验收人员，包括专业技术人员和装卸搬运人员；其次，需要收集并且熟悉待检货物的有关标准和合同；再次，准备好必要的检验工具；最后，调用必要的装卸搬运机械配合验收。

②凭证核对。这些单据包括入库验收单、订货合同副本、物品的质量证明、装箱单、发货单、运输单等。

③实物检验。实物检验是验收工作的核心。仓库一般负责货物外观质量和数量的验收。对于需要进行内在质量和性能检验的入库物资，仓库应积极配合检验部门完成验收工作。

（3）实物验收

实物验收是指检验货物的包装、数量及外观质量是否与入库单据相符，即复核货物数量是否与入库凭证相符、货物质量是否符合要求、货物包装是否能保证货物在储存和运输过程中的安全。货物检验方式有包装检验、数量检验、质量检验及抽样检验。

（4）入库

货物数量和质量经检验合格后，由管理人员安排卸货、入库堆码，同时办理交接手续，接受货物和相关文件，签署有关单据，划清运输部门和仓库的责任，并由仓库有关人员进行货物的登账、立卡、建立档案，以圆满完成入库交接工作。

（二）在库作业管理

货物的在库作业管理也是仓储作业管理的重要环节，是降低仓储成本的关键环节之一。在库作业管理包括在库货物养护与保管、盘点作业、订单处理作业、拣货作业。其中，盘点作业是在库作业管理的重要内容，是指为了有效地控制货物数量，而对各储存场所进行数量清点的作业。

1. 盘点作业的目的

盘点作业的目的是查清实际库存数量，并通过盈亏调整使库存账面数量与实际库存数量一致；帮助企业计算资产损益；通过盘点发现仓储中存在的问题。

2. 盘点作业的内容

①查数量。通过点数计数查明在库货物的实际数量，核对库存账面资料与实际库存数量是否一致。

②查质量。检查在库货物的品质有无发生变化，有无超过有效期或者保质期，有无长期挤压现象，必要时还要对其进行技术检验。

③查保管条件。检查保管条件是否与各种货物的保管要求相符合，如货物堆码是否稳固、库内温度及湿度是否符合要求等。

④查安全。检查各种安全措施和消防器材、设备是否符合安全要求。

3. 盘点作业流程

盘点作业流程通常包括盘点计划、盘点前准备、确定盘点时间、确定盘点方法、盘点人员的组织与培训、清理盘点现场、盘点、查清盘点存在差异的原因和盘点结果的处理。

4. 盘点方法

盘点方法主要有账面盘点法和实地盘点法。

（三）出库作业管理

仓库的出库作业管理是指根据出库凭证，将所需要的货物发放给需求部门而进行的各项活动。货物的出库业务也称为发货业务，根据企业的业务部门或货主开具的出库凭证，进行拣货、分货、包装直到把货物交给运输部门或货主的一系列作业过程。

货物的出库必须遵循"先进先出"原则，使仓储活动管理高效有序。无论用哪一种出库方式，都应按照以下程序做好管理工作。

①订单审核。货物出库的凭证，无论是领料单、发料单还是出库单，都应该由相关业务部门签字或者盖章。仓库在接到订单或者出库单时，应核对单据的内容，如证件上的印鉴是否齐全，有无涂改。在审核无误后，再按照出库单证上所列货物的名称、规格、数量等与仓库账面做全面核对，确认无误后再进行出库信息处理和拣货作业。

②出库信息处理。完成出库单据审核与录入后对货物的出库信息进行处理，包括先进先出的安排、存货量的检验等工作。

③拣货。根据客户的订货要求或者仓库的出库计划，尽可能迅速、准确地将货物分拣出来。拣货分为人工拣货和自动拣货。

人工拣货：由工人根据拣货单据或其他拣货信息拣选货物。拣货作业完成后由工人将各客户订购的货物放入已标记好的各区域容器内，等待出货。

自动拣货：利用自动分拣机进行拣货。自动分拣机利用计算机和识别系统来完成对货物的分类。这种方式不仅快速省力，而且准确，尤其适用于品种多并且业务繁忙的流通型仓库或配送中心。

④发货检查。发货检查时根据客户信息和车次对拣选的货物进行商品编码的核实，对货物质量和数量进行核对，并对货物状态及质量进行检查。发货检查是保证单据、货物相符，避免错误，提高服务质量的关键，是进一步确认拣货作业是否有误的工作，因此必须认真查对，防止出错。

⑤装车。按照送货路线安排、时间安排和装车图，将完成分拣的货物搬运到车上的过程。

⑥发货信息处理。出库单、送货单得到客户确认后，将完整的出库信息输入系统中。出库单据是向客户收款的依据，及时更新货物的在库信息也是确保库存信息准确无误的基础。

二、电子商务仓储作业流程

（一）入库流程

入库流程包括入库预约、运输送货、验单登记、卸货作业、交接签单、搬运作业、入库签收、收货抽检、扫码清点、货品上架。流程如图7-2所示。

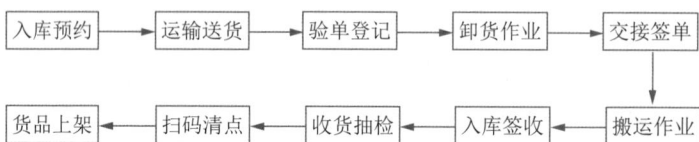

图7-2　入库流程

①入库预约。入库前，存货人应与保管人签订仓储合同，并向保管人提供入库信息。入库信息至少包括：存货人信息、入库日期计划、存入货品信息、运输信息（包括承运人、运输工具、运输施封信息）和储存条件要求。保管人应根据经存货人确认的入库通知书做好准备工作，以便货品抵达后及时入库，并根据货品特性和管理需要确定储存货位。正常情况下需要提前3个工作日预约，预计有超量的部分且需较长时间完成入库的需提前预约。

②运输送货。送货上门应提供送货单或货运单，包含收货单位、收货地址、发货地

点等；货站自提应提供提货单及提货授权书。运输工具抵达仓库时，保管人应确认入库许可及相关证明文件，检查运输工具外观情况。

③验单登记。应根据送货方式审核单据的完整性和有效性，详细登记包括车牌号、供应商信息、送货人信息、运单号等信息，并且根据仓库情况分配安排卸货地点。

④卸货作业。卸货前，保管人应检查货品的包装外观，并记录结果，无外包装、外包装破损、明显残次或已被污染的货品不得入库。卸货作业应在卸货区进行，由运输方负责卸货作业，卸货方式遵照仓库规定进行码放堆垛；由保管人进行卸货作业的，应及时有序卸载货品，并对卸货时间予以记录。而对于退仓货品，保管人应按正常入库检查程序履行检查。

⑤交接签单。其中签单的要求是采用仓库打印的一式三联单作为有效交接凭证，须加盖仓库专用章以及责任人签名。

⑥搬运作业。卸货后根据货品性质和数量，使用相应的搬运工具，将货品及时搬运至相关仓库储存。

⑦入库签收。

第一，在入库检查、卸载和搬运入库过程中，保管人应逐项核对货品信息、储存条件信息等，发现差异应及时联系存货人或承运人确认。信息如果与实际货品不符，则不得入库。

第二，经存货人提前3个工作日预约的到库货品，应到货当天清点完毕。

第三，入库验收均应在监控可视区域内进行，货品核对好数目并分类完毕后，方能进入库区。入库完毕后，应将入库信息结果通知存货人。

第四，货品应张贴编码，货品编码应对应至最小单位的货品。

第五，抽样检查货品编码能否扫描录入，无法扫描录入不得入库。

⑧收货抽检。收货抽检内容包括货品的数量和外观，抽检比例是，当入库批量在30件以内时，全部进行件数清点和外观质量检验；超过30件的部分按5%～15%的比例抽检且最低不得低于一件。抽检时，若不合格率超过《计数抽样检验程序第1部分：按接收质量限（AQL）检索的逐批检验抽样计划》（GB/T 2828.1—2012）的规定，保管人有权拒收或进行收费全检。

⑨扫码清点。扫码清点类别如表7-2所示。

表7-2　扫码清点类别

类别	扫码	清点
A	有	有
B	有	无
C	无	无

注：其中，A、B、C类别的划分应由保管人和相关方协商决定。

⑩货品上架。

第一，库内分区，每区由指定仓管员负责货品分拣。

第二，对货品及时复核上架。核对无误后，上架签字确认，并更新数据。如复核数据不符，应进行内部复核，或者与存货人协商处理。

第三，在架货物，应将每个库存量单位（SKU）于一处库位进行放置。

第四，上架时如果出现货品型号、体积、颜色等相近的货品应分开放置，以免发生混货现象，散发性或吸附性的货品应隔离分区放置。

第五，上架遵循同一库存量单位同一批次集中原则，同时满足就近原则。在摆放时若无特殊要求，应遵循从左至右、从里至外的原则，货品遵守先进先出原则。

（二）存储流程

存储流程包括储位分配、货品流通加工、保管作业、盘点作业、移库作业。流程如图7-3所示。

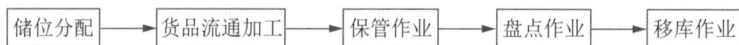

储位分配 → 货品流通加工 → 保管作业 → 盘点作业 → 移库作业

图7-3　存储流程

①储位分配。缺乏信息系统支持的仓库，一个储位只能存放一个库存量单位。

②货品流通加工。仓库应具备货品组装、货品拆分、预包装、贴条码、换包装、贴标签、质量全检等业务能力。

③保管作业。库区实施封闭式管理，非本库区仓管员，未经允许不得进入库区。存货人来访应有专人陪同，未经允许，严禁触碰在架货品。对有保质期要求的货品，保管人应按协商的期限及时向存货人发出通报；对接近保质期的货品应及时向存货人发出预报；对超出保质期的货品应做好标识，通知存货人尽快处置并做好记录。

④盘点作业。盘点方式采用动态盘点，盘点方法采用实盘实点。盘点时注意货物的摆放，盘点后需要对货品进行整理，保持原来的或合理的摆放顺序。保管人应对库存货品按批次盘点结清，并进行定期盘点，将记录存档。盘点完毕后，参加盘点的仓管员在盘点表上签字。

⑤移库作业。所有的理库、移库作业必须记录，保证可追溯性。遵循相邻库位优先、就近优先、相同货物优先、拼托时同区域优先原则。大批量移库时，应先找好目的库位，审核后方可作业。

（三）出库流程

出库流程包括生成波次、订单打印、拣选作业、包装作业、称重作业、终检作业、分拣作业、出库交接。流程如图7-4所示。

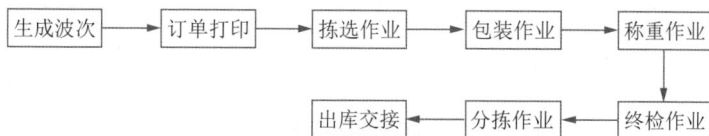

图7-4 出库流程

①生成波次。按照不同的业务需求匹配相应的生产工艺，按照既定规则包括是否加急、批量拣选、按SKU拣选、拣选区域等进行任务队伍管理。

②订单打印。支持打印快递单、发票、装箱单、拣选单等单据；快递单与拣选单订一处、分区摆放，并交至仓管员；及时处理包括存货人拆单、加单、撤单等异常订单，库内退（换）货均应视为异常订单处理，异常订单处理应每日记录；当天工作完成后，关闭相关设备，物料均应归位整理；单据关联匹配、暂存、传递、领用、修改、作废等应有明确流程。

③拣选作业。

第一，拣选指令至少应显示储位、货品编码、货品名称、货品规格、货品数量等。确保可根据需要显示批号、序号等信息，满足先入先出及可追溯要求。

第二，批量拣选宜拣选对应货品数量较多的库位，单件拣选宜拣选对应货品数量较少的库位，并应遵循路径最短原则。

第三，采用机械化作业，减少手工操作，避免无快递单的验货。

第四，核查货品是否与拣货单一致。

④包装作业。应根据货品的特性、大小等因素进行包装，对特殊属性的货品，纸箱应有防潮、防雨、不可倒置等对应的运输标识。

⑤称重作业。称重分为人工称重和自动称重两种方式。

第一，人工称重：手工操作，手工填写包裹重量。

第二，自动称重：采用自动化设备进行称重，自动输入包裹重量。

⑥终检作业。终检方式采用图片比对和重量比对。

⑦分拣作业。将货物按品种、出入库先后顺序进行分门别类堆放的作业。

⑧出库交接。接收人和保管人现场清点交接，以出库单作为交接凭证，出库单一式三份，接收人和保管人签字确认后留底保存，接收人和保管人签字后货物交接完成。

（四）退（换）货作业

退（换）货作业包括退件响应、外观检查、快递签收、销退关联、货品质检、货品上架。流程如图7-5所示。

图7-5　退（换）货作业流程

①退件响应。客户应凭快递面单及实物进行退（换）货。食品类货品按国家有关法律法规执行。

②外观检查。对退回货品的外观完好度进行检查，外观发生破损、变形等情况时，拒绝接收。

③快递签收。外观检查合格后，由专门负责人进行快递签收。

④销退关联。退（换）货品签收后应及时关联销售记录，避免销售数据不实。

⑤货品质检。退（换）货品应经质检核查及仓储部审核确认。

⑥货品上架。货品收回后，应根据确认情况及时办理货品入库。不合格品退货由仓管员统一集中，退回相应的存货人，并开具不合格退货单，进行出库。仓库在接收退货指令后，及时将退货指令以可记录形式传递至配送商处，并在配送商退件到仓后，在规定时间内处理完。

第三节　跨境电商配送业务流程

一、配送基本作业流程

配送的基本流程包括以下几项作业：进货、搬运、储存、订单处理、拣货、补货、配货及送货，如图7-6所示。配送作业是配送企业或部门运作的核心内容，因而配送作业流程的合理性以及配送作业的效率都会直接影响整个物流系统的正常运行。

当收到用户订单后，首先将订单按其性质进行订单处理，之后从仓库中取出用户所需货品。一旦发现拣货区所剩余的存货量过低，就必须由储存区进行补货作业。储存区的存货量低于规定标准，便向供应商采购订货。从仓库拣选出的货品经过整理之后即可准备发货。等到一切发货准备就绪，司机便可将货品装在配送车上，向用户进行送货作业。另外，在所有作业进行过程中，只要涉及货物的流动作业，其间就一定有搬运作业。

配送作业涉及很多流程，这里选择进货作业、订单处理、拣货作业和补货作业、配货作业、送货作业，以及退调作业和信息处理等进行重点介绍。

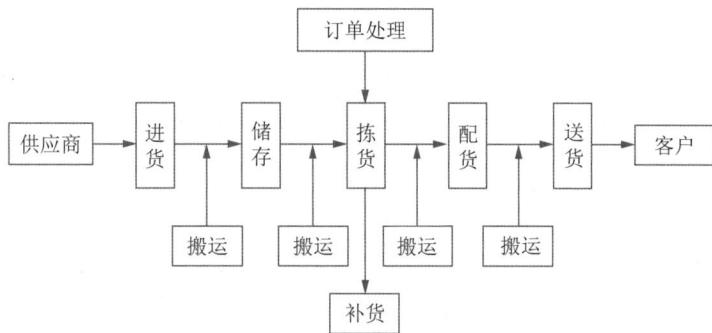

图7-6 配送基本流程

（一）进货作业

进货作业的基本流程如图7-7所示。

其中，确定进货目标的内容一般有：掌握货物到达的日期、品种、数量；配合停泊信息协调进出货车的交通问题；为了方便卸货及搬运，计划好货车的停车位置；预先计划临时存放位置。

货品验收检查是对产品的质量和数量进行检查的工作。验收工作一般分为两种：第一种是先点收货物，再通知负责检验的单位办理检验工作；第二种是先由检查部门检验品质，认为合格后，再通知仓储部门办理收货手续。

1. 货物验收的标准

要准确及时地验收货物，就必须明确验收标准。在实际工作中，可以采用以下标准验收货物：采购合同或订单所规定的具体要求和条件，采购合同中的规格或图解，议价时的合格样品，各类产品的国家品质标准或国际标准。

2. 货物验收的内容

在验收货物时，主要进行质量、包装和数量三个方面的验收工作。

①对入库货物进行质量验收的主要目的是查明入库商品的质量状况，以便及时发现问题，分清责任，确保到库货物符合订单要求。

②包装验收的具体内容主要包括包装是否安全牢固，包装标志是否符合要求，包装材料的质量状况是否良好。

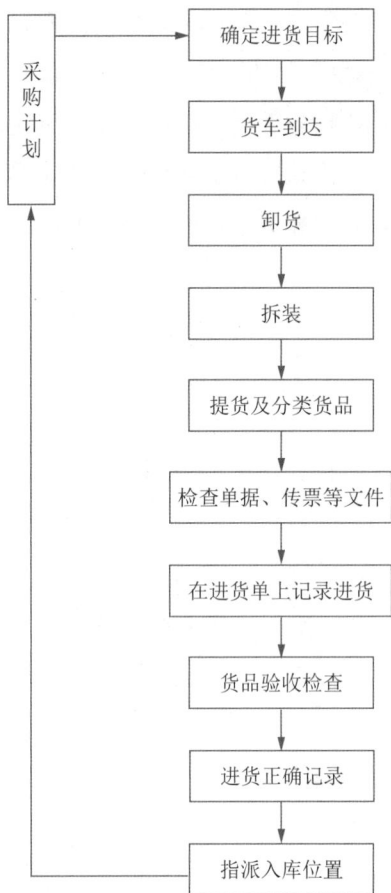

图7-7　进货作业流程

③在日常作业中，入库货物数量上的溢缺是较常见的现象，这直接关系到配送中心的库存数量控制和流动资产管理。所以，数量验收是进货作业中很重要的内容。

到达配送中心的商品，经验收确认后，必须填写验收单，并将有关入库信息及时准确地登入库存商品信息管理系统，以便及时更新库存商品的有关数据。货物信息登录的目的在于为后续作业环节提供管理和控制的依据。

（二）订单处理

从接到客户订单开始到着手准备拣货之间的作业阶段，称为订单处理。通常包括订单资料确认、存货查询、单据处理等内容。订单处理分人工和计算机两种形式。人工处理具有较大弹性，但只适合少量订单的处理，一旦订单数量较多，处理将变得缓慢且容易出错。计算机处理则速度快、效率高、成本低，适合大量订单的处理，因此目前主要采取后一种形式。订单处理的基本内容及步骤如图7-8所示。

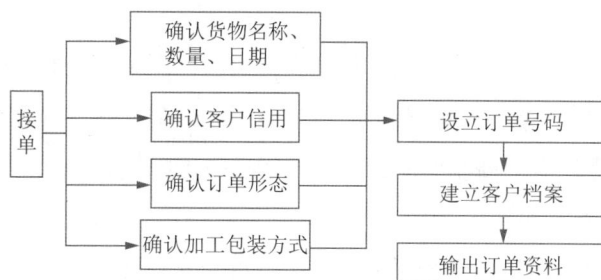

图7-8　订单处理的基本内容及步骤

1. 接单

接单作业是订单处理的第一步。随着流通环境的变化和现代科技的发展，现在客户更趋向于高频率地订货，且要求快速配送。因此，接受客户订货的方式也渐渐由传统的人工下单、接单，演变为电子订货方式。电子订货，即采用电子传运方式取代传统人工书写、输入、传送的订货方式，订货资料由书面资料转为电子资料，通过通信网络进行传送。

2. 确定货物名称、数量、日期

接单以后，首先确认货物名称、数量及日期，即检查品名、数量、送货日期等是否有遗漏、笔误或不符合公司要求的情形。尤其当送货时间有问题或出货时间已延迟时，更应与客户再次确认订单内容或更正运送时间。同样地，若采用电子订货方式接单，也须对已接受的订货资料加以检验确认。

3. 确认客户信用

不论订单是由何种方式传至公司，配送系统都要核查客户的财务状况，以确定其有能力支付该订单的账款。通常的做法是检查客户的应收账款是否已超过其信用额度。若客户应收账款已超过其信用额度，系统会自动加以警示，以便输入人员决定是继续输入其订货资料还是拒绝其订单。运销部门一旦发现客户有信用问题，则将订单送回销售部门再调查或退回订单。

4. 确认订单形态

配送中心虽有整合传统批发商的功能以及有效的物流信息处理功能，但在面对较多的交易对象时，仍须根据顾客的不同需求采取不同做法。在接受订货业务上，表现为具有多种订单的交易形态，所以物流中心应对不同的客户采取不同的交易及处理方式。

（1）一般交易订单

一般交易订单，即接单后按正常的作业程序拣货、出货、发送、收款的订单。其处理方式是接单后，将资料输入订单处理系统，按正常的订单处理程序处理，资料处理完后进行拣货、出货、发送、收款等作业。

（2）间接交易订单

间接交易订单是客户向配送中心订货，直接由供应商配送给客户的交易订单。其处理方式是接单后，将客户发出的资料传给供应商由其代配。此方式须注意的是客户的送货单是自行制作或委托供应商制作的，应对出货资料加以核对确认。

（3）现销式交易订单

现销式交易订单是与客户当场交易、直接给货的交易订单。其处理方式是订单资料输入后，订单资料不再参与拣货、出货、发送等作业，只需记录交易资料即可。

（4）合约式交易订单

合约式交易订单是与客户签订配送契约的交易，如签订某时期定时配送某数量的商品。其处理方式是在约定的送货日，将配送资料输入系统处理以便出货配送；或一开始便输入合约内容的订货资料并设定各批次的送货时间，以便在约定日期系统自动产生所需的订单资料。

5. 确认加工包装方式

客户订购的商品是否有特殊的包装、分装或贴标等要求，或是有关赠品的包装等资料，系统都须加以确认。

6. 设定订单号码

每一份订单都要有单独的订单号，此号码一般是由控制单位或成本单位来指定的，除了便于计算成本外，还有利于制造、配送等一切相关的工作。所有工作的说明单及进度报告都应附有此号码。

7. 建立客户档案

详细记录客户状况，不但能有益于此次交易的顺利进行，而且有益于以后的合作。

8. 订单资料处理输出

订单资料经上述处理后，即可开始印制出货单据，展开后续的物流作业。

（三）拣货作业和补货作业

1. 拣货作业

拣货作业是配送作业的中心环节。所谓拣货，是依据顾客的订货要求或配送中心的作业计划，尽可能迅速、准确地将商品从其储位或其他区域拣取出来的作业过程。拣货作业系统的重要组成元素包括拣货单位、拣货方式、拣货策略、拣货信息、拣货设备等。

拣货作业不仅工作量大，工艺复杂，而且要求作业时间短，准确度高，服务质量好。拣货作业流程为：制作拣货作业单据→安排拣货路径→分派拣货人员→拣货。

整个拣货作业所消耗的时间主要包括以下四大部分：订单或送货单经过信息处理，

形成拣货指示的时间，行走或搬运货物的时间，准确找到货物的储位并确认所拣货物及数量的时间，拣取完毕后将货物分类集中的时间。

拣货作业最简单的划分方式，是将其分为按订单拣取、批量拣取与复合拣取三种方式。按订单拣取是分别按每份订单拣货；批量拣取是多张订单累计成一批，汇总后形成拣货单，然后根据拣货单的指示一次拣取商品；复合拣取是根据订单的品种、数量及出库频率，确定哪些订单适合按订单拣取，哪些适合批量拣取，然后分别采取不同的拣货方式。

2. 补货作业

补货作业是将货物从仓库保管区搬运至拣货区的工作，其目的是确保商品能保质保量按时送到指定的拣货区。补货作业的基本流程如图7-9所示。

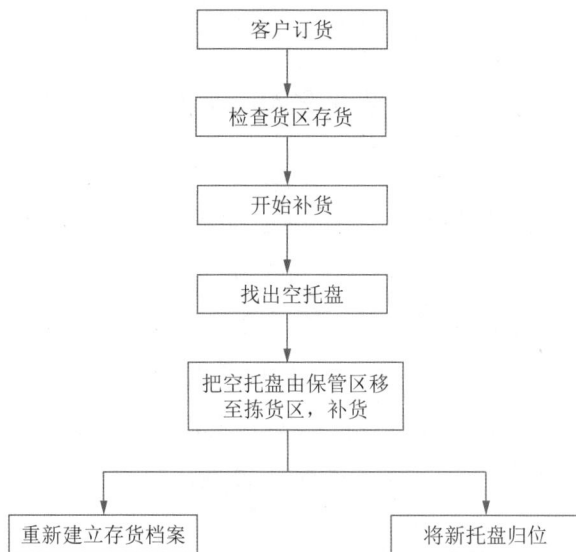

图7-9 一般补货作业流程

补货方式主要有整箱补货、托盘补货和从货架上层至货架下层补货三种。补货的时机主要有批组补货、定时补货和随机补货三种。

批组补货，是指每天由计算机计算所需货物的总拣取量，并在查询动管区存货量后得出补货数量，从而在拣货前一次性补足，以满足全天拣货量。这种一次补足的补货原则，较适合一日内作业量变化不大、紧急订单不多或是每批次拣取量大的情况。

定时补货，是把每天划分为几个时点，补货人员在几个时段内检查动管拣货区货架上的货品存量，若不足则及时补货。这种方式适合分批拣货时间固定且紧急处理情况较多的配送中心。

随机补货，是指专门的补货人员，随时巡视动管拣货区的货品存量，发现不足则随时补货。这种方式适合每批次拣取量不大、紧急订单多以至于一日内作业量不易事先掌握的情况。

（四）配货作业

配货作业是指把拣取分类完成的货品经过配货检查后，装入容器和做好标示，再运到配货准备区，待装车后发送。配货作业既可采用人工作业方式，也可采用人机作业方式，还可采用自动化作业方式，但组织方式有一定区别。其作业流程如图7-10所示。

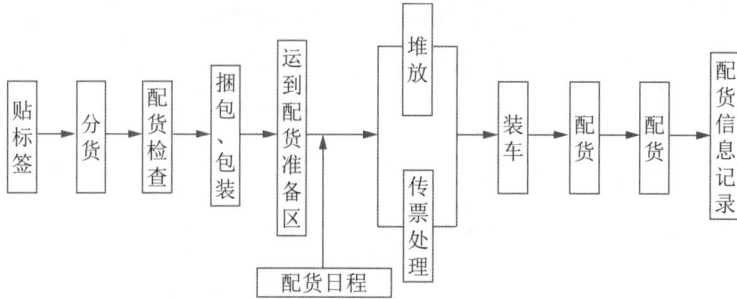

图7-10 配货作业流程

（五）送货作业

送货作业是利用配送车辆把用户订购的物品从制造厂、生产基地、批发商、经销商或配送中心，送到用户手中的过程。送货通常是一种短距离、小批量、高频率的运输。它以服务为目标，以尽可能满足客户需求为宗旨。从日本配送运输的实践来看，配送的有效距离最好在半径50千米以内。国内配送中心、物流中心其配送经济里程半径大约在30千米以内。送货是运输中的末端运输、支线运输，因此，如何集中车辆调度、组合最佳路线、确定送货顺序、完成车辆积载是配送活动中送货组织需要解决的主要问题。送货作业流程如图7-11所示。

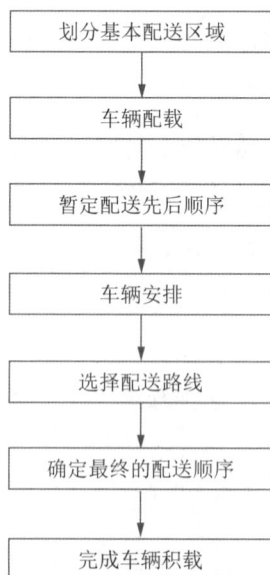

图7-11 送货作业流程

（六）退调作业和信息处理

1. 退调作业

退调作业涉及退货商品的接收和退货商品的处理。而退货商品的处理，还包含退货商品的分类、整理（部分商品可重新入库）、退回供货商或报废销毁以及账务处理。

2. 信息处理

在配送中心的运营中，信息系统起着"中枢神经"的作用，其对外与生产商、批发商、连锁商场及其他客户等联网，对内向各子系统传递信息，把收货、储存、拣选、流通加工、分拣、配送等物流活动整合起来，协调一致，指挥、控制各种物流设备和设施高效率运转。在配送中心的运营中包含着三种"流"，即物流、资金流和信息流。

物流信息系统的具体功能包括：掌握现状、接受订货、指示发货、配送工作组织、结算费用、管理日常业务、补充库存、与外部沟通。

二、 跨境电商配送业务流程

在跨境电子商务配送的实际运作过程中，由于产品形态、企业状况及顾客要求存在差异，配送过程也会有所不同，甚至会有较大的差异。一般来说，一个较为完整的跨境电商配送业务流程如图7-12所示。

备货 → 境外仓储存 → 分拣及配货 → 配装 → 配送运输 → 送达服务

图7-12 跨境电商配送业务流程

1. 备货

备货是配送的准备工作，是配送机构根据客户的要求从供应商处集中商品的过程，包括筹集货源、订货或购货、进货及有关的质量检查、结算和交接等。

2. 境外仓储存

储存是配送的一项重要内容，也是配送区别于一般送货的重要标志，跨境电商物流中的储存一般是储存在境外仓。配送中的储存有储备和暂存两种形态。储备是按一定时期配送规模要求储存合理的数量，是配送的资源保证；暂存是在配送过程中，为方便作业、在理货场所进行的货物贮存。一般来说，储备的结构相对稳定，而暂存的结构易于变化；储备的时间相对较长，而暂存的时间相对较短。

3. 分拣及配货

为了满足客户对商品不同种类、不同规格、不同数量的要求，配送中心必须按照配送要求分拣货物，并按计划配货。分拣是对货物按照进货和配送的先后次序、品种规格和数量大小等进行整理的工作，是保证配送质量的一项基础作业，也是完善送货、支持送货的准备性工作。配货是依据用户的不同要求，从仓库中提取货物而形成的不同货物的组合。用户对商品的需求是多元化的，配送中心必须对货物进行组合、优化，合理选用运输工具，方便配送工作，满足用户需求。

4. 配装

配装是指根据运能及线路，充分利用运输工具的载重量和运输容积，采用先进的装载方法，合理安排货物的装载，形成的货物装配组合。在配送中心的作业流程中安排配装，把多个用户的货物或同一用户的多种货物合理地装载于同一辆车上，不但能降低送货成本，提高企业的经济效益，而且可以减少交通流量，改善交通拥挤状况。

5. 配送运输

配送运输是借助运输工具等将装配好的货物送达目的地的一种运输活动，属于末端运输。要提高送货的效率，需要科学合理地规划和确立配送据点的地理位置。就一次送货过程而言，不仅要考虑客户的要求，而且要考虑送达的目的地、运输路线、运输时间以及运输工具等。

6. 送达服务

送达服务是将货物送达目的地后，将货物交付给用户的一种活动，是一项配送活动的结束性工作。交货人员应向用户办理有关交接手续，有效地、便捷地处理相关手续并完成结算。

综上所述，配送作业过程的6个环节紧密连接、相互促进和相互制约。因此，要提高配送效率并且提高客户的满意度，就应有效地处理好这些环节之间的衔接关系，特别是要处理好作业过程中的两个关键环节——分拣及配货和配送运输。

第四节　跨境电商物流追踪技术

一、　跨境电商物流追踪技术概述

随着以计算机技术、通信技术、网络技术为代表的现代信息技术的飞速发展，人们越来越重视对信息资源的开发和利用，人类社会正从工业时代阔步迈向信息时代。电子商务物流技术的广泛应用，改变了传统的物流管理过程，使物流各节点之间的信息实现实时沟通和共享，提高了物流运作的效率和精确性。

跨境电商和电子商务的联系是显而易见的，两者是特殊与一般、被包含与包含的关系，即跨境电商是电子商务的一种，而且是一种特殊类型的电子商务。电子商务的发展不仅给物流带来了新的发展机遇，而且使现代物流具备了信息化、网络化、智能化、柔性化、虚拟化等一系列新特点。这些特点不仅要求物流向系统化、社会化和高效化发展，而且给物流技术带来了新的变革。跨境电商物流的发展是以电子商务技术和物流技术为支撑的。跨境电商物流技术一般是指与跨境电商物流要素活动有关的所有专业技术的总称，可以包括各种操作方法、管理技能等，如物品包装技术、物品标识技术、流通加工技术、报关技术、多式联运技术等；还包括物流规划、物流设计、物流策略、物流评价等；计算机网络技术的应用普及后，物流技术中综合了许多现代信息技术，如GIS（地理信息系统）、GPS（全球定位系统）、RFID（射频识别技术）、IOT（物联网）等。

1. 信息化给物流技术带来的变革

现代物流与传统物流的区别主要在于，现代物流有了计算机网络和信息技术的支撑，并应用了先进的管理技术和组织方式，将原本分离的商流、物流、信息流和采购、运输、仓储、代理、配送等环节紧密联系起来，形成了一条完整的供应链。现代物流信息化研究包括现代物流技术手段和方法、物流技术标准、物流作业规范、物流基础设施设备、物流信息交换等方面的研究。没有物流信息化，任何先进的物流技术设备都不可能在物流过程中发挥有效的作用，电子商务物流也有名无实。

2. 网络化给物流技术带来的变革

网络化主要指的是物流技术在物流系统的计算机通信网络与企业内部网的应用。电子商务的发展要与对应的物流系统网络相适应。一是物流系统的计算机通信网络，它不仅要求配送中心与供应商、制造商通过计算机网络联系，而且要求其与下游顾客之间也通过计算机网络联系。二是组织的网络化，即企业内部网。例如，我国台湾的计算机业在20世纪90年代创造出了全球运筹式产销模式。这种模式基本是按照客户订单，采取分散形式组织生产，将全世界的计算机资源都利用起来，采取外包的形式将一台计算机的所有零部件、元器件、芯片外包给世界各地的制造商去生产，然后通过全球的物流网络将这些零部件、元器件和芯片发往同一个配送中心进行组装，由配送中心将组装的计算机迅速发给客户，这一过程需要高效的物流网络支持。

3. 智能化给物流技术带来的变革

要提高物流作业的效率，先要提高物流作业各个环节的智能化水平，如库存水平的确定、运输（搬运）路径的选择、自动导向车的运行轨迹和作业控制、自动分拣机的运行、配送中心经营管理的决策支持等。在物流自动化的进程中，物流智能化是不可回避的技术难题，它对于实现物流的高效化有非常重要的作用。物流的智能化已成为电子商务下物流发展的一个新趋势。随着电子商务的发展和普及，企业对物流系统集成的要求越来越高，这主要取决于软件系统的发展和完善。目前，物流系统的软件开发与研究正朝着集成化物流系统软件与物流仿真系统软件，制造执行系统软件与物流系统软件合二为一方向及ERP系统集成的方向发展。

4. 柔性化给物流技术带来的变革

随着市场变化的加快，产品寿命周期正在逐步缩短，小批量多品种的生产已经成为企业生存的关键。目前，国外许多适用于大批量制造的刚性生产线正在逐步转变为小批量多品种的柔性生产线。这种发展趋势要求配送也向柔性化的方向发展，如工装夹具设计的柔性化、托盘与包装箱设计的标准化与输送系统调度的灵活性管理等。

5. 虚拟化给物流技术带来的变革

随着全球定位系统的应用，社会大物流系统的动态调度、动态储存和动态运输将逐渐代替企业的静态固定仓库。物流系统优化是为了减少库存直到零库存，这种动态仓储运输体系借助于全球定位系统，充分体现了未来宏观物流系统的发展趋势；随着虚拟企业、制造技术不断发展，虚拟物流系统已成为企业内部虚拟制造系统的重要组成部分。

二、 跨境电商物流追踪技术及应用

跨境电商的特征要求其更加注重追踪技术的使用以降低成本。因此许多先进技术在物流系统中被采用，如RFID、电子数据交换（EDI）、GPS、GIS等。物流技术不断发展，物流系统不断升级，促使物流业快速发展，直接的效果便是能够更快地满足顾客对商品的需求，从而使交易量大幅度上升，提高了跨境电商的效率。接下来，将具体介绍跨境电商物流追踪技术。

（一）射频识别技术及应用

射频识别技术（radio frequency identification，RFID）是20世纪90年代开始兴起的一种非接触式自动识别技术，该技术在全世界被广泛使用。

1. 射频识别技术概述

射频识别技术是一项利用射频信号通过空间耦合实现无接触信息传递并通过所传递

的信息达到识别目的的技术。简单地说，RFID是利用无线电波进行数据信息读写的一种自动识别技术或无线电技术在自动识别领域中的应用。

射频识别技术具有可非接触识别（识读距离可以十厘米至几十米）、可改写标签信息、可识别高速运动物体、抗恶劣环境、保密性强、可同时识别多个对象等突出特点。

目前，RFID技术在物体跟踪方面已经有了广泛的应用。

2. RFID系统的组成与原理

射频识别系统在具体的应用过程中，根据不同的应用目的和应用环境，系统的组成会有所不同，但从射频识别系统的工作原理来看，系统一般都由信号发射机、信号接收机、发射接收天线三部分组成。

（1）信号发射机（射频标签）

在射频识别系统中，出于不同应用目的，信号发射机会以不同的形式存在，典型的形式是标签。标签相当于条码技术中的条码符号，用来储存需要识别、传输的信息。另外，与条码不同的是，标签必须能够自动或在外力的作用下，把储存的信息主动发射出去。标签一般是带有线圈、天线、储存器与控制系统的低电集成电路。

（2）信号接收机（读写器）

在射频识别系统中，信号接收机一般称为读写器。读写器一般由天线、射频模块、读写模块组成，基本功能是提供与标签进行数据传输的途径。另外，读写器还提供相当复杂的信号状态控制、奇偶错误校验与更正功能等。

（3）发射接收天线

天线是标签与读写器之间进行数据发射、接收的装置。在实际应用中除了系统功率，天线的形状和相对位置也会影响数据的发射和接收，需要专业人员对天线进行设计。

RFID读写器通过天线发送出一定频率的射频信号，当标签进入磁场时产生感应电流从而获得能量，发送出自身编码等信息，这些信息被读写器读取并解码后送至电脑主机，进行有关处理。

3. 射频识别技术在跨境电商物流中的应用

随着跨境电商物流量增加，传统的人工配送效率低下、出错率高等特征日益明显。RFID的主要功能是提供配送任务以及配送的路线，其主要表现在货物出库、入库、盘点、网络物流跟踪以及物流退换货等流程上。工作人员可以通过查询RFID系统的信息，了解网络销售信息，将仓库里带有电子标签的物品验收后运出，然后根据RFID提供的配送路线进行发货和运输，每个停留驻地都设有读取器，通过RFID的输入功能获取物品的所在位置，对销售物品进行实时定位，并且运达客户端。多商品运输时，RFID技术可以提高扫描效率，缩短配送时间。

（1）入库

电子商务配送的入库业务主要包括进货单和补货单的确认、电子商务货物的分拣、电子标签的添加、货物上架以及更新货物信息等环节。RFID系统的使用，在确保信息的准确性和及时性的条件下实现了很多检查和信息更新的工作，无须人工参与，极大地提高了电子商务货物入库的效率。与此同时，也降低了电子商务货物的损耗，在一定程度上提高了货物的质量，进而控制了电子商务货物的入库风险。

（2）出库

出库业务基本上与入库业务相反，通过网络指挥调度中心的出库命令，系统将货物的相关信息提供给货物出库的操作者，出库信息管理系统将出库信息传送给叉车以及相关运输设备，完成货物的下架和搬运。在货物出库后，系统将会对库中货物的信息进行自动更新。

（3）物品盘点

传统的物品盘点不仅需要大量的劳动力，还需要宝贵的时间。而RFID技术直接通过RFID读取器，对物品进行定期或者不定期的扫描检查，可以准确迅速地获取物品的信息。此外，RFID系统还可以通过读取的信息自动生成盘点报告，有利于及时发现和解决问题。不仅解决了传统盘点中烦琐的记录、清点工作，还自动提供报告，实现了物品盘点的自动化操作。

（4）网络物流跟踪

网络物流跟踪主要包括车载GPS终端信息接收、GPS卫星定位以及车载信息的采集，其中车载信息的采集通过GPRS（通用分组无线服务技术）通信上传到电子商务配送指挥调度中心。RFID可以随时查询车载的货物信息，并自动核对，将结果上传给管理者，确保货物的安全。一旦发现运输过程中货物丢失或者被盗，就进行紧急处理，控制电子商务配送的风险。

（5）RFID物流退换货

物流的退换货是逆向物流的重要内容之一。RFID物流的退换货可以直接联系附近的服务店，通过追踪商品的交易信息及流动过程，判断是否可以退换货。如果达到退货或者换货标准，就应该将信息及时反馈给物流中心。如果是退货，在线销售商需要收集退货商品，并进行回收、结算和退款，然后将商品运输到生产厂商。如果是换货，也需要计算货款差价，将退回的货物进行逆向配送返回厂商，同时将更换的商品再次运输到物流中心，并配送给消费者。

（二）电子数据交换技术及应用

1. 电子数据交换技术含义

根据《中华人民共和国国家标准：物流术语》（GB/T 18354—2006），电子数据交换（electronic data interchange，EDI）是指"采用标准化的格式，利用计算机网络进行业务数据的传输和处理。"EDI是一种利用计算机进行商务处理的新方法，它将贸易、运输、保险、银行和海关等行业的信息转换成一种国际公认的标准格式，使各有关部门、公司和企业通过计算机通信网络进行数据交换和处理，并完成以贸易为中心的全部业务过程。

2. EDI系统组成

EDI系统主要由数据标准化、EDI软件和硬件、通信网络三个要素构成。一个部门或企业若要实现EDI，首先必须有一套计算机数据处理系统；其次，为使本企业内部数据比较容易地转化为EDI标准格式，须执行EDI标准。另外，通信环境的优劣也是影响EDI成败的重要因素之一。由于EDI是以事先商定的报文格式进行数据传输和数据交换的，所以，制定统一的EDI标准至关重要。

（1）数据标准化

根据国际标准体系（UN/EDIFACT标准）和我国EDI应用的实践以及未来一段时期的发展情况，我国制定了EDI标准体系，以《EDI系统标准化总体规范》作为总体技术文件。

在这些标准中首先要实现单证标准化，包括单证格式标准化、所记载信息标准化以及信息描述标准化。目前，我国已制定的单证标准有中华人民共和国进出口许可证、原产地证书、装箱单、装运声明。所载信息标准化涉及单证上哪些内容是必需的，哪些内容不是必需的。EDI系统如图7-13所示。

（2）EDI软件和硬件

EDI软件包括格式转换软件、翻译软件和通信软件。

格式转换软件是为应用程序设计的。格式转换软件大多数由公司内部开发，这是因为公司的业务不同而单证格式的不同。格式软件可以把公司单证格式转换成平面文件，也可以将平面文件转换成公司单证格式。

翻译软件就是把平面文件翻译成EDI标准报文，或将接收到的EDI标准报文翻译成平面文件，再由通信软件进行传输。翻译软件有一张由标准数据词典及语法规则构成的表，翻译时根据表的结构执行翻译。翻译软件不能直接从数据库中获取数据来产生EDI单据，数据库中的信息必须先进行格式转换，才能被翻译处理。

通信软件是将EDI标准格式的文件外层加上通信信封，送到EDI系统交换中心的邮箱，或由EDI系统交换中心取回接收到的文件。

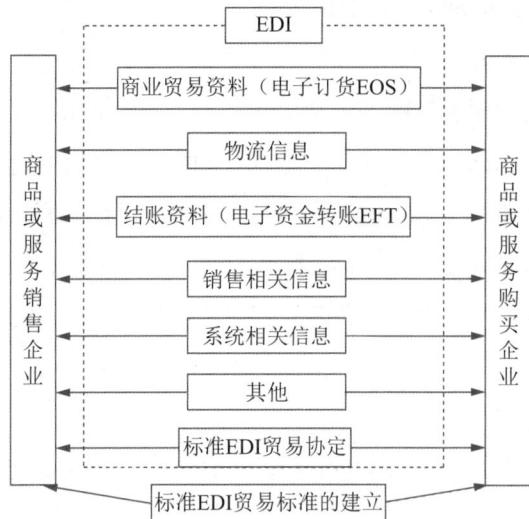

图7-13　EDI系统

硬件主要包括计算机、调制解调器及电话线。使用EDI进行电子数据交换需要借助于网络，目前，采用电话网络进行通信是很普遍的方法，因此调制解调器是必备硬件设备。线路最常用的是电话线路，如果对传输时效及资料传输量有较高要求，可以考虑租用专线。

（3）通信网络

通信网络是实现EDI的手段。EDI通信方式有多种，第一种方式是点对点，这种方式只有在贸易伙伴数量较少的情况下使用。但随着贸易伙伴数量的增多，或多家企业直接通过电脑通信时，会出现计算机厂家不同、通信协议相异以及工作时间不易配合等问题。许多应用EDI的公司逐渐采用第三方网络与贸易伙伴进行通信，即增值网络（VAN）方式，可以大幅度降低相互传送资料的复杂度和困难度，提高EDI的效率。

3. 电子数据交换技术在跨境电商物流过程中的应用

跨境电商企业需要处理报关、退税、商检、订单等一系列交易问题，这其中就涉及EDI技术的使用。现代物流中电子数据交换主要应用于单证的传递、货物送达的确认等，应用电子数据交换传输的单证种类有托单、运单、对账单、采购单、发票、到货通知单、交货确认单。EDI接收从客户EDI系统传来的托单、合同等信息和从银行EDI系统送来的信用证信息，完成向关境发送报关单信息，向供应商EDI系统发送采购订单信息等，从而实现贸易伙伴之间的信息传输。

（三）地理信息系统技术及应用

1. 地理信息系统含义

根据《中华人民共和国国家标准：物流术语》（GB/T 18354—2006），地理信息系统（geographical information system，GIS）是指"由计算机软硬件环境、地理空间数据、系统维护和使用人员四部分组成的空间信息系统，可对整个或部分地球表层（包括大气层）空间中有关地理分布数据进行采集、存储、管理、运算、分析显示和描述。"地理信息系统是20世纪60年代迅速发展起来的地理学研究新成果，是多学科交叉的产物，它以地理空间数据为基础，采用地理模型分析方法，适时地提供多种空间和动态的地理信息，是一种为地理研究和地理决策服务的计算机技术系统。

GIS的基本功能是将表格型数据（无论它是来自数据库、电子表格文件还是直接在程序中输入）转换为地理图形显示，然后对显示结果进行浏览和分析。其显示范围可从洲际到街区，显示对象包括人口、销售情况、运输线路以及其他内容。

2. GIS组成

GIS主要由四部分组成：计算机硬件系统、软件系统、空间地理数据库、GIS系统维护及使用人员。GIS的基本组成如图7-14所示。

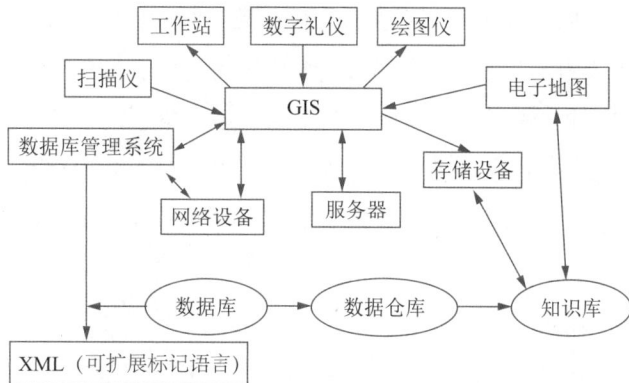

图7-14 GIS的基本组成

3. 地理信息系统在跨境电商物流中的应用

跨境电商离不开传统物流，GIS使传统流通企业在运作方式、技术、管理水平和经营理念上发生了根本性变化，使物流表现出许多新的特点，如信息化、自动化、网络化、智能化、柔性化。将GIS引入跨境电商下的物流管理中，符合GIS和电子商务的特点，也符合物流业的发展。

GIS具有强大的数据管理功能，所存储的信息不仅包括以往的属性和特征，还具有统一的地理定位系统。因此能将各种信息进行复合和分解，形成空间和时间上连续分布的综合信息，支持各种分析和决策。这是其他信息系统所不具备的优势之一。

（1）交通路线的选择

跨境电商的物流，涉及物体的空间转移，运输和仓储占中间成本的70%以上，因此交通运输方式及路线的选择直接影响物流成本。这都属于空间信息的管理，这正是GIS数据管理的强项。在基于GIS的物流分析中，最优路径的选择首先要确定影响最优路径选择的因素，如经验时间、几何距离、道路质量、拥挤程度等，采用层次分析法，确定每条道路的权值。物流分析中的路径可以分为三种情况：两个特定的地点之间的最佳路径；一个地点到任意点之间，从一个地点到多个地点之间，车辆数量以及行驶路线选择；网络中从多个地点运往多个地点的最优路径选择配对。

对于前两种情况都可以采用经典的Dijkstra算法（迪杰斯特拉算法）实现。对于第三种情况，可以采用管理运筹学的运输模型结合Dijkstra算法实现，可以选用Floyd算法（弗洛伊德算法）或是根据著名的旅行商问题（或货郎担问题）的解法求解。在求得最优路径的基础上，再根据现有车辆运行情况确定车辆调配计划。

（2）机构设施地理位置的选择

对于供应商、配送中心、分销商和用户而言，需求和供给两方面都存在着空间分布上的差异，此外供应商和分销商的服务范围和销售市场也具有一定的空间分布形式，因此物流设施的布局是电子商务物流管理所必须面对的问题。其合理程度直接影响利润。

机构设施地理位置的选择包括位置的评价和优化。评价是对于现有设施的空间位置分布模式的评价，而优化是对于最佳位置的搜索。地理位置的合理布局实质上就是在距离最小化和利润最大化两者之间寻求平衡点。现有的针对市场功能区域进行空间分析和模拟的模型很多，如Batty的裂点方程、Peily的零售重力模型、Tobler的价格场和作用风以及空间线性优化模型。

（3）车辆运输动态管理

GIS能接收GPS（全球定位系统）数据，并将GPS数据显示在电子地图上，这能在很大程度上帮助企业动态地进行物流管理。GPS能广泛地应用于如汽车的定位、跟踪、调度，能极大地避免物流的延迟和错误运输的现象，货主可随时对货物进行全过程跟踪和定位管理。

（四）全球定位系统技术及应用

1. 全球定位系统含义

根据《中华人民共和国国家标准：物流术语》（GB/T 18354—2006），全球定位系统（global positioning system，GPS）是指由美国建立和控制的一组卫星组成的、24小时提供高精度的全球范围内的定位和导航信息的系统。全球定位系统具有在海、陆、空进行全方位实时三维导航与定位的能力。

美国于1973年11月开始研制GPS，到1994年7月，系统全部完成，耗资300多亿美元，2000年5月1日，美国政府取消对GPS的保护政策，向全世界用户免费开放。

2. GPS系统的组成

GPS系统由三部分组成：空间星座部分、地面监控部分和用户设备部分。

（1）空间星座部分

GPS的空间星座部分由24颗工作卫星组成，它位于距地表20200千米的上空，均匀分布在6个轨道面上（每个轨道面4颗），轨道平面相对于赤道平面的倾角为55度，各轨道平面之间的夹角为60度。此外，还有3颗备用卫星沿轨道运行。卫星的分布使得全球任何地方、任何时间都可以观测到4颗以上的卫星，这就提供了在时间上连续的全球导航能力。

（2）地面监控部分

地面监控部分由一个主控站、五个全球监测站和三个地面控制站组成。全球监测站均配装有精密的铯钟和能够连续测量到所有可见卫星的接收机。全球监测站将取得的卫星观测数据，包括电离层和气象数据，经过初步处理后，传送到主控站。主控站从各检测站收集跟踪数据，计算出卫星的轨道和时钟参数，然后将结果送到三个地面控制站。地面控制站在每颗卫星运行至上空时，把这些导航数据及主控站指令注入卫星。对每颗GPS卫星每天进行一次注入，并在卫星离开注入站作用范围之前进行最后的注入。如果某地地面站发生故障，那么在卫星中预存的导航信息还可用一段时间，但导航精度会逐渐降低。

（3）用户设备部分

用户设备部分即GPS信号接收机。其主要功能是能够捕获到按一定卫星截止高度角所选择的待测卫星，并跟踪这些卫星的运行。当接收机捕获到跟踪的卫星信号后，即可测量出接收天线至卫星的伪距离和距离的变化率，解调出卫星轨道参数等数据。根据这些数据，接收机中的微处理计算机就可按定位解算方法，计算出用户所在地理位置的经纬度、高度、速度、时间等信息。

3. GPS在跨境电商物流领域的应用

GPS在跨境电商物流领域可应用于汽车自定位、跟踪调度以及铁路、船舶运输等方面的管理。

（1）在汽车自定位、跟踪调度方面的应用

利用GPS的计算机管理信息系统，可以通过GPS和计算机网络实时收集全路汽车所运货物的动态信息，可实现汽车、货物追踪管理，并及时进行汽车的调度管理。据丰田汽车公司的统计，日本车载导航系统的市场在1995—2000年间平均每年增长35%以上，并预测全世界在车辆导航上的投资将平均每年增长60.8%，因此，车辆导航将成为未来全球定位系统应用的主要领域之一。

（2）在铁路、船舶运输方面的管理

随着"一带一路"倡议的提出，中国与沿线国家的经济贸易量将会大幅增长，而对商品的可视化管理将成为消费者和供应商关注的重点。利用GPS的计算机管理信息系统，可实时收集全航线的列车、船只、车辆、集装箱及所运货物的动态信息，实现运输工具、货物的追踪管理。只要知道某货车的型号，就可以得知这辆货车现在何处运行或停在何处，以及所有的车载货物发货信息。全球跟踪定位技术可大大提高货车的路网通行能力及其运营的透明度，为货主和消费者提供更高质量的服务。

■■■ 本章小结

仓储指的是物品在使用之前的保管，它是物品到达客户之前，介于供应和消费之间的中间环节。仓储管理是指将物品存入仓库并对存放于仓库里的物品进行保管、控制等管理活动，也就是对物品的入库、保管和出库等业务活动所进行的计划、组织、指挥、监督和调节工作。仓储作业流程主要分为三个部分：入库作业管理、在库作业管理和出库作业管理。

电子商务仓储作业总流程分为入库流程、存储流程、出库流程、退（换）货作业。其中，入库流程包括入库预约、运输送货、验单登记、卸货作业、交接签单、搬运作业、入库签收、收货抽检、扫码清点、货品上架；存储流程包括储位分配、货品流通加工、保管作业、盘点作业、移库作业；出库流程包括生成波次、订单打印、拣选作业、包装作业、称重作业、终检作业、分拣作业、出库交接；退（换）货作业包括退件响应、外观检查、快递签收、销退关联、货品质检、货品上架。

跨境电子商务配送是指通过电子商务平台达成交易、进行支付结算，借助跨境物流按照境内外消费者的要求，把配好的货物在规定的时间、规定的地点安全、准确地送交给收货人，完成跨境电商交易的一种国际（地区间）商业物流活动。配送的基本流程包括以下几项作业：进货、搬运、储存、订单处理、拣货、补货、配货及送货。而一个较为完整的跨境电商配送业务流程包括备货、境外仓储存、分拣及配货、配装、配送运输、送达服务。跨境电商物流追踪技术有射频识别技术、电子数据交换技术、地理信息系统技术、全球定位系统技术等。

【实训】

■■■ 思考题

1. 简述仓储的基本功能。

2. 简述配送的基本环节。

3. 简述配送与运输的异同。

4. 简述常用的几种跨境电商物流追踪技术。

5. 简述跨境电商配送的业务流程。

6. 简述跨境电商仓储的业务流程。

7. 简述跨境电商配送业务模式。

8. GIS物流分析软件集成了哪些模型？

■■■ 案例分析题

案例一：俄罗斯破冰跨境物流，"俄邮宝"助配送时效缩至15天

2013年7月，由深圳中环运国际物流和俄罗斯物流公司Pony Express联手推出的中俄跨境物流服务"俄邮宝"正式上线，使用该服务后，可在15～25天，将货物送达俄罗斯买家手中。

据了解，除了时效快的特点外，"俄邮宝"针对市面上的中俄快递价格进行了调整，以100克为计价单位，整体价格低于中国香港邮政挂号小包和EMS等常用物流服务。

此外，在服务质量方面，"俄邮宝"承诺卖家可以直接填写英文面单，货到仓库即可上网，从收货地开始到海外买家收货，全流程在线跟踪，保障货物安全；同时，以卖家货物交付给中环运公司当天开始计算，货物超过30天未送达客户手中，运费全额退还，丢件单件赔付300元人民币。

据中环运国际物流方面介绍，该服务目前仅在深圳、广州、义乌、上海等地提供上门服务，为单日发货重量在8千克以上卖家提供免费上门取货服务。而在收货方，只支持莫斯科市和圣彼得堡市客户。

近来，俄罗斯外贸电商市场日渐火爆，2012年俄罗斯消费者购买国外网站商品支出约800亿卢布（约合158亿人民币），平均每单支出2700卢布。同年，俄邮政入境快递邮件、包裹和小包数量达3000万件，增长50%，其中从中国入境的邮件量增长势头迅猛，占俄罗斯邮政国际邮件的比例达17%。

不过，俄罗斯国土面积跨度较大，也造成了物流运输时间的不稳定性，给外贸电商

卖家在配送、退换货方面造成了一定影响。此外，中俄跨境电子商务还面临货物检验检疫、支付等瓶颈。

统计显示，莫斯科和圣彼得堡两个城市占速卖通俄罗斯买家订单量的70%。不过，速卖通今年5月份发布的信息显示，由于大小包物流对俄罗斯的货运能力持续不稳定，针对俄罗斯寄出的货物的承诺运达时间上限由60天暂时延长至90天。

相关人士介绍，目前卖家通过流行的中国邮政小包、中国香港邮政小包等方式向俄罗斯发送快递，普遍的运送时间在40天到90天。

（资料来源：晓晓.俄罗斯破冰跨境物流配送时效缩至15天［N］.现代物流报，2013-08-06.）

思考：

1. "俄邮宝"是怎样的一项产品和服务？

2. 中俄开展跨境电子商务需要克服哪些困难？

案例二：顺丰进军海淘市场，跨境电商配送浮出水面

2013全年，全球五大市场的跨境交易市场需求将达到700亿美元，顺丰低调上线"SFbuy"，无疑是看到了海淘事业的巨大潜力。

顺丰在涉足航空、便利店、供应链管理、无人机之后，近日又上线"SFbuy"试水跨境寄递+海淘业务。与无人机的高调不同的是，此次的"SFbuy"却异常低调。业界最开始得到消息还是从著名的海淘网站"什么值得买"的一条信息中发觉的。尽管低调，对于物流行业的影响却是可以预见的，尤其是对于跨境电商物流，一些跨界物流难题或将因"SFbuy"的试水得到缓解。

1. 顺丰布棋海淘市场

9月17日晚上，在著名的海淘市场"什么值得买"网站上出现了一条信息，称"SFbuy"美国站正式开业，利用国际件服务的渠道，又开展了名为"海购丰运"的海淘转运服务。这条消息在短时间内吸引了业界众多的目光。顺丰进军"海淘转运+跨境寄递"业务的声音一下子充斥了整个快递业。

事实上，所谓的海淘业务，其实是搭建了一个海外电商平台的导航网站，如此国内消费者可以通过该平台接触到更多的海外商品。目前该平台主要导向是亚马逊、eBay等美国传统零售电商平台，而所能提供的商品也多集中在美容护理、潮流时装、生活百货和健康保健四大类。另外，由于背靠顺丰这一国内第一大民营物流企业，"海购丰运"同时能够负责海购商品的转运业务。而在支付方面，由于刚刚起步，目前"海购丰运"暂仅支持维萨、万事达、美国运通信用卡，而支付宝、PayPal等在线付款方式渠道虽还

未正式开通，但已经在逐步筹划当中。另外，对于一些不接受信用卡支付的海外网站，"海购丰运"则将会推出代购业务，以方便用户购买更多样化的海外商品。开通后，"海购丰运"可用公司的信用卡、支票或PayPal账户来支付商品。之后，再从用户的信用卡收取相关费用。

尽管顺丰相关负责人表示，"SFbuy"是顺丰为内部员工和亲朋好友提供的境外购物转运服务。但实际注册中却无任何与员工有关的信息，这也意味着受众将不会局限在顺丰内部员工。在形式上虽说"SFbuy"是按照规定进行的，但是在执行上却似乎钻了小小的漏洞，而这对于国内众多的"海淘族"而言却是个好消息。然而目前，"SFbuy"只是针对美国市场开通了转运集货业务，其他国家暂未开通，不得不说这依旧是个局限。

2. 海淘市场潜力巨大

顺丰低调上线"SFbuy"试水"跨境寄递+海淘"业务，无疑是看到了海淘事业的巨大潜力。PayPal此前发布的《2013全球跨境电子商务报告》显示，2013年全球五大市场美国、英国、德国、澳大利亚和巴西的跨境交易市场需求达到700亿美元，消费者人数约7600万。而国内的海淘业虽然存在众多的限制，但依旧无法阻止人们海淘的热情。根据中国电子商务研究中心的数据，我国海外代购交易规模近几年来连年翻番，2012年海外代购交易规模达到了483亿元，而今年这个规模有望突破700亿元。

有关的调查显示，美国是当前最受欢迎的跨境网购目的地，消费者最喜欢从美国网购东西，排在美国之后的是英国、中国内地、中国香港、加拿大、澳大利亚和德国。而面对我国的一些限制，境外电商又如何能眼睁睁地看着市场流失？有些境外商家直接在中国设立仓储中心，将店开到了中国。然而，对于海淘族而言，相比在中国设立仓储中心，直接从国外网店购买价格更具优势，因而海淘交易规模依旧持续上涨。但是海淘族却依旧有着自己的烦恼，退换货售后服务不便利，货运中转带来的送货时间长、货品易丢失等问题一直都在困扰着他们。而这些问题恰恰给了在线发货物流服务一个很好的发展机会。跨境电商零售将给跨境物流业务带来广阔的市场前景是顺丰发力跨境电商物流的重要原因。

看到巨大潜力的不仅仅是顺丰。敦煌网于6月18日正式上线在线发货e-ulink专线物流服务，覆盖全球107个国家及地区，其覆盖的国家和地区分为9个区域。另外京东商城的海外市场得到了比利时国际邮政的支持，承接其在欧洲的外贸电商物流。跨境物流难题或得到缓解。

但当前，没有成型的跨境物流配送体系已经逐渐成为整个跨境物流业发展的瓶颈，意味着跨境物流将在众多方面受到限制。

《中国中小企业跨境电子商务出口报告》显示，根据PayPal对中国中小外贸商户的调查，中国中小企业目前最担忧的三大挑战是跨境物流、网络营销以及汇率变动。而跨境物流方面的担忧主要有商品在运输途中被损坏、物流费用高、配送时间长、退货退款流程太复杂等。而其中最为突出的就是配送时间和物流费用。短则半个月一个月，长则数个月的配送时间，让许多商品止步于物流配送，极大地限制了跨境电子商务交易的种类。而高昂的物流配送费用更是让许多欲加入外贸电商行列的企业或是欲成为海淘族的人望而却步。

此次顺丰布局"SFbuy"试水跨境寄递＋海淘业务，在一定程度上缓解了跨境物流中存在的这些难题。根据顺丰官方介绍，当用户货件入仓后，"海购丰运"将替用户代存货件。用户可以随时登录查看储物箱，并下发派送要求。通常情况下，从海外仓库通过跨境物流送货上门需要7~10天，清关时长则视具体情况而定。而在费用方面，与常用到的四大国际快递相比，顺丰的运费可打五折，但和国内其他转运公司相比，费用则依旧偏高。然而凭借顺丰的品牌价值保证，相信更多的企业和海淘族也愿意多花些钱买得安心。

但是"SFbuy"仅仅是缓解了跨境电商的物流难题，要排解难题还需要下"猛药"。相信在物贸一体化、境外仓等新技术不断发展的情况下，外贸电商物流问题将不断得到解决。

（资料来源：林永华.顺丰进军海淘市场跨境电商配送浮出水面[N].通信信息报，2013-09-25.）

思考：

1.顺丰为何要进军海淘市场？

2.顺丰进军海淘市场是如何克服物流难题的？

第八章 跨境电商选品管理

■■■学习目标

■■■**学习目标**

了解境内电商选品的基本原则；了解常用的数据分析工具；掌握跨境电商选品的基本要点；掌握跨境电商选品方法；了解跨境电商产品质量监管措施。

■■■**章节纲要**

本章主要分四节来阐述与探讨跨境电商选品管理问题。第一节主要介绍境内电商选品管理；第二节重点介绍跨境电商选品管理；第三节主要介绍跨境电商选品应用；第四节主要介绍跨境电商产品质量及监管。

第一节　境内电商选品管理

选择产品不仅仅是选择产品本身，更是选择产品的目标消费人群、利益点、产品特性、产品所处的行业特征以及产品的价格可比性等。所以，对企业、创业者、经销商而言，选择产品至关重要。通过多年的市场实践与研究，我们总结出了选择产品的五项基本原则。

（一）选择最舍得花钱的目标消费群

选择产品的第一步就是要清楚该产品卖给谁。例如，很多老年人一辈子勤俭节约，是一个不舍得为自己花钱的群体，很难轻易"撬动"他们的钱袋。如果产品的目标消费群是这样一个群体，启动市场成功率太低，即使成功启动，付出的代价也会很高。

因此，在选品时，首先要分析这个产品卖给谁，使用产品的消费者是否是舍得花钱的群体，或是有人舍得为之花钱的消费群体。譬如同样是女性消费群，卖给二十来岁女孩的产品和卖给家庭主妇的产品的推广难度又是不一样的。

（二）分析产品利益点在消费者心目中的迫切性

消费者购买产品，从严格意义上来讲，并不是购买产品本身，而是购买产品所能带给消费者的好处，也就是我们常说的产品的利益点。产品的利益点包罗万象，其利益点的需求程度一般有三种，即迫切需要型、一般需要型、可有可无型。

迫切需要型是指消费者对产品所提供的利益点需求十分迫切，这种需求程度非常地强烈，而这种迫切需求型与一般需求型有时很难清晰地界定。很多女性都非常迫切地想让自己的睫毛长一点，从表面上来看，这种产品属于迫切需求型，但通过实际操作发现，虽然女性都认为睫毛长比睫毛短美丽，但也不认为睫毛短是一个缺陷，所以这种产品反而属于一般需求型产品，就不能按照迫切需求型的产品进行定价。一般需要型产品有女性的化妆品、男性的一些保健品等。可有可无型就是产品所提供的利益点对于消费者而言无所谓，有也行没有也行，很多在市场上滞销的产品都属于可有可无型。

迫切需求型的产品是首选产品，只要方向正确，在进行市场推广时就很容易启动市场，且付出的代价较少。一般需求型的产品也可选择，但要综合多方面因素进行决策。可有可无型的产品千万要慎重。

（三）分析产品的心理属性与利益属性

产品的心理属性有三种，即感性产品、理性产品以及介于感性与理性之间的产品。所谓感性产品，即消费者不需要深思熟虑即可达成购买的产品，如小食品、饮料及一些价值较低的产品。所谓理性产品，即消费者的消费心态很谨慎、需要经过深思熟虑才会做出购买决策的产品如药品，以及一些价值较高的产品如汽车等。介于感性与理性之间的产品如一些特殊的功能性化妆品和保健品等。

根据产品的利益属性可判断该产品属于长线产品还是短线产品。如果是实力较弱的企业，最好选择一些短线的感性产品以获得原始资本的快速积累，如果是实力相对较强的企业，可考虑一些长线的理性产品从容发展。

（四）分析产品所处的行业阶段

一般而言，一个行业的市场发展会经历以下几个时期，混沌期、启蒙期、跟风期、混战期、平定期。

所谓混沌期，即本行业的市场推广与竞争都处于粗放的状态，大家的竞争意识普遍不强，无论是产品、包装、价格、广告、品牌都处于混沌状态。

所谓启蒙期，即先有品牌意识，开始着手从各个方面整合产品与品牌资源。由于竞争对手普遍较弱，启蒙者系统化的市场推广可迅速产生巨大的效果，并迅速地与竞争对手拉开差距，获得巨额的市场利益。

在启蒙者前期巨额市场利益的刺激下，大批竞争对手纷纷觉醒，开始强化竞争力，有计划有步骤地系统推广，这就进入了这个行业的跟风期。

由于跟风者越来越多，竞争越来越激烈，整个市场竞争进入了不计成本地厮杀的阶段，并逐渐失去理智，由此进入了行业发展的混战期。

经历了一番失去理智的混战，大批没有实力或运作不当的企业被淘汰出局，剩下几个行业领导者瓜分市场，由此行业进入介入门槛较高的平定期。

（五）分析产品价格的可比性

产品价格的可比性是一个很有意思的现象。有的产品在消费者心目中价格定位非常明确，即消费者认为这种产品就是这个价，你想多加一点也无法被消费者接受，如纯净水、碳酸饮料。而有的产品在消费者心目中没有固定的价格定位，多一点少一点不会过多地影响消费者的购买决策。选择一个无价格可比性的产品要远比选择一个价格可比性非常明确的产品容易推广成功。

产品选项是企业发展的重中之重，企业在选择产品时，分析产品利益点在消费者心目中的迫切性， 分析产品的心理属性与利益属性，分析产品所处的行业阶段，分析产品价格的可比性。

第二节　跨境电商选品管理

一、 跨境电商选品概述

近年来，跨境电商成了关注热点，国家给跨境电商发展提供了很好的机遇和政策支持。中国制造业丰富的产品线、低廉的价格也有天然的优势，但是面对如此多的产品，如何选择符合境外客户需求的产品就成了难题。

（一）选品综述

从市场角色关系看，选品即选品人员从供应市场中选择适合目标市场需求的产品。从这个角度看，选品人员一方面要把握用户需求，另一方面要从众多供应市场中选出质量、价格和外观最符合目标市场需求的产品。成功的选品，最终能实现供应商、客户、选品人员三者的共赢。

从用户需求的角度看，选品要满足用户对某种效用的需求，比如带来生活便利、满足虚荣心、消除痛苦等方面的心理或生理需求。从产品的角度看，选出的产品，在外观、质量和价格等方面要符合目标用户需求。由于需求和供应都处于不断变化之中，选品也是一个无休止的过程。

（二）选品思路

在把握网站定位的前提下，研究需要开发产品的行业所处情况，获得对供需市场的整体认识；借助数据分析工具，进一步把握目标市场的消费规律，并选择正确的参考网站，结合供应商市场，进行有目的的产品开发。

1. 网站定位

网站定位，即网站的目标市场或目标消费群体，通过对网站整体定位的理解和把握，产品专员选择适合的品类进行研究分析。

网站综合性定位对产品集成的要求，主要体现在以下两个方面。

第一，宽度方面。拓展品类开发的维度，全面满足用户对某一类别产品的不同方面的需求，在拓宽品类宽度的同时，也提升品类的专业度。

开发产品时，应考虑该品类与其他品类之间的关联性，提高关联销售度和订单产品数。

第二，深度方面。每个子类的产品数量要有规模，品相要足够丰富；产品要有梯度，体现在品相、价格等方面；要挖掘有品牌的产品进行合作，提高品类口碑和知名度；要对目标市场进行细分研究，开发针对每个目标市场的产品。

2. 行业动态分析

从行业的角度研究品类，了解中国出口贸易中该品类的市场规模和国家分布，对于认识品类的运作空间和方向有较大的指导意义。

目前，了解某个品类的出口贸易情况，主要有以下3种途径。

（1）第三方研究机构或贸易平台发布的行业或区域市场调查报告

第三方研究机构或贸易平台具备独立的行业研究团队，这些机构具备全球化的研究视角和资源，因此，它们发布的研究报告，往往可以带来较系统的行业信息。

（2）行业展会

行业展会是行业中供应商为了展示新产品和技术、拓展渠道、促进销售、传播品牌而进行的一种宣传活动。参加展会，可以获得行业最新动态和企业动向。

（3）出口贸易公司或工厂

产品专员在开发产品时，需要与供应商进行直接沟通。资质较老的供应商，对所在行业的出口情况和市场分布都很清楚，通过他们，产品专员可以获得较多有价值的市场信息。需要注意的是，产品专员需要先掌握一定的行业知识后再与供应商进行沟通。

3. 区域化用户需求分析

结合网站定位，并借助第三方信息（研究报告、行业展会等）及网络分析工具，进行区域化用户需求分析。

4. 数据分析工具

以数据来源看，数据分为外部数据和内部数据。外部数据是指企业以外的其他公司、市场等产生的数据。内部数据是指企业内部经营过程中产生的数据信息。要想做出科学、正确的决策，需要对内外部数据进行充分的调研和分析。

（1）外部数据分析

分析思路：灵活综合运用各个分析工具，全面掌握品类选型的数据依据。

组合方法：通过Google Trends（谷歌趋势）工具分析品类的周期性特点，把握产品开发先机；借助KeywordSpy（关键词搜索）工具发现品类搜索热度和品类关键词，同时借助Alexa工具，选择出至少3家竞争对手网站，作为对目标市场产品分析和选择的参考。

第一，Google Trends。工具地址：http://www.google.com/trends；查询条件：关键词、国家、时间。

第二，KeywordSpy。工具地址：http://www.keywordspy.com/；查询条件：关键词、站点、国家。

第三，Alexa——网站目标市场及分布。工具地址：http://alexa.chinaz.com/。

（2）内部数据分析

分析思路：内部数据是已上架的产品的销售信息，是我们选品成功与否的验证，也可用于以后选品方向的指导。

GA工具地址：http://www.google.com/analytics/，通过GA分析工具获得已上架产品的销售信息（流量、转化率、跳出率、客单价等），分析哪些产品销售好，从选品成功和失败的案例中逐步积累选品经验，结合外部数据，一步步成为选品高手。

（三）跨境电商选品要点

1. 确定商品线

跨境进口零售商品销售的前提是必须有现货，而且必须拥有稳定的货源，而不是等客户下单了才找货。在有现货的基础上，建立自己的商品线就是头等大事了。商品线的设置，决定了卖家的目标客户群、销售渠道，决定了竞争对手，决定了企业成本，也决定了跨境进口平台（公司）的盈利能力。

商品线是平台生存的关键。只有能给平台带来利润的商品，才是值得放进平台商品线的商品。

组建商品线时，可以简单参考这样一个比例，规划20%的引流商品，规划20%的高利润商品，也就是核心商品，其他是常态商品（补充性SKU），互相配合。当然，商品线的选择也不是一次性到位的，要根据平台的销售情况，不断调整优化，才能形成。这期间，平台会更加了解商品的行业情况，了解竞争对手在这些品类上的动态，关注对手的SKU变化，价格变化，保持竞争力。更重要的是，可以通过行业和店铺的热销品牌、商品，飙升品牌、商品的综合对比分析，找到最合适的供应商以供选择。

品牌是重要因素，好的品牌可以带来更多的销量和关注度，甚至还可以带动店铺内其他品牌、单品的销量。所以，不能忽视品牌。若想提高销量，要紧盯热门类目和单品。若要选择稳定款和利润款，可以多关注一些冷门品类和长尾非标单品。

2. 确定目标客户群

商品线确定好之后，要了解目标客户群，了解他们的消费特点，了解他们喜欢什么样的品牌，以及这些品牌在该市场的占有率，同时也需要了解竞争对手如何布局同类商品线。另外，必须了解目标人群的地域差异、性别差异、年龄差异、收入差异等。

艾瑞调查报告显示，热衷于海淘的用户有66.6%是男性，对比女性他们主要通过导购网站了解跨境网购，最爱购买美国商品，同时比女性海淘频率更高、月均消费更多。而女性用户主要通过亲友的推荐来了解跨境网购，最爱购买日本商品，后续更愿意购买个护化妆品和母婴用品。

3. 寻找独一无二的产品

以精细化、差异化为出发点，寻找独一无二的产品。欧美日韩有很多性价比非常高的非标类的长尾商品，就是不错的选择，虽然目前在国内名气很小甚至不为人所知。选品一定要有前瞻性，要去研究未来1~3年哪些品类可能会爆发，哪些商品可能会进入销售生命期的高峰，如个性化定制的商品未来一定会有长足的发展。所以，必须要想办法做到差异化、精细化，选品的过程越用心，将来面临的竞争就越小。

不管是做跨境进口独立平台还是做第三方平台，都不应该仅仅盲目地做关键词调研，或在搜索引擎上观察竞争情况，而应该仔细了解所有的竞争者。

4. 关注税改和正面清单

近几年，跨境电商除了是进口商品的代名词外，也成了奶粉、尿不湿、低价位日韩化妆品的代名词。因为这些商品的税率最合适，重复消费率最高，是最能拉动流量的单品，也是存在较大套利空间的商品。如果跨境电商税收新政策落地，预计跨境电商税务负担成本将增加20%~30%，而这些税收成本都将转化为商品交易成本，由消费者承担。这将对选品造成极大的冲击。

税改政策的出台将引起新一轮的跨境领域的消费升级，电商选品将从低价转向高价，爆款难再现，非标长尾商品将风光无限。

二、 跨境电商选品方法

1. 根据资源定位选品

对于绝大多数进口跨境电商的卖家来说，最难的就是"我要卖什么商品"。销量大的商品，竞争店铺太多；价格高的销量又上不去；太小众长尾的又怕找不到客户。实际上，卖家在选品时首先要对自己有清晰的定位，即了解卖家自身的资源。

如果有雄厚的资金就可以大批量采购工厂货品；如果是中小卖家，就尽可能选择自己熟悉的品类或者有良好货源的品类。还有，公司资源储备方面是否有优势，比如要进入母婴类，公司有没有母婴商品的经营经验，公司的主要负责人有没有相关的从业经验。另外，卖家要从影响买家购买的因素来考虑，即物流速度、价格、服务和质量。因为品类的选择直接决定着价格、物流方式等。

2. 根据平台模式选品

具体选择何种商品，不同平台也会有所区别，这与平台的特点及规则有一定关系。以供应链见长的电商，其布局较早，在货品选择、销售上更具优势，这类平台如网易考拉，主做精品。以流量见长的企业，平台的流量很多，可以将用户流量转变为购买力，如京东、淘宝全球购，这类平台的卖家其选品广度、深度、宽度都比较大。帮助用户做商品发现的企业，比如洋码头和小红书，通过社区反馈的需求来精准选品。应根据平台的模式来决定商品线的宽度和深度。

（1）商品线宽度

必须充分研究该类别，拓展品类开发的维度，全面满足用户对该类别商品的不同方面的需求。这在拓宽了品类的宽度的同时，也提升了品类的专业度。选择商品时，应考虑该品类与其他品类之间的关联性，提高关联销售度和订单商品数。

（2）商品线深度

每个子类商品数量要有规模，品相要足够丰富；商品有梯度（如高、中、低三个档次），体现在品相、价格、分量等方面；挖掘有品牌的商品进行合作，提高品类口碑和知名度；对目标人群进行细分研究，开发针对多个目标人群的商品。

3. 根据客户需求选品

跨境进口零售B2C或者海淘C2C的模式都是以消费者个性化需求为核心。之前，几乎所有跨境进口电商都存在同样一个情况，就是消费者并不能指引这个卖家，而是卖家指引消费者。

从用户需求的角度看，选品要满足用户对某种效用的需求，比如带来生活便利、满足虚荣心、消除痛苦等方面的心理或生理需求。从商品的角度看，选出的商品，即在外观、质量和价格等方面符合目标用户差异化需求的商品。由于需求和供应都处于不断变化之中，选品也是一个无休止迭代的过程。

艾瑞调查报告还显示，大多数跨境网购用户有购买需求，但过半无明确目标，需要市场进一步培育和引导。此外，用户访问网站也具有一定的针对性，通过自主搜索、直接输入网址、个人收藏夹等方式访问网站的比例比较高。

用户在跨境网购时选择的商品具有明显的趋向性，化妆个护类、母婴用品类、食品保健品等对安全和品质有较高要求的品类是海淘者的最爱。目前整体跨境网购仍然处于发展的早中期，消费频率低于整体网购水平，随着第三方支付渠道支付宝和PayPal的普及与完善，支付已经不再是跨境网购用户的痛点。

4. 根据竞争对手选品

知道客户需求以后，还需要评估竞争情况。有两个方面需要考虑。

第一，商品质量上是否具备竞争力。竞争对手的平台质量如何，是否能够提供更好的购物体验，是否能够提供更广的选择范围，定价是否有竞争力，物流速度如何，在进入某个品类的商品之前，需要仔细考虑上述问题。如果不能提供有力的理由说服消费者，那就没有竞争力。

第二，要从搜索引擎的角度来看。现在跨境进口零售独立平台的引流主要还是靠搜索引擎，甚至客户搜索的某个具体跨境商品会被搜索引擎引导到竞争平台上去，需要从SEO（搜索引擎优化）的角度了解对手的网站平台是否具有较大优势、平台搜索结果能否出现在第一页。一般来说，如果已经有很多平台霸占了搜索引擎第一页，那就说明这个领域中有很多强劲的对手，很难撼动。

选品也一样，关键看是否能给客户创造出独特价值，人无我有，人有我优，独树一帜，SEO就不是大问题。所以，可以选择某一个小的品类，成为业内龙头，就有可能与大平台竞争。

5. 根据客户端选品

选择的商品最终端销售是在无线端还是在PC端，和选品的决策也有重大的关系。由于移动设备显示屏展示有限，在移动端上是无法进行价格比较的。在移动平台上通过低价商品博得更多关注的概率，相比其他平台小很多，所以卖家在选品方面不能一味地选择低价商品。因此也要特别区分哪些品类和价位的商品适合在移动端或者PC端销售。

第三节　跨境电商选品应用

选品思维随平台思维的不同而不同，相同的产品，中国卖家喜欢多平台销售，但每个产品在每个平台所表现出来的销售情况又是不同的，所以，可以当作有几个不同的销售方法，扬长避短，相互借鉴。比如，同一种商品在某个平台是为了获取利润，在某个平台是用来跑量提升供应链和物流折扣，在某个平台是收集用户信息做二次营销等。

（一）亚马逊平台的选品

对于多数中国卖家来讲，亚马逊留给我们的销售产品路线只有跟卖listing（清单）和自建listing。那么，在这个环境下，中国卖家应如何选品呢？

跟卖：这类产品，其实大多数是标准化产品，选品思路是中国式采购思维，如电子、汽配、家居和运动器材类等；加上目前亚马逊的规则，很多都已经是FBA（亚马逊提供的代发货业务）配送，所以选择这一品类的时候，可以根据要跟卖的母listing是否是品牌，来确认有无侵权风险；剩下的主要精力就要放到采购成本的分析和国内物流头程的计算上。卖家要围绕市场的销售价格区间，不断对这类产品做测试。在title（标题）、关键词、页面、图片、本地派送一样的情况下，根据每个跟卖竞争账号的绩效表现，运营费用，判断争夺buy box（黄金购物车）的实力强弱。卖家们选品就是为了销售，这是选品的根本和核心。

自建：这类产品大多数是已经得到认可的品牌。选择这类产品，除了品牌自有的号召力之外，title、关键词、描述、图片、页面等都要自己做。除了账号绩效表现、优质物流和性价比之外，选品的核心是这类产品市场的销售容量。此类产品往往是非标准化和主观性产品，且是高毛利、竞争对手相对较少的小众市场产品。在这种情况下，才能在非中国式采购思维的门槛前，在特定的用户群和竞争小的市场缝隙中获得发展。

（二）速卖通平台的选品

由于目前速卖通定位在俄罗斯及巴西等新兴电商市场，同时外界多建议卖家在刚开始选品的时候选择体积小、价值低的产品进行销售，目前速卖通平台上集中的品牌还是以时尚类、产品配件，以及小家居、运动类产品为主。多数中国卖家在选品时，还是以中国式的采购思维为主，title、关键词、页面、图片等都是必须做好的，性价比要比其他平台表现得更为突出。有心的速卖通卖家还可以按照亚马逊自建listing的思维，做垂直化的产品线，把亚马逊的卖家品牌思路利用起来，重点利用速卖通的付费流量做自己的品牌店铺。不少业内人士也表示，有关速卖通的选品并没有一定的条框或者规则，也没有永远的热销产品。"人无我有，人有我优，人优我转"是卖家应该谨记的一条准则。

（三）eBay平台的选品

作为全球商务的领军者，eBay帮助全球消费者随时、随地、随心地购买他们所爱、所需的产品，eBay平台上的产品非常多样化，目前提供的上架物品数量已超过8亿件，种类繁多。可以说，消费者需要和喜爱的任何产品，在eBay上都可以找得到。

以美国、英国、澳大利亚和德国为代表的成熟市场目前是eBay中国卖家最主要的销售目的地市场。这些市场具有人均购买力强、网购观念普及、消费习惯成熟、物流等配套设施完善等特点，消费者对于产品质量、买家体验都有比较高的要求。卖家除了要选择高性价比的产品之外，更重要的是要提供堪比零售标准的服务。除了目前品牌和专营店这种战略布局经营外，其他的选品思维可用境外仓派系和中国直发派系来区分。

境外仓派系的选品思维，title、关键词、图片、描述、本地物流选择方式等因卖家的不同而不同，所以，谁在这些方面做得好，结合较好的账号绩效以及eBay实操细节，就已经占有很大优势了，剩下的就和跟卖思维一样了；eBay实操的人都懂，实操霸主卖家对待新入卖家最恨的就是在性价比上"动手"（其他细节都已经在未到销量霸主的时候调整维护完毕）。当累积到一定的销售比例后，霸主拿到了定价权和引领市场均价的旗帜，其产品售价反而会高出新入者很多。新入手者是无法抗衡霸主卖家的，持久的坚守战和特定的时间管理是核心策略。

中国直发派系的选品思维可以用上面提到的速卖通的选品思维操作；可以说，两个市场是大致相同的，不同点就是平台对卖家的考核不一样和平台在受众国家（地区）的宣传力度不一样。

（四）Wish的选品

Wish主打的是移动端，移动设备显示屏展示有限，因此在该平台上是无法进行价格比较的。相关人士就表示，想在Wish平台上通过低价产品博得更多关注的概率相比其他平台小很多，所以卖家在选品方面不能一味地选择低价产品。

Wish的关键词和页面是按照亚马逊的模式做的，SKU属性和匹配方面是按照速卖通的模式做的。用户界面选择了大多数移动端采用的性别和爱好推荐，了解eBay的卖家马上就注意到了，这个界面其实是eBay的Collections模式。所以，除移动端特殊的视角对于页面、整体单品显示的不同细节的影响之外，用速卖通的选品思维做Wish基本是吻合的。

Wish是北美最大的移动购物平台，卖家在选品方面要立足于北美市场的需求以及北美网购者的购物习惯。

第四节　跨境电商产品质量及监管

（一）跨境电商售假情况分析

平台缺乏监管，导致假货不断的跨境电商平台非常多。苏宁易购、阿里巴巴、京东商城、蜜芽等平台基本都包含了自营和第三方经营两种经营模式。自营模式完全属于自己管理。而第三方经营，平台所起的作用就是要加强监管，而现行的这些平台基本都缺乏对第三方商家的监管，出现质量问题，基本都是推给第三方，让消费者和第三方自行解决。

代理商机制导致无法取得大的奢侈品授权。原因是代理商机制下的定价问题。在跨境电商平台上，大的奢侈品肯定卖得比线下的实体店便宜，这必定会影响到原有线下代理商的利益。因而，大的奢侈品牌并不愿与电商渠道合作。暴利驱使商家即使拿到授权也未必卖真货，往往都是真假随机发放，而且商家的进货通道和物流环节都有可能被调包，连上游的授权也可能是商家捏造的。

（二）提高跨境电商产品质量监管的措施

1. 监管部门和品牌商建立合作关系

互联网交易中假货问题较为突出，网络售假对品牌商利益会造成较大损失，尤其跨境电商的商品来源复杂，游离在品牌商的监管之外，在打假方面，监管部门和品牌商目标一致。因此可邀请品牌商进行鉴别、检验，共同合作，将假冒的境外商品拒之门外。同时也可以增加获得授权品牌的备案，监管部门可以要求电商企业将所售卖品牌的授权书进行备案，以证明自己取得了相关授权，监管部门也能够掌握具体哪些企业取得了授权，以及授权的时限。

2. 建立消费者投诉平台

对消费者而言，他们不可能知道跨境商品的源头，也无法了解第三方供应链体系，疑似买到假货，一方面，大多数消费者觉得损失不是很大，就默默忍受；另一方面，也是因为举报渠道不够畅通，绝大多数消费者不知道自己买了假货该如何投诉，而类似保健品、食品、婴幼儿奶粉类需要检测的商品更难发现其真假。因此，建立消费者投诉平台，并及时曝光售假企业及产品名单就显得尤为重要。检验监管部门除设置消费者投诉热线之外，还应在其公开网站上专门开设消费者投诉窗口，供消费者在线投诉。相关部门接到消费者投诉后，应立即处理，如交给相关部门或者企业进行检测，将检测结果同时告知消费者和相关跨境电商平台及售出企业，并及时对外公布。

3. 对跨境电商平台和企业实施分类管理，及时公布售假平台和企业及产品名单

跨境电商产品与一般贸易进口商品相比，关税低很多，而与一般海淘相比，又能帮消费者省去很多麻烦及节省不菲的运费，因而获得消费者青睐，形成现在的火热场面。大到京东、阿里巴巴等电商大佬参与其中，小到在京东、天猫上开店的零售商，还有很多国际（地区间）物流企业利用其供应链上的优势也纷纷加入到跨境电商大军中，这就导致跨境电商行业企业经营能力、诚信水平参差不齐。因此，监管部门有必要对跨境电商平台和企业实施分类管理，并及时公布售假平台和企业及产品名单，这样才能够加强平台和零售商的经营自觉性，督促他们加强产品供应链管理，严格控制产品的质量。对于频频登上黑名单的企业，除了降级处理外，还要进行处罚，而对于在电商平台上的企业，除了处罚相关企业之外，还要处罚所在平台，并将处理原因和结果及时公布。

■■■ 本章小结

国内电商选品工作至关重要，在实践中发展了五项基本选品原则，分别是选择最舍得花钱的目标消费群、分析产品利益点在消费者心目中的迫切性、分析产品的心理属性与利益属性、分析产品所处的行业阶段、分析产品价格的可比性。跨境电商选品工作需要把握几个要点，即确定商品线、确定目标客户群、寻找独一无二的产品、关注税改和正面清单。常用的跨境电商选品方法主要有根据资源定位选品、根据平台模式选品、根据客户需求选品、根据竞争对手选品、根据客户端选品。

【实训】

■■■ 思考题

1. 简述国内电商选品的基本原则。
2. 简述跨境电商选品的基本思路。
3. 简述跨境电商选品的基本要点。
4. 论述常用的跨境电商选品方法。
5. 以敦煌网为例，简述如何进行跨境电商选品工作。
6. 简述跨境电商售假缘由及应对措施。

■■■ 案例分析题

出口电商卖家如何做好父亲节选品?

父亲节是一个主要的购物节。网上卖家需提前制订计划并采购相关产品,保证在消费者开启节日购物前产品已经到位。

为了帮助卖家更好地准备父亲节销售,本文将列出一些网上卖家可以采购的好产品,希望能给卖家选品一些启示。

1. 运动产品

对于一些父亲来说,体育用品是最好的父亲节礼物。网上卖家可以从中获得创意,并利用自己的体育知识,更好地进行产品采购。

如果卖家考虑销售运动服、运动设备或其他与运动相关的亚马逊BMVD(即图书、音像、影像及DVD产品)品类商品(或其他平台相关品类产品),那么就有必要知道哪些球队很受欢迎,哪些运动品牌很畅销。

卖家可以考虑销售高尔夫器材,篮球、足球、曲棍球相关设备、网球及网球拍、棒球手套等,提供给喜欢运动的爸爸。不要忘了利基体育项目相关设备,如滑雪、保龄球、骑行、划船、跑步等,充实产品组合。

卖家也可以销售热门球队球员的球衣和帽子,甚至还可以利用原有品牌认知度,采购与特定球员有关的品牌运动鞋。

卖家记得使用捆绑销售的策略,比如创建一个特定的运动套装,其中包含一个网球拍、一盒网球和腕带等。或是捆绑销售一个球队或是最近比赛冠军的相关产品。

2. 瞄准父亲节购买汽车相关产品的购物者

很多父亲都喜欢汽车和卡车,因此卖家可以借此时期销售汽车相关产品。汽车相关品类产品是另一大商机,卖家可以创造独特的捆绑销售产品。卖家也可以考虑提供由一套汽车垫和一对座椅套、空气清新剂和车载收纳包组成的套装,供消费者选择。

3. 记得采购简单又便宜的父亲节小礼物

不要忘了像父亲节咖啡杯、T恤衫以及有趣又便宜的小礼物。对于许多购物者来说,这些是给爸爸最完美的礼物。

以下是一些适合父亲节销售产品的建议:父亲节书籍、口袋刀、相框、钥匙扣。

4. 采购男士美容用品和套装

从肥皂到胡须油,男性美容产品在父亲节前需求量很大。聪明的电商卖家可以创造独特的捆绑销售产品。卖家可以考虑剃须需要用到的所有东西:一把剃须刀和盒子、剃须膏、须后水和保湿膏等。或销售一套包括电动刮胡刀和胡须膏的套装。可销售的产品有很多,所以卖家要确保产品有创意而且价格合理,并确保能在父亲节购物高峰期参与

buy box。

5. 瞄准那些喜欢科技产品和小玩意的爸爸

今年科技产品和小玩意或将在父亲节大卖。大屏幕电视、电脑和音响系统将是父亲节的热门产品，此外还有扬声器、投影仪、相机及镜头、电子游戏系统及游戏。其中VR（虚拟现实）产品将非常受欢迎。卖家可以做研究，了解受欢迎的产品和可以销售的产品。

6. 家居用品

卖家们，消费者也会给父亲购买如割草机、锯子、木工设备等家居装修产品。对于此类消费者，卖家可能要采购相关工具，提供给喜欢自己动手的父亲。卖家也可以采购一些收纳产品，诸如工具袋、箱子、皮带和枪套等。

7. 其他父亲节可销售的产品品类

全球有非常多不同类型的父亲，因此卖家还有很多父亲节产品采购方向。其中可以包括：乐器、厨具、亲子玩具（乐高玩具、游戏和拼图等）、户外产品（远足设备、双筒望远镜、帐篷和长靴等）。

（资料来源：出口电商卖家如何做好父亲节选品？［EB/OL］.［2017-11-1］.http://www.cifnews.com/article/25903）

思考：

1. 针对节假日活动，以父亲节为例，如何做好跨境电商选品工作？

2. 简述跨境电商选品工作的关键与核心内容。

第九章　跨境电商商品呈现

■■■**学习目标**

　　了解搜索引擎的概念；了解常用的跨境电商平台搜索排序规则；掌握跨境电商平台商品呈现的主要途径；了解跨境电商商品属性填写的几个误区；了解跨境电商商品标题的构成要素；了解跨境电商商品详情页的基本框架；了解跨境电商商品详情页的具体作用；掌握制作好的跨境电商商品详情页的要点；了解常用的跨境电商商品定价策略。

■■■**章节纲要**

　　本章主要分四节来阐述与探讨跨境电商商品呈现的相关问题。第一节主要介绍跨境电商搜索排序基本原理；第二节主要介绍跨境电商商品呈现问题；第三节主要介绍跨境电商商品图片的相关问题；第四节主要介绍跨境电商商品定价问题。

　　跨境电商因其客户群体来自不同国家或地区，所以其平台的商品呈现也明显不同于境内电商平台。这种差别不仅体现在描述商品的语言上，也体现在其他所有细节上。因此，本章的主旨就是通过分析跨境电商搜索排序基本原理、商品类目的划分与选择以及分析跨境电商商品属性，了解跨境电商平台对商品主图及其他图片的要求，了解跨境电商商品详情页的基本框架。

第一节　跨境电商搜索排序基本原理

　　搜索引擎是指根据一定的策略、运用特定的计算机程序从互联网上搜集信息，在对信息进行组织和处理后，将与用户检索相关的信息展示给用户的系统。搜索引擎包括全文索引、目录索引、垂直搜索引擎、集合式搜索引擎、门户搜索引擎与免费链接列表等。搜索引擎优化（SEO）在跨境电商卖家圈中是一个热门的话题，很多卖家都投入了大量精力对SEO技术进行研究，以获得自然搜索流量这块大"蛋糕"。

　　各大跨境电商平台自然搜索排序规则绝对是机密，不管你多厉害，你都不可能知道其具体的算法是什么。所以，很多时候跨境电商运营者只能去猜，只能去测试。需要你经常关注平台的政策变化，关注平台的一些官方言论，了解当前大环境的一些趋势。

　　谈到搜索引擎，不得不提谷歌和百度等常规的搜索引擎。常规搜索引擎和电商平台搜索引擎的区别在于，常规搜索引擎以用户体验为衡量搜索结果质量的指标，电商搜索引擎则以用户的购物体验为衡量搜索结果的指标。接下来介绍几个跨境电商平台搜索排序基本原理。

（一）速卖通

1. 搜索排序规则

速卖通的整体目标是帮助买家快速找到想要的商品并且获得较好的采购交易体验，而搜索就是要将提供最好商品、服务的卖家优先推荐给买家，谁能带给买家最好的采购体验，谁的商品排序就会靠前。

在排序过程中，平台给予表现好的卖家更多的曝光机会，减少表现差的卖家的曝光机会甚至使其没有曝光机会，提倡卖家间公平竞争，优胜劣汰，使买家获得最好的采购体验，让更多的买家满意，愿意来平台采购，最终促进平台的良性发展。

2. 搜索排序机制

面对平台成千上万的商品，速卖通是如何排序的呢？简单来讲，我们可以把排序的过程看成一个对商品打分的过程，得分越高的商品排名越前。影响商品得分的因素很多，每一项因素的权重都不同，而且会发生变化。

3. 商品描述质量

商品描述一定要真实、准确，帮助买家快速地做出购买决策。由虚假描述引起的纠纷会严重影响卖家的排名甚至会使卖家受到平台网规的处罚。

（1）商品描述信息尽量准确完整

商品的标题、发布类目、属性、图片、详细描述对于买家快速做出购买决策来说都非常重要，务必准确、详细地填写。

第一，标题。标题是非常关键的一个因素，卖家务必在标题中描述清楚商品的名称、型号以及一些关键的特征，帮助买家清楚地知道商品是什么，从而吸引买家进入详情页进一步查看。

第二，发布类目。一定要准确选择发布类目，切忌将自己的商品放入不相关的类目，否则买家搜到的概率比较小，而且情况严重时会受到平台的处罚。

第三，属性。一定要尽量完整和准确地填写商品属性，因为这些属性将帮助买家快速地判断商品是不是他们想要的。

第四，图片。商品的主图是商品不可或缺的一个部分，买家更加喜欢高质量、多角度拍摄的实物的图片，能够帮助他们清楚地了解商品，从而做出购买决策。

第五，详细描述。信息一定要真实、准确，最好能够图文并茂地向买家介绍商品的功能、质量、优势，帮助买家快速地了解商品的特点。美观、整洁、大方的页面排版设计，会吸引买家，提升商品成交的概率。

（2）配以高质量的图片展示

速卖通提倡卖家对自己所销售的商品进行实物拍摄，能够以多角度重点展示细节，图片清晰美观，这将有利于买家快速了解商品，做出购买决策。平台严禁盗卖家用其他卖家的图片，这样做会让买家怀疑其诚信，卖家也会受到平台严厉的处罚。

4. 商品与买家搜索需求的相关性

相关性是搜索引擎技术里一套非常复杂的算法，简单地说就是在买家输入商品关键词搜索与类目浏览时，与买家实际需求相关程度越高的商品，排名越靠前。

速卖通在判断相关性的时候，主要考虑的是商品标题，其次会考虑发布类目、商品属性以及商品的详细描述内容。以下几点建议有助于商品获取更多曝光机会。

标题的描写是重中之重。真实准确地概括描述商品，符合境外买家的语法习惯；标题中应没有错别字及语法错误；不要千篇一律地描述，否则买家会审美疲劳。

标题中避免关键词堆砌，比如，一个关键词在标题中出现了4次以上，这样不能帮助卖家提升排名，反而会被搜索降权处罚。

标题中避免虚假描述，比如，卖家销售的商品是MP3，但为了获取更多的曝光机会，在标题中填写"MP4/MP5"字样的描述，速卖通的算法可以监测此类作弊商品，同时虚假的描述也会影响商品的转化情况。

商品发布类目的选择一定要准确，正确的类目选择有助于买家通过类目浏览或者类目筛选快速找到商品，错误地放置类目会影响商品的曝光机会并且可能受到平台的处罚。

商品属性的填写要完整准确，描述详细、真实，这有助于买家通过关键词搜索、属性筛选快速地找到商品。

5. 商品的交易转化能力

速卖通非常看重商品的交易转化能力，卖家也非常重视速卖通的店铺指标——转化率，即一个商品成交的订单数量与其浏览量之比，比值越高说明商品的转化能力越强。同时，转化率高代表该商品买家需求大，有市场竞争优势，速卖通会让该类产品排序靠前。转化率低的商品排序会靠后甚至没有曝光的机会，逐渐被市场淘汰。因此，卖家应采取各种措施促进商品的转化，例如举行店铺营销活动、参与平台活动等。

同时，商品累积的成交数量和好评，也有助于买家快速地做出购买决策，这也会让商品排序靠前。评价不好的商品，其排序也就靠后。

6. 卖家的服务能力

除商品本身的质量外，卖家的服务能力是最直接影响买家采购体验的因素。平台会重点观察卖家在以下几个方面的表现。

（1）卖家的服务响应能力

这表现在阿里旺旺以及站内信的响应能力上，合理地保持旺旺在线，及时地答复买家的询问，将有助于提升卖家在服务响应能力上的评分。

（2）订单的执行情况

卖家应及时发货，无货空挂、拍而不卖的行为将给买家的体验造成严重影响，也会严重影响卖家所有商品的排名情况。

（3）订单的纠纷情况

卖家应避免纠纷的产生，特别是要避免纠纷发展到需要平台介入进行处理的情况。速卖通对于纠纷少的卖家会进行鼓励，对于发生过严重纠纷的卖家会进行处罚使其搜索排名严重靠后甚至不参与排名，当然，速卖通也会排除非卖家责任引起的纠纷情况。

（4）卖家的服务评级系统评分情况

卖家的服务评级系统（DSR）评分直接代表交易结束后买家对商品、卖家服务能力的评价，是买家满意与否的最直接的体现，卖家要重视买家评分。

在订单的执行、纠纷等几个维度上，速卖通会同时观察单个商品和卖家整体的表现情况。单个商品表现差，影响单个商品的排名。卖家整体表现差，将影响该卖家所销售的所有商品的排名。 针对卖家服务能力，速卖通日常关注卖家后台每日服务的表现。

7. 搜索作弊的情况

对于搜索作弊骗取曝光机会的情况，速卖通平台后续将逐步完善处罚规则并加大清理、打击力度，还卖家一个公平竞争的环境，保障买家的权益。常见的搜索作弊行为有卖家信用炒作、商品销量炒作（即"刷单"）、标题关键词滥用、类目乱放、重复铺货、商品超低价等。

（二）亚马逊（Amazon）

1. 搜索排序规则

亚马逊使用的是A9搜索引擎技术。搜索排名是指当买家在亚马逊搜索框中输入某个关键词进行产品搜索时，搜索引擎根据商品与关键词的匹配程度对商品进行排序显示。A9就是亚马逊搜索算法的名称，简单来说，A9就是从亚马逊庞大的产品类目中挑选出与客户需求最相关的产品，并且按相关性排序（A9会把挑选出来的产品进行相关性评分）展示给客户。

A9官网关于如何计算搜索结果的介绍是："远在买家确定搜索类型前，我们就开始运作了。在买家决定搜索前，我们已经分析了大量数据，观察买家过往浏览习惯。"

为确保客户最快、最精确地搜索到"想要购买的产品"，亚马逊会分析每一个客户的行为并记录。A9算法根据这些分析并最终实现买家收益最大化。

举一个简单的例子，如果买家想要买一条连衣裙，买家会直接使用关键词dress进行搜索，那么亚马逊平台上所有与dress这个关键词相关的产品都会被搜索出来，而且，与买家使用的关键词匹配程度越高的产品，就会排在首页或靠前的位置。

亚马逊搜索排名在Sort by里面，有不同的排序类型，如：relevance（相关度），关键词匹配程度最高的，排在首页；price low to high/high to low（即按价格从低到高或从高到低来排序）；avg.customer review（客户打分），星级评分最高的产品排在首页；review（评论），买家评论数量最多的排在首页。newest arrivals（新品），最新上架的排在首页。

不同类目的产品搜索类型会有所不同，也可以按featured（特色）、publication date（出版日期）来搜索产品。

2. 搜索排序机制

影响亚马逊搜索排序的因素主要有：

①相关性。从计算科学的逻辑层面看，相关性是最基本的搜索排名因素。

②转化率。转化率在亚马逊看来是重中之重，在A9算法里，卖家影响转化的各个细节和动作都会被作为搜索排名因素而影响排名结果。

③账号权重及表现。亚马逊十分重视用户购物体验，卖家的每个举动都会被打分，以确保卖家给所有用户提供优质的购物体验。

（三）eBay

eBay平台上的卖家要想提升商品的搜索曝光率，首先要了解eBay默认的搜索排序方式——最佳匹配（best match）。卖家需要抓住排序的关键因素，努力在这些方面提升商品的优势，最后使商品攀升至搜索排名的前列。

eBay的最佳匹配的衡量因素具体包括以下几个。

①最近销售记录（针对定价类物品）：商品近期销售记录越多，曝光度越高。第一次被重新上传的商品保留最近销售记录。

②即将结束时间（针对拍卖类物品），即拍卖物品的下架时间。

③卖家服务评级（DSR）：包括商品描述、沟通、货运时间、运费的评级。优秀评级卖家（top rated seller）的商品一般排名较为靠前。

④买家满意度：包含三个考量标准，即中差评数量、DSR 1分与2分的数量、商品未收到（INR）、货物与描述严重不符（SNAD）投诉数量。

⑤物品标题相关度：买家输入的搜索关键字与最终成交商品的标题、关键字之间的匹配程度。

⑥商品价格与运费：提高免运费商品的排名并降低运费高或运费不明的物品的排名。

（四）Wish

Wish平台除了抓取用户的细微购物行为数据外，还抓取卖家运营的行为数据。其抓取的数据类型如下。

①在线时长：即店铺的活跃程度。Wish检测到店铺不活跃，产品曝光就很有限，自然流量就相对较低。

②违规率：是否诚信，仿品率是否小于0.5%，审核期内是否被下架禁售品，如成人用品、刀具、化学品、打火机、电子烟等。因为Wish平台用户群年龄为15～35岁，有未成年人群体，平台明文规定禁售品不可以上架。

③迟发率：包括履行订单是否及时、物流信息的上网时效。在这里要强调的是以Wish后台抓取的数据为准，其他途径查到的数据不能作为依据，卖家如果发现后台迟迟没有获取数据，就要及时更换优化物流渠道了。

④取消率：卖家因缺货等各种原因取消订单，取消率超标会被封店，一般卖家遇到这种情况最好联系买家，请买家取消订单。

⑤有效跟踪率：若物流渠道不好，订单长时间才能出现跟踪信息，妥投时间如果超过对应国家的最大时效，客户一旦申请退款，即使客户签收，卖家同样得不到货款。现在Wish是以妥投为结款依据的，低于标准线的物流服务，产品曝光会受限，因为其无法给予用户良好的购物体验。

⑥签收率：也就是妥投率，商品能在规定时间内签收，平台会给予加分。

⑦订单缺陷率：指在某一审核期内的中评、差评、投诉、纠纷数据，评价3分以上平台可以接受，接近5分的会得到1%的返利，得到返利的产品曝光会更多。

⑧退款率（拒付率）：包括拒付、品质与描述不符、运输时间过长等原因导致的退款，退款率过高也会被封店。

⑨退货率：退货与商品本身质量有关，退款规则描述要清晰，尤其要说明什么情况下使用，避免出现纠纷。

⑩反馈及时率：客户给卖家发消息，一定要及时回复，建议换位思考，因为没人喜

欢等待。

⑪推送转化率：Wish会对每一种新上架的明显非同质化的商品公平地给予推送3～7天的机会，同时也会监测转化数据，如果转化率不能达标也会停止推送。建议卖家手动认真编辑每一个产品，一步做到位再上传，不要错失平台推送的机会。

⑫店铺等级：按照20%的评价回馈比例，分数超过500，即说明店铺产品销量超过2000件。往往要想办法使店铺在注册初期就达到高分数，这样才会获得较多且稳定的曝光机会。

⑬产品同质化：重复严重的产品将得不到曝光，建议找工厂开发或打包组合产品，形成新的销售商品。

总而言之，上述各大跨境电商平台搜索排序算法大同小异，但算法一直在更新演进。所以，在此建议卖家要跟上平台的趋势与节奏，注意运营平台的政策，及时调整策略。

第二节　跨境电商商品呈现

跨境电商平台上的商品主要通过选择商品类目、设置商品属性、设置商品标题、制作商品主图、商品详情描述、设置产品价格来呈现。

一、 跨境电商商品类目

（一）店铺选对类目（选对行业）

对于资源有限的创业者来说，若要踏入跨境零售电商领域，第一个重要课题就是选择合适的类目。面对海量的进口商品，集中精力选择最适合目标市场的商品类目，就成了跨境电商创业者首先要解决的问题。而选择合适的类目，唯一也是最重要的一个要素就是做减法，将资源集中在一个商品类目上，做深做强，使其品牌深植在消费者心中。

不同的跨境电商平台，其商品的类目划分不同，卖家需要根据平台的特点并结合自己的优势选择合适的类目，即我们常说的选对行业。如果店铺类目选错了，不仅会走弯路，而且有可能愈走愈远，根本走不到目的地。

（二）发布商品选对类目（选对类目）

各大跨境电商平台站内流量入口一般有主搜页面，即直接在搜索框中输入产品关键词便可搜索该关键词对应的相关商品；另外一个站内流量入口是类目浏览，即买家通过浏览平台的类目来找自己想要的商品，如图9-1所示。

图9-1　速卖通主搜页面

对于商品类目的划分，各大平台略有不同。是否选对商品类目直接影响商品是否能得到曝光，尤其是新手卖家，在发布商品时要注意商品实际类别与发布商品所选择的类目是否一致。速卖通后台会检测商品是否选对类目，类目错放会影响商品搜索曝光，从而影响销量。

所以发布商品时，选对类目很重要。如果你对商品分类很熟悉，那么你的商品分类就会很准确。

对于部分无法确定其类目的商品，卖家可以通过一种最简单且直接的办法来确定该商品的类目：即用商品关键词去跨境电商平台买家搜索页搜索同类商品，看表现不错的同类商品属于什么类目，这样类目错选的概率就会大大降低。

假如一个新的无纺布卖家不知道自己商品所属类目，可以用该商品的关键词non-woven fabric在跨境电商平台上搜索，然后找到相同且表现好的商品（排名靠前、成交量大、评分高的商品），点击进入该商品的详细页面，即可看到该商品属于哪个具体类目，如图9-2所示。

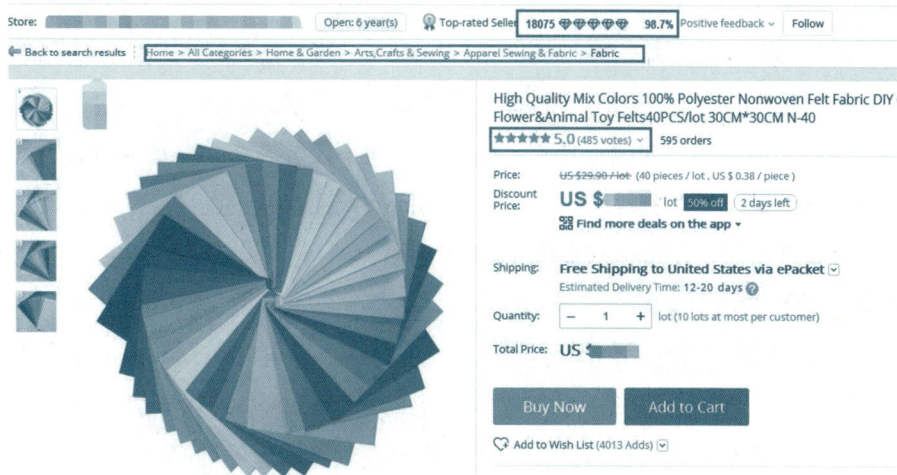

图9-2　商品详细页面

二、跨境电商商品属性

（一）商品属性的含义

商品属性是指商品本身所固有的性质，是商品在不同领域差异性（不同于其他商品的性质）的集合。决定商品属性的因素，来自不同领域。每个因素在各自领域分别对商品进行性质的界定。呈现在消费者眼前的商品就是这些不同属性交互作用的产物。

商品属性是对商品特征及参数的凝练，便于买家在属性筛选时快速找到商品。

（二）商品属性的填写

各跨境电商平台的商品属性填写略有差异，部分平台的商品属性有系统属性和自定义属性之分，例如速卖通。自定义属性是对系统属性的补充，假如平台提供的系统属性缺失，卖家则可通过自定义属性来添加。

1. 按平台要求规范填写属性

①一个属性相当于一个展示机会，所以卖家须填全系统属性，必要的时候可以添加自定义属性，更全面地描述商品信息。

②属性字段分为标准属性和自定义属性，标准属性即系统提供的属性，一般卖家只能选择属性值。而自定义属性的属性名和属性值都需要手动添加。比如属性名称"color"（颜色），在属性值中填写"red"（红色）即可，商品属性信息不建议包含

特殊符号。

③属性填写前后要一致。商品属性不仅要填写准确，还要做到属性与类目、标题、详情页描述信息一致，避免出现前后不一致从而误导买家。

④属性填写要真实、准确、完整。属性的填写不仅要真实，而且要准确、完整。准确的商品属性有助于提升商品转化率，完整的商品属性有助于提升商品曝光率，完整且准确的商品属性不仅可以给买家提供良好的购物体验，还可以减少不必要的纠纷。

2. 属性填写的几个误区

①属性是否填全对搜索结果无影响，更多商品特征可以在详细描述中查看或线下了解。但实际上，属性不填全会影响信息完整度，从而影响搜索结果以及后续的点击转化等；属性不填全，买家通过属性筛选时则无法找到卖家的商品。

②属性中出现关键词可以增加信息相关性，使信息的搜索结果靠前。但实际上，属性中出现关键词是否增加信息的相关性，没有得到官方的证实，无意义地在属性中罗列关键词反而会降低商品的专业度。

③自定义属性填得越多，搜索结果越靠前。但实际上，自定义属性是在系统属性不能满足需求的情况下，供卖家自行设定商品特征，自定义属性的多少并不影响搜索结果。

3. 属性填写案例

下面介绍一个速卖通平台饰品优质卖家属性填写的案例，商品是一个戒指，如图9-3所示，其属性填写如图9-4所示。

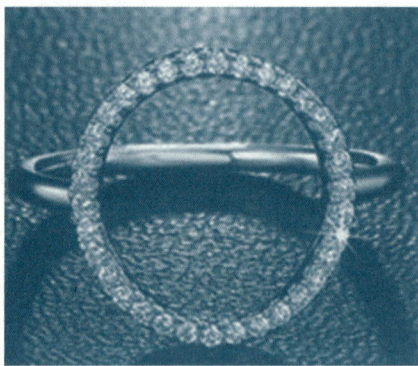

图9-3　产品

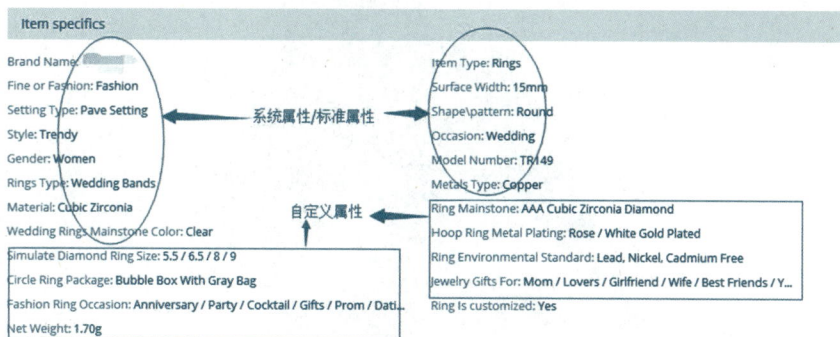

图9-4　产品属性

由图9-4不难看出，这个饰品卖家不仅将系统属性填写得正确且完整，而且自定义属性也填写得十分规范。

三、　跨境电商商品标题

（一）标题的含义

标题是标明文章、作品等内容的简短语句。常言道"看书先看皮，看报先看题"。跨境电商中的卖家朋友常说："我们卖的不是商品，是商品的标题。"标题的好坏直接导致买家是否能看到商品，即好的标题才能使商品得到曝光，而优质的标题才能使商品得到更多的曝光。

（二）标题的构成

一般标题包含类目词、核心词、属性词、材质词、颜色词、修饰词、场景词等。例如："Green Dot Banana/Baby Sleeping Bag/Newborn/Fleece Romper/Single Layer Bodysuit for Spring Wearing"包含了颜色、形状、主关键词、材质、季节等信息。

（三）关键词的来源

我们以速卖通平台为例，从以下几个方面介绍关键词的来源。

1. 商品本身

首先，我们可以从产品本身挖掘商品的关键词。如图9-5所示，我们可以从商品本身获取一部分关键词。核心词：women blouse；类目词：blouses & shirts；属性词：off shoulder short sleeve, o-neck；材质词：chiffon blouse；修饰词：feather pattern；场景词：summer wearing；板型词：loose；风格词：fashion。

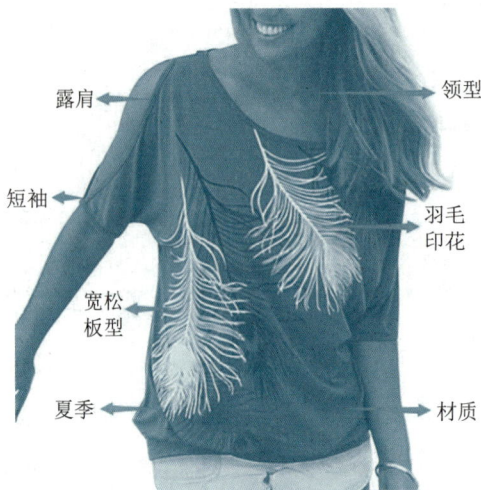

图9-5 产品的关键词

2. 平台站内

（1）数据纵横

数据纵横之搜索词分析：在速卖通卖家后台的数据纵横有一个搜索词分析工具，该工具提供某一个时间段内买家热搜的关键词，其中包含热搜词、飙升词和零少词。具体的界面如图9-6所示。

图9-6 搜索词分析

通过搜索词分析，卖家可以获取大量的买家搜索词。此外，速卖通平台还提供各搜索词的几个重要参数的数据供卖家进行分析，例如搜索人气、搜索指数、点击率、浏览支付转化率、竞争指数和前3名热搜国家（地区）。通过对这些数据进行分析，卖家可以丰富和优化自身商品的标题。

数据纵横之选品专家：速卖通平台选品专家工具提供某一时期全球或者某一国家（地区）某类产品的热销属性数据和买家热搜属性数据。热销属性数据更多用于优化产品的标题，而热搜属性数据更多用来选品。图9-7是热销属性数据下载界面。

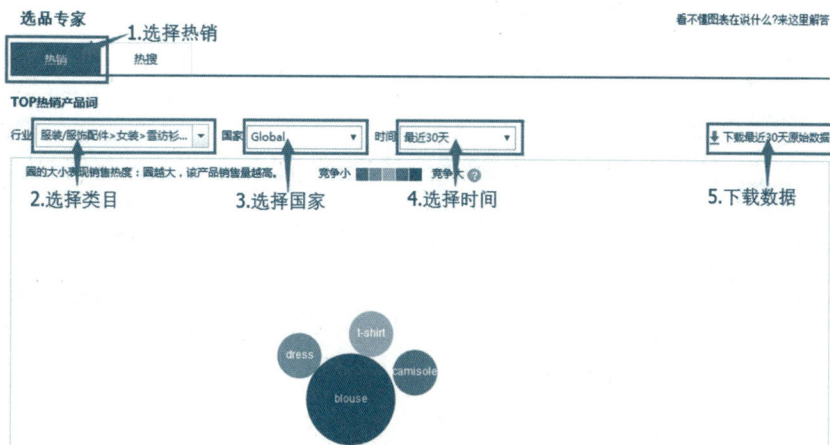

图9-7 热销属性数据下载界面

热销属性数据下载后，卖家需要对其进行分析，这里会用到Excel表格里的数据透视表功能，便于卖家进行分析。图9-8是数据透视表分析的截图。

行业	国家	商品关键词	属性名	属性值	成交指数	求和项:成交指数		
配件>女装>雪	Global	blouse	material	polyester	470224	属性名	属性值	汇总
配件>女装>雪	Global	blouse	pattern type	print	62659	clothing leng	long	71367
配件>女装>雪	Global	blouse	pattern type	striped	45396		regular	546157
配件>女装>雪	Global	blouse	pattern type	patchwork	37040		short	39845
配件>女装>雪	Global	blouse	clothing length	regular	546157	clothing length 汇总		657369
配件>女装>雪	Global	blouse	clothing length	long	71367	collar	o-neck	250035
配件>女装>雪	Global	blouse	clothing length	short	39845		slash neck	44578
配件>女装>雪	Global	blouse	gender	women	657369		stand	35013
配件>女装>雪	Global	blouse	style	casual	320091		turn-down collar	170411
配件>女装>雪	Global	blouse	style	fashion	302349		v-neck	123054
配件>女装>雪	Global	blouse	style	formal	13229	collar 汇总		623091
配件>女装>雪	Global	blouse	style	streetwear	8484	color style	contrast color	19
配件>女装>雪	Global	blouse	style	novelty	6935		gradient	6
配件>女装>雪	Global	blouse	sleeve length	full	384644		natural color	256
配件>女装>雪	Global	blouse	sleeve length	short	134245	color style 汇总		281
配件>女装>雪	Global	blouse	sleeve length	sleeveless	71984	decoration	button	102244
配件>女装>雪	Global	blouse	sleeve length	three quarter	36741		embroidery	42975
配件>女装>雪	Global	blouse	sleeve length	half	26747		hollow out	45925
配件>女装>雪	Global	blouse	decoration	none	256538		lace	80956
配件>女装>雪	Global	blouse	decoration	button	102244		none	256538
配件>女装>雪	Global	blouse	decoration	lace	80956	decoration 汇总		528638
配件>女装>雪	Global	blouse	decoration	hollow out	45925	fabric type	broadcloth	280146
配件>女装>雪	Global	blouse	decoration	embroidery	42975		chiffon	275182
配件>女装>雪	Global	blouse	collar	o-neck	250035		knitted	21181

图9-8 数据透视表分析

分析数据透视表，卖家可以很清楚地知道具有哪些属性的商品是近期非常热销的，然后结合自己商品的特性把热销属性词添加到关键词表。通过该途径获得的属性词质量很高，把这类词添加到标题中可以帮助该商品得到更多更优质的曝光机会。

（2）速卖通前台搜索框

在买家搜索框界面输入商品关键词，速卖通平台会推荐一些相关的关键词，这些关键词也可作为关键词来源之一，如图9-9所示。

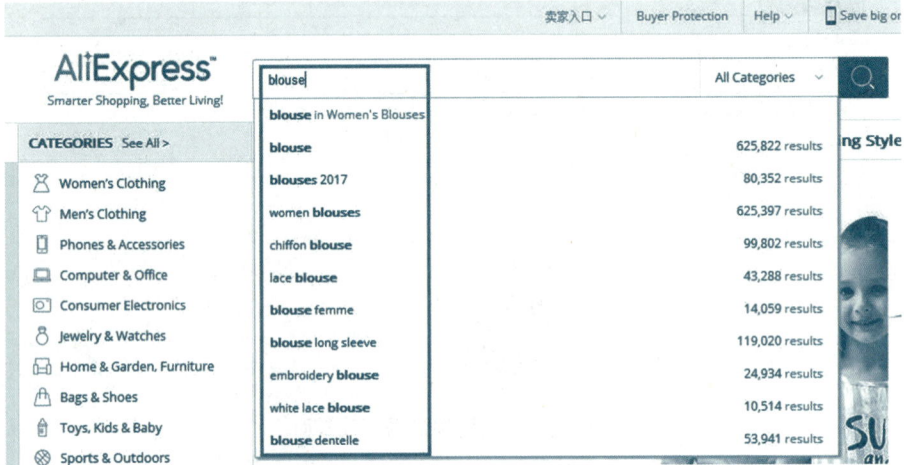

图9-9 平台系统推荐关键词

（3）速卖通类目

在速卖通前台类目区也可以找到很多类目和属性关键词，如图9-10所示。

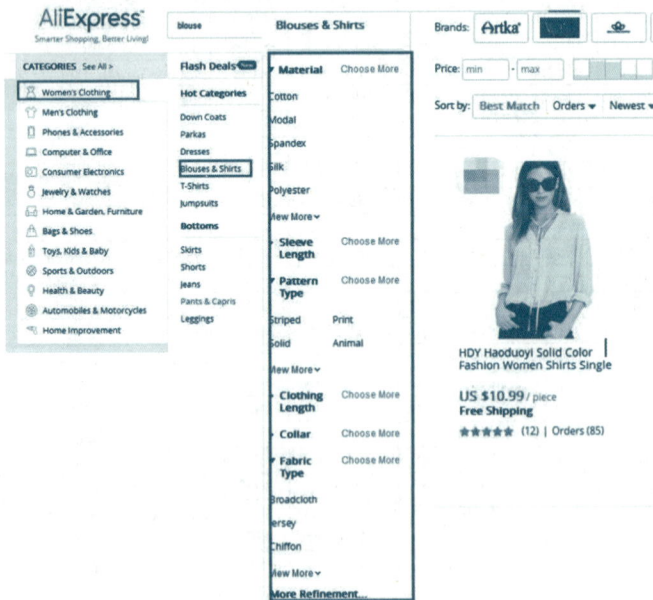

图9-10 速卖通类目

（4）平台活动

平台各类活动很多，能参与平台活动的商品和店铺都是非常优质的。卖家可以多关注平台活动，查看平台活动中与自己的商品同类或相似的，从中搜集优质的关键词。此外，速卖通Weekly Bestselling专区还会推荐近期比较热卖的商品的关键词，如图9-11所示。

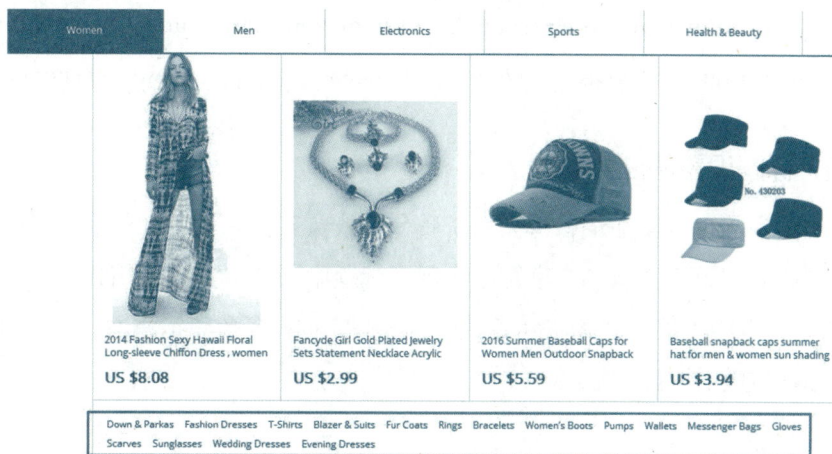

图9-11　平台活动页面

（5）买家反馈

买家反馈包括买家评价信息、订单留言、站内信等，如图9-12所示。卖家可从这些信息中提取与自己的商品相关的关键词。

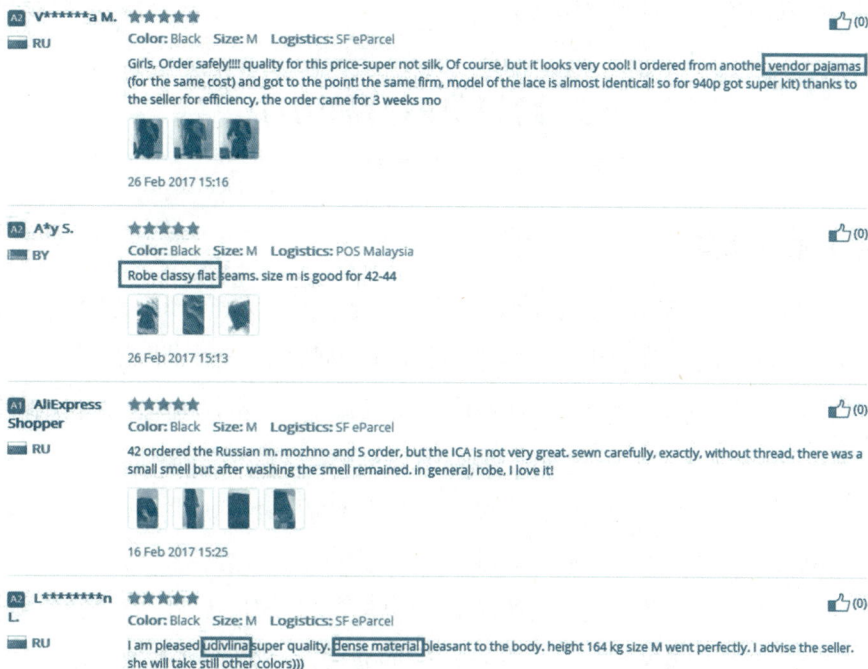

图9-12　买家反馈

3. 平台站外

可通过访问以下网址从站外获取关键词： Keyword Tracker （http://freekeywords. wordtracker.com/），Keyword Discovery （http://www.keyworddiscovery.com/search. html），Wordze （http://www.wordze.com/），SEO Book Keyword Tool （http:// tools.seobook.com/keyword-tools/seobook/），Keyword Spy （http://www.keywordspy. com/），Spyfu （http://www.spyfu.com/），Nichebot （http://www.nichebot.com/）。

（四）标题设置的注意事项

先挖掘出商品自身属性词，再去系统后台寻找买家搜索词；标题最长可有128个字符，注意核心关键词应在前35个字符中出现；标题中同个单词只能用1次，核心词出现不超过3次；标题中不能出现和实际商品属性无关的词；多放热搜属性词；标题语法尽量简单；标题尽量不用符号分隔。

第三节　跨境电商商品图片与商品详情页

从一定程度上来说，网上购物购的不是"物"而是"图片"。所以图片是否能吸引消费者尤为重要。为了能更好地提升商品的转化率, 提升买家的购买体验，跨境电商平台开始对商品发布图片进行规范化要求。

一、　跨境电商商品图片

（一）商品主图

商品主图的要求主要有简洁、抢眼。简洁即要求图片为正方形，且商品能够占据60%～80%的图片空间。背景干净，能够衬托出产品特色。抢眼即图片能吸引买家眼球。首先要达到简洁的基本要求，其次深度了解商品卖点，再优化主图，避免商品图片同质化。

此外，随着品牌化时代的到来，建议有自主品牌的卖家在商品主图左上角添加品牌标志，进行品牌宣传。以下列举速卖通对部分行业图片的优化规范。

速卖通服装鞋包行业的卖家需按照以下具体要求进行图片优化，符合行业标准的优质图片将会得到更多的曝光机会和入选平台活动的机会。

1. 商品主图要求

①无杂乱背景，统一背景底色，最好是白色或者浅色底（注：除有统一背景的品牌店铺，且整个店铺的商品有明确的定位，呈现出一定的协调性）。图片尺寸800×800像素及以上，图片横向和纵向比例建议1:（1～1.3），无边框和水印。品牌标志统一放在图片左上角。

②图片上除了英文标志统一放左上角外，不允许放置尺码、促销和文本等信息。

③图片主题比例要求占整个图片的70%以上，禁止出现任何形式的拼图（注：多SKU商品平台会通过其他方式实现买家端的展示）。

④建议上传四张图片，顺序依次为：模特或实物正面图、背面图、侧面图和实物细节图。图9-13和图9-14是女装和鞋类产品正确图片示例和错误图片示例。

图9-13 女装主图片示例　　　　　　　　图9-14 鞋类商品主图示例

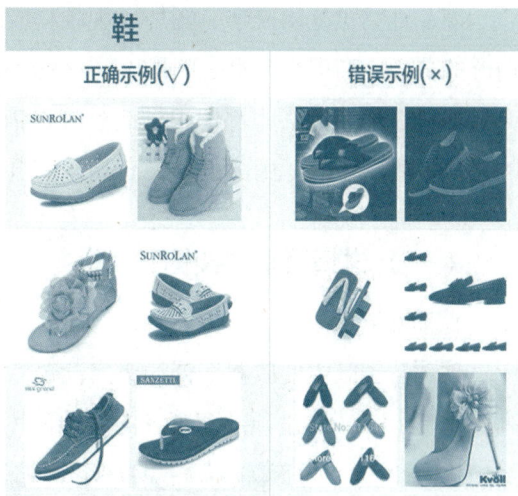

2. 商品主图注意事项

①单色商品主图中尽量不要含有两个以上的商品，以免误导买家；

②多颜色商品主图需要注意商品的层次感，突出商品卖点；

③非赠品等，不要在主图中展示，减少售后纠纷。

（二）商品图片

商品主图侧重商品整体效果的展示，而商品图片不仅要展示商品的整体效果，还要展现商品的细节，尤其是商品的卖点。商品图片一般包含商品整体图、效果图、场景图、描述图、细节图、对比图等。目前跨境电商平台对于商品图片并没有特别的要求，卖家可操作余地比较大。

从作用上来讲，商品图片是对产品主图的补充，毕竟每个平台对上传主图的数量都有限制，而对商品图片的数量，目前没有太多限制。

此外，商品图片不同于商品主图的是，详情页的商品图片可以添加文字。如果卖家有美工，可以做品牌文化等文案设计；如果没有，建议一切从简。

二、 跨境电商商品详情页

商品详情页是由文字、图片、视频构成的，向买家介绍商品属性、使用方法等详细情况的页面。商品详情页是向顾客详细展示商品细节与优势的地方，顾客喜不喜欢这个商品、是否愿意购买，都要根据商品的详情页判断，99%的订单也是顾客在看过商品的详情页后产生的。由此可见，商品详情页最主要的作用就是完成订单。

（一）详情页基本架构

1. 顶部营销区

顶部营销区主要放置店铺的重点营销活动、优惠券或者关联推荐，可增加流量，提高转化率。图9-15是顶部营销区的活动预热图，图9-16则展示了店铺主推商品。

图9-15　顶部营销区的活动预热图

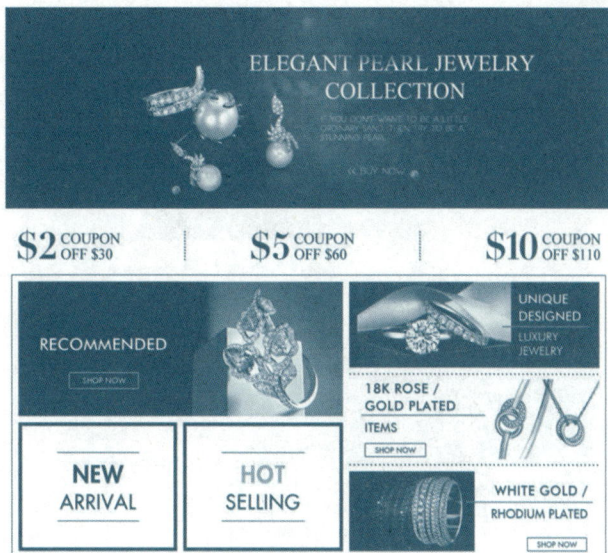

图9-16　店铺主推产品

2. 海报图

海报图主要突出产品的特点，包含产品的使用效果和配景，即模特图和场景图。

（1）商品图及商品基本信息

该模块主要包含商品基本信息，最好以文字加图的形式进行展示。商品图片包括多角度拍摄的实物图、模特图。如图9-17所示，该饰品卖家对商品做了详细准确的说明。这是一枚戒指，商品说明里不仅有戒指的直径，还有每个小花的直径和戒指的英文名称，方便买家挑选。由此可见，该卖家在商品说明上做足了功夫。

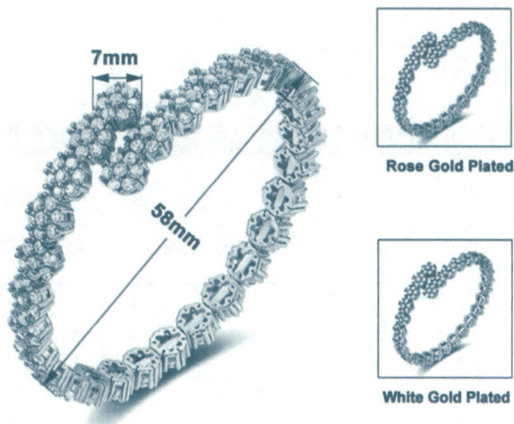

图9-17　产品基本信息

（2）细节图

细节图展示产品的工艺、做工、卖点、材质、配件等信息，如图9-18所示。

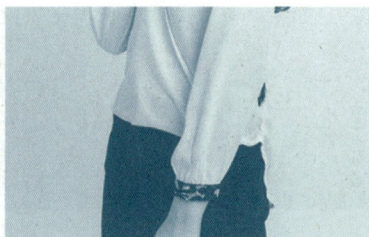

图9-18　产品细节信息

3. 尺寸说明

产品的详细尺寸说明，买家可据此做选择和判断。卖家一定要注意中国尺码和国外尺码的差异，同时做好长度单位的换算，让买家对照尺寸表即可挑选适合自己尺码的商品。因为很多国外买家一般习惯以英寸为长度单位，而不太习惯厘米等单位。假如卖家尺码说明仅有厘米，这些买家看尺码数据就如同我们看英寸的尺码表一样晕乎乎。如图9-19所示，卖家不仅对尺寸做了详细的说明，还附带了长度（英寸和厘米）测量数据。此外，还以图示说明这些数据是如何测量的，提醒买家有关尺寸的误差说明，还有色差说明，避免产生不必要的纠纷。

图9-19　产品尺寸信息

4. 品牌形象及资质认证等信息

该部分内容主要突显品牌的背景和实力，介绍企业价值观或者企业故事，展示公司商品所获得的证书和资质认证等，图9-20为公司介绍，图9-21为仓库图。

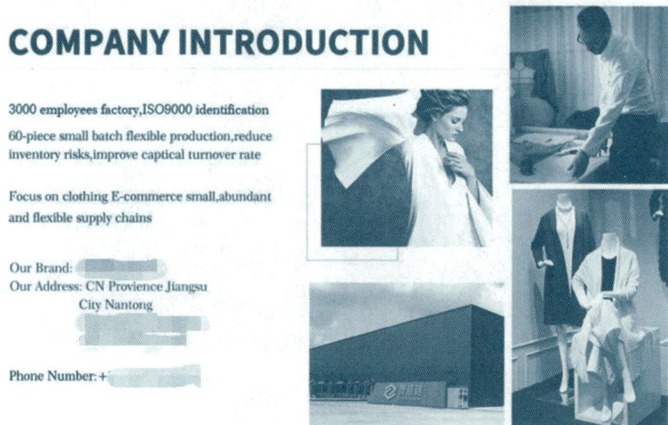

图9-20　公司介绍

图9-21　仓库图

5. 包装信息

产品包装信息包含产品的包装材料、包装步骤和包装形象等信息。

6. 买家反馈信息

把客户的"晒图"或优质评论截图，为产品做好评营销，如图9-22所示。

图9-22 客户"晒图"

7. 购物保障

该部分内容主要介绍邮费、发货、退换货、洗涤保养、售后服务等。

8. 尾部营销区

该部分内容主要介绍关联商品或者相似商品，以降低客户流失率。

（二）详情页的作用

1. 引起注意，留住客户

卖家需要通过各种方式来激发客户需求，例如突出商品独特的卖点、价格优势，举行促销活动，抓住买家的需求点。多用具有美感的产品图，别让客户对你的商品页面反感，如过多的关联商品、花哨的装饰或者过多的动图等就容易使买家反感。

2. 提升兴趣，确认需求

要提升买家兴趣，就要了解客户需要什么，以及我们能提供什么。从各方面介绍产品是如何满足买家需求的，产品是否超出买家的预期。同时要思考如何表达才能让买家更感兴趣或者更容易接受。

3. 建立信任，消除疑虑

建立的信任有多种方式，如打感情牌、好评展示、突出无风险购物、做相应的承诺。同时，详情页的专业和实力或资质的介绍也是提升买家信任度、消除买家疑虑的良药。

4. 促进成交，关联需求

要促使买家下单，需要卖家营造紧迫感，给买家一个马上购买的理由，例如突出限时、限量或者承诺有赠品等。

（三）如何制作的详情页

1. 分析产品

分析产品即分析产品的优势、劣势、机会、威胁。

产品是根本，产品特点要明确表述，不要拐弯抹角，怎么好看怎么做，要基于产品本身，表现产品性能，引发客户购买。

2. 分析目标客户

分析内容主要包括目标客户是谁，目标客户的年龄、性别、消费层级、消费习惯、购买可能产生的顾虑以及如何解决其顾虑，满足其需求。

3. 分析详情页买家浏览习惯

买家在详情页停留的时间大概为一分钟，大部分买家只看了详情页的前3屏左右，看完详情页的买家非常少，所以详情页不能太长。一般图片不要过多，也不要过大，加载时间过长可能导致买家直接关掉详情页。图片应是高清大图，文案精练，排版有条理。

4. 确定需要哪些模块以及模块顺序

在发布产品之前先确定产品详情页的基本架构、各模块的顺序，以及如何排版更能发挥详情页的作用，实现订单转化。

总之，以上针对详情页的说明基本上抓取了较为普适的一些特点，原则和方向适合大多数商品。原则基本唯一，方向可有多种，卖家在经营店铺时应善用这些原则和方向，将其应用到某个产品上还需要灵感与实践。另外，详情页的优化乃至产品本身的优化，都需要较强的审美能力与对用户习惯的把握能力，这不是一件可以简单模仿的事情，需要真诚、用心对待。

第四节　跨境电商商品定价

定价看似很简单，但是卖家要定一个消费者能接纳的价格却并非那么容易。定高了，订单转化率降低；定低了，利润降低。那如何将价格定在一个合理的范围内呢？当然要考虑产品的利润、企业的整体运作成本。这里我们主要从平台层面的需求和竞争两个角度，分析如何合理地为商品定价。

（一）分析同行价格

卖家在发布商品的过程中要重视分析同行价格。发布商品前先去搜索该商品在整个平台的销售情况，通过搜索，可了解销量较好的商品的价格区间，以此区间为依据，对自己的商品定价不要过低，也不能过高。

实际操作中，很多卖家发布商品时，仅仅根据自己的进货成本、商品重量与运费、包装成本、佣金、汇率、潜在损耗、预期利润等因素来制定价格。而这样的定价要么价格过高没人买，要么过低，加剧了整个平台关于该类商品的价格战。

参考同行的价格，还可以挖掘出更多你所未知的信息，比如依据竞争对手的价格，你却怎么都核算不出利润，对手真的就是亏本卖的吗？这时候，可根据对手的销售价格，以倒推的方式去推算各个环节的成本构成。推算的好处在于，可以发现很多未发现的利润点。例如，推算过程中，会意识到自己的运费成本过高而去寻找更合适的货代或发货方式，会发现拿货成本高从而寻找性价比更高的供应商，会知道很多卖家可能是拆掉了原有的大而重的包装从而降低了成本，等等。在此过程中发现的任何一个因素，都远比读十篇相关文章更有效。

接下来我们以晚礼服为例分析该商品在速卖通平台的价格。在搜索框输入evening dress后，得到如图9-23所示的结果。

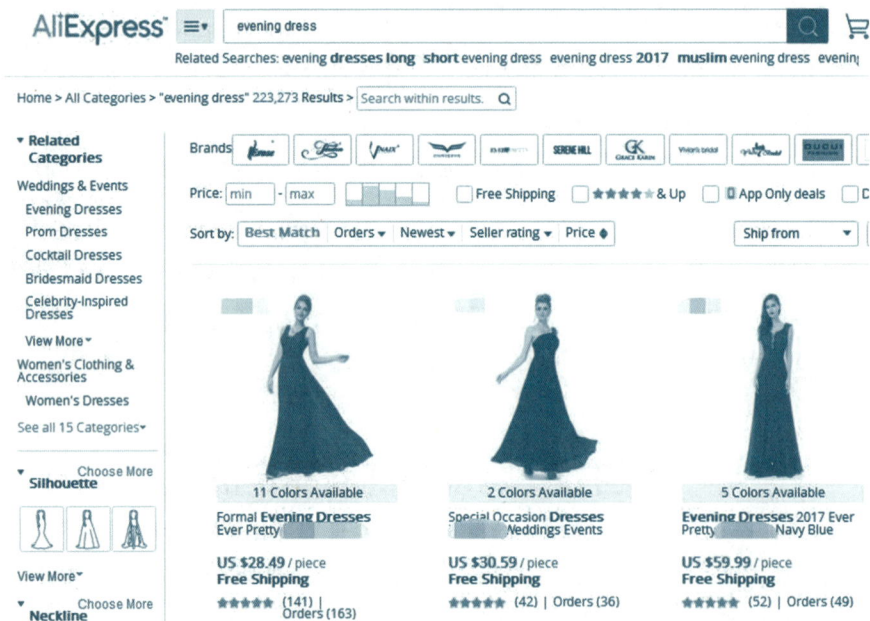

图9-23　价格信息

由图9-23可以看出，全平台总共发布了22万多种晚礼服商品，可以说该商品竞争很激烈。接着再来分析晚礼服价格位于哪些区间，如图9-24所示，9.0%的买家购买价格低于18.28美元的商品；37.0%的买家购买价格为18.82～45.78美元的商品；30.0%的买家购买价格为45.78～64.98美元的商品；17.0%的买家购买价格为64.98～142美元的商品；7.0%的买家购买价格大于142美元的商品。

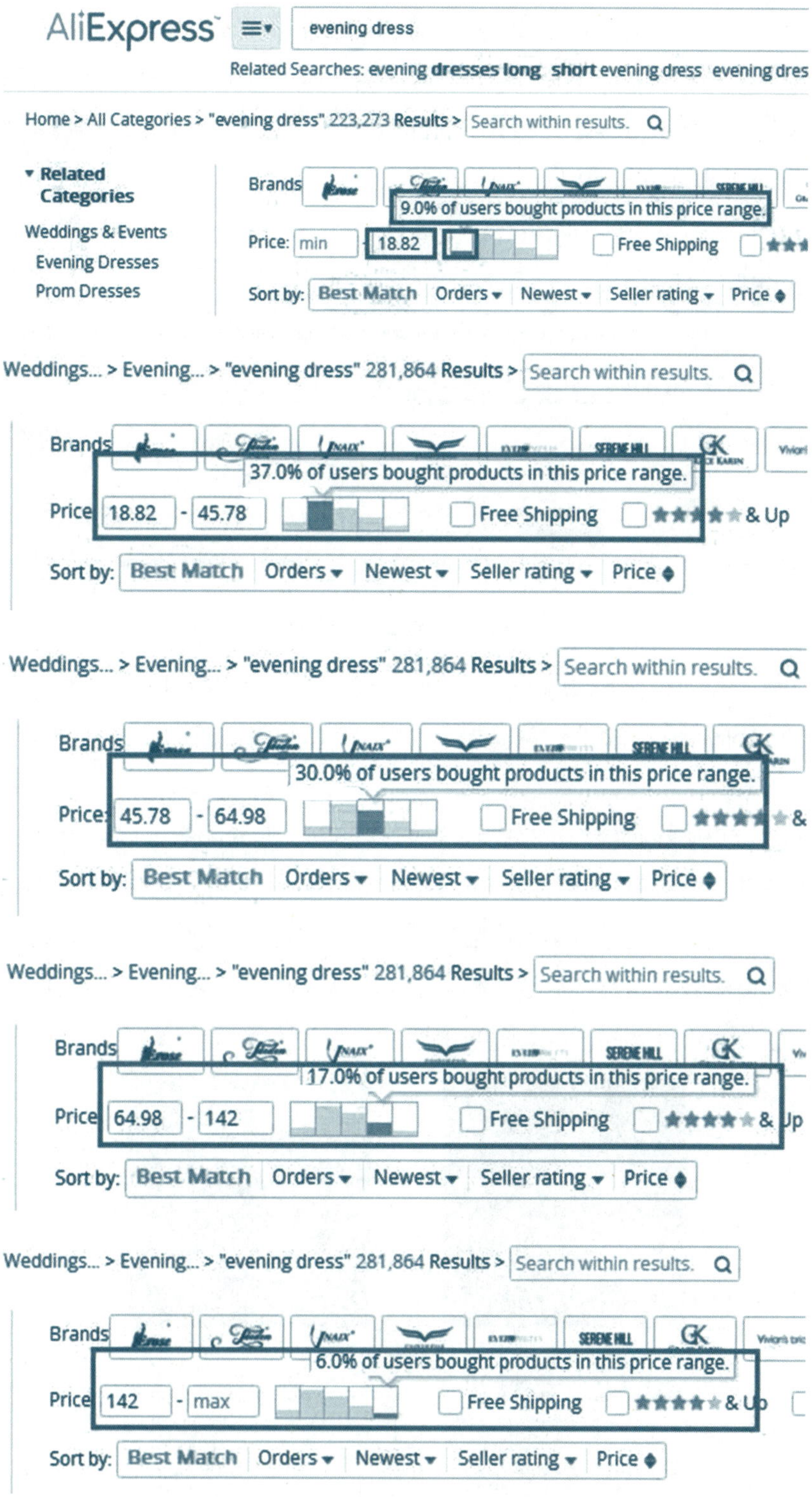

图9-24　平台提供的几个价格区间数据

从消费者购买入口搜索到的该类商品的单价在18.82～142美元，且集中在18.82～64.98美元。不难看出，假定商品的卖点和在售商品并不存在大的差异，商品的定价在这个范围对买家是比较有吸引力的，同时也可以很清楚地看到并不是价格越低就越好，当然也不是价格越高越好。低于18.82美元的商品只有9.0%的买家购买，而高于142美元的商品只有7.0%的买家购买。

接下来再看看有多少商品的价格位于这几个价格区间，搜索界面如图9-25所示。

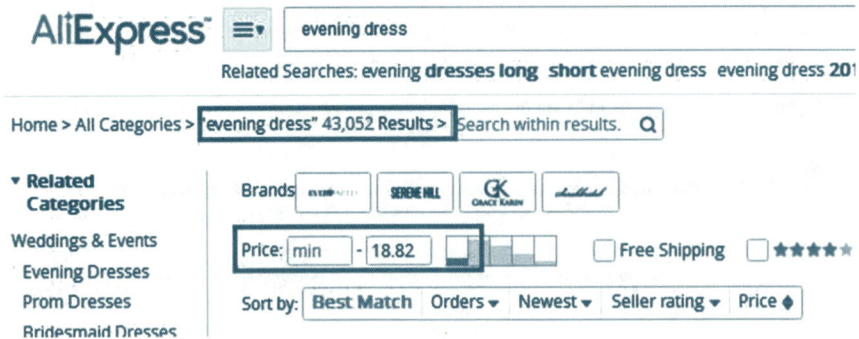

图9-25　搜索界面截图

商品具体分布为：18.82美元以下，43052 个结果；18.82～45.78美元，28107 个结果；45.78～64.98美元，22491 个结果；64.98～142美元，183139 个结果；大于142美元，138775 个结果。

由以上数据可明显看出，价格在18.82～64.98美元的商品数远远少于价格在64.98美元以上的商品数。而从前面的数据分析得出，平台上绝大多数买家更愿意购买该价格区间的商品，所以卖家将自己商品的价格定在这个区内是最合适的。另外，细心的读者可能已经发现，以上数据所有产品数之和高于之前普搜得出的数据223341。原因在于，平台上很多卖家的定价是区间价，如图9-26所示。

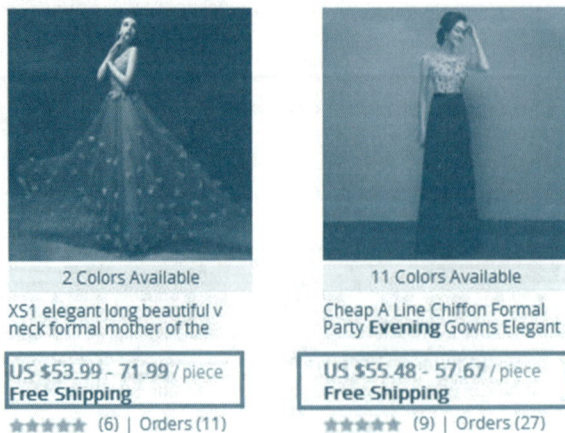

图9-26　价格信息

（二）了解基本的价格概念

发布产品之前，卖家必须了解几个基本的价格概念，以及这几个价格之间的关系。

上架价格：卖家在上传商品的时候所填的价格；销售价格：商品在店铺折扣下显示的价格；成交价格：用户在最终下单后所支付的商品的价格。这几个价格之间的联系是：成交价格=销售价格－营销成本。

（三）常见的定价策略

清楚以上几个价格的关系后，我们就可以对不同定位的产品采取不同的定价策略。产品定位，一般分为爆款、引流款和利润款。

1. 爆款定价策略

爆款倾注了卖家绝大多数的人力、物力和财力。爆款最重要的作用就是为店铺带来巨大的流量，这也说明该款产品的利润率不会太高，甚至初期还会略有亏损。排除付费推广因素，产品只有有足够的价格优势，才有可能获得更多的流量。如果价格上没有优势，也需要支付推广费用来获取更多的流量。由此可见，爆款难逃低利润的命运。通常爆款的实际成交价格相对低于产品的平均价格，甚至会更低。之前跨境电商平台的部分卖家，就是通过超低价抢夺市场份额后再提价销售的。目前各大跨境电商平台都已开始抵制恶性的价格竞争，所以该策略应慎用。此外，这种价格战略对资金量要求高，所以中小卖家更要慎重。

有人说爆款是绝对亏本的，然而事实上未必，如手机壳等低重量低价格的是商品，当买家购买一个时，也许卖家是亏本的，但是假如买家购买两个或者三个以上时，卖家则是赢利的。

总之，爆款的定价可以以略低于市场价格，也可以采用卖一个亏本，卖两个及以上赢利的模式进行定价。

2. 引流款定价策略

引流款广告花费不如爆款多，用于报名参加平台活动，拓展店铺流量来源，也可以作为预备爆款的商品。引流产品的定价可以略高于爆款。

3. 利润款定价策略

利润款承担为店铺带来自然搜索流量的任务，同时为店铺带来利润。该部分商品是店铺的利润来源，所以卖家在对这部分商品定价时一定要把店铺整体成本和预期的利润考虑进来，从而为店铺带来实际收益。利润款的商品定价要高于引流款和爆款。

■■■ 本章小结

好的商品呈现可促进跨境电商平台店铺的商品销售。搜索引擎可以优化消费者的购物体验，有助于跨境电商平台商品呈现。不同跨境电商平台在搜索排序规则方面会有差异。跨境电商平台的商品可以通过多种途径呈现，如选择商品类目、设置商品属性、设置产品标题、制作产品主图、产品详情描述、设置产品价格等。进行跨境电商商品类目管理时，需要关注两点，即店铺选对类目（选对行业）、发布商品选对类目（选对类目）。在进行商品属性管理时，尽可能填全系统给出的属性，同时还要注意规避几个常见的误区。好的商品标题可以提升商品的曝光率，标题包含类目词、核心词、属性词、材质词、颜色词、修饰词、场景词。以速卖通平台关键词为例，关键词来源主要有商品本身、平台站内获取、平台站外获取等。跨境电商商品图片包含商品主图与商品图片，图片要简洁、抢眼。商品详情页由文字、图片、视频构成。商品详情页基本架构包括顶部营销区、海报图、尺寸说明、品牌形象及资质认证信息、包装信息、买家反馈信息、购物保障、尾部营销区。要综合分析产品、目标人群、详情页买家浏览习惯，最后确定详情页需要哪些模块以及模块顺序。需要从需求和竞争两个角度，对跨境电商平台的商品进行定价。常用的定价策略有爆款定价策略、引流款定价策略、利润款定价策略。

【实训】

■■■ 思考题

1. 简述速卖通与亚马逊平台搜索排序基本原理。
2. 简述跨境电商平台商品呈现的主要途径。
3. 简述跨境电商商品标题的关键词来源。
4. 简述跨境电商商品详情页基本架构。
5. 描述跨境电商商品详情页的具体作用。
6. 如何制作好的跨境电商商品详情页？
7. 简述常用的跨境电商商品定价策略。

■■■ 案例分析题

浅析速卖通粉丝营销功能——"粉丝趴"

从雨果网获悉，速卖通粉丝营销功能——"粉丝趴"（Store Club）已经面向全部卖家开放。下面一起来了解一下速卖通"粉丝趴"及其操作。

一、"粉丝趴"是什么？

Store Club是阿里速卖通平台为广大卖家提供的粉丝营销阵地，功能类似淘宝的"微淘"，基于买家、卖家的关注进行内容展示，关注店铺的买家可以收到卖家发布的动态信息。此外，有直播权限的卖家的直播视频也会同步展示到Store Club内，且支持买家对相应的内容进行点赞和评论。

Store Club有两个阵地，一个是Store Club频道，入口在App首屏的重要位置，如图9-27所示。

Store Club频道内容分为发现（discover）和关注（following）两部分内容，第一个是默认进入频道discover，

图9-27 Store Club入口

里面展示的是"粉丝趴"优质卖家发布的营销内容，包括上新、粉丝专享活动、导购文章和活动等，还有其他卖家发布的优质内容，针对不同买家做个性化推荐展示，展示效果如图9-28所示。

另外discover下还会有2个推荐板块，一个是daily recommended store，里面包括三个维度的店铺推荐：本周销量最高、本周"增粉"最多和本周点赞最多，具体展示效果如图9-29所示。

另一个板块是editor's picks，这个板块是频道内的运营活动内容集合地，展示效果如图9-30所示。

图9-28 discover频道展示

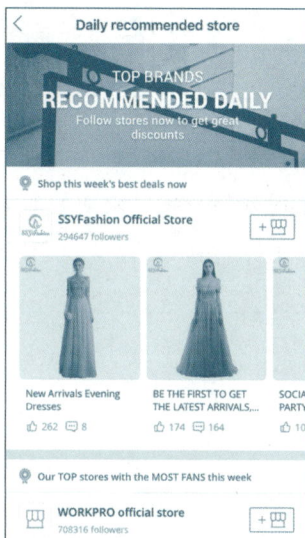

图9-29 daily recommended store板块展示

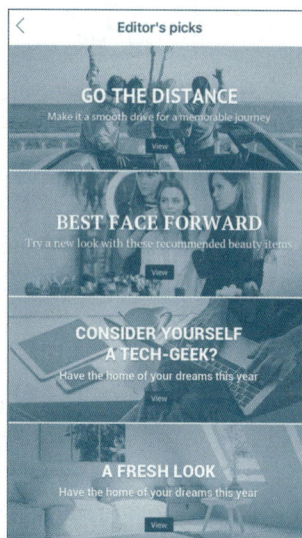

图9-30 editor's picks板块展示

第二频道个是following，呈现买家关注店铺的动态、消息，视觉效果如图9-31所示。

所有在速卖通"粉丝趴"后台发布的帖子内容都可以在店铺内获得展示，注意店铺内入口需要使用店铺装修2.0且发布之后才能展示，入口效果如图9-32所示。

二、粉丝营销操作后台介绍

1. 速卖通粉丝营销操作入口：卖家后台→营销活动→客户管理→粉丝营销，如图9-33所示。

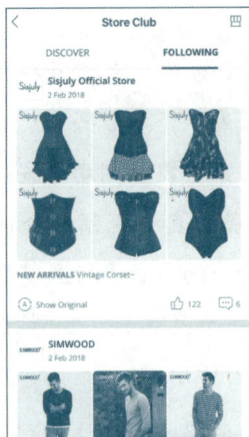
图9-31 following

图9-32 店铺内的Store Club

2. 进入操作后台之后可以看到3个内容发布入口，即上新帖、文章和粉丝专享价活动帖，如图9-34所示。

图9-33 速卖通粉丝营销操作入口

图9-34 粉丝营销内容发布入口

3. 所有的发帖类型都可以定时发布，定时发布的时间点设置是中国时间，具体设置操作入口以新品帖发布为例，如图9-35所示。

图9-35 上新帖

（资料来源：浅析速卖通粉丝营销功能——粉丝趴［EB/OL］.［2018-5-20］.http://www.cifnews.com/article/34754.）

思考：

1. 简要介绍速卖通"粉丝趴"。

2. 速卖通"粉丝趴"频道内容有哪些？分别是什么？

第十章　跨境电商视觉管理

第十章　跨境电商视觉管理

■■■学习目标

　　了解视觉营销的概念；理解视觉营销的意义；掌握视觉营销在跨境电商平台中的具体应用；掌握如何打造高转化率的详情页；掌握做好速卖通视觉营销的要点；了解跨境电商店主需要掌握的技能；掌握打造跨境电商商品详情页的要点；了解如何进行产品信息维护。

■■■章节纲要

　　本章主要分三节阐述与探讨跨境电商视觉管理问题。第一节主要介绍视觉营销知识；第二节重点介绍视觉营销中商品详情页打造知识；第三节主要介绍跨境电商产品信息管理内容。

第一节　视觉营销

一、视觉营销概述

（一）视觉营销的定义

　　视觉营销，就是在客户的视觉感官上下功夫，通过刺激客户的感官引起客户的兴趣，使其对产品产生深刻的认同感和购买欲望，从而达到营销的目的。视觉是手段，营销是目的。视觉营销的目的是最大限度地促进产品（或服务）与消费者之间的联系，最终实现销售（购买）。

（二）视觉营销的重要性

　　视觉在人的五感中占主导地位，能最大限度地影响人的思维判断。在实体店买东西，人们可以通过听觉、嗅觉、味觉、触觉去感知商品。但在网上买东西，只能通过视觉来判断产品的好坏，然后决定要不要买。所以，做好网店的视觉营销尤其重要！

　　引起顾客注意，唤起顾客兴趣，激起顾客购买欲望，促使顾客采取购买行为，是视觉营销的目的和重要性所在。要达到这种视觉营销效果，第一步就是要引起顾客注意，这主要是建立在视觉冲击力的基础上的。通过视觉冲击，引起顾客的关注，继而使顾客对销售的产品抱有积极肯定的态度，激发顾客对商品产生强烈的拥有愿望，即产生较为明确的购买动机，最后运用一定的成交技巧促使顾客购买。由此可见，视觉是一种影响消费者行为的重要因素。视觉营销的根本目的就在于塑造网络店铺的良好形象和促进销售。

具体来说，做好视觉营销，对店铺有以下几大好处。

1. 吸引客户眼球，提升店铺客流量

美的事物总是能吸引人们的注意力。在网上售卖商品，卖家必须运用色彩、图片、文字等来包装商品，赋予产品美感，吸引客户。

网上店铺中，能够带来点击量的图片主要有：产品主图、banner广告（横幅广告）、关联图片等。我们来看看下面两组速卖通主图（图10-1、图10-2），大家觉得哪一张更能吸引客户点击，带来更多点击量？

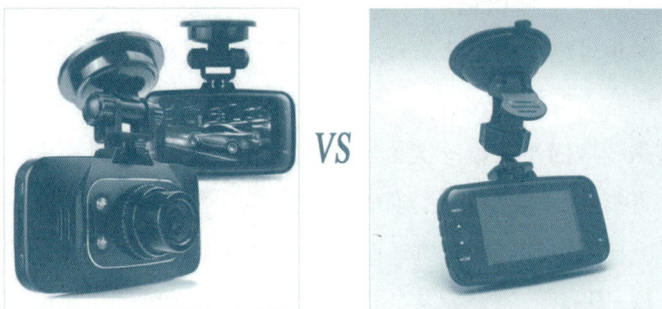

图10-1　主图对比（一）

图10-2　主图对比（二）

2. 唤起客户兴趣，让客户停留更久

当顾客进入网店主页或者产品详情页后，卖家需要做的就是唤起客户的购买兴趣，留住客户，让顾客停留更久。好的店铺招牌、banner或者产品详情页的首屏图片，往往都能激发客户的购买欲望，让顾客在店铺或产品页面停留得更久，这样成交的概率也就更大一些。

如图10-3所示，图中使用的广告语是"The Fastest Android Head Unit"，传达的商品卖点是"快"，其下方的3个参数跟"快"也都是有一定联系的，这样会促使一些关注系统运行与反应速度的客户去了解产品到底能快到什么程度。

图10-3 卖点打造

3. 刺激客户想象，提升成交转化率

科技的发展带来产品的创新，很多产品，已经无法从外观和形状上去判断它的用处。如果你的产品也是这样，无法从外形来定义它的用途，那么就需要用一些情景图片来告知客户它的适合人群和场景。

比如下面这组图片描述的是一款蓝牙手环产品，当手机有来电的时候，手环会以震动的方式提醒你并显示出对方姓名，如果此刻你的手机尚在5米开外，那么你可以直接打开手环上的喇叭接听电话。而且它还有时间显示和手机防丢提醒功能。这样的一款商品，它的适用人群是非常广的，如商务男士、办公室白领等，卖家做了如下的一些图片（图10-4，图10-5）展示该商品。如图10-4，消费者如果是一位商务男士，看到这张图片或许会想起哪次去运动的时候，手机放置在一旁，结果错失了一个重要电话，那么他是不是会毫不犹豫地购买呢？尤其是对于母婴产品来说，选购此类商品的基本都是母亲，但凡是能够让这些母亲联想到自己孩子的某些场景和经历的图片，都有助于订单更快地达成。

图10-4 针对人群（一）

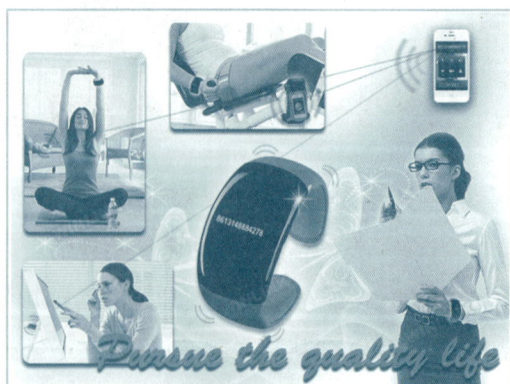

图10-5 针对人群（二）

4. 塑造店铺形象,提升品牌认知度

视觉营销还有一个非常重要的作用就是塑造店铺形象,提升品牌认知度。任何一个网络卖家,都希望自己的店铺名称或品牌能被客户记住。因此,在店铺的视觉营销中,做到色彩搭配恰当、主色突出、风格统一尤为重要,如图10-6所示。

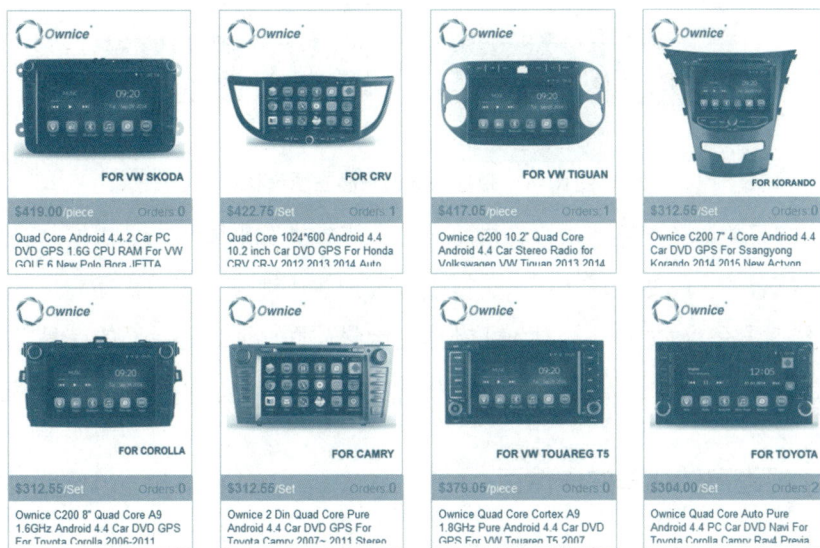

图10-6　品牌形象展示

二、视觉营销应用——以速卖通为例

对于速卖通卖家来说,视觉营销的关键在于店铺的整体装修设计和产品详情页的描述完善,充分利用视觉冲击、色彩调和、页面布局等来吸引客户,引导其购买,促使成交。好的店铺,版面干净,让客户感觉舒服,用吸引人的图片和简单新颖的文案,告知客户应该做什么,能得到什么。若客户花了很长时间才能在店铺中找到需要的信息,他们将不会再次光顾你的网店。

(一)制作高认知度高点击量的产品主图

速卖通客户绝大多数都是通过搜索来选购产品的。买家能不能选中你的产品,点击进入详情页下单购买,如不考虑排名先后,其决定性因素就是你的产品主图。

那么,当所有卖家店铺的主图都已经按平台的要求制作的时候,该如何使自己店铺的主图更加突出呢?如图10-7所示。

图10-7　带显示器的产品主图设计

①带有屏幕的电子产品，可以在屏幕上"花点功夫"来展示产品卖点；

②同一店铺的主图尽量风格统一，以提高客户对店铺或品牌的认知度。

方法还有很多，比如说，因精细工艺或者因材质面料而彰显品质的商品，要尽可能地放大主图像素，清晰展示。总之，大家尽管使出浑身本领，让商品脱颖而出。

（二）打造高转化率的详情页

速卖通客户通过搜索选中感兴趣的产品，点击主图进入产品的详情页面后，所有卖家期盼的下一步行为就是客户马上下单付款。所以，客户最终能否下单、付款，取决于详情页的产品描述，即详情页决定转化率。

那么，什么样的详情页才能更好地提升店铺转化率，促使客户下单并立即付款呢？产品详情页的描述必须从客户角度出发，列举客户关心的要点（图10-8），主要做法是：提炼卖点，引起客户兴趣；展示细节，获取更高认知度；定位情景，让客户产生联想；利益引诱，促使客户成交；关联商品，使客户购买更多。

（三）设计吸引力强的店铺首页

当客户通过搜索进入产品的详情页后，如果感觉你的产品主图和详情页都还不错，那么无论客户决定是买还是不买，都极有可能进入你的店铺进一步寻找其他合适的商品。客户进入店铺后，停留最久的页面往往都是铺店首页，因此，店铺首页的装

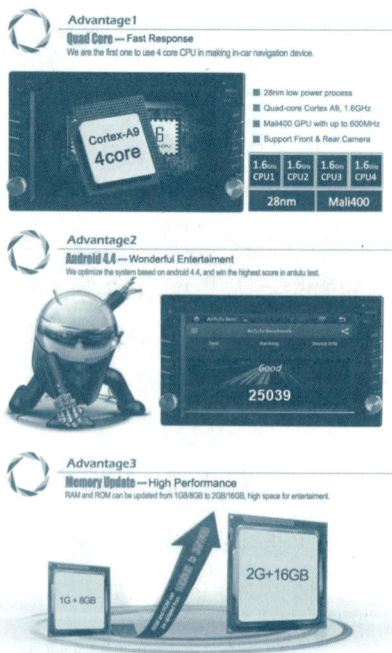

图10-8　详情页展示

修设计是店铺装修的重中之重。

客户进入店铺首页的意图是寻找其他合适的商品。如果客户进入店铺前已经拍下他所浏览的商品，那么进入店铺后就有可能购买更多；如果客户在没有拍下的情况下进入店铺首页，那他就是为了寻找性价比更高的或者令他满意的商品。总之，视觉营销效果好的店铺首页能够让客人情不自禁地购买。

那么，速卖通的卖家该如何设计、布局各自店铺的首页，获取源源不断的收入呢？我们不妨把进入店铺的客户分成两类：一类是带有明确购买目的的客户，有着非常明确的购买需求，对于这类客户，卖家要善于布局店铺首页左侧的产品分组、顶部的产品搜索或者产品分类导航，方便买家快速搜寻到他想要的商品；还有一类就是没有明确购买目的的客户，对于这类客户，卖家要善于利用首页的banner广告、产品推荐、新品预售等板块，并诱之以利，激发客户的潜在需求，使其购买。

店铺首页的设计、布局主要包括：店名设计、店招设计、分类分组、banner广告、产品推荐、自定义板块等，后面的章节有详细的介绍，这里就不多说了。速卖通店铺后台的装修市场也有很多非常实用精美的装修模板可供卖家选购，卖家只需选择适合自己的，然后往模板里面填充图片或者文字就行，模板如图10-9所示。

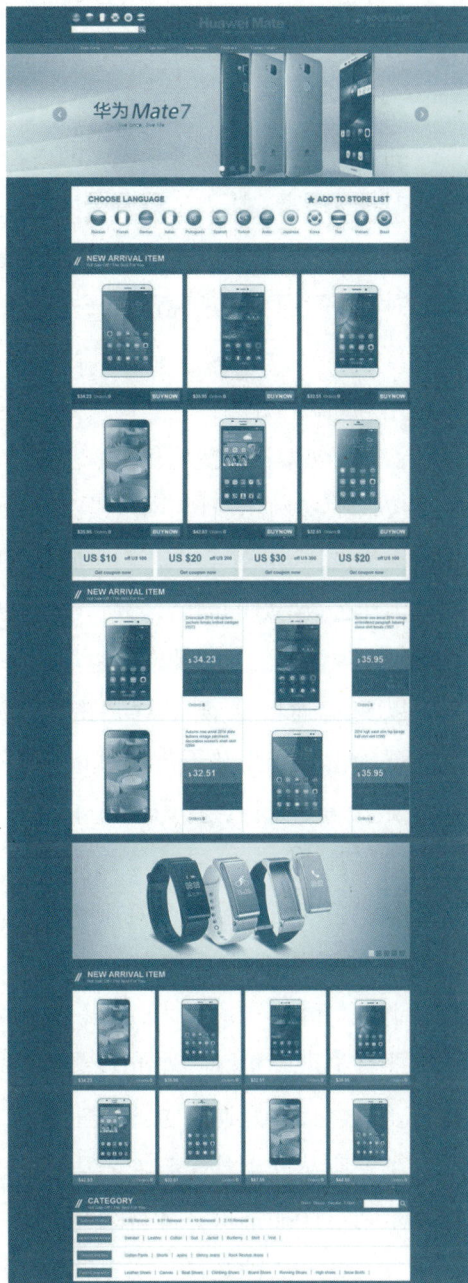

图10-9 速卖通店铺装修模板

三、店家必备的视觉营销的技能

随着电子商务的发展壮大，网店越来越多，货品越来越丰富，也让顾客选择的余地大了很多，店家的压力也大大增加了。要想突破重围，不花任何广告费，靠网店装修布局引来新的访客，视觉营销就显得非常重要了。

对于速卖通卖家来说，做好视觉营销，需要的不只是好的产品，更重要的是要有懂视觉营销的人才或团队。在电商已经发展到白热化阶段，竞争非常激烈的今天，电商人才也尤为短缺。好的视觉营销人员，需要具备的技能非常全面，必须会图片处理和网页设计，还要熟知拍摄技巧和网络营销技巧，这样的人才，可遇而不可求。事实上，现在的高校，就连平面设计与网页设计都是两个不同的专业，而大多数电商企业主管视觉营销的人员也就是一个美工，连平面设计师都谈不上，更别说网页设计和营销技巧了。这就是为什么做得好的网店，做到一定规模后都会有清楚的岗位划分，如文案策划、产品拍摄、图片处理、网店装修、运营销售等。

以速卖通网店视觉营销的实际工作为例。店家并不需要掌握平面设计、网页设计、摄影、电子商务、市场营销、商务英语等专业的全部知识，而只需要学会其中一些重要的知识和技能，如裁图、修图、调色与图像合成技术，环境搭建、器材拍摄、构图、布光等基本技巧。总之，做好速卖通的视觉营销，主要应从以下几个方面着手：文案策划、产品拍摄、图片处理、详情页设计、店铺装修。卖家需要掌握的技能参照表10-1。

表10-1　卖家技能要求

文案策划	店招文案策划
	广告文案策划
	产品详情页文案策划
产品拍摄	摄影器材的选择与使用技巧
	产品拍点分析
	产品拍摄技巧
	照片存档管理
图片处理	图片处理
	广告图设计
	页面设计
	图片切割
	图片存档管理
店铺装修	店铺首页规划和布局
	店招模块
	轮播海报
	自定义板块
	第三方装修板块

第二节 视觉营销中商品详情页打造

一、 详情页打造的基础

产品详情页的重要性是众所周知的。优质的详情页，不仅能够提高店铺的成交转化率，还可以增加访问深度、降低跳失率、增加产品搜索权重等。那视觉营销功能又是如何在详情页中体现的呢？

如果把一个商品完整上传划分为前期、中期、后期三个部分，商品详情的视觉打造，应该是在整个流程的中后期。产品详情页打造的基础是要准确把握以下三个方面。

1. 定位消费群体

卖家对消费群体的定位，决定了其使用什么样的素材来打造详情页。例如：流行女装产品需要成人女性作为产品模特，童装需要儿童作为模特，如图10-10所示。

图10-10 消费群体的定位

我们也可以将消费群体定义得更加精准一些，因为每个年龄段的人，对颜色的喜好也有所不同。这样卖家在设计详情的时候，就会针对消费者群体确定适合的详情页颜色等。例如以服装行业来说：儿童很活泼，喜欢的颜色也比较跳跃，卖家可以用饱和度比较高的一些色彩，绿色、红色、蓝色等。成年人更具有活力，性感，卖家可以用橙色、红色等。老年人心态平静，喜欢的颜色有白色、蓝色等，如图10-11所示。总之，卖家要根据商品的消费人群，来选择详情页的颜色及素材等，这样打造出来的详情页才能吸引消费者。

图10-11　老人服饰

2.明确客户性质

卖家面对的客户是什么样的消费群体，是学生、家长，还是白领？对客户性质的定位，也会间接影响详情的表达。例如：同一个产品，学生可能会更注重其外表是否好看，而家长可能会更注重实用性。而学生无购买力，通常是由家长来购买的，因此可以在制作详情页的时候，对实用性方面的表达偏重一些，其他方面次之。根据对客户不同的定位，区别设计详情页，可达到更好的效果。

3. 定位商品本身

商品本身适用于哪些人群、场合，这也是非常重要的。例如同样是连衣裙，由于风格不同，所以出现的场合也会不同。

图10-12　温馨　　　　　　　　　图10-13　优雅

图10-12中的产品更居家一些，主要是展现穿上舒适、温馨和甜蜜的感觉。而图10-13中的产品更适合参加晚会或者其他稍微正式一点的场合，大气又十分优雅。可以通过分析，初步构思该商品的详情页框架。

二、 详情页的规范化布局

（一）商品详情的基本构成

产品详情主要包括以下几点：店铺促销产品、关联营销板块、限时限量促销信息、顾客对商品的评价、商品描述图、商品细节图、商品场景图、商品对比图等。如果要服务得更好，甚至还需要团队文化板块、生产工艺板块、物流介绍板块、包装介绍板块、FAQ（常见问题解答）板块、退换货处理板块等。首先看一下关联营销板块，如图10-14所示。

图10-14　关联营销板块

商品细节图如图10-15、图10-16所示。

图10-15　细节（一）　　　图10-16　细节（二）

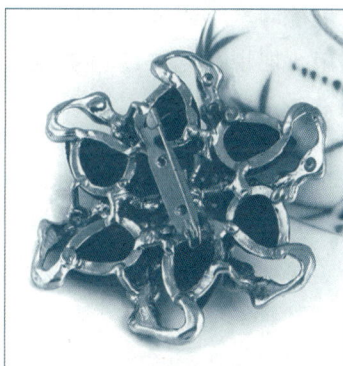

生产工艺板块如图10-17所示。

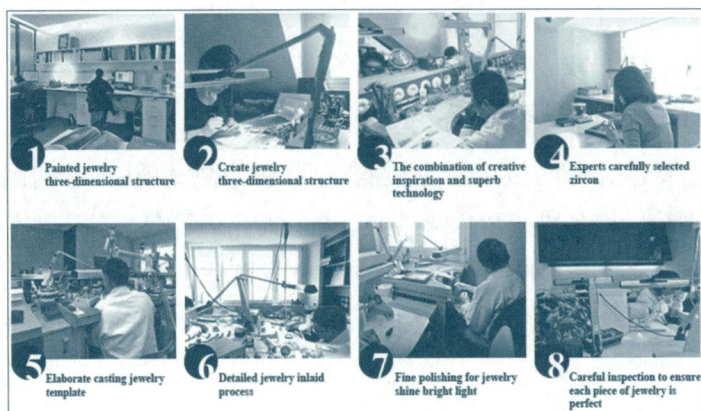

图10-17　生产工艺

物流介绍板块如图10-18所示。

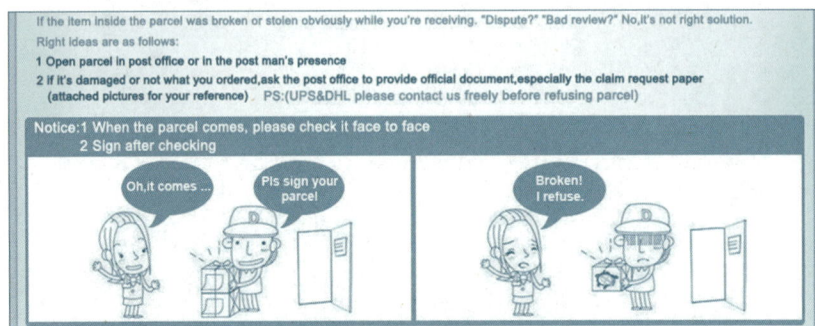

图10-18　物流提示

当然商品详情还包括其他许多内容，这里就不一一展示了。

（二）商品描述页

商品描述页，需要全面细致地展示商品。在早些时候，速卖通只要上传一张图片就可以做到出单，但现在竞争日趋激烈，需要对商品进行详细完整的图文描述，才能在复杂多变的行业中，抢占更多优势。描述页面包括很多内容，如方位图展示等（图10-19）。

图10-19 正、背、侧面展示图

（三）所需素材收集

应基于对商品和消费人群的定位来收集素材。只有知道客户人群，才可以有针对性地收集这些人群所喜好的元素。

素材收集通常用到的一些网站有图片素材的网站、图标素材的网站、设计方案的网站、字体下载的网站等。其中图片素材的网站有昵图网（http://www.nipic.com/index.html）、全景网（http://www.quanjing.com/）等。图标素材的网站有千图网（http://www.58pic.com/）等。设计方案的网站有花瓣网（http://huaban.com/）、站酷网（http://www.zcool.com.cn/）等。字体下载的网站有素材中国（http://www.sccnn.com/）、求字体网（http://www.qiuziti.com/）等。

实际可以用到的网站还有很多，也可以多浏览一些国外网站，以找到合适的设计方案和素材。

三、 商品详情页具体制作

在发布商品详页时，有很多工具是非常实用、方便的，能提升整个详情页的专业度。那如何利用好这些工具呢？首先要从视觉的角度来认识商品详情的发布页面，如图10-20所示。

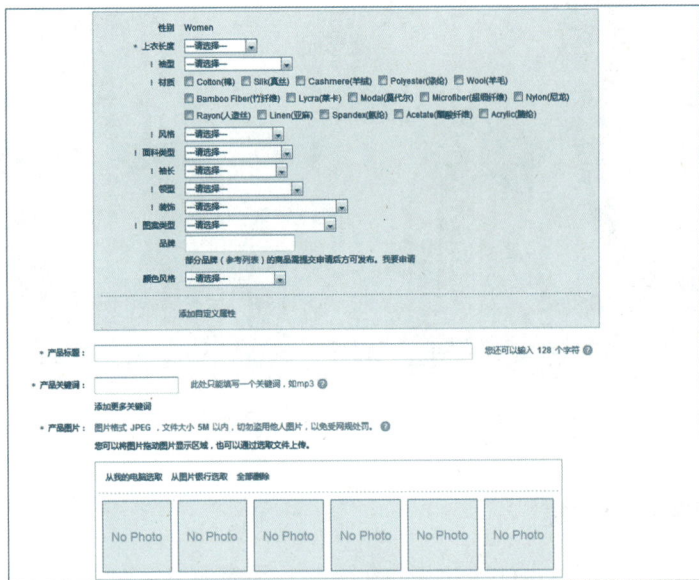

图10-20 商品详情发布页面

一种商品，可以上传六张主图。建议卖家上传六张图，以更全面地展示商品。

在一些商品发布界面，颜色是经常被忽略的一个板块。假如一款商品的颜色很多，主图又需要突出场景效果、细节、尺码，那就没有更多的空间去展示其他颜色效果了。这时如果能上传不同颜色对应的图片，将会使详情页显得更加专业，如图10-21所示。

图10-21 多色产品图片上传

多色效果展示如图10-22所示。

图10-22　多色效果展示

再接下来是详情页打造的主要区域，其中有很多功能，如果应用恰当，一来可以节省时间，二来可以提高产品的匹配度，从而提高曝光率，如图10-23所示。

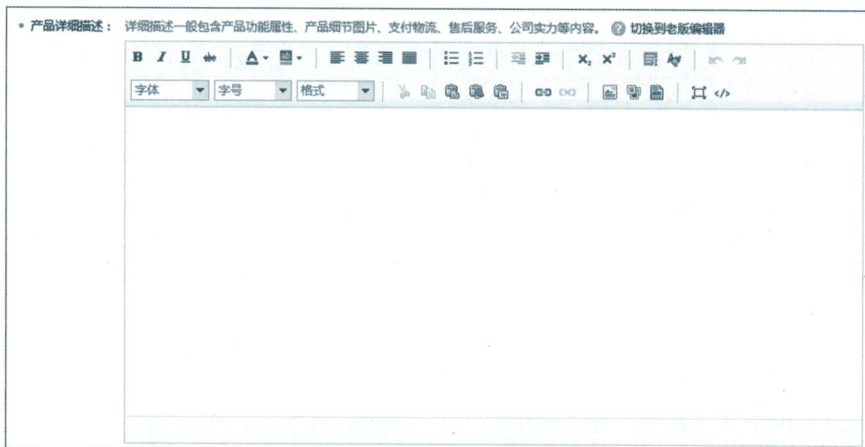

图10-23　产品详细描述栏

这里具体看一下工具所具备的功能。文字是详情当中不可缺少的部分，会有很多人问，可不可以将文字打在图片上？从表面上看是可以的，达到了让顾客看到文字的目的。但是图片上的文字，并不能被抓取到，因此不利于搜索。同时，图片上的小语种文字不便于翻译。所以详情中需要用图文两种形式来描述。

先来看一个没有经过任何处理的文案，如图10-24所示。

Payment:
1)Before placing your order, please confirm details with us if you have request on items.
2)Please make payment within 3 days of order if possible.
3)We will just ship the goods to you according to the address that you writed in AliExpress,
   if you want to change,you must notice me of it.
4)We accept Alipay (escrow),Credit Card, Western Union ,accepted.
Shipping:
1)Your order will be processed in 7 days after your payment.
2)We are not responsible for any delay of orders if we have shipped them.
   Because the speed of shipping is out of our control.
3)After send, as usual,China Post Air Mail will take about 15-40 days to arrive;
   EMS need 5-10 days; Fedex 4-8 days, DHL and UPS will take 3-6 days to arrive.
   If the order is during the weekends,it will take 2 days longer.Thank you for your
   understanding.
4)Any import charges or fees are the buyers responsibility.
5)Feel free to contact us with any question,we will offer you satisfying answer.
Don't submit a dispute optionally.Thank you again!!

图10-24　未加修饰的文案

这样一片密密麻麻的文字，很难吸引顾客注意，也很难体现出重点信息，这样造成的最直接的后果是客户流失。

怎么做文案处理？首先需要选中所有文字，将字号调到合适的大小，然后点击字体加粗工具 **B**，突出一些重点信息，如图10-25所示。

Payment:
1)Before placing your order, please confirm details with us **if you have request** on items.
2)Please make payment within **3 days** of order if possible.
3)We will just ship the goods to you according to **the address** that you writed in AliExpress,
   if you want to change,you must notice me of it.
4)We accept **Alipay** (escrow),Credit Card, Western Union ,accepted.
Shipping:
1)Your order will be processed in **7 days** after your payment.
2)We are not responsible for any delay of orders **if we have shipped them.**
   Because the speed of shipping is out of our control.
3)After send, as usual,China Post Air Mail will take about **15-40 days** to arrive;
   EMS need **5-10 days**; Fedex **4-8 days**, DHL and UPS will take **3-6 days** to arrive.
   If the order is during the weekends,it will take 2 days longer.Thank you for your
   understanding.
4)Any import charges or fees are the buyers responsibility.
5)Feel free to contact us with any question,we will offer you satisfying answer.
Don't submit a dispute optionally.Thank you again!!

图10-25　关键词加粗效果

这样重点信息就会突显出来。还可以将标题字号继续放大，改变字体颜色，将字体设置为斜体，如图10-26所示。

```
Payment:
1)Before placing your order, please confirm details with us if you have request on items.
2)Please make payment within 3 days of order if possible.
3)We will just ship the goods to you according to the address that you writed in AliExpress,
  if you want to change,you must notice me of it.
4)We accept Alipay (escrow),Credit Card, Western Union ,accepted.
Shipping:
1)Your order will be processed in 7 days after your payment.
2)We are not responsible for any delay of orders if we have shipped them.
  Because the speed of shipping is out of our control.
3)After send, as usual,China Post Air Mail will take about 15-40 days to arrive;
  EMS need 5-10 days; Fedex 4-8 days, DHL and UPS will take 3-6 days to arrive.
  If the order is during the weekends,it will take 2 days longer.Thank you for your
  understanding.
4)Any import charges or fees are the buyers responsibility.
5)Feel free to contact us with any question,we will offer you satisfing answer.
Don\'t submit a dispute optionally.Thank you again!!
```

图10-26　醒目标题

为了让标题和内容更容易区分，可以增加缩进量，将内容整体缩进，如图10-27所示。

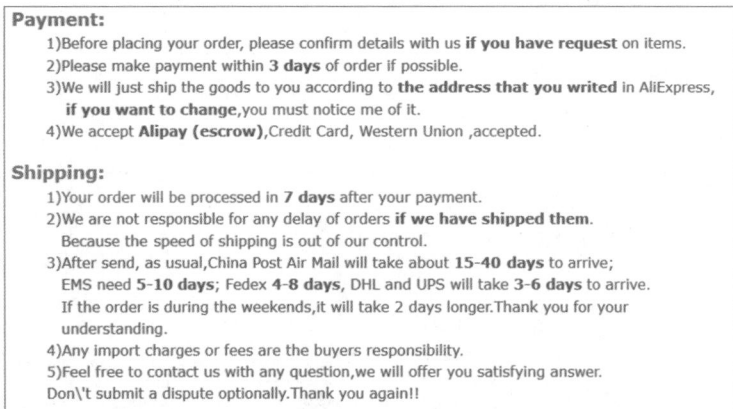

```
Payment:
  1)Before placing your order, please confirm details with us if you have request on items.
  2)Please make payment within 3 days of order if possible.
  3)We will just ship the goods to you according to the address that you writed in AliExpress,
    if you want to change,you must notice me of it.
  4)We accept Alipay (escrow),Credit Card, Western Union ,accepted.
Shipping:
  1)Your order will be processed in 7 days after your payment.
  2)We are not responsible for any delay of orders if we have shipped them.
    Because the speed of shipping is out of our control.
  3)After send, as usual,China Post Air Mail will take about 15-40 days to arrive;
    EMS need 5-10 days; Fedex 4-8 days, DHL and UPS will take 3-6 days to arrive.
    If the order is during the weekends,it will take 2 days longer.Thank you for your
    understanding.
  4)Any import charges or fees are the buyers responsibility.
  5)Feel free to contact us with any question,we will offer you satisfing answer.
  Don\'t submit a dispute optionally.Thank you again!!
```

图10-27　子级文案整体缩进

如果会写代码，还可以用Dreamweaver（梦想纺织者）做边框，为标题文字加自定义的背景色彩，颜色可以根据店铺主色调来定，如图10-28所示。

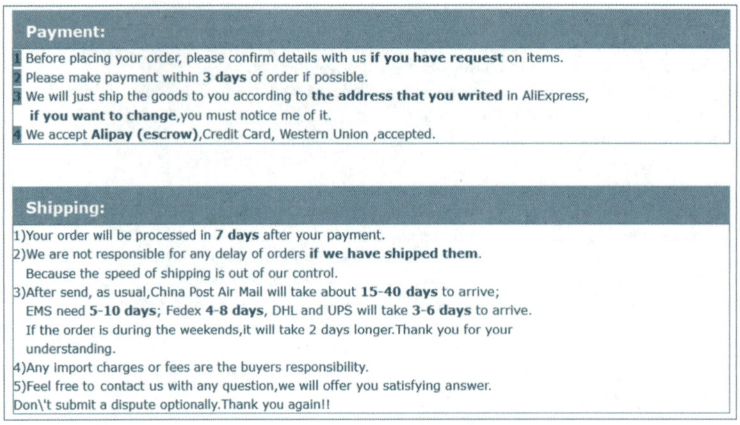

图10-28　边框及背景色效果

接下来，我们再看一下图片的几个工具。

第一个是图像功能 。这个按钮对于卖家来说应该并不陌生，是上传产品图片时经常用到的按钮。点击图像按钮，从电脑里找到要上传的产品图片上传即可，如图10-29所示。

图10-29　图片上传

但在这里应注意，即上传动态图与上传静态图的方法是不一样的。

当上传静态图片时，点击图像 ，选择网络地址，如图10-30所示。

图10-30　网络地址上传

当需要上传动态图片时，将图片的地址放在指定位置，然后上传。动态图片不能存放在速卖通的图片银行，但是可以将其上传到www.1688.com图片空间，然后将图片的URL（统一资源定位符）地址复制过来，也可以实现动态展示的效果。

上传好的图片或者文字，如果需要外链，就要先选中这个图片（图10-31）或者文字（图10-32），然后点击插入超链接按钮 ⬚ ，在网站地址中粘贴超链接。"要显示的文本"空白就可以，如图10-33所示。

图10-31　选中图片

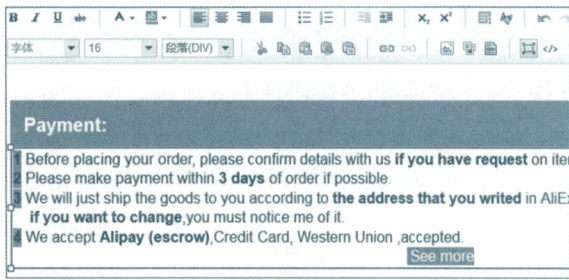

图10-32　选中文字

对于经常用到的一些图片，也可以将其放在图片银行的一个固定位置，例如产品详情里面的banner横条里。如果之前存放在横条里，用的时候只要点击图片银行 ⬚ 就可以找到，然后选择并使用，如图10-34所示。

图10-33　在地址栏插入链接

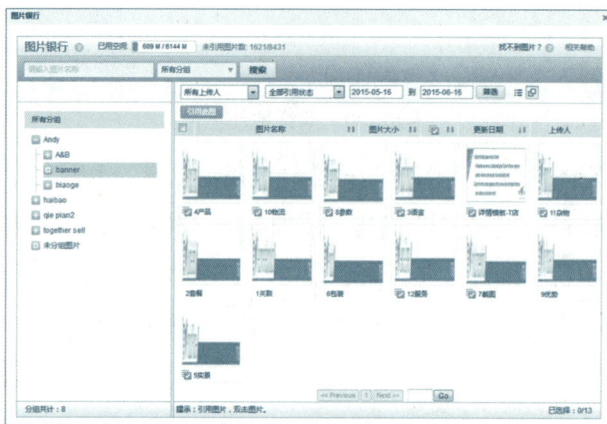

图10-34　图片银行

在详情发布页面，产品分组对视觉处理也比较重要。合理清晰的分组，一来方便顾客的搜索，二来方便卖家管理产品，三来有精确的分类链接，可以方便设计。所以从视觉角度来看，分组的设置还是需要重视的，如图10-35所示。

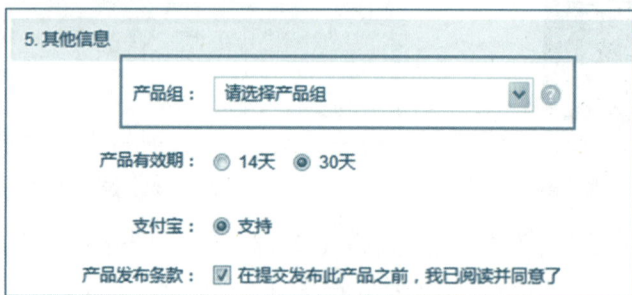

图10-35　选择产品分组

第三节 产品信息管理

产品信息管理模块可用来进行关联营销或者发布通知、活动预告。产品信息模板可以快速加入多个产品或一类产品中，方便添加关联产品，其包括公告通知、促销活动信息、售后信息等。下面我们就一起来学习一下。

点击"产品管理"，如图10-36所示。

图10-36　产品管理

在左侧栏，点击"产品信息模块"，如图10-37所示。

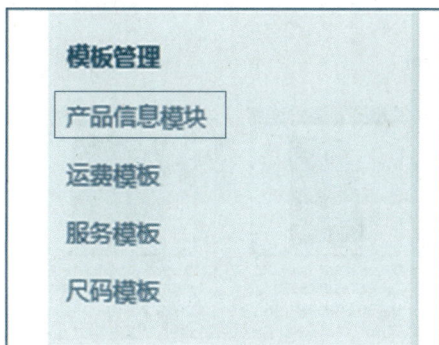

图10-37　产品信息模块

进入产品信息模块，我们会看到"新建模块"，如图10-38所示。

图10-38　新建模块

点击"新建模块"按钮，会出现模块类型选择界面，有"关联产品模块"和"自定义模块"两种选择，如图10-39所示。

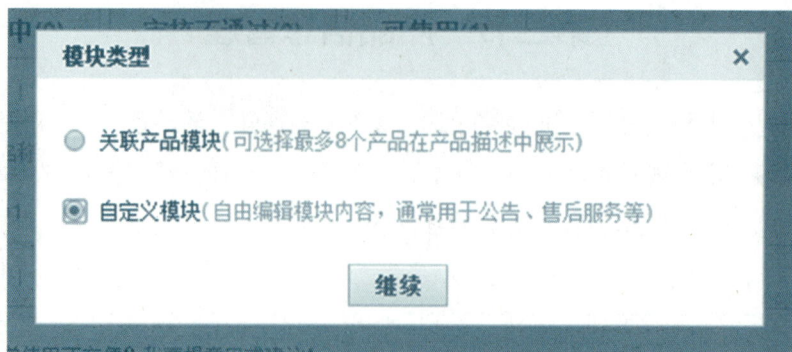

图10-39　模块类型

关联产品模块：最多可以选择8个产品，它的优点是操作简单。如果能统一主图风格，提高美观度，该模块的可行性还是非常强的，如图10-40所示。

图10-40　关联产品模块效果

自定义模块：利用切片等功能，加入相关信息，如产品推荐、活动公告、售后服务等，如图10-41所示。

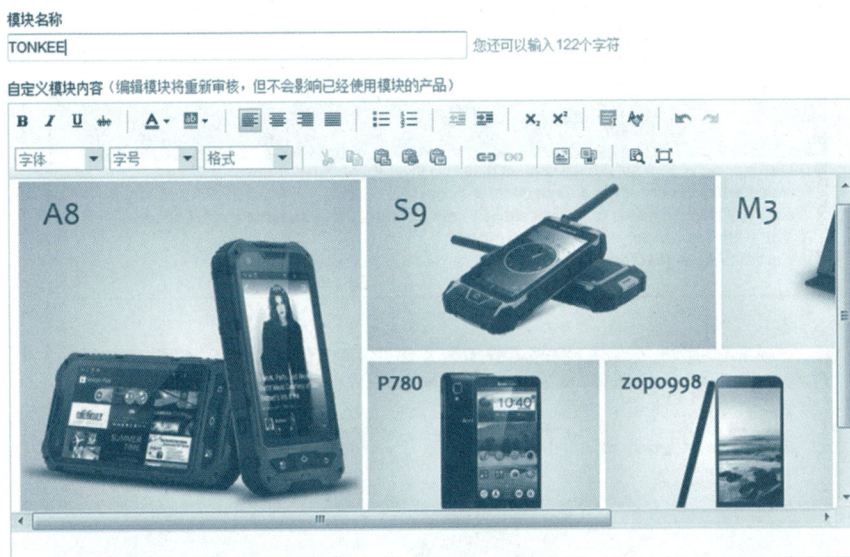

图10-41 自定义模块

细心的人可能会发现，这个自定义模块中并没有展开代码的按钮 </>，那如何将自定义板块添加进去呢？有一个很灵活的方法：首先，可以将做好的切片代码上传到产品详情的内部，如图10-42所示。

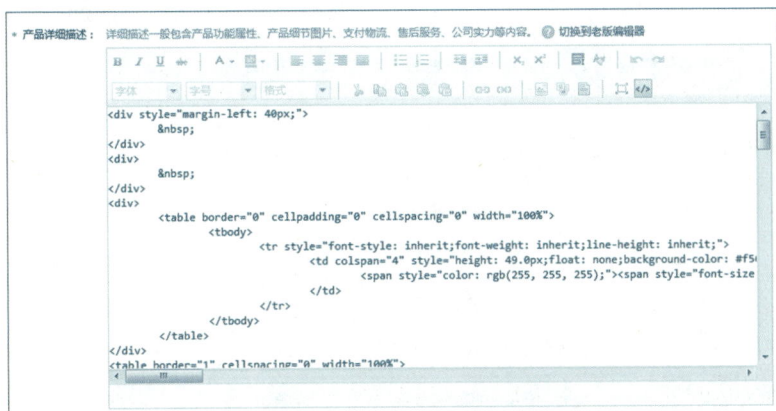

图10-42 代码放进详情里

其次，将做好的内容转换成图片，再将图片复制到产品信息模块。在这里需要特别注意，产品信息模块是有字符数限制的。总字符数不能超过5000。所以要根据实际情况，挑出重点产品来推荐关联，如图10-43所示。

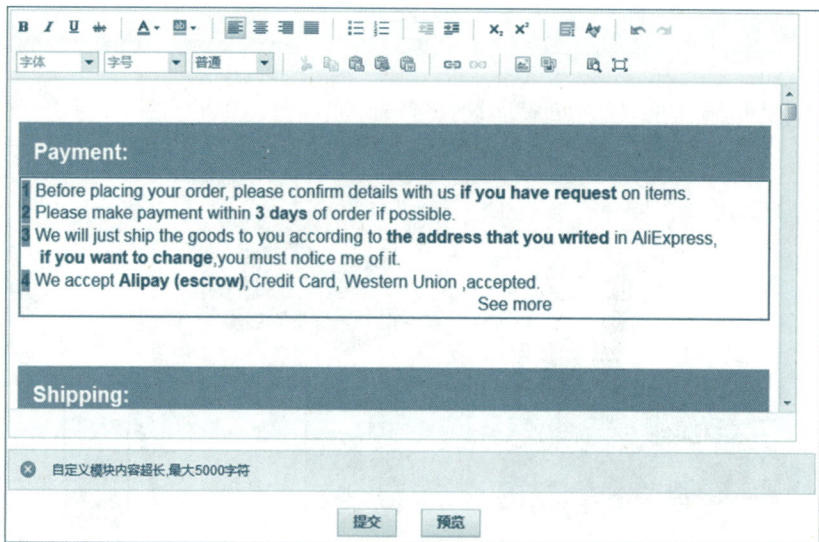

图10-43　字符限制

　　将产品信息模块做好之后，在制作详情的时候，点击 插入产品信息模块，选取需要的关联模块，并点击确定，就将信息模块插入了，如图10-44所示。

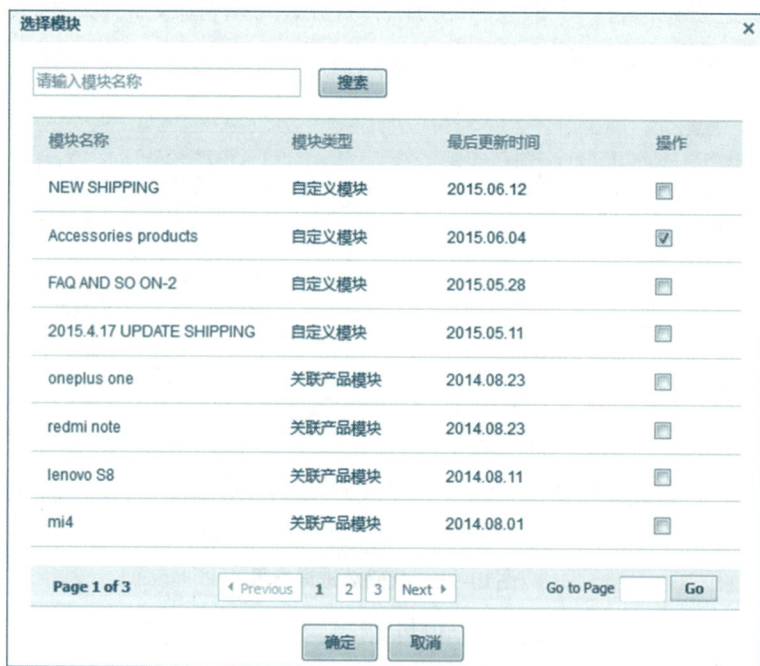

图10-44　选中关联模块

　　上传成功后，就可以在详情中看到如图10-45所示的一个图标，表示已插入的产品信息模块。同一个详情之中，只能插入两个产品信息模块。

图10-45 关联模块后台显示

在上传完全部产品详情信息后，点击预览按钮，预览产品发布后的大致效果，检查超链接是否有错误，文字是否对齐，图片大小是否还存在偏差，如图10-46所示。如果都没有错误，就可以点击提交了。

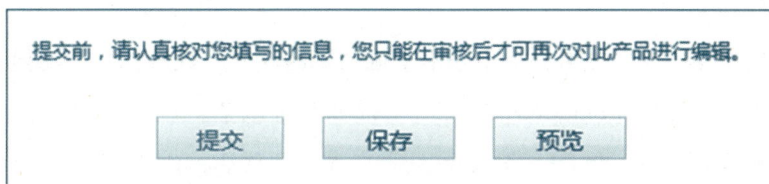

图10-46 预览、提交

■■■ 本章小结

视觉营销是在客户的视觉感官上下功夫，通过刺激用户的感官引起客户的兴趣，使其对产品产生深刻的认同感和购买欲望，从而达到营销的目的。做好视觉营销，对于跨境电商平台的店铺而言非常重要：吸引客户眼球，提升店铺客流量；唤起客户兴趣，让客户停留更久；刺激客户想象，提升成交转化率；塑造店铺形象，提升品牌认知度。做好视觉管理，重在制作高认知度高点击量的产品主图，打造高转化率的详情页，设计吸引力强的店铺首页。对产品详情页进行管理，需要定位消费群体，明确客户性质，定位产品本身。

【实训】

■■■ 思考题

1. 如何理解视觉营销？

2. 简述视觉营销的重要性。

3. 以速卖通为例，简述视觉营销的具体应用。

4. 简述跨境电商店主需要掌握的视觉营销技能。

5. 简述如何打造跨境电商商品详情页。

6. 简述如何进行产品信息维护。

■■■■案例分析题

Pinterest将推出视觉广告服务

近日Pinterest总裁蒂姆·肯德尔（Tim Kendall）表示，Pinterest将利用平台的视觉搜索技术服务广告商。

Pinterest 的视觉搜索技术Instant Ideas让用户可以通过照片进行搜索，基于产品的颜色、纹理、类型、形状等因素来查找相关产品。

例如消费者想搜索餐桌，只要打开Pinterest并拍照，就会找到相似风格的产品。而Pinterest的新广告服务将使广告商可以在视觉搜索结果中插入广告，吸引那些寻找特定产品的用户。

比如，你正在朋友家做客，你十分中意他们家的餐桌。这时你不需要问他们桌子在哪里买的，你只需要打开Pinterest应用程序并拍照就可以了。目前，Pinterest会给用户反馈一组类似风格的产品。但是，当Pinterest向广告商开放后，他们将能够在Pinterest的可视化搜索结果中插入自己的广告来吸引那些喜欢特定风格家具的客户。

而且这个广告服务还有另外一个优势，它可以帮助卖家与那些无法详细描述自己想要的产品的消费者接触。这就意味着消费者不需要在Google这样的搜索引擎中输入产品的关键字来搜索类似的产品。这可能有助于公司缩小在广告方面的投入。

Pinterest现在有1.75亿个活跃用户，这也使其成为互联网上较大的社交网站之一，但在规模上仍然比不上Facebook和Google。

肯德尔解释说："在短期内，广告商可以获得大量的流量。从中长期来看，我们能想象到一个对广告商来说非常有吸引力的世界，这项技术可以实现的一件事是，当一位广告商说'我想销售我的产品'时，他只需要给我们一张产品的照片就足矣。他们不必向我们提供产品的关键词，不必给我们产品的任何参数。我们可以利用计算机视觉技术来做相关的匹配和排名。"

这项技术还没有正式问世，而且肯德尔也守口如瓶。不过，他暗示该系统在上市之前可能还需要更多的调试数据。

（资料来源：Pinterest 将推出视觉广告服务［EB/OL］.［2017-12-1］.http://www.cifnews.com/article/26013.）

思考：

1. Pinterest为何要推出视觉广告业务？

2. 在跨境电商中，视觉广告与传统广告有什么区别？

第十一章 跨境电商营销推广

■■■学习目标

了解4P、4C、4R、4I营销理论；了解跨境电商平台店铺的运营策略；掌握测试定价法主要操作步骤；掌握节假日营销运营策略；掌握搜索引擎优化策略；掌握直通车爆款打造策略；掌握社交五大误区；了解SNS营销策略；了解联盟营销的构成要素；了解跨境电商移动营销。

■■■章节纲要

本章主要分五节来阐述与探讨跨境电商营销推广问题。第一节主要介绍跨境电商营销基础理论；第二节重点介绍跨境电商运营策略；第三节主要介绍跨境电商如何进行引流与营销推广；第四节主要介绍跨境电商站内营销活动；第五节主要介绍跨境电商移动营销。

第一节 跨境电商营销理论

市场营销理论是企业把市场营销活动作为研究对象的一门应用科学。如果我们在跨境电商营销推广中，能应用营销的一些相关技巧，那么店铺运营将更加系统化。本节主要介绍市场营销中常用的4P、4C、4R、4I营销体系，以及它们在跨境电商平台阿里速卖通中的应用。

（一）4P理论

4P理论即产品（product）、价格（price）、渠道（place）和促销（promotion）（图11-1），该理论产生于20世纪60年代的美国，是由密歇根大学教授杰罗姆·麦卡锡（E. Jerome McCarthy）提出来的。他认为4P理论是研究把合适的产品（product），以合适的价格（price），通过合适的渠道（place），用适当的方法促销（promotion）给更多的顾客，从而满足市场需要，获得最大利润。因此，我们可以说市场营销管理的本质就是企业能够制定出适应市场环境变化的市场营销战略。

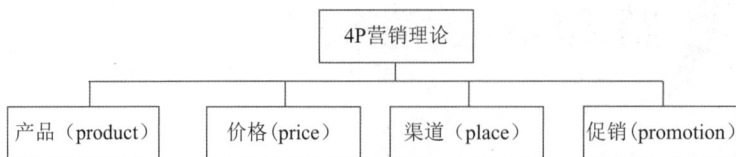

图11-1　4P理论

虽然4P理论风靡了半个世纪，但到了20世纪90年代，消费者个性化消费日益突显，市场竞争日趋激烈，媒介传播速度加快，4P理论受到前所未有的挑战。从本质上来讲，4P理论以企业为中心，企业生产什么产品，希望获得多少利润，制定什么样的价格，以怎样的方式进行传播和促销，以怎样的渠道进行销售，都是由企业决定的，企业的营销活动忽略了最重要的营销服务对象——顾客。随着4P理论的弊端日益突显，更加强调顾客满意度的4C理论应运而生。

（二）4C理论

4C理论是由美国学者劳特朋（Lauteborn）教授在1990年提出来的，分别指代顾客（customer）、成本（cost）、便利（convenience）和沟通（communication）（图11-2）。它以顾客需求为导向，强调企业应该把顾客满意度放在首位，努力降低顾客购买产品所愿意支付的购买成本，要最大限度地为顾客提供购物便利，同时注重与顾客的双向交流与沟通。

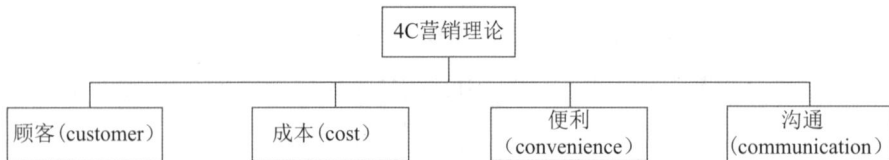

图11-2　4C理论

随着时代的发展，4C理论也突显了其局限性。企业是以顾客需求为导向的，当顾客利益与企业利益发生冲突时，顾客战略也是不适应的。因此从市场对4C理论的反应来看，需要建立企业与顾客间更有效、更长期的关系。

（三）4R理论

针对4C理论的局限性，美国的唐·E.舒尔茨（Don E. Schultz）在2001年提出了关联（relevancy）、反应（reaction）、关系（relationship）和报酬（reward）的4R营销理论（图11-3）。4R理论是以竞争为导向的，侧重于实现企业与顾客的双向互动与共赢，注重建立企业和客户之间的长期互动关系，建立顾客忠诚度。通过关联、反应、关系把企业与客户紧密联系在一起，形成竞争优势。报酬体现在成本与双赢两个方面，既满足了企业的利益又兼顾了消费者的需求。

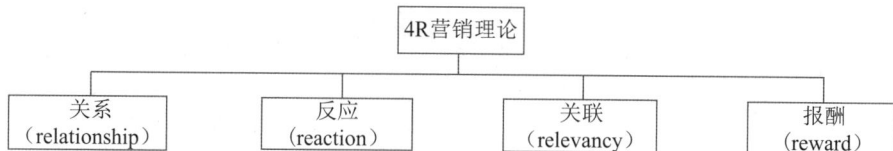

图11-3　4R理论

4R理论与其他理论一样，存在缺陷与不足。比如与顾客建立关联，建立长期的互动关系。这需要企业有一定的实力，然而这并不是每个企业都能做到的。

（四）4I理论

随着网络的快速发展，传统的营销理论已经很难适用。在传统媒体时代，信息传播是自上而下、单向式流动的，消费者只能被动接受。而在网络媒体时代，信息呈现出一种多向的、互动式的新的传播方式。声音嘈杂、多元化、各不相同。加之博客、论坛、IM等自媒体的爆炸式增长，每一个消费者都形成了自己独有的特点，也渴望通过个性来吸引更多人的关注。企业如何通过营销，将产品信息有效地传达给顾客并满足顾客个性化的需求呢？面对市场的需求，唐·E. 舒尔茨于20世纪90年代又提出了网络整合营销4I原则：趣味原则（interesting）、利益原则（interests）、互动原则（interaction）、个性原则（individuality）。这个原则已慢慢成为一个新的营销宝典（图11-4）。

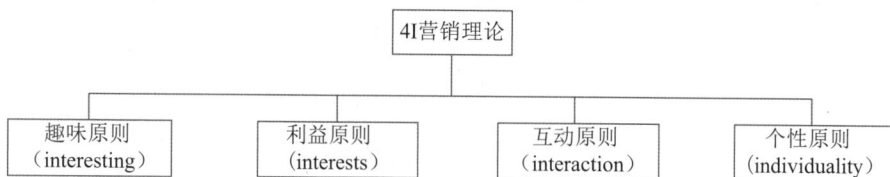

图11-4　4I理论

第二节　跨境电商运营策略

本节将通过选品、定价、爆款打造及节假日营销四个方面分析跨境电商平台店铺的运营策略。希望大家学习完本节后，不仅能掌握店铺运营策略的方法，而且能够从中获得店铺运营的实战技巧，明确设计出属于自己的店铺运营策略（图11-5）。

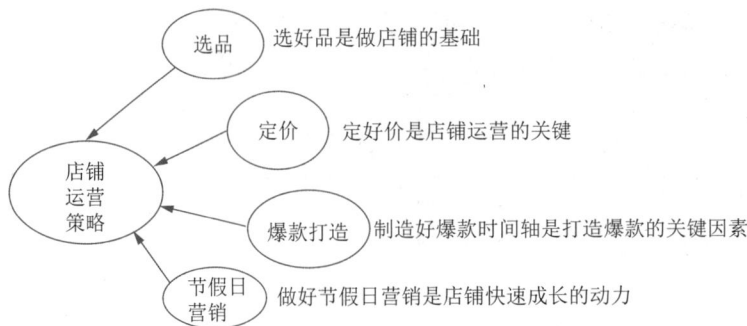

图11-5　店铺运营策略

（一）选品策略

1. 选品的好处

无论店铺卖什么，选择商品都是至关重要的。选品策略是店铺运营策略的一部分，也是整个运营策略的基础。选对商品对销售和店铺后期的发展都非常重要。下面先通过图11-6简单了解一下选品的好处。

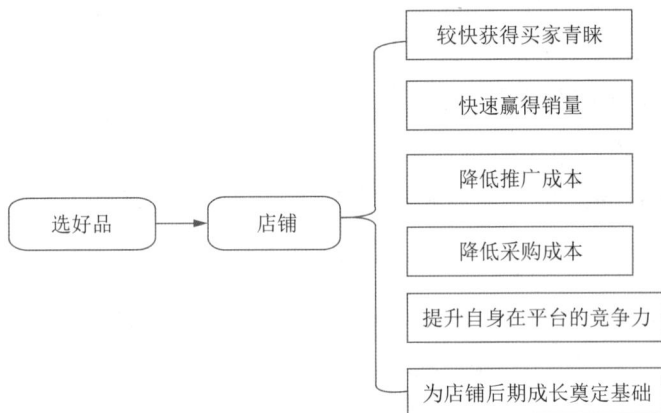

图11-6　选品带来的利益点

通过图11-6，可以把选品的好处总体归纳为运营前期、运营中期、运营后期三个时期。然而每个时期做好选品给店铺运营带来的好处是不一样的，都有其特点。下面为大家详细介绍各个时期做好选品将给店铺带来哪些好处。

①运营前期选品的好处：使得产品快速地获得买家的青睐，提高产品的点击率；增加买家下单的可能性，提高产品的转化率。

②运营中期选品的好处：获得跨境电商平台的推荐，产品可以快速积累销量；获得买家更多的好评；在跨境电商平台获得更多自然流量；降低推广营销费用。

经过前期和中期的选品和运营，产品积累一定的销量。会使某几个最受买家青睐的产品在店铺经营的类目中逐步脱颖而出，它们也是店铺当前阶段销量最高、获得买家好评最多的产品。这些产品会获得平台的推荐，从而获得更多的自然流量，并且能为产品在推广方面节省成本。

③运营后期选品的好处：定期上传高质量的产品将为店铺增加新的流量，增加顾客回头率，为后期店铺营销活动打下坚实的基础，提高产品的竞争力，增加店铺销售利润。

经过前两个阶段的积累和沉淀，店铺运营到后期时，店铺商品将会拥有稳定的流量和销量。在这个时候定期上传新的商品，再通过运用各种营销手段，如自主营销、关联营销、邮件营销、老客户营销等，进一步提升店铺商品的销售业绩，提高店铺商品的竞争力。

2. 选品策略的制定

至于如何选品，相信每一位卖家都有自己的方法。下面介绍店铺前期选品的方法和具体的操作步骤。

首先通过市场维度来分析市场选品的方法。通常市场选品有以下两个渠道，分别为线上批发平台和线下实体批发市场。

（1）线上批发平台

线上批发平台选品的优势是，只需要在电脑前通过平台（如淘宝、天猫、1688等）即可进行选品，采购方便；缺点是看不到产品实物，延长和提高了采购时间和采购成本。

线上选品的主要步骤如下：

①先用关键词在平台搜索，再通过销量、产地、价格等属性进行排序，缩小选品范围。

②从搜索结果中选品。主要通过产品销量、价格、评价、库存等因素进行判断，然后进一步选出符合条件的供应商与之合作。

③在备选的供应商中进行选品。主要是将商品的图片、价格、质量、体积、重量等作为选品判断的因素，然后选择所需要的商品。

（2）线下实体批发市场

线下实体批发市场选品的优势是可以亲自到实体门店（如杭州四季青服装批发城）现场体验产品，并且通过与卖家的交流，提前了解产品价格波动信息等；缺点是产品的流动性较大，拿到产品的数量也有限，产品一次性拿得过多容易造成库存及资金积压。

两个选品渠道优势互补，卖家可以从自身角度出发选择有优势的渠道进行选品，当然，最好是线上线下结合选品。

（二）定价策略

1. 产品定价的重要性

无论采用什么样的产品定价方式，每一个店铺都希望产品能够获得好的销量，店铺获取较大的利润。但是，实际往往事与愿违，价格定太高无人买，定太低利润低，因此很多卖家不知道如何适当定价。可以看出产品定价对于卖家来说是非常重要的。下面先来看看产品定价对店铺的影响。

（1）产品销售

产品价格是影响销售的关键要素之一。合理的价格更能体现出产品的价值。通常来说，买家在购买产品的时候，一般都会货比三家。在同等质量的情况下，买家会选择价格相对来说便宜的商家。

（2）营销方式

产品定价将直接影响店铺的营销方式，包括营销的方法和策略。定价也会影响营销推广的受众人群等。

（3）店铺定位

从一个店铺产品定价的高低可以判断店铺的定位。店铺定位一般可以分为：精品店铺、垂直系精品店铺和全品类店铺。

所谓精品店铺是指单做某个类目的店铺。比如，店铺只销售各种类型的女士T恤。垂直系精品店铺是指店铺同时运营多个相关联垂直系的类目。比如，店铺同时运营女式T恤、女式牛仔裤、女式休闲裤等。全品类店铺是指店铺同时运营多个大类目，但这些大类目之间基本没有关联，比如，店铺同时运营女装、办公用品、家用电器等类目。

2. 产品定价的技巧

在讲定方法之前，我们先来了解一下产品的成本是由哪些要素构成的。跨境电商产品从上传、促销到售出，再到收到买家货款的过程中会产生各种费用。而这些费用都是产品的成本，如图11-7所示。

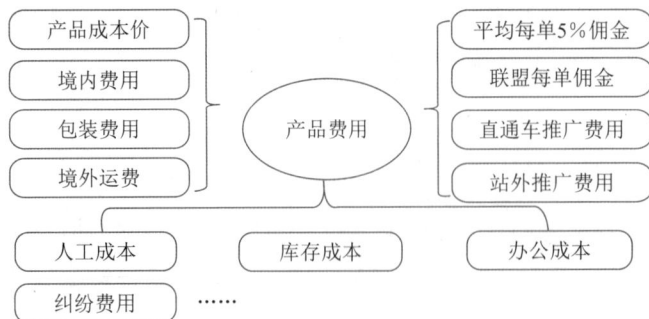

图11-7　产品成本构成

在产品成本构成中占比最大的是产品成本价、境外运费以及推广费用，这些是产品成本构成中最重要的部分。了解产品成本构成，有利于对产品进行定价。对产品定价，常用的方法有市场定价法和测试定价法。

所谓市场定价法，就是根据跨境电商平台同类目相关产品销售的平均价、自身产品的成本和质量来确定最终的销售价格区间。

所谓测试定价法，就是结合店铺自主营销活动和营销方法对产品进行多轮测试后确定产品销售价格区间。店铺自主营销活动主要有限时限量折扣、优惠券、满立减、全店铺打折等；营销方法主要有直通车推广、SNS站外推广、联盟营销推广等。

测试定价法主要操作步骤有：

①分析平台同类目相关产品的销售价格区间，可通过分析平台销量较好的同类目产品销售价格区间来获得信息。

②确定店铺自主营销活动和营销方法的组合以及测试时间。比如，店铺营销活动选择全店铺打折，营销方法选择直通车推广。

③第一轮测试主要是测试数据，第二轮测试就要开始对测试数据进行对比分析。

经过上述的多轮测试后，根据分析数据最终确定产品的销售价格区间。

3. 店铺产品价格构架

店铺运营来不仅要掌握产品定价的技巧，还要了解整个店铺产品的价格构架。所谓店铺产品价格构架是指将不同类型产品的价格或运用不同营销方法的产品的价格进行分类，如图11-8所示。

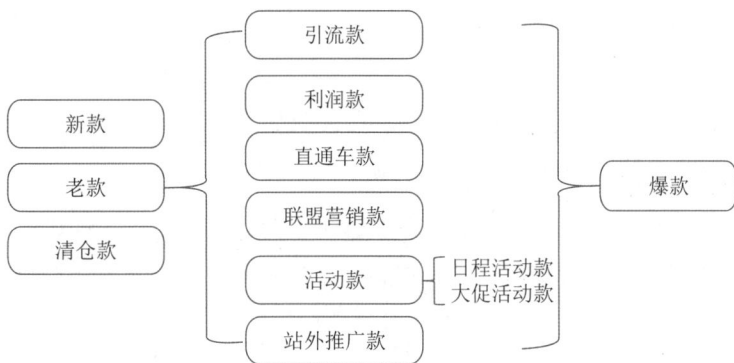

图11-8 店铺产品构建

分类从最基础的新款、老款、清仓款开始，到引流款、直通车款、联盟营销款等，其目的都是打造店铺的爆款，即买家喜欢的产品，从而获得更大的利润。

①引流款是指店铺用来吸引流量的产品，产品的定价一般较低，基本接近成本价。

②利润款是指店铺正常销售的产品，通常这些产品的利润比引流款高。

③对于直通车款、站外推广款、联盟营销款，在定价时一定要注意产品的推广

费用要适当。

④活动款是指专门参与平台活动的产品。通常活动的折扣力度比较大，活动款在定价时一定要考虑到产品的成本和活动的折扣，不能赔本赚吆喝。

店铺产品价格构架的制定不仅有利于店铺营销和运营，还能提高买家的购物体验。因此，每个卖家在定好产品价格的基础上，都要着手制定出属于自己的产品价格构架。

（三）爆款打造策略

通常来说爆款打造有两种大思路。第一种是按照爆款时间轴来打造，第二种是按照直通车和联盟营销的PDCA（plan, do, check, action）不断测试来打造。

这里主要介绍爆款时间轴打造技巧，如图11-9所示。

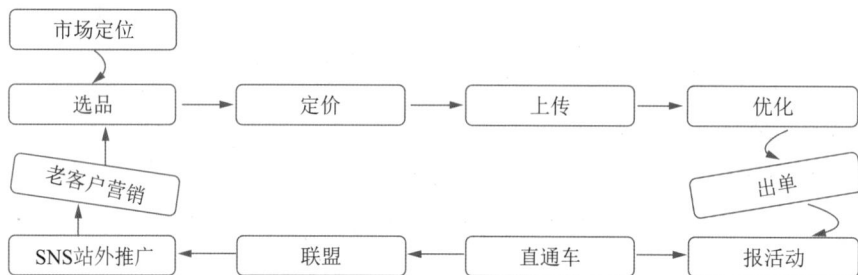

图11-9　爆款时间轴

①打造一个爆款产品的前提是先对该产品的市场、目标顾客及买家行为做一个定位和分析，这样有利于缩小选品范围。

②在确定了目标市场、目标买家后，可以运用选品策略进行选品，运用定价策略对产品定价，然后上传产品。

③新品刚上传的几天数据往往会比较低，但是一般在7天之后，可对显示的数据进行分析，进而对产品进行优化。

④尽量参加一些平台活动，如限时限量折扣、发放优惠券等，促进产品尽快出单。

⑤通过直通车、联盟营销和SNS站外推广，增加产品的曝光率，增加产品销量，促进产品数据稳步提升。

⑥最后通过对店铺老客户的营销，增加老顾客的重复购买率，提升客户黏度。

（四）节假日营销策略

1. 节假日营销优点

节假日营销是电子商务的一个很重要的营销策略。在跨境电商营销中，如果能有效利用消费者节假日的消费心理，同时巧妙结合平台中的自主营销工具和平台促销活动，不仅能在短时间内有效推广新产品，提高老产品的销量，快速打造爆款，提升店铺竞争力，而且有利于增加客户的黏性和忠诚度，提高卖家服务等级。因此，节假日营销的优点也更加明显，如图11-10所示。

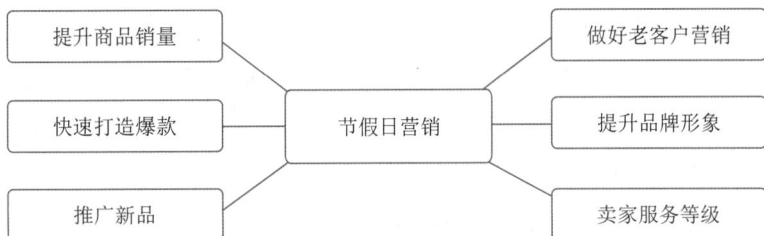

图11-10 节假日营销的优点

2. 节假日营销运营策略

节假日营销运营策略主要包括：营销策划四要素和营销执行六要点（图11-11）。

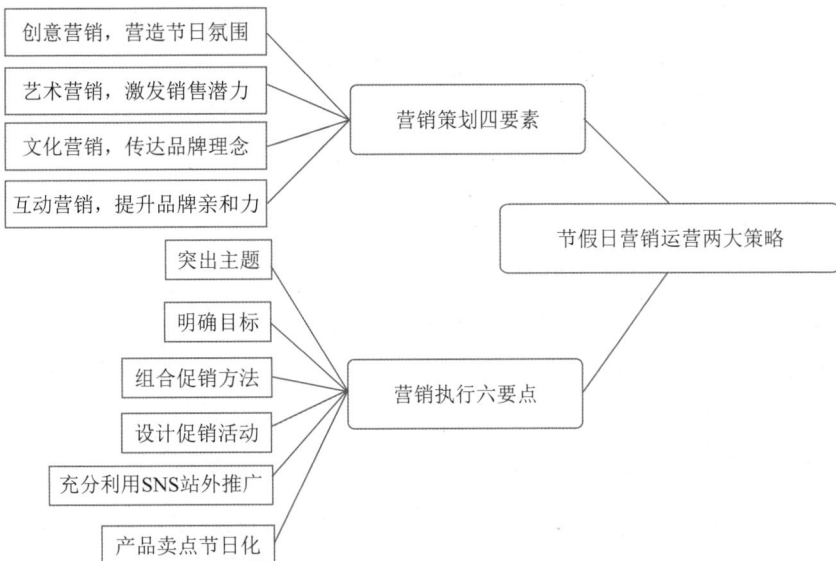

图11-11 节假日营销运营策略

下面先介绍营销策划四要素。

策划要素一：创意营销，营造节日氛围

针对不同的节假日，制定不同的活动主题，尽可能多地把顾客吸引到自己的店铺和产品上，烘托节日氛围，最终实现销售的目的。

例如，在圣诞节的时候，可以在店铺首页设计一个关于圣诞树的创意活动，吸引更多的买家一起设计圣诞树，也可通过邮件、短信等方式邀请老客户一起参与活动。

策划要素二：艺术营销，激发销售潜力

节假日营销，通俗来说就是打"价格战"，比如促销战、广告战都是围绕价格战展开的。价格战作为节假日营销的常用方法，诸如"买一送一""全场特价"等广告再常见不过了，对消费者的吸引力不够大。而具备节假日元素的产品，再加上适当的促销方式可以达到很好的营销效果。

策划要素三：文化营销，传达品牌理念

结合节假日的文化氛围，有针对性地开展文化营销。充分挖掘节假日中的文化内涵，将其与自身的企业文化和经营理念相结合，可以有效快速地吸引众多的消费者，同时也能塑造良好的品牌形象，为企业带来良好的市场效益。

例如，在母亲节，可以设计一个照片墙，将儿女与母亲的合照或者录像放在上面，记录与母亲一起生活的点点滴滴，突出感恩母亲、母爱伟大的主题，最后结合节假日的意义，附上祝福语以表示对顾客的由衷祝福。

策划要素四：互动营销，提升品牌亲和力

互联网的快速发展以及人们生活水平的提高，使得顾客的需求更加个性化、与众不同。因此，个性化营销和定制营销逐渐成为新的营销热点。

经过一轮节假日营销策划之后，如何才能有效地执行并且实现最佳效果呢？接下来就让我们一起研究一下节假日营销执行六要点。

执行要点一：突出主题

促销活动要想给消费者新颖的感觉，吸引消费者，必须有一个创新的促销主题。因此，节假日促销的主题设计有以下几个要求：一是要有吸引力，增加消费者的兴趣；二是主题词要简短易记、通俗易懂；三是要有冲击力，给消费者留下深刻印象。

执行要点二：明确目标

节假日营销活动的主要目标是分析消费者的节假日消费行为、对产品的喜爱程度，以及对促销方式的可接受程度。因此节假日营销活动要有量化指标，这样才能达到营销的目的。

执行要点三：组合促销方法

通常一提到促销，我们就想到满减、买赠、抽奖、积分等方式。尽管这些促销方式在形式上大同小异，但在具体的细节上还有很大的创意空间。常用的站内与站外营销方式如表11-2所示。

表11-2　常用的站内与站外营销方式

类型	解释	类型	解释
打折	商品价格为×折	团购	凑够×人享超低价
直降	商品价格比原来降×元	秒杀	特定时间内抢购非常有限的商品
特价	商品价格为指定的低价	满赠	满×元或满×件就送
优惠券	满×元可冲抵×元	满减	满×元或满×件就优惠
红包	可直接抵扣现金×元使用	抽奖	有概率地获得优惠
积分	下次消费可按比例冲抵	买赠	买就送
限时抢购	特定时间内特价销售	限时限量抢购	特定时间内限量特价销售
限量抢购	限定数量特价销售	满赠+满减	满×元减×元赠×元

可以将常用的单一的营销方式进行组合，跨境电商最有效的营销方式是限时限量与优惠券的组合或者限时限量、优惠券和满立减的组合（图11-12）。因为过于复杂的组合方式，对境外的买家会有一定的计算难度，反而不利于产品的转化。

图11-12　节假日营销折扣做法

执行要点四：设计促销活动

小卖家尽量不要和实力强大的卖家正面对抗，尤其是不要和强势对手打价格战，应该结合自身店铺定位和产品特点，设计出有突出优势的促销活动。

执行要点五：充分利用SNS站外推广

在节假日当天通过邮件等站外方式和老客户进行互动交流，能提高节假日营销的效果。

执行要点六：产品卖点节日化

根据节假日顾客的消费心理、节假日市场的顾客需求、不同的节假日的特点和每种产品所具有的特色，研发出适合消费者在节假日期间购买的新产品，快速打通节假日市场，抢占优势地位。

第三节　跨境电商引流与推广

一、搜索引擎优化

（一）搜索引擎优化的概念

搜索引擎优化简称SEO，是英文search engine optimization的缩写。原意是指从自然搜索结果中获得网站流量的技术和过程，是在了解搜索引擎自然排名机制的基础上，对网站进行内部及外部的调整优化，改进网站在搜索引擎中的关键词自然排名，获得更多的流量，从而达成网站销售及品牌建设的目标。

在跨境电商中，SEO是指产品搜索排名优化，即在现有的跨境电商平台网站搜索规则下，使目标产品在顾客通过关键词搜索时能够被网站系统抓取。后面将以跨境电商平台阿里速卖通为例，从商品属性优化、商品标题优化、规则分析优化几个方面详细介绍如何进行搜索引擎优化。

（二）放大流量入口

搜索引擎优化最重要的一点就是增加商品的曝光率，获得更多的流量。那么应该从哪几个方面放大流量入口呢？下面以阿里速卖通为例，介绍一般的流量起点来源，如图11-13所示。

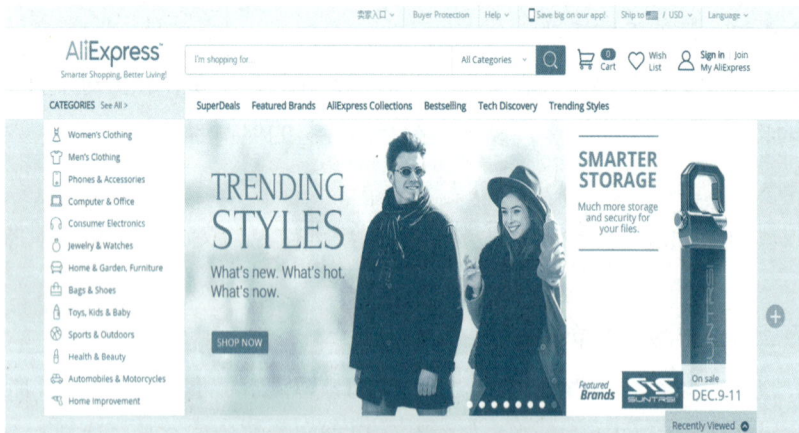

图11-13　阿里速卖通流量起点来源

通过速卖通首页，可以看到当顾客点击进入这个网站的时候，有以下几个流量导向：一是在搜索框通过关键词搜索，二是左侧已细分好的类目，三是平台的活动banner（横幅广告），四是直接访问购物车和收藏夹，五是top selling（畅销的）和平台推广的商家以及商品。由此可以看出，在买家进入速卖通首页后，通过以上五个渠道进行搜索，寻找自己所需要的目标产品。当买家进入店铺或产品详情页时就会产生后台数据PV（page view），即页面浏览。

下面以"women dress"为例，为大家介绍一个有效的PV的源头从何而来，如图11-14所示 。

图11-14　women dress有效PV源头

通过图11-14可以看到两个用矩形框框起来的部分有："free shipping""& Up""1 piece only""domestic returns""app only deals"，以及"best match" "orders""newest""seller rating""price"几个选项。其实这些就是listing页面下的细分流量入口。卖家想放大自身店铺和产品的流量，增加用户的浏览量，可以从以上几个流量入口考虑。

（三）商品属性优化

1. 销售属性的优化

在商品listing页面的左侧，我们可以看到各种属性选择栏，如图11-15所示。

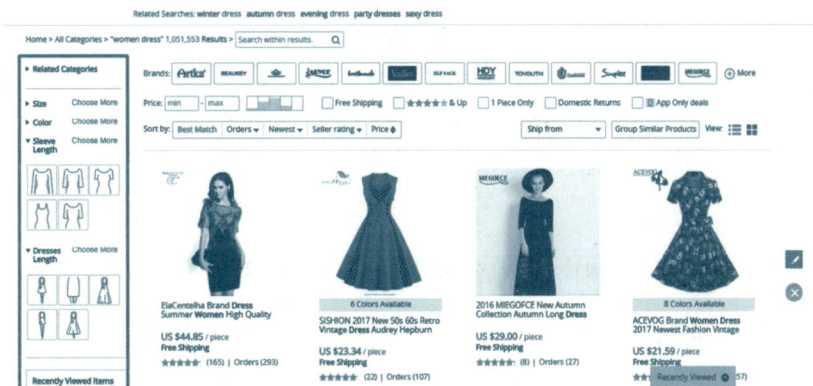

图11-15　属性选择栏

从图11-15的左侧属性选择栏我们可以看到，商品被细分为size、color、sleeve、length、dresses length 等几种属性。买家通过平台已经罗列出来的商品属性，可以更加快速、精准地找到其所需要的目标产品。

产品的属性远不止以上所说的几种，还有"cotton""brand""button"等。买家通过属性的选择，最终能够精准地找到其需要目标产品。通常这种曝光的转化率非常高，不仅可以使新品快速地出单，增加新品的搜索排名，而且能不断地提升后续的曝光，增加其成长空间。

不过需要强调的是，无论是什么产品，产品的属性填写率必须高于所要求的78%。这样一方面可以体现出卖家对产品的了解程度，另一方面也可以看出卖家对这类产品的市场把握能力。产品属性的填写一定要注意精准化，属性具有不可变性，一旦填写，就无法改变。

2. 商品自定义属性的优化

除了商品销售的属性外，还可以添加商品自定义属性。自定义属性可以理解为一些偏向于主观因素、可控制的产品属性，如产品的风格、规格颜色、流行元素、会员价等。可以通过丰富自定义属性，来优化产品的精细化搜索，从而达到增加产品流量、提升产品转化率的目的。具体如何选择产品的边缘化属性，可以参考后台的平台热销和热搜属性，如图11-16所示，点击加号可展开所有属性。

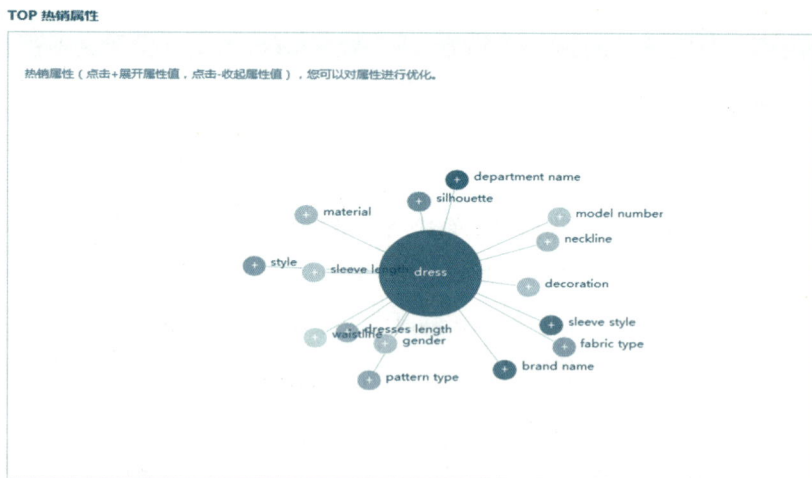

图11-16 后台的平台热销和热搜属性

（四）标题的优化

1. 标题的作用

在阿里巴巴速卖通平台的搜索系统中，标题不仅展示产品，显示产品的信息，而且其每个字符都具有丰富的意义。一个读起来并不通顺的标题其实承担着被平台搜索抓取曝光并提升排序的重要任务。当买家用关键词进行搜索时，系统就会自动抓取产品标题中与关键词相关且匹配度高的词汇，从而找到买家想要的目标商品，这个过程我们称之为相关性抓取。下面以"women dress"为例为大家简单讲解，如图11-17所示。

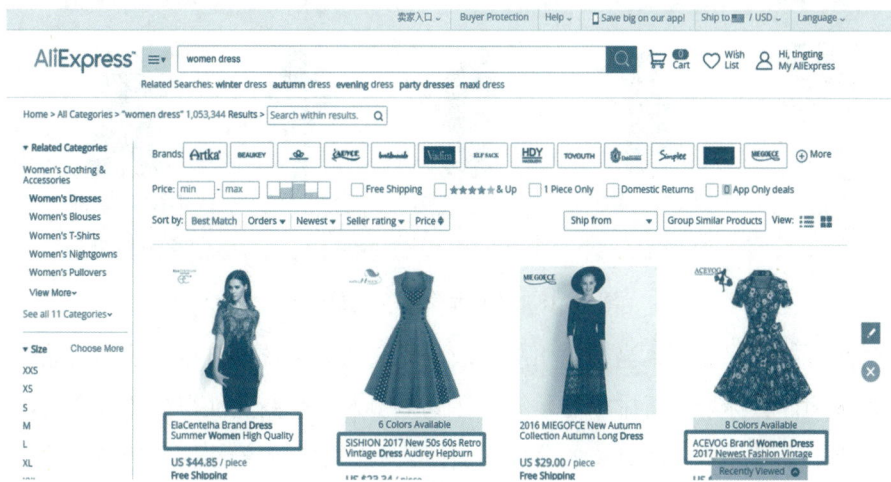

图11-17 相关性抓取

当买家输入关键词"women dress"搜索时，系统就会以中间的空格为分界点，将关键词拆分为"women"和"dress"，然后分别抓取标题中含有的关键词"women"和"dress"，如果标题同时出现"women dress"则相关度最高，优先抓取排序。因此，可以看出关键词词汇的紧密度会影响搜索的相关性。在关键词搜索"women dress"时，一般情况下，相关度的紧密排列顺序是"women dress" > "dress women" > "dress…women" > "dress" >= "women"。如果商品标题中正好有"women dress"，该商品就会被系统优先抓取，当所有标题中含有"women dress"的商品全部抓取完之后，系统开始抓取有"dress women"标题的商品，依次类推，最后抓取完所有标题中含有"dress"或"women"的商品。

在这里，有的卖家可能会问，商品关键词前后顺序变化对商品的相关性有影响吗？当我们在搜索栏中输入关键词"dress women"搜索商品时，如图11-18所示，之前看到的商品除了第一个还在外，其他的商品都没有被系统抓取，搜索结果竟完全不同。"women dress"和"dress women"同是表达女裙的意思，却因为词汇前后顺序的颠倒，使平台搜索系统对商品相关性的抓取完全不同。这也提醒我们在设计关键词时，要考虑到同一商品的多种表达方式，以及目标国家（地区）的语言习惯，这样商品才能最大限度地被系统抓取曝光。

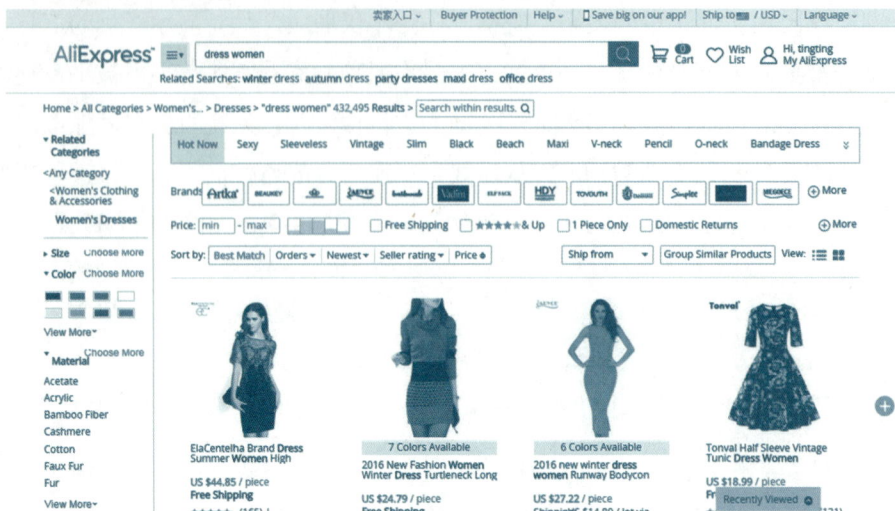

图11-18　关键词顺序变化的影响

这时候可能卖家会问，当搜索引擎抓取了所有与关键词具有相关性的商品后，这些商品又是按照什么标准进行排序展示的？在这里引入一个商业性得分的概念，可以将它理解为，每一个商品本身所具有的分值。当搜索引擎找到相关性的目标商品后，会通过这些商品的商业性得分对商品进行排序，按照页面显示的从左往右、从上到下的顺序。商品被系统抓取并曝光的顺序是展示商品的一个非常好的机会，也是一个绝佳的平台资源。当系统对这些商品的成交可能性表示信任，给予肯定时，就会把搜索结果页面展示商品的位置留给有较强竞争力并且对买家有吸引力的商品。系统判定的商品商业性得分与商品的转化率、好评率和PV基数等密切相关。这同时也解释了另一个问题，有的卖家看到平台热销的商品，复制该商品的标题和图片上传到自己商品，然而通过关键词搜索后，结果页面显示的排序靠前的仍然是平台上原来热销的商品。

通过以上分析我们了解到"women dress"和"dress woman"其实是两个完全不同的流量入口，那么应该如何放大这个入口，增加商品的曝光率，提升排序呢？我们可以借助后台的搜索词分析工具来增加曝光率。下面以服饰配件为例来分析，如图11-19所示。

通过搜索词分析页面，在行业中找到服装/服饰配件，在这个大类目下，可以看到买家的热搜词，这些词汇都是买家在搜索时所用的关键词，同时也是曝光次数非常高的词汇。可以按搜索人气、搜索指标、点击率、成交转化率等指标进行排列，从中找出有帮助的关键词。一般建议将点击率和成交转化率两个指标进行由高到低的降序排列，然

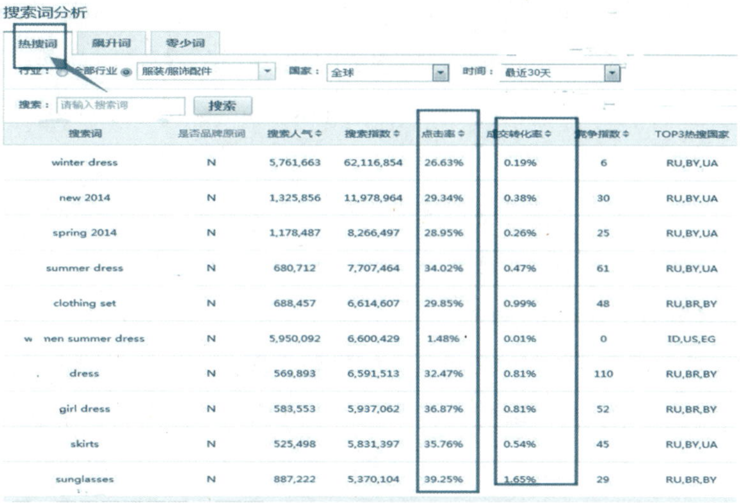
搜索词分析

热搜词 飙升词 零少词

行业：全部行业 服装/服饰配件 国家：全球 时间：最近30天

搜索：请输入搜索词 搜索

搜索词	是否品牌原词	搜索人气	搜索指数	点击率	成交转化率	竞争指数	TOP3热搜国家
winter dress	N	5,761,663	62,116,854	26.63%	0.19%	6	RU,BY,UA
new 2014	N	1,325,856	11,978,964	29.34%	0.38%	30	RU,BY,UA
spring 2014	N	1,178,487	8,266,497	28.95%	0.26%	25	RU,BY,UA
summer dress	N	680,712	7,707,464	34.02%	0.47%	61	RU,BY,UA
clothing set	N	688,457	6,614,607	29.85%	0.99%	48	RU,BR,BY
w nen summer dress	N	5,950,092	6,600,429	1.48%	0.01%	0	ID,US,EG
dress	N	569,893	6,591,513	32.47%	0.81%	110	RU,BR,BY
girl dress	N	583,553	5,937,062	36.87%	0.81%	52	RU,BR,BY
skirts	N	525,498	5,831,397	35.76%	0.54%	45	RU,BY,UA
sunglasses	N	887,222	5,370,104	39.25%	1.65%	29	RU,BR,BY

图11-19 搜索词分析工具

后选择曝光率高的词汇优化自己的标题，增加流量入口。

但也有卖家确实是按照这个方法做的，使用了这些高曝光率的词汇，而自己的商品却没有任何的曝光。这里就要提到之前所说的商品商业性得分的概念。对于每一项指标，平台系统都有一套属于自己的计算方法。商品曝光的一个计算方法，即商品曝光=商业性得分×相关性搜索曝光基数。通过公式可以看出，如果商品商业性得分为零，那么在标题中设置再高的相关性搜索曝光基数，结果还是零。

因此，我们之前提到的放大商品流量入口的内容是针对有商业性得分基础的商品的，在这基础之上需要我们做的是让商品获得更多的曝光，从而增加商品的点击率和订单转化率。

2. 标题模板设计

一个优质的商品标题必须要简练，字数不能太多，并且能用一句完整的话来充分描述商品，其中涵盖商品的各种信息，比如商品的属性、颜色、规格、参数、品牌、材质、数量等。

商品的属性信息是标题很重要的组成部分。从商品属性优化的内容我们了解到，一个商品属性的组成包括商品的销售属性和自定义属性。销售属性是商品本身自带的，填写后是不可以改变的，而自定义属性（如产品的款式、风格和流行元素）是可以改变的，因此我们可以对这部分属性进行优化。商品标题中最关键的内容还是大类目搜索词汇，如“women dress”“casual dress”等。属性与大类目搜索词汇的简单组合构成了一个完整的标题。同时根据上文的分析我们了解到，在不同的类目下搜索，流量入口也是不同的，如“women dress”和“dress women”，虽表达的是同一个产品，却代表着两个不同的搜索入口。也就是说买家想找到裙子，可能从"women dress"端搜索目标产品，也可能从"dress women"端搜索。因此，在设计标题时就要满足不同搜索端的买家需求，让产品在"women dress"和"dress women"两个不同的搜索入口都能被抓取，实现产品曝光的最大化。

此外，还需要考虑新品的抓取曝光。在设计标题时，可以结合产品的属性信息、参数、风格、流行元素等词汇形成长尾词来提高产品搜索的精准度，从而促进订单成交，提升新品搜索排序，增加曝光机会。

综上所述，我们可以得出如下的万能标题模板：A 大流量搜索词1+ B 大流量搜索词2+ C 大流量搜索词3。标题模板中的"A""B""C"是产品的属性信息、风格、参数、流行元素等词汇，这是卖家自己添加的，这些词汇可以参考平台后台数据中的人气高、转化率高的词汇。

下面来分析这个模板的万能之处。使用大流量搜索词的目的是放大商品的流量入口，因为只有增加流量才能使标题最大限度地被抓取。可以通过模板中的三个大流量搜索词放大商品的流量入口，增加曝光路径。也就是说买家通过搜索"大流量搜索词1"可以快速有效地找到商品，通过"大流量搜索词2"和"大流量搜索词3"也是如此。这样我们可以使该商品通过三个大流量搜索词实现曝光的最大化。

上述标题是由"A大流量搜索词1""B大流量搜索词2"和"C大流量搜索词3"三个部分组成的，以实现这三个长尾词的精准定位。通过这个模板我们还可以进行长尾词组合，从而变换成新模板，如"A+大流量搜索词2""B+大流量搜索词3""A+B大流量搜索词3"或"A + B + C 大流量搜索词3"等，更大范围地覆盖非紧密的长尾词，从而达到高流量入口的覆盖和高密度长尾词精准搜索的覆盖。

（五）规则分析优化

要打造一个优质的爆款，我们需要在平台规则允许的范围内不断微调与优化产品。下面我们看一条速卖通平台规则——速卖通平台更换产品行为规范。

"适用范围：为促进公平的交易环境，卖家不得以更换产品的形式在速卖通平台发布新产品，而应该选择重新发布的形式。更换产品的行为将在速卖通平台受到处罚。

"更换产品的行为指通过对原产品的修改来发布不同的产品，包括但不局限于更换产品图片、标题、价格、关键字、类目等；但是如果修改只涉及对原有产品信息的补充、更正而不涉及产品，则不视为更换产品的行为。

"如卖家更换产品，速卖通平台将移除该产品所有累积的销量纪录等信息。

"速卖通平台将保留对更换产品影响恶劣者追加处罚的权利。

"速卖通平台建议您选择重新发布产品，尽可能不更换原有的产品，避免之前累积的销量纪录等被清空。"

从速卖通平台的规则可以看到，平台对于更换产品的行为是严格禁止的，处罚也非常严厉。但是通过细心分析，我们会发现规则明确界定了该行为，是指通过对原产品的修改来发布不同的产品，这就说明商品信息的补充和更正不属于违规范围。因此，可以在一定范围内修改和优化产品的属性、标题、关键词甚至是图片，从而优化产品信息，增加曝光机会。

（六）未付款订单处理

相信大多数的卖家在日常的经营中都遇到过这样的情况，出于各种原因买家下了订单却迟迟没有付款，有些订单因为时间原因而被系统自动取消。面对这样的情况，有些卖家并不在意这些订单，认为它们是无效的，买家不付款表示不想买了就算劝说也是徒劳，有的则是敷衍地进行一次紧急催款。这些处理方式都忽视了未付款订单的重要性。订单转化率是影响商品排序的一个很重要的因素，提高产品订单转化率能提升商品排序。如果买家没有完成支付这一步，则表示这是一次无效的商业性得分，并且它还会直接拉低商品的转化率，降低商品的排序。因此对于未付款订单一定要足够重视，竭尽全力完成最后一步的转化，具体做法可以分为三个步骤：

首先，根据买家的信息观察其情况。例如，如果是一个新手，他注册账号的时间并不久，很有可能是支付时遇到了问题，对支付流程不熟悉，甚至有的根本不会支付。可以通过站内通信或者订单留言的方式引导买家购买并完成订单支付。

其次，如果卖家是一个曾有购买记录的客户，应该是对商品购买产生了犹豫。那么应该与其积极沟通，并表达出随时提供帮助的意愿，实在不行可以用小赠品促使其完成订单支付。

最后，如果连赠品都不能引起买家的购买欲望，那么可直接通过修改价格的方式来吸引买家支付，完成产品订单的转化。

（七）cart和wish list的订单转化

与未付款订单相似，cart和wish list的订单也往往容易被卖家忽视，cart和wish list的产品都是买家浏览页面后并没有完成转化的潜在订单。可以通过优惠券的定向发放，具体是指在利润合理的范围内，针对cart和wish list顾客发放一定限额的优惠券，从而达到完成订单转化的目的。

二、付费广告（直通车）推广

速卖通直通车，是速卖通平台会员通过自主设置多纬度关键词、免费展示产品信息、大量曝光产品来吸引买家，是按照点击付费的全新网络推广方式。简单来说，速卖通直通车就是一种快速提升店铺流量的营销工具。下面分别从前期准备、直通车运营、直通车优化与提高等方面介绍直通车推广的操作方法。

（一）前期准备

1. 选品策略

一个店铺如果想持久运营下去，能够源源不断地引进大量的流量是必不可少的，而热销爆款便是帮助店铺持续引进流量的重要条件。因此，每一位卖家都希望通过各种方法和途径增加店铺内某一款或几款商品的销量。但是如果推广的商品并不是大家喜欢的，不容易被市场接受，销量再高也是徒劳。只有选择买家所需要的产品，并结合自身产品的特点进行推广，才能快速地打通市场，快速地提升推广商品的销量。这里简单介绍两种选品策略：流行趋势选品和数据化选品。

（1）流行趋势选品

平台上的热销爆款都是大多数买家所喜欢的，代表着流行趋势，跟着流行趋势走总不会错。可以对卖家后台的热搜与热销商品的属性进行分析，并将自己的商品属性与之相比较。找出自己的商品中与热销爆款类似的商品，这就是要推广的商品。

（2）数据化选品

数据化是电子商务最大的特点之一，所有的事务都可以通过数据来分析、控制和改进完善。通过数据更能客观地显示商品在市场上被买家接受的程度。因此，我们在选择推广产品的时候，可以以后台该商品在一段时间内的相关数据作为参考，如店铺商品最近一段时间的曝光量、访客数、浏览量、点击量、转化率等多维度数据，判断该款商品是否适合进行重点推广。

2. 提升转化率

直通车运用最关键的因素不是浏览量，也不是点击率，而是转化率，当然流量是前提，没有流量也就不存在转化率的问题。提升商品转化率的关键是将推广的商品精准地投放给购买意愿高的买家，并通过商品个性化的特征（如有创意的产品图片）吸引买家的兴趣。我们可以从以下几个方面提升商品转化率。

（1）尽可能使用精准关键词

精准关键词一般是指与商品匹配度较高，根据用户的搜索习惯选择的、属性表达明确的词汇。通常精准关键词有明确的指向性，也就是说买家搜索这个关键词时对于属性的购买倾向是非常强的。常见的表达形式是"属性词+类目词"，如lace dress（蕾丝裙），该词表明买家对于具有蕾丝属性的裙子有很强的购买意愿。因此，若直通车推广时采用精准关键词，会大大提升其商品的转化率，而且明显比非精准的大类目词的转化率要高。需要说明的是，并不是不建议使用非精准的大类目词，如dress、bag、shoes等，搜索热度高的大类目词也会带来不少的点击量及成交量。因此，最好是将两类词结合起来，且要特别重视精准关键词。

（2）创意图片体现商品个性化特征

参与直通车推广一般需要卖家设置创意标题和创意图片。创意图片，一般展示在搜索页面的右侧和底部，向买家传达商品的个性化特征。所以，创意图片一定要清晰、有创意、个性化。这些个性会吸引买家点击购买，设计创意图片可以参考以下方法：

①充分地表达出商品的一些主要属性，特别是区别于其他商品的个性信息。

②标题的前几个词尽量用富有吸引力的属性词，以吸引买家眼球。

③注意色彩搭配，底色要鲜明，避免有其他商品的信息，而且商品占整个图的比例尽量要大。

④若图片有多种颜色，则重点突出一种颜色来清晰地展示个性。

（3）从细节入手提高买家购物体验

买家的购物决策是一个非常复杂的过程，除了受到对商品本身属性偏好度的影响外，商品详情页里的各种信息要素也是影响买家购物的重要因素，包括详情页的整体设计、销量、买家评价、品牌介绍、各种属性值等。这些细节都会影响买家购买决策。因此要提高商品转化率，以上各种要素在直通车推广时都要不断地改进、完善，从细节入手提升买家的购物体验。

（二）直通车运营

1. 关键词选词技巧

关键词是直通车推广的基石，关键词选词的数量和质量直接关系到直通车的推广效果。关键词的数量方面的要求是要尽可能多地使用展示商品信息的词汇，关键词的质量要求是指关键词与商品的匹配度要高，而且要求精准关键词尽量多。如何选择精准关键词呢？我们可以通过直通车后台强大的关键词工具进行选词，根据不同的商品推广需要，关键词工具的使用可分为升序排列法、降序排列法和关键词联想法。

（1）升序排列法

在选择好行业和类目后，按照"30天搜索热度"升序排列，然后从上到下依次选择与商品匹配的关键词，放入左边的"加词清单"中进行推广。在此过程中，需要注意应该直接排除与商品根本不匹配或匹配度较低的词。

使用升序排列法有很多优点，比如，选择的关键词都是热搜或热销的词，这样在推广时才能获得更多的曝光。选的词都是高精度的词汇，这样可在最大程度上减少非意向买家的无效点击。如此，将大大提高商品的转化率，并提高商品在直通车推广中的排序。但这种方法也存在一些问题，比如热搜热销的词一般竞争非常大，而且出价要求也非常高，这样就会增加产品的推广成本，降低利润。因此，卖家在选词时可采取关键词工具升序排列法和降序排列法相结合的推广方法。

（2）降序排列法

卖家在选择直通车关键词时一般都会选择搜索热度较高的热词。但热搜的词一般竞争度也较大，而且出价高。有很多词属于搜索热度适中且竞争度非常低的词，竞争度极低，出价也非常低。如果能够学会将这些词作为关键词，将有利于在直通车推广时避开激烈的竞争，且其热搜度适中还能获得一定的点击量和订单量，从而大大地降低直通车推广的费用，增加商品的利润。

（3）关键词联想法

关键词联想法是一种发散性的思维方法，具体的操作就是将某个关键词作为原词，然后从这个原词开始不断地联想其他的相关词汇，通过直通车后台的关键词工具对所联想到的词汇进行搜索热度的检验，热搜度高就留，热搜度太低就直接删除，通过这种方法往往还能找到"热搜度适中、竞争极低"的好词。

一般最常用的关键词联想方式就是相近词代替。例如，通过关键词long dress可以联想到dress long。接着从long出发，找出相关的替代词，可以是描述long的更加具体的词，比如ankle length和floor length，组成"ankle length dress"和"floor length dress"两个关键词，如果再从"ankle length dress"做进一步联想，很容易能想到"ankle dress"这个词……如此反复联想拓展，将得到更多的词。

2. 关键词出价策略

使用直通车关键词一定要慎重，每一个关键词都能为商品带来曝光流量，增加点击，促进成交，但同时也需要大量的费用，因为买家的每次点击都有相应的成本。所以，关键词出价一定要掌握好一个度，一个盈亏的度，出价过高可能亏损，出价过低受到直通车推广的力度一定很小。在介绍出价技巧之前，先了解一下直通车推广排名综合得分的计算公式：直通车推广排名综合得分=关键词出价×推广评分。

通常关键词在直通车中推广的排序是推广排名综合得分决定的，而这个综合得分是由关键词出价和推广评分两个因素决定的。推广评分分为优、良、差三个等级，推广评分为差就没有任何曝光机会。在这里可以将推广评分理解为直通车对于某个关键词是否适合推广这个商品的系统判断，如果非常适合，评分就会高，如果认为关键词和商品没有关系，则评分非常低。影响推广评分的因素主要包括关键词与商品之间的匹配度、商品的相关信息是否完整、买家的需求等。在提交推广计划时，系统就会自动对所有的推广关键词给出一个初期的推广评分，后期根据直通车的运营推广情况，如商品的浏览量、点击率、转化率，推广评分也会不断地变化。

直通车的关键词出价是一个复杂、动态的过程，卖家可以根据推广的不同时段、关键词的精准度等设置不同的出价，并积极地进行管理。具体的出价策略有以下三种。

（1）根据不同的推广阶段设置不同的出价

刚刚进行直通车推广时，流量少，点击率低，基本没有客户评价，因此转化率也很低。在直通车前期推广阶段，可以适度降低关键词的整体出价，在一定程度上适度控制推广成本。后期随着商品订单的不断增加与好评反馈，商品销量、人气会渐渐提升，这样会提升商品的点击率，促进更多订单成交。随着商品转化率的稳步提升，可以再调整关键词出价，适当提高出价水平，从而获得更多的曝光流量。

（2）根据关键词的精准度与匹配度设置不同的出价

如果我们使用的直通车关键词的精准度与匹配度都比较高，则买家通过关键词搜索能迅速找到该店铺的目标商品，购买下单的可能性就很大，因此商品的转化率就会很高。针对这样的关键词可以适当调高其出价，得到直通车更多的推荐，从而获得更多的流量。如果关键词的精准度和匹配度较低，应该适当调低其出价。

（3）初期亏损比例控制法

一般进行直通车推广时，商品的订单销量会随着销量、人气的累积而不断地提高，因此可以使用亏损比例控制法判断初期出价是否合理。具体的公式如下：亏损比例＝（直通车推广成本－净利润）÷单价。

比如初期将亏损比例控制在10%。通常在直通车推广初期，销量人气低，亏损是正常的。但是需要注意把亏损控制在可接受的合理范围内，随着后期订单量的增加，转化率将会逐渐提升。

（三）直通车优化与提高

通过直通车后台的商品报告和关键词报告的数据查看直通车推广效果。

（1）商品报告

商品报告中的主要参考数据有曝光量和点击量，曝光量与点击量直接体现了直通车推广的整体效果。

如果曝光量和点击量都高，则说明关键词与商品的匹配度高，客户对于该商品的购买意愿高，只需要对单次点击付费进行优化。如果曝光量高，但点击量低，则说明关键词与商品的匹配度高，但该种商品对顾客的吸引力非常低，可以对商品的图片进行优化或者使用打折促销手段。如果曝光量低，则说明关键词与商品的匹配度低或者关键词不多，要优化关键词。

（2）关键词报告

关键词报告中的主要参考数据有点击率和平均点击花费，体现的是具体关键词的推广效果。

如果点击率高、平均点击花费高，则说明该关键词多数是热搜词或者是类目词。这类词的平均点击花费大，在卖家预算不多的情况下，应该适当保留一部分这类关键词。

如果点击率高、平均点击花费低，则说明该关键词多数是长尾关键词。这类关键词精准度较高，但是曝光量比较低。对于这类词应该多多挖掘，并将合适的关键词添加到重点推广计划里。

如果点击率低、平均点击花费高，则说明这类关键词和商品的精准度与匹配度可能都比较低，重点是推广费用高，因此建议删除此类关键词。

如果点击率低、平均点击花费低，则说明针对这类词可以先提高单次点击花费，等到其曝光量提升时再观察其点击率和转化率有没有相应地提升。如果提升，则保留此类关键词，反之，则删除。

（四）直通车爆款打造策略

1. 选品

这里介绍两种选品方法：方法一，如果店铺中有些商品已经有一定的销量，而且客户评价记录很多，好评率也很高，并且商品的转化率正处于一个稳步上升的趋势，同时在价格上有优势，有一定的利润空间，则我们可以考虑选择此类商品作为爆款打造的对象。方法二，商品经过一段时间的推广后，会慢慢积累一些数据，可以通过对商品数据报告的分析，从中选择一些表现比较好的商品作为重点进行推广，将其打造成平台爆款。

2. 商品信息的优化

（1）价格优化

通常做法是将要推广的商品与平台同类商品的价格进行比较。特别是销量高的商品，在一定的利润空间下，尽量不要高于同类销量高的商品的价格。在设置价格时，我们可以先定个专柜价、原价，并且可以设置得稍微等高一点，然后再设置一个促销价，并用一些促销工具展示出来，这样更能吸引买家的兴趣。

（2）创意优化

在直通车的重点推广计划中，每个推广单元可以设置两组创意，推广标题和图片都可以随时修改。可以分别设置两组创意，通过商品的点击量和转化率测试出买家喜欢的标题和图片。如果某一组创意曝光量高、点击率高，表明此组创意符合买家的偏好，就要不断地优化，重点推广。

（3）详情页优化

商品价格优化和创意优化可为平台引来更多的流量和点击量。打造一个爆款，光有流量是远远不够的，只有订单转化率提升才能真正达到推广目的，获得更多的利润。可以从详情页着手提高商品转化率，不断优化其细节。

一个好的详情页面有以下几点要求：首先，详情页面的内容要完整，比如商品的图片展示、商品的属性信息、尺寸大小、模特展示效果等。其次，要能突出商品的个性特点，符合买家需求，能引起买家的兴趣，激发买家的购买欲望。最后，一定要注意内容、细节处，让顾客觉得这就是他需要的产品，最终下单购买。

3. 建立方案

第一步：要先新建一个直通车推广方案，再建立重点推广方案，选择所需要重点推广的商品及其推广关键词，为关键词设置出价。

第二步：对新建的重点推广计划进行调整管理，添加更多高精准度和高匹配度的关键词。

第三步：关键词竞价。按照推广评分的优、良、低三个等级将关键词划分为优词、良词和质量差的词。不同质量的关键词竞价方式不同。

优词应该在自己推广费用范围内进行合理出价。优词还可细分为精准词、蓝海词和大类热词。

①精准词：应该全力竞价到推广首页。例如，对豹纹西装来说，"suit"就是精准词。

②蓝海词：全部竞价到推广首页。例如，对豹纹西装来说，"leopard suit for man 2016"就是蓝海词。尽管蓝海词的搜索量不大，但是竞价往往比较低，重要的是搜索这类词的买家有很强的购买意愿。

③大类热词：建议竞价到第3～5页。例如，对豹纹西装来说，"man's clothes"就是大类词。这类词搜索量大，平均出价也都非常高，但订单转化率却比精准词和蓝海词

低。因此，建议这类词不要出太高的价格，能起到一个推广宣传的作用就可以了。

对于良词比较好的方法是，选择同类目下与自己产品相关性强的关键词竞价。

质量差的关键词的匹配度很低，可以直接删除。

第四步：设置创意。在直通车的重点推广计划中，每个推广单元可以设置两组创意，推广标题和图片都可以随时修改。通过商品的平均点击率、点击量和转化率推测出买家喜欢的标题和图片，从而确定最佳的创意。设置符合买家需求和偏好的创意，还能增加商品关键词的推广评分。

4. 不断调整优化

前面所说的内容，从选择推广爆款到建立重点推广方案、选择关键词、设置出价、设置创意，都是爆款推广方案的第一轮。在第一轮设置结束后，如果产品和关键词的选择正确，商品的销量就会不断地增加，后台会慢慢积累反馈数据，如每天的推广成本、曝光量、点击量、订单量。根据对后台推广数据的分析，进行调整和优化，开始第二轮的推广。第二轮推广可以从以下几个方面进行优化。

（1）优化关键词出价水平

打开爆款推广详情页面，选择曝光量从高到低按降序排列，并且分析推广评分、点击量和出价数据。

①优词，曝光量高、点击量高的关键词，可以调整出价，将排名控制在第1~3页。

②优词，曝光量高、点击量低的关键词可以调整关键词出价，将排名控制在第4~10页。对创意标题和图片进行修改，设置商品的促销价格，从而吸引买家点击。

③优词，曝光量低的关键词，适当提高出价，增加曝光率。如果曝光率仍然很低，则删除这个关键词。

④良词，数据表现理想的关键词，则优化相关属性，尽可能让这个关键词变优。

（2）添加或删除关键词

优词，曝光量高，点击量高的词保留；曝光量高，点击量低的词进行优化，效果不好的删除；推广差的删除。良词，相关属性优化，曝光量、点击量数据理想的保留，优化后仍然不理想的删除。

（3）创意的优化

通常有两种常用的优化创意的方法：①测试推广主图的效果——不同主图，相同标题。②测试推广标题的效果——不同标题，相同主图。

5. 持续引爆

持续引爆是指在打造爆款的成熟期，能带出一个次爆款。建议在选择主爆款时，同时次爆款也一起选择。如果整个推广过程中爆款到了衰退期，次爆款可支撑店铺的整个流量，保证店铺流量持续地引进。

三、　SNS站外流量引入

　　SNS全称为social networking services，即社会性网络服务，国际上以Facebook、Twitter、Instagram、Pinterest、VK（俄罗斯社交网站）等SNS平台为代表，专指旨在帮助人们建立社会性网络的互联网应用服务，也指社会现有已成熟、普及的信息载体，如SMS（短信息服务）服务。SNS的另一种常用解释是social network site，即社交网站或社交网。SNS也指social network software，即社会性网络软件，是用分布式技术构建的下一代基于个人的网络基础软件。

　　SNS营销策略主要包括社交网站老客户二次营销推广、社交网站新客户开发，以及社交网站三大核心营销策略。下面为大家详细解说这几个策略。

（一）社交网站老客户二次营销推广

1. SNS网络营销推广特点

　　①直接与消费者接触，目标人群集中，身份信息真实可靠，可信度高，非常适合口碑推广。

　　②大多数是通过开展活动带动产品销售的，投入少，见效快，利于资金迅速回笼。

　　③人群集中，可以针对特定的目标人群进行重点宣传。

　　④直接掌握消费者所反馈的信息，获得一手资料，可以不断地调整优化其产品。

　　SNS的这些推广特点，为很多企业形式的互动营销提供了一个很好的平台。通过互动营销，企业能够获得消费者的各种建议，并将这些建议纳入产品的开发设计中，设计出符合消费者需求、体现其个性的产品，并可以开展具有指向性的营销活动。如今，很多跨境电商平台中实力强的大卖家经常通过与消费者沟通交流，实现与消费者的良性互动，以对当地的产品市场有更进一步的了解和认识。同时企业在互动中还可以对其产品进行品牌宣传。SNS用户信息的真实性以及企业与用户之间的友好互动，可以有效地提高产品的销量。资金雄厚、实力强的企业还可以建立客户数据库进行客户管理和分析。

　　一般SNS营销都是基于即时通信工具的，如发送邮件、站内信等方式，让客户添加企业的社交账号，然后就可以通过发送聊天信息，如店铺商品的信息、打折促销活动等进行老客户营销推广。

2. SNS老客户营销的操作步骤

①通过后台数据反馈，卖家将购买次数多并且订单金额多的优质老客户加入到其Twitter、Facebook等社交账号中，或者给客户发邮件，让客户主动添加。

②积极与老客户进行交流，实行互动营销。

③经常为老客户专门举办一些打折促销活动。

3. SNS老客户营销的好处

Facebook、Twitter等SNS账号中，用户都是实名注册登记的，用户的身份信息真实可靠。不同的社区将有相同的兴趣爱好、需求、审美等的用户聚集在一起，这也为企业实行营销活动提供了精准的客户数据，更有利于企业开展营销活动。因此对于跨境电商卖家来说，可以根据自身产品的特点以及产品的目标客户和目标市场，选择合适的SNS社区，通过与客户开展互动营销活动，有效传播产品信息，塑造产品良好形象，推广产品、品牌，提升产品销售和推广排名。

SNS附件中有相册、游戏、应用和投票等功能，卖家应有效利用这些功能，增加互动营销的娱乐性和趣味性，丰富互动营销内容，提高客户参与的积极性，从而增强老客户黏度。另外，SNS中的分享机制、订阅提醒和及时聊天，不仅仅丰富了营销的互动方式和互动渠道，更加快了信息传播速度。

（二）社交网站新客户开发

要开发SNS社交网站的新客户，最关键的就是要增加粉丝数量。下面就以Facebook为例，Facebook企业推广技巧如图11-20所示，Facebook企业推广需要准备的相关材料信息如图11-21所示。

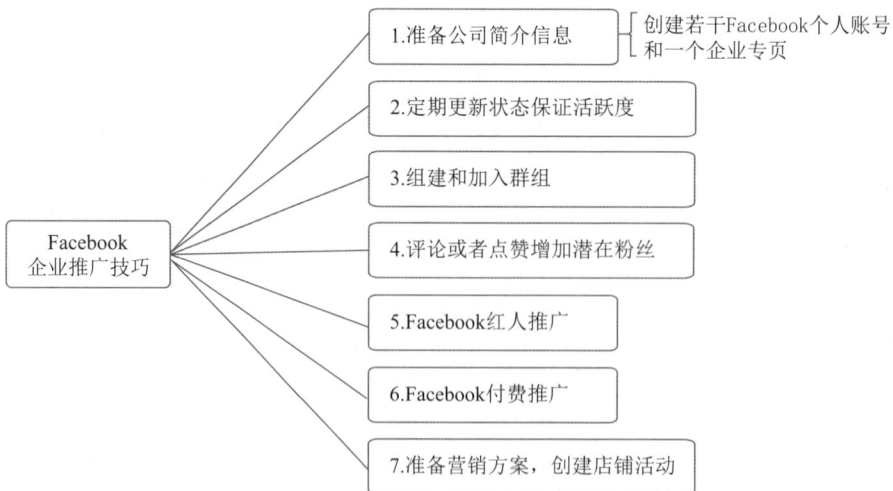

图11-20 Facebook企业推广技巧

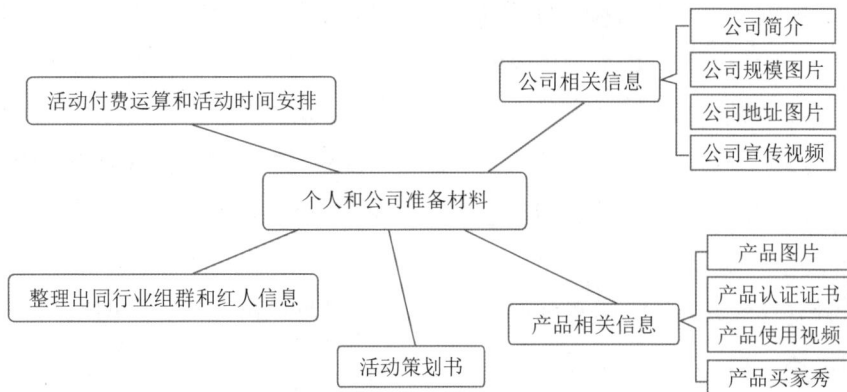

图11-21　企业推广所需资料

（三）社交网站三大核心营销策略

社交网站营销的核心在于关系营销，庞大密切的关系群是营销的关键。社交网站营销的要点在于建立新客户关系，巩固老客户关系。无论是企业还是小店铺，都需要建立属于自己的关系网络，寻找目标顾客来支持其业务的持续发展。社交网站毕竟是个社交圈子，以社交为主，如果过于商业化，反而容易被客户屏蔽。因此，针对社交网站进行营销，需要掌握相应的营销策略。

社交网站三大核心营销策略可总结为：三大营销技巧、4H营销法则、五大社交误区。

1. 三大营销技巧

社交网站三大营销技巧主要包括：事件营销、红人营销、信息流营销。

①事件营销：通过社交网站的分享功能，可以将店铺的活动和促销信息分享到社交网站上，让更多的用户看到，并了解产品。

②红人营销：主要是通过网络红人等试用产品体现效果。

③信息流营销：主要是指对跨境电商网站上的产品直接进行分享。

2. 4H营销法则

社交网站聚集了大量的不同用户，用户根据自己的喜好和关注等选择适合自己的小圈子，在里面与其他用户探讨共同感兴趣的话题。如果企业能把自己带到这样的圈子中，并运用适当的营销技巧，便能获得大量的免费流量。如何有效地进行营销推广还能避免被用户厌恶呢？我们可以考虑采用4H法则。

幽默（humor）：可在社交账号的个人资料信息中，添加些介绍自己的幽默风趣文字，或者具有创意的搞笑图片，来吸引粉丝的关注。

诚实（honesty）：坚持诚实的原则，诚实能赢得别人的信任，获得更多的朋友。

有趣（have fun）：在推广产品时，巧妙运用有意思的事情能够增加营销的趣味性。在社交网站中，能认识新朋友，学习新知识，与此同时可以从中得到流量而赚钱。

助人（help people）：帮人帮已，通过邮件等方式回答别人的问题；在别人需要帮助时，积极予以相助；及时与别人分享活动信息。

3. 五大社交误区

五大社交误区分别指卖家回复不及时、错失品牌推广机会、缺少清晰的社交营销战略、信息流不连续、文章错误百出。

误区一：卖家回复不及时

卖家需要定期维护社交账号，并且查看相关的顾客消息，特别是针对一些网友的回帖和评论要积极响应。对一些买过产品的老客户，如果在页面有消极的评论甚至是言语攻击，一定要及时处理，慎重对待，因为老客户对于产品的态度，是其他顾客购买的一个参考，而且影响力还很大，对产品销量的影响也是非常大的。

误区二：错失品牌推广机会

很多网站都设置了个性化的选项，用户可以填写相关的信息对品牌或产品加以详细介绍。可惜的是，往往很多用户都把那些地方空着。其实这是一个很好的企业品牌推广机会，企业可以借助这类选项的填写，对企业的文化、宗旨、理念以及产品加以介绍，以达到宣传企业文化、塑造品牌形象的目的。

误区三：缺少清晰的社交营销战略

在决定通过社交网络对产品进行营销宣传时，要明确目标，制订详细的社交营销计划，并按照计划一步一步地实行。

误区四：信息流不连续

在培养用户习惯的初期需要企业的坚持。制订了营销计划后，企业应该在营销社交网站上连续发帖子。为避免帖子更新不及时，或者信息内容不够充分，企业应该事先制订相关策划方案。使用户通过一段时间的关注和了解，对品牌有所认知，增加对产品的认可度。

误区五：文章错误百出

如果一个企业在发布的帖子中含有明显的错误信息，则会降低粉丝的好感度，而且还会显得不够专业。因此在发表文章之前，一定要对文字进行检查，避免出现错别字、语句不通等现象，给用户留下好的印象。

第四节　跨境电商站内营销活动

一、平台活动

（一）平台活动简介

阿里巴巴速卖通的平台活动是专门为卖家提供的一项引流推广服务，是完全免费的，不过有的活动需要满足一定的条件才有资格参加。卖家可以在平台的营销中心板块浏览当期的活动内容，自主选择符合条件的活动进行报名。如果平台审核通过，卖家申报的商品就会被平台活动推广，获得大量的免费流量。

平台活动主要包括Super Deals、团购活动、行业/主题活动和一些大型的促销活动。

1. Super Deals

报名参加Super Deals，有可能获得单品在首页曝光的机会，比较适合店铺推广新品或者打造爆款。Super Deals包括Today's Deals、Weekend Deals和GaGa Deals三种活动。

2. 团购活动

团购活动主要是针对不同的国家进行的营销活动。目前平台只开通了俄罗斯、巴西、印度尼西亚和西班牙四个国家的团购活动。

3. 行业/主题活动

行业活动是根据不同行业的特点，开展属于自己行业的一些营销活动，比如服装行业推出的Clean Out Your Wardrobe。主题活动是针对特定主题设定的专题营销活动，比如感恩节促销活动。

4. 大型促销活动

通常平台大型促销活动一年会开展三次。根据实际情况，平台会适当地增加或减少活动次数。大型促销活动促销力度很大，流量也非常大。

（二）Super Deals与团购活动

1. Super Deals

Super Deals 活动中，开通时间最长、营销效果最显著的是Today's Deals，也是最具有代表性的。Today's Deals相当于淘宝中的天天特价，旨在为买家推送质优价廉的商品。它位于速卖通平台首页的首要推广位，免费为卖家推广优质商品，但活动对于卖家的折扣要求非常高。

Today's Deals的招商要求非常严格，价格折扣要求在35%到99%，并且店铺等级要求三勋至五冠，90天好评率≥92.0%，针对要求国家（地区）30天销售数量≥1，对活动要求国家（地区）免邮，且发货期≤15天。

Super Deals活动页面，如图11-22所示。

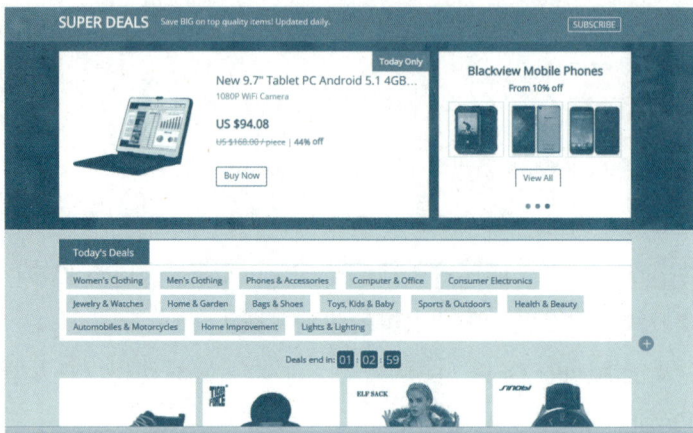

图11-22　Super Deals活动页面

Today's Deals首页，如图11-23所示。

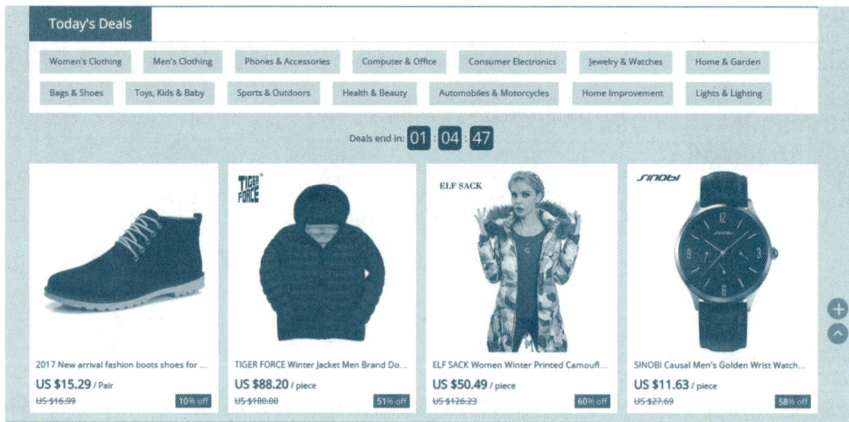

图11-23　Today's Deals首页

2. 团购活动

目前平台团购活动项目所对应的国家（地区）并不多，主要有俄罗斯、巴西、印度尼西亚和西班牙四个国家。俄罗斯团购是最具代表性的，整个活动的流量也非常大。俄罗斯团购报名条件要求较高，还要求卖家尽快发货，最大可能地给买家以最优的购物体验。

印度尼西亚和西班牙团购开通的国家（地区）团购项目，团购招商条件要求较低，比较适合平台的中小买家和刚开张不久的新店铺。

（三）大型促销活动与"双十一"

目前速卖通平台大型促销活动主要有年初的Shopping Festival、年中Superova Sale及年底的Double Eleven Carnival（即"双十一"）。从活动促销的力度来看，Double Eleven Carnival促销力度最大，同时流量也是最大的。

每次的大型促销活动都是平台精心策划准备的，吸引了大量的商家和优质的商品，流量也很大，因此促销活动的效果远远高于其他的营销活动。活动中商品销量都会计入商品搜索排名评分当中。活动的大量流量能为单品带来大量的销量，快速提升商品的搜索排名。

平台大型促销活动的类型有秒杀活动、主会场五折活动、分会场活动、主题馆、优质店铺推广活动、全店铺折扣活动和"海景房"。

"海景房"是Double Eleven Carnival推出的一种新的活动类型，位于主会场顶端的正中间，在Double Eleven Carnival活动中很容易引入相当多的流量。但是"海景房"的申报非常严格，审核标准也非常高，主要针对一些实力非常强、商品销售量高、商品质量好的卖家，收费标准很高，按卖家的出价将其店铺展示在活动页面的不同位置、不同时段，每次展示按小时收费。因此，"海景房"比较适合大卖家参加。

在其余类型的活动中，主会场五折活动的流量是最大的，活动报名要求也相对低一些，因此是一些中小卖家重点争抢的活动。活动的审核标准主要是商品的综合排名，综合排名越高，越容易申请成功，而且还能获得优等的展示位置。因此，很多商家在活动前对商品进行优化，做各种活动"亏本冲销"，以提高单品的综合排名，达到主会场五折活动的审核标准。

（四）平台活动报名技巧

1. 报名前的准备

平台活动一旦报名参加，中间就不允许退出，一直到整个促销活动结束。参加活动的商品审核主要分为两个流程。先由系统自动审核，主要是参考一些硬性指标，如销量、转化率等。系统筛选出符合报名条件的商品后，再交由人工审核，人工审核主要审核商品的活动主图、详情信息等。因此，做好报名前期的准备工作非常重要。

①选品。选择需要推广的并且符合平台活动报名要求的商品。如果选择的商品不符合要求，那么活动审核的第一关都过不了。这就需要认真阅读平台活动的相关细则。

②商品优化。选择好合适的商品后，需要对商品进行优化，比如商品的标题创意优化、关键词优化、价格优化、详情页面优化等，总之，要不断地提升商品的信息质量，增加商品入选的可能性。

③完善供应链环节。检查商品的实际库存与参报活动的商品数量是否保持一致，一定要做到准确无误。因为活动报名成功后，如果商品的品质较好、深受买家的青睐，那么将会产生大量的订单。若实际库存不够，补货不及时而影响到发货时间等，就会产生大量的订单纠纷问题，一环扣一环，这对卖家来说得不偿失。所以，在报名时一定要注意商品数量之类的细节问题，避免带来不必要的麻烦。

2. 报名时的注意事项

①活动价格。不同活动的价格也不一样，具体信息可以参考活动相关细则。

②活动库存。一定要注意参与活动的商品数量，也就是活动商品的库存量。因为活动报名成功后，库存信息是不能修改的，即使订单数量超出了实际的库存数量，活动还是会继续。具体情况可以参见不同活动所要求的库存量。

③运费模板。注意每个活动对商品包邮情况的要求。比如，在团购活动中，俄罗斯团购要求必须对俄语系国家包邮，巴西团购要求对葡语系国家包邮。因此在活动报名时，一定要仔细检查运费模板是否符合活动要求，如果有遗漏或信息不完善一定要尽快调整。活动报名成功后，运费模板是不能修改的，如果不符合要求，在审核中将会直接被淘汰。

④提前报名。平台活动的报名数额是有限的，为了避免在同一时间段与别的卖家竞争抢机会，应尽量提前报名，先到先得，从而提升入选的可能性。

3. 报名成功后的管理

活动报名成功后，并不代表就可以等着订单出现，等着收钱了。卖家还要对产品、店铺、活动等做好管理，做好充分的接单准备和售后服务等。

首先，需要对店铺进行装修，附上活动的海报，并通过用户的购物车、收藏夹等给予活动的相关提醒，通过优惠券、满立减等营销活动配合平台活动，积极开展促销，实现流量的最大化，提高商品的转化率。

其次，提高客服服务质量，增加客服人数和在线时长，提升客服回复速度，并且还要注意不同国家（地区）的时区、时差，知悉顾客网络购物的高峰时段，做好准备工作，避免发生"拥堵现象"。

最后，积极做好售后服务工作，及时发货，注意与买家之间的交流沟通，提升客户购买体验和服务体验，提升好评率，提高客户的回头率。

二、　店铺自主营销活动

以上分析的都是平台的促销活动，卖家还可以根据自己的需要设置店铺自主营销活动，主要有限时限量折扣、全店铺打折、店铺满立减和店铺优惠券四大店铺营销工具。

（一）限时限量折扣

在四大营销工具中限时限量折扣是卖家的首选，所以在店铺营销中是最常用的。它有以下几个好处。

①通过限时限量折扣工具，可以使平台获得更多的曝光机会。

②如在大型促销期间使用限时限量折扣工具，能够为商品带来非常多的流量。

③若买家购物车和收藏夹里的商品有限时限量折扣消息，系统就会立刻提示买家，吸引买家关注，从而增加购买率。

④在设置限时限量折扣信息时，可以为手机渠道设置专属的限时限量折扣活动。

限时限量折扣工具除了以上所述的各种好处外，还可以结合其他促销活动配合使用。例如，在做产品推优推爆的过程中，限时限量折扣可以搭配直通车，会达到出乎意料的效果。

（二）全店铺打折

全店铺打折工具是根据店铺内不同类目商品的利润率，对全店铺的所有商品按照不同的营销折扣进行分组，对不同组别的商品设置不同的促销折扣。总体来说，全店铺打折是最受平台买家欢迎的促销工具。在换新换季和反季清仓时，全店铺打折不仅能快速提升新品的销量，还能对过季商品进行清仓处理，降低其库存。并且在每年的Double Eleven Carnival活动时，平台会对全店铺打折给予支持，提供给其更多的曝光机会，更多的流量。由以上分析可以得出，全店铺打折工具有以下好处：增加曝光和流量，提升转化率，提升店铺整体排序评分。

全店铺打折工具的好处多多，我们要正确使用才能发挥它的最大价值。所以我们在设置的时候要注意以下几点。

①活动从开始前24小时至活动结束期间，商品的所有信息无法修改，允许商品下架。因此，在报名时一定要细心、谨慎，避免信息填写错误或者重要的信息没有填写。

②店铺内不同类目的商品利润率不同，可以先对全店铺的所有商品按照不同的营销折扣进行分组，再对不同组别的商品设置不同的促销折扣。

（三）店铺满立减

店铺满立减是由卖家在自身客单价基础上设置的，只要达到一定的数量或者金额，系统就会自动减价的促销工具，活动类型分为全店铺满立减和商品满立减两种。全店铺满立减，顾名思义就是店铺内的所有商品都参与满减活动。而商品满立减活动是只有部分的商品享受这个活动价格，商品满立减订单金额只计算商品价格，不包括运费，如果同一商品参加了多种促销活动，则以其他活动为先，再以折后价参与。

满减条件分为多梯度满减和单层级满减，其中多梯度满减选项每次可以设置3个梯度，至少需要设置2个，并且优惠比例必须大于上一梯度，比如，梯度一满100美元减10美元，梯度二满200美元的话，必须减20美元以上。单层级满减选项只能设置1个梯度，优惠可累加。

如果一个买家购买多个商品刚好符合满减的条件，那么购买的所有商品必须是在同一个订单里，分开下单则不享受优惠。买家下单后，只要订单金额达到优惠条件，系统就会自动减价，若设置了多梯度满减，则默认为减最大梯度的优惠金额，比如店铺满99美元减10美元，199美元减20美元，若一买家的订单总额为233美元，那么系统默认减20美元。

使用店铺满立减工具的主要目的是促使买家多买，提高客单价。可以将商品的原价设置得高一些，或者将满减的额度设置高一些。可以通过关联产品营销带动店铺内其他的产品销售，并通过站内信留言、邮件等方式积极将该活动信息通知各新老客户。

（四）店铺优惠券

店铺优惠券是由卖家自主设置优惠金额和使用条件，买家领取后在有效期内使用的营销工具。其实质作用与店铺满立减类似，不过优惠券更大的作用是增加二次营销，刺激老顾客的回头购买，从而巩固老客户。店铺优惠券分为无门槛优惠券和一般的优惠券。无门槛优惠券是指只要不小于优惠券的优惠金额都可以使用，比如一张10美元的无门槛优惠券，只要订单达到10.1美元都可以使用。一般的优惠券是有使用条件的，比如订单金额满99美元减10美元，只有订单大于或等于99美元时才会优惠10美元。

可以将优惠券定向发放给已经购买过商品或者将自家商品加入购物车或收藏夹的买家。买家领取优惠券后可以通过买家后台的个人信息查看领取的优惠券以及优惠券的使用情况，并在优惠券的有效期内下单使用。如果买家在一个店铺内领取了多张不同金额的优惠券，那么下单时可以自主选择优惠金额最大的一张使用。

需要注意的是，店铺满立减和店铺优惠券两种促销工具可以同时使用，卖家在设置活动的时候一定要根据店铺不同商品的不同利润率错开订单金额和优惠力度。另外，店铺满立减和店铺优惠券两种促销工具的订单金额都是以打折活动（如平台活动、限时限量打折、全店铺打折）的折后价格计算的。此外，订单金额的设置必须大于客单价。

店铺满立减和店铺优惠券两种促销工具都是为了使客户多买，提高客单价。活动创建好后，要尽可能地通过各种渠道，如站内信留言、邮件、SNS等将活动信息快速通知新老客户，并且还可以与其他的营销活动配合使用，最大限度地增加产品的曝光，以达到最佳营销效果。

三、 客户管理营销

客户管理营销工具能帮助卖家更好地管理自己的买家，该工具能自动识别有购买力并且诚信度良好的买家，并可以通过该工具对这些买家开展有针对性的精准营销。该工具包含客户管理和邮件营销两个核心功能。

（一）客户管理功能

登录"我的速卖通"→"营销中心"→"历史客户统计与营销"，进入客户管理营销页面，选择历史客户统计与营销页面，如图11-24所示。

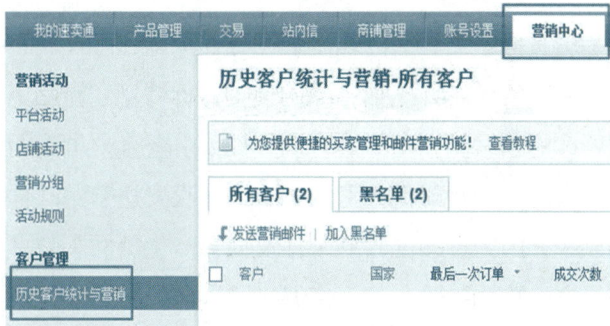

图11-24　客户管理模块

通过"历史客户统计与营销"页面我们可以清楚地看到老客户的最后一笔订单、成交次数、累计成交金额、最近一次采购时间等信息，并对这些客户信息进行管理，方便卖家通过各种维度识别需要维护的重点买家并进行有针对性的营销。比如，一位顾客曾多次在店铺购买过东西，而且每次的订单数额都很大，但是自上次购买后至今已经很久没有消费了，对这样的顾客我们就应该主动与其取得联系，了解其中的原因，并有针对性地改善自己的产品或服务，争取做到更好，留住老顾客。当然，对于一些恶意客户，应该直接把他们拉进黑名单，避免和他们交易，以降低对店铺的不利影响。

建议卖家要有对买家信息进行备注的习惯，特别是重要的信息，比如买家的购买需求、购买习惯、购买频率、购买类型等采购信息及邮箱等，这样客户再次购买时就可以根据之前的备注信息给顾客提供更好的服务，提升客户的购物体验，促进交易成功。

（二）邮件营销功能

卖家可以在"历史客户统计与营销"页面勾选需要进行邮件营销的客户，单击"发送营销邮件"按钮，即进入营销邮件编辑页面（图11-25）。

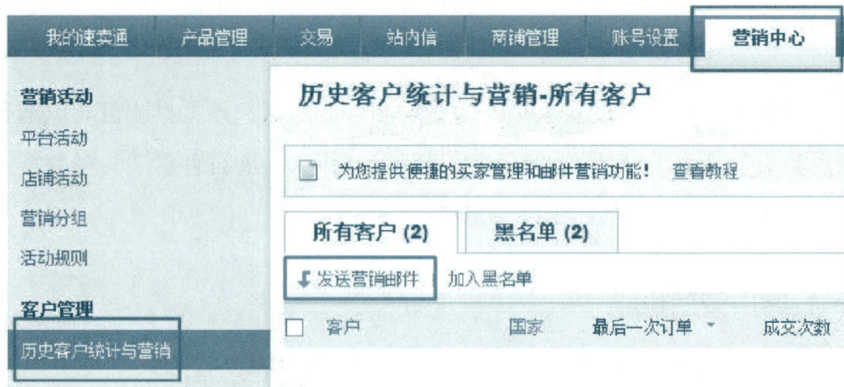

图11-25　营销邮件编辑页面

进入营销邮件编辑页面之后，首先需要填写邮件标题和邮件内容。可以将要向客户传达的店铺相关信息发送给顾客，比如产品的促销打折信息、新品上架信息、清仓处理信息等，也可以对顾客的售后满意度等进行调查，吸引老客户再次购买。

需要注意的是，要避免在短时间内对同一客户多次发送营销邮件，一定要控制对每个买家发送邮件的频率，因为过多的营销邮件反而会产生负面影响。为了控制买家接收邮件的频率，提高买家的购物体验，建议每月对同一客户的邮件控制在两封以内。

四、联盟营销

联盟营销（affiliate marketing），通常是指网络联盟营销，实际上是一种按营销效果付费的网络营销方式，它境内最大的境外网络联盟体系之一。加入速卖通联盟营销的卖家可以得到境外网站曝光机会，并且享有联盟专区定制化的推广流量。速卖通联盟卖家加入联盟营销无须预先支付任何费用，推广过程完全免费，只需为联盟网站带来的成交订单支付联盟佣金，不成交不付费，能够全球覆盖，精准投放，是性价比极高的推广方式。

（一）联盟营销的组成

联盟营销由联盟看板、佣金设置、我的主推产品、流量报表、订单报表、成交详情报表6个部分组成。下面对每个板块一一进行讲解。

1. 联盟看板

通过联盟看板功能模块能清楚地知道联盟营销近6个月的营销情况，包括联盟带来的订单金额、支付的佣金、投入产出比等。

2. 佣金设置

每个类目要求的佣金比例都是不一样的，在3%～50%不等。一般加入联盟营销是所有的产品都加入，所以在设置佣金比例时一定要考虑所有产品的利润率是否支持。

3. 我的主推产品

联盟营销可以有60个产品作为主推产品，一定要充分利用好这一功能。主推产品和店铺的其他产品是不一样的，只有主推产品才能参加联盟专属推广活动，最好能选出店铺比较热销的产品，这样推广起来更有效果。

4. 流量报表

通过流量报表，可以知道联盟营销近6个月内每天的流量状况，包含联盟PV（页面浏览量）、联盟访客数、总访客数、联盟访客数占比、联盟买家数和总买家数。

5. 订单报表

订单报表主要包含联盟营销每天带来的订单数、支付金额、预计佣金、结算订单数等。通过订单报表可以清楚地知道近6个月内联盟营销效果，即每天的订单数。需要注意的是，联盟带来的订单数不等于结算订单数，同样地，联盟带来的订单销售额的佣金也不等于实际佣金，因为发生退款的订单数和订单金额会被排除在外。

6. 成交详情报表

成交详情报表能清楚地反应联盟营销的效果以及在某个时间段内，联盟营销带来的每一笔订单和收取的佣金等。

第五节　跨境电商移动营销

（一）移动端特点概述

移动端购物，也叫无线端购物，是脱离传统PC端的网线束缚之后的一种主流在线购物方式。主要指买家用智能手机、平板电脑等移动终端，通过无线局域网或移动数据网络在线浏览、生成订单并付款的过程。

目前主流网购人群在上下班途中或者候车、候餐等碎片时间用智能手机在网上购物已经成为常态。手机配置越来越高，价格越来越便宜，功能越来越多，并且无线端的流量越来越多，进一步促进了手机购物的普及。

近几年随着智能手机的快速发展，移动电子商务发展迅速，移动购物的规模也在不断上升。相比于PC端，移动购物具有以下特点：

①移动性。移动购物并不受互联网光缆的限制，也不受接入点的限制，用户可以随身携带手机、ipad等移动通信设备随时随地进行购物。

②便捷性。移动通信设备的便捷性表现在用户购物可以不受时间地点的限制，同时携带方便。

③即时性。人们可以充分利用生活中、工作中的碎片化时间进行购物。

④精准性。无论是什么样的移动终端，其个性化程度都相当高，可以根据用户的浏览和购买习惯向其推送相关的产品，针对不同的个体，提供精准的个性化服务。

（二）移动端客户习惯

分析移动端用户的购物习惯，会发现下面几点，如图11-26所示。

①偏重长尾词：与PC端的买家相比，使用移动端的买家更加喜欢在搜索栏里输入一两个词，然后再选择搜索下拉框里推荐的关键词，这样，无线端的长尾关键词的流量更大，也就导致了无线端的关键词长尾化。

②收藏加购多：移动端买家喜欢看到中意的商品就收藏或加入加购物车，手机端买家在商品页面停留时间越久，就越有可能收藏或者加入购物车，最后通过比较购物车或收藏夹中的商品，选择最中意的。

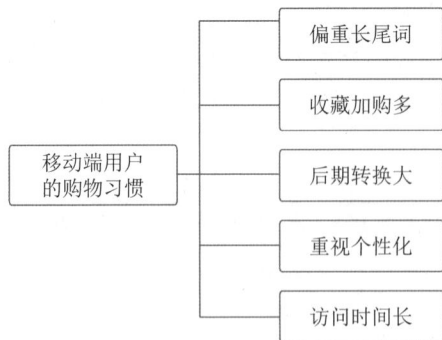

图11-26　移动端用户购物习惯

③后期转化大：通常买家喜欢把看中的商品收藏加购，之后对所有购物车中或收藏夹中的商品进行比较，然后再选择要购买的商品，所以移动端买家很多都是先看，看中的保留，然后再比较，最后选择成交。

④重视个性化：相对于PC端来说，无线端的商品展示更加注重个性化，因为手机的屏幕比PC端要小很多，移动端单屏展现的商品数量很有限，所以，让买家更快地找到自己想要的商品，就尤为重要。

⑤访问时间长：通常移动端被访问最多的时间段多出现在周末和晚上，因为在这两个时间段中买家的休闲时间比较多，通过移动端下单的可能性也较大。同时由于移动端具有移动性和便捷性，买家通过移动端浏览商品的时间呈现出多频次、短时间等特点。当然，这里我们需要注意不同国家（地区）的时差。

同时我们还要注意移动端一定要突出产品、活动展示。不需要烦琐的细节描述、不需要让消费者有太多的计算，采用简单、直接、明了的方式，转化率和点击率才会更高。

（三）移动端活动

和PC端相似，移动端店铺活动也有限时限量折扣、全店铺满立减、店铺优惠券三种类型，由于之前对这几种活动已经进行了详细的讲解，这里就简单介绍，大家熟悉了PC端的店铺活动，对移动端活动也就很好理解了。

1. 限时限量折扣

目前移动端的限时限量折扣活动，有以下3种类型：

①只设置全站折扣，即PC端和移动端显示的是折扣，折扣率为设置的全站折扣率。

②只设置手机专享折扣，即只有移动端展示折扣，折扣率为设置的手机专享折扣率，PC端显示的是原价。

③同时设置全站和手机专享折扣，即PC端显示的是全站折扣率，移动端显示的是手机专享折扣率。

需要注意的是，同时设置时，要求手机专享折扣率必须大于全站折扣率，也就是说移动端显示的价格要比PC端低。

2. 全店铺满立减

全店铺满立减是促进买家多买、提高客单价和提升转化率很好的方法，我们可以把全店铺满立减作为平时的日常活动挂在店铺里。

移动端的全店铺满立减活动同样可以设置多个梯度，而且第二梯度要比第一梯度的优惠大。例如，第一梯度为满99美元减10美元，第二梯度可以设置为满199美元减20

美元。只要买家下单金额满足满减条件，系统就会自动减价，而且是减最大梯度的优惠额。如在店铺的移动端全店铺满立减活动期间，一位买家在该店铺任意选购的商品订单金额为205美元，当他下单时，系统就会根据满减梯度自动减价20美元，即实付金额为185美元。

3. 店铺优惠券

和PC端相同，移动端的店铺优惠券也有活动开始时间到结束时间的说明、优惠券的面额、发放数量、使用条件和有效期等活动信息。

比如我们在PC端设置一个面额为10美元，使用条件是订单金额满99美元，使用期限为在买家领取成功之后3天内有效的店铺优惠券。当买家在移动端App领取了该张优惠券后，可以在后台的"我的优惠券"中查看该张优惠券的详细信息以及优惠券的使用情况。只要用户在有效期内，在该店铺一次性下单总额满99美元时，就可以使用该优惠券。

■■■ 本章小结

跨境电商营销推广借鉴传统的营销基础理论知识。从4P、4C到4R、4I的营销理论，同样适用于跨境电商营销活动。在经营跨境电商平台店铺时，可以通过选品、定价、爆款打造与节假日营销四个方面展开。在产品成本构成中占比最大的是产品成本价、境外运费以及推广费用，常采用市场定价法和测试定价法对商品进行定价。爆款打造主要有两大思路，即按照爆款时间轴打造、按照直通车和联盟营销的PDCA不断测试来打造。从营销策划四要素和营销执行六要点方面出发，掌握节假日营销运营策略。搜索引擎优化，即产品搜索排名优化，指在现有的跨境电商平台网站搜索规则下，使目标产品在顾客通过关键词进行搜索时能够被网站系统抓取。从商品属性优化、标题的优化、规则分析优化几个方面掌握搜索引擎优化策略。以速卖通为例，直通车就是一种快速提升店铺流量的营销工具，需要从营销角度，分别从前期准备、直通车运营、直通车优化与提高三方面掌握直通车推广的操作方法。SNS营销策略主要包括老客户二次营销推广、社交网站新客户开发策略、社交网站三大核心营销策略。社交网站三大核心营销策略，又被归纳为三大营销技巧、4H营销法则、五大社交误区。

跨境电商网站站内营销活动，在跨境电商营销推广中至关重要，也是使用频率很高的营销推广策略。站内营销活动分为平台活动、店铺自主活动、客户管理营销。平台活动主要包括Super Deals、团购活动、行业/主题活动和一些大型的促销活动。店铺自主营销活动主要有限时限量折扣、全店铺打折、店铺满立减和店铺优惠券四大店铺营销工具。移动购物特征鲜明，表现为移动性、便捷性、即时性、精准性。移动端同样有店铺活动限时限量折扣、全店铺满立减、店铺优惠券三种类型。

【实训】

■■■思考题

1. 简述4P、4C、4R、4I营销理论。

2. 简述跨境电商平台店铺的运营策略。

3. 简述运用测试定价法的主要操作步骤。

4. 论述节假日营销运营策略。

5. 如何进行搜索引擎优化?

6. 如何进行直通车爆款打造?

7. 简述SNS营销策略。

8. 简述店铺自主营销活动的营销工具。

9. 简述联盟营销的构成要素。

■■■案例分析题

Facebook营销及推广手法科普篇，跨境电商get起来!

Facebook营销是跨境电商站外推广的主战场，"玩"得好的卖家不在少数，刚刚入门或还未入门的卖家更多，为此雨果菌专门从Facebook营销专家飞书互动提供的相关资料里，提炼了Facebook营销入门和指南，这是一个科普贴。

一、优势：迎合移动化趋势、精准营销无可比拟

Facebook拥有15.9亿月活跃用户，其中75%为非美国用户。移动端月活跃用户12.5亿，覆盖75%的移动设备。

Facebook每位用户平均有130名好友，加入80个组群，社群关系强且用户乐于分享，平台活跃度高。用户照片和视频在移动端的上传量占27%的网络上行流量。广告刷新频率高，展示机会多。用户每天平均查看Facebook14次。

Facebook用户独享一个ID，广告营销体系基于用户真实的行为和兴趣，而非cookies。海量的有迹可循的行为数据，便于广告准确匹配用户信息，关注用户真实体验。基于真实用户信息的核心定位可以精准圈定更多潜在用户。自定义受众、类似受众功能可有效争取次新用户，挖掘潜力新客户，提高用户转化率。

二、广告和粉丝页运营，是两大主流营销手段

1. 多样广告，准确传递产品信息

通过多样化、全方位的广告投放，信息流图片、动态广告、视频广告、轮播链接广告等多种形式可实现跨平台展示，辅之优秀的创意和素材，有效实现跨屏投放无缝衔接，将产品信息准确传递给目标用户。

2. 粉丝页运维，塑造企业品牌形象

Facebook粉丝页是营造品牌和经营粉丝的最佳平台。通过精心准备的文字、图片、视频、链接相配合的贴文，能全面、及时、生动、准确地传递品牌信息。通过号召、行为奖励、线上活动等鼓励粉丝参与贴文互动，提高点赞、分享、评论数，增强粉丝活跃度，提升受众忠诚度，树立品牌形象。

三、这些情况适合在Facebook营销

1. 电商推动在线销量

用户访问 Facebook 时，电商可以覆盖桌面电脑、平板电脑和手机等常用设备。投放的广告也可以跨设备追踪成效。而且这种广告是定向、精准的投放，通过大数据分析来推送。同时电商可以实时追踪和衡量广告成效，并进行优化。

2. 提升企业品牌知名度

全球有超过 15.9亿用户使用 Facebook 关注他们所重视的内容，企业可以利用引人入胜的视频、照片和链接广告讲述品牌故事，打造持久的知名度。Facebook广告也支持此类企业视频广告，将其和来自受众亲朋好友的动态消息一同向受众展示。当用户与企业的业务建立情感联系时，就更可能选择企业的产品和服务。

3. 推广应用

通过创建和投放Facebook广告，即精准投放，Facebook同样可以帮助一些开发公司推广移动应用程序和游戏，帮助发掘新客户，并保持较高的应用使用率。这个同样适用于购物App。

综上，通过 Facebook 广告，可以吸引更多用户到访店铺，在网站上购物，为店铺主页点赞，安装应用程序等。

（资料来源：Facebook营销及推广手法科普篇，跨境电商get起来！［EB/OL］. ［2017-12-1］.http://www.cifnews.com/article/20608.）

思考：

1. 如何利用Facebook进行SNS营销推广？

2. SNS营销推广适用于哪些市场需求？

第十二章　跨境电商法律问题与知识产权

■■■学习目标

了解跨境电商相关的法律问题；理解知识产权对中国中小企业开展跨境电商业务的意义；掌握跨境电商中知识产权侵权的常见形式；开展跨境电商知识产权保护。

■■■章节纲要

本章主要分两节来阐述与探讨跨境电商运作过程中面临的法律问题及知识产权问题。第一节主要介绍跨境电商的法律问题；第二节主要介绍跨境电商知识产权保护面临的问题。

第一节　跨境电商法律问题

一、传统领域法律对跨境电商的影响

跨境电商是一种商业经济行为，涉及消费服务领域，也涉及知识产权领域。传统领域的法律法规对跨境电商活动会产生诸多影响，但是传统领域的法律是否适用于跨境电商活动？这些法律是否已经根据跨境电商发展而有所更新？就目前的发展情况来看，这些传统领域的法律法规尚未建立、健全针对跨境电商行为的条款细则。

在消费领域，我国已制定《中华人民共和国消费者权益保护法》（以下简称《消法》）《中华人民共和国产品质量法》《中华人民共和国反垄断法》《中华人民共和国反不正当竞争法》《中华人民共和国价格法》《中华人民共和国食品安全法》等来保护消费者权益。其中，又以《消法》与消费者最为贴近。2013年，我国对《消法》进行了更新与修订，其中《消法》对网络交易加大了规范力度，甚至针对网络购物制定了七天无理由退货制度，而对跨境电商消费并未做出相关规定。在知识产权方面，我国制定了《中华人民共和国商标法》《中华人民共和国专利法》《中华人民共和国著作权法》等相关法律。各部法律之间的关系尚未理清，突出表现在《消法》第二条和第五十六条关于法律适用的问题上，前者是《消法》优先适用，而后者是其他法律法规优先适用。法律定位模糊不清，立法目的相互交叉，调整范围相互重叠，不仅无法形成法律保护的合力，还有碍于确定统一的规范跨境消费行为的指导思想。

在新《消法》中，网络购物七天无理由退货不等于无条件退货，消费者退货的商品务必保持完好。根据规定，消费者定做的、鲜活易腐的、在线下载或者消费者已拆封的音像制品、计算机软件等数字化商品以及交付的报纸、期刊不能要求退货；此外，其他根据商品性质并经消费者在购买时确认不宜退货的商品，不适用无理由退货。目前新《消法》对于这类商品并没有做出明确规定，这需要在实际案例中进行归纳。

近几年，支付环节安全事故频发，如支付宝转账信息被谷歌抓取、超级网银存在授权漏洞、携程安全支付日志泄露大量用户银行卡信息等，《消法》第二十九条规定经营者不得泄露、出售消费者个人信息，应采用技术措施防止消费者个人信息泄露或丢失，但尚未就发生信息泄露时双方的责任认定与补偿环节做出具体的规定，消费者也难以就数据泄露安全事故追究第三方支付机构关联责任。法律条款只是明确了警示作用，实际追责方面尚存在空白。当消费者与境外商户发生类似纠纷时，由于双方并未签订纸质合同，境外商户一般情况下无法受到境内法律法规约束，具体问题的举证与追责难以实现，不利于跨境电子商务消费者依法维权。

以《消法》例证，其自身尚存在一些法律真空地带，尤其是针对跨境电商这一新兴事物而言。现有的法律法规在涉及跨境电子商务活动时，存在一些条款不适用的情况，导致跨境电子商务活动出现类似法律诉求时，存在无法可依，或无适当的、合理的法律条款可以参考执行的现象。

二、电子商务相关法律对跨境电商的影响

电子商务在我国发展时间较长，发展模式业已相对成熟，相关环境较为完善，电子商务相关法律立法也提上日程。一些法律草案、管理办法、规定等相继出台，也会影响跨境电商的法律环境。我国电子商务相关法律立法工作较国外落后，目前多集中在网络安全与支付方面。从法律层面，目前有《中华人民共和国电子签名法》，并于2015年进行了修订。《中华人民共和国网络安全法》自2017年6月1日起施行。其他关于网络、支付方面，多是一些政策与规章等。

针对电子商务的专门立法，即《中华人民共和国电子商务法》（以下简称《电子商务法》）于2013年12月7日经由全国人大常委会正式启动进入立法进程。《电子商务法》是政府、企业、个人以数据电文为交易手段，通过信息网络所产生的，因交易所引起的各种商事交易关系，以及与这种商事交易关系密切关联的社会关系、政府管理关系的法律规范的总称。《电子商务法》立法工作启动后，根据十二届全国人大常委会立

法规划，被列入第二类立法项目。2014年11月24日，全国人大常委会召开了《电子商务法》起草组第二次全体会议，就电子商务重大问题和立法大纲进行了探讨。起草组已明确提出，《电子商务法》要以促进发展、规范秩序、维护权益为立法的指导思想。在电子商务立法中，坚持问题导向，对电子商务经营的主体责任、交易与服务安全、数据信息的保护、维护消费者权益，以及市场秩序、公平竞争等内容都进行了规范。

在《电子商务法》草案中，设有专门针对跨境电商的内容。但是，《电子商务法》正式立法仍需要一定的时间周期，我国电子商务方面的法律体系尚未健全。跨境电子商务属于电子商务范畴，但是不完全等同于电子商务。跨境电商涉及的部门与环节远超过电子商务，除了依托法律确定协调机制等规则外，还需要海关、税务、检验检疫等多部门协调。跨境电商发展日新月异，其创新能力与变化也无确定轨迹可循，法律制定无法特别具有前瞻性。电子商务法律体系为跨境电子商务提供了借鉴，但仍不完备的电子商务法律体系尚无法真正发挥作用。

三、境外电子商务法律对跨境电商的影响

联合国国际贸易法委员会先后通过《电子商务示范法》《电子签名示范法》等，为各国家及地区电子商务立法提供了一整套国际通行规则。作为电子商务及跨境电商法律体系较为健全的国家，美国制定了《统一电子交易法》和《电子签名法》，德国也颁发了《电子签名框架条件法》和《电子签名条例》。

欧盟在电子商务领域立法的目的在于确保电子商务在欧洲发展没有障碍，包括电子协议和新技术因缺乏法律依据而引发的发展障碍。起初，欧委会提出了《欧洲电子商务行动方案》，作为欧盟内部电子商务制定基本法律的框架。欧盟后续颁布了《电子商务指令》，该指令主要目的在于确保欧盟成员国之间信息与服务的自由流动，促进内部市场的形成。《电子商务指令》协调了欧盟成员国信息社会服务的国内相关法律，规定了服务提供者、电子合同、中间服务提供者的责任，纠纷解决机制及法律诉讼等内容。英国在跨境电子商务方面的立法借鉴了欧盟经验，同时又结合了英国自身情况与跨境电子商务发展的实际需要。与欧盟的立法相比，英国法律更加细致，更具有针对性。英国支持电子商务发展，降低交易成本，提高交易灵活性及收益，推动跨境电商发展。英国基于欧盟的《电子商务指令》颁发了《电子商务条例》，根据网络销售的发展需要修订了《消费者保护（远程销售）章程》。德国是大陆法系的代表国家，法律体系比较健全，虽然尚未出台一部统一的电子商务法律，但涉及电子商务的

相关法律较为清晰。德国根据欧盟《电子商务指令》修订了新《民法典》，其中，以"特殊营销形式"模块对电子商务进行阐述，后续的《电信媒体法》是《电子商务交易统一法案》的第一章。

在跨境支付与金融监管方面，欧盟实施了《第一银行指令》与《第二银行指令》，界定了跨境支付环境下金融监管的责任归属与交易纠纷时的管辖归属问题。此外，欧盟还出台了《关于电子货币机构业务开办、经营与审慎监管的2000/46/EC指令》。在跨境物流方面，欧盟颁发了《欧洲电子商务发展统一包装配送市场绿皮书》，重申了对物流配送起约束作用的各项法令，包括《不公平消费者合同条款指令》《远程合同中消费者保护指令》《竞争法》等。此外，《鹿特丹规则》创设的电子运输记录制度，有利于推动跨境物流发展。

在信息安全与知识产权保护方面，欧盟的《远程销售指令》对消费者信息保护进行了详细的规定。欧盟还出台了《数据保护指令》，对个人数据、数据主体和数据控制等方面做出规定。在知识产权方面，欧盟委员会正式公布数字单一市场战略，旨在数字时代改革欧盟单一市场。《版权法》改革包括五份提案，其中《数字单一市场版权指令》《内部市场中的在线内容服务跨境可携条例》和《电视与广播节目转播及广播组织在线播送条例》涉及欧盟版权法改革，另外两份提案是对《马拉喀什条约》的执行。此外，还有《电子通信行业个人数据处理与个人隐私保护指令》《关于协调信息社会版权与相关权指令》。英国颁发了《数据保护法》《信息自由法》《隐私和电子通信条例》，德国颁发了《电信媒体法》《反不正当竞争法》等。

在税收方面，欧盟内部各成员国反对对跨境电商交易免税。在跨境电商税务征收方面，欧盟认同国际合作模式，在渥太华会议与巴黎会议上，欧盟国家接受了经合组织跨境电商税收若干原则。英国在《电子商务法》中规定，网络商店与实体商店都要征收增值税，网络销售商品都要缴纳税款，并向实体店看齐，采用无差别征收。德国网络销售的商品价格则为含税价，也与实体经济执行统一标准。

美国在电子商务及相关方面法律较为健全，除了早期的《电子资金划拨法》《金融服务现代化法》《统一货币服务法案》外，还建立了《统一电子交易法》和《电子签名法》等法律。目前，美国的《全球电子商务政策框架》是跨境电商领域的重要文件。通过制定《互联网商务标准》《网上电子支付安全标准》，美国提出，安全可靠的支付系统有利于推动跨境电子商务发展。美国法律放宽物流行业准入，推动其向自由市场体系发展，相关法律包括《协议费率法》《汽车承运人规章制度改革和现代化法案》《斯泰格斯铁路法》《机场航空通道改善法》《卡车运输行业规章制度改革法案》等。在信息安全方面，美国提出《网络用户隐私权利法案》《国家网络空间可信身份国家战略》，并同欧盟签订了《隐私权保护安全港协议》。在交易纠纷处理方面，美国支持国内与全球形成统一的商务法律框架。美国各州采纳了统一的商务法规，支持在电子商务中使用国际合同，并确定电子合同的规则与范式、履行合同的标准、电子书写有效的条件，提出电子签名的可接受度。美国还牵头尝试构建跨境电商纠纷网上解决机制。在税收方面，美国发布了《全球化电子商务的几个税收政策问题》报告，对跨境电子商务全球关税设计进行了框架性构想。

亚太地区在电子商务及相关领域的法律条款，也值得参考与借鉴。韩国实行了《电子交易基本法》与《电子署名法》等电子商务基本法案，对电子商务行业进行了基础性的界定与约束。日本出台了《电子签名与认证服务法》，用于规范用户的认证和交易双方电子签名的使用。新加坡的第一部综合性电子商务法律，即《电子交易法》，为电子交易法律问题提供依据。马来西亚的《电子签名法》是亚洲较早的电子商务法。澳大利亚以联合国的《电子商务示范法》为蓝本，制定了《电子交易法》。在金融环境方面，韩国认为稳定的网络金融环境可以推动电子商务发展，由此颁发了《电子金融贸易基本法》。澳大利亚在支付领域颁发了《支付系统监管法》，并出台了《电子资金划拨指导法》，用于规范电子支付金融机构及其业务。在信息安全与知识产权保护方面，韩国有《个人信息保护法》《网络信息服务业促进法》和《信息、通信网络、信息安全促进法》，为适应电子商务发展，韩国还修订了《信息通信网络的使用利用和信息通信保护法》。日本有《电子签名与认证服务法》《电子商务与信息交易准则》，修订了《著作权法》《专利法》《外观设计法》《商标法》等一系列法律相关条款，将跨境电商产生的新类型知识产权一并纳入日本专利法律体系的保护中。新加坡有《互联网操作规则》《行业内容操作守则》，修改了《版权法》，进一步强化对数字领域版权的保护。

四、跨境电商关联环节的法律问题

跨境电商交易环节会遇到很多问题，这些问题或多或少都与法律有关，需要参考法律来解决，以推动跨境电子商务相关环节发展。

（一）跨境电商平台责任

电商平台作为跨境电子商务交易的核心环节，其责任与义务非常重要。电商平台是交易活动的第一责任人，需要承担起主体责任。电商平台作为商业交易主体，对平台经营者应开展经营资格审查、登记、公示等工作。电商平台还需与经营者签订合同或协议，明确双方在电商平台进入和退出、商品和服务质量安全保障、消费者权益保护等方面的权利、义务与责任。电商平台应建立与完善平台管理规章制度，包括但不限于交易规则、交易安全保障、消费者权益保护、不良信息处理等。平台还需强化对经营者发布的商品与服务信息的检查监控制度，对违反工商行政管理法律、法规、规章的行为，及时采取措施制止，必要时停止对其提供平台服务。不仅如此，电商平台还须承担其他责任，包括注册商品专用权、企业名称权等权利的保护、经营者商业秘密与消费者个人信息保护、消费者权益保护、制止违法行为，协助与配合查处违法行为、交易信息保存、定期向工商行政管理部门报送网络商品交易及有关服务经营统计资料等。此外，交易平台还要考虑境外商家能否入驻、网站服务器和数据中心的选择等诸多问题。

（二）消费者权益保护

消费者权益主要包括安全保障权、知悉真情权、自主选择权、公平交易权、依法求偿权、求教获知权、依法结社权、维护尊严权、监督批评权等。在跨境电子商务活动中，有些消费者权益已得以体现，但是仍有一些权益受限于跨境电商的一些特征，在投诉与补偿方面难以实现。在跨境电商活动中，境内关于消费者权益保护的一些规定，如七天无理由退货就难以实现，跨境交易纠纷与处理也存在较大困难，这些都影响了消费者购物体验。从事跨境电子商务交易时，应尽可能参照消费者所在国（地区）对消费者的服务标准，提供消费者权益保护。此外，消费者权益保护多采取司法救济途径，但跨境电商下消费者权益受损具有发生频率高、案件数量多、涉及面广、所涉标的额小、消费者弱势等显著特征，决定了消费者一般不会选择或者不会优先选择司法救济方式来维护自身权益。在跨境消费纠纷处理过程中，随着审判级别提高与审判期限延长，消费者维权成本倍增，降低了消费者维权积极性与主动性。跨境电子商务尚处于发展初期，快速发展带来了诸多问题，商品标签、成分不符合标准，仿制商品等成为跨境电商的软肋，也成为消费者权益保护的重灾区。

（三）跨境物流

跨境物流因物流环节的复杂性，会产生诸多法律问题，包括合同签订与履行、商品运输安全、时间与成本矛盾、退换货产生纠纷、信息安全与保护等，跨境运输与退换货物流方面问题更加突出。我国虽然制定了一些法律法规，如《中华人民共和国铁路法》《中华人民共和国民用航空法》《中华人民共和国海商法》《消费者权益保护法》《中华人民共和国反不正当竞争法》等，但仍无法满足跨境物流行业发展。现有法律法规仍存在规范不完整、可操作性不强等问题，制约着跨境物流行业进一步良性有序发展。退换货流程比境内物流更复杂，物流时间久，物流痕迹无法查询，物流成本有时会超过商品价值，也成为消费者投诉的重点领域，建立与完善适合跨境电商退换货物流法律体系，也成为重点工作。

（四）跨境支付

跨境支付涉及跨境第三方支付与跨境人民币支付两种。跨境第三方支付依托中华人民共和国国家外汇管理局发布的《支付机构跨境电子商务外汇支付业务试点指导意见》，消费者使用本国货币在跨境电商平台购买商品，通过试点的支付机构转化成外币支付给商品卖家。跨境人民币支付依托中国人民银行的《关于金融支持中国（上海）自由贸易试验区建设的意见》和中国人民银行上海总部的《关于上海市支付机构开展跨境人民币支付业务的实施意见》，以人民币作为跨境电子商务商品交易的结算方式，省去了币种兑换环节，缩短了支付周期，避免了汇率差额损失。

为推动跨境电子商务发展，中国人民银行、外汇管理局积极响应国务院关于促进跨境电子商务健康快速发展有关文件，鼓励有条件的支付机构办理跨境支付业务，积极支持跨境支付市场发展。中央银行与外汇管理局依法对支付机构实行监管核查职责，防范跨境支付相关外汇风险。在外汇管理法律体系、反洗钱法律体系、监管政策协调性、跨境消费者权益保护与跨境支付国际法律制度等方面，现行法律、法规、规章等仍存在问题与风险隐患。境内金融监管与境外金融监管之间是冲突与合作的法律关系并存的局面。各国家（地区）在电子支付法律（法规）体系与监管模式方面各不相同，从维护本国（地区）支付体系安全与消费者权益保护的角度，在发生跨境支付纠纷时难免产生利益冲突与出现法律适用性问题。就合作角度看，为解决国际纠纷、打击跨国洗钱等违法行为，各国家（地区）都加强了跨境电子支付方面的合作监管力度，尝试建立跨境合作监管长效机制。当发生支付纠纷时，跨境维权专业性强、维权成本高，主要体现在境内消费者、第三方支付机构与境外商户存在语言差异与习惯差异，在跨境电子支付纠纷中难以进行有效的沟通，此外，各国家（地区）跨境法律的实用性问题也较显著，跨境消费者不熟悉交易方所在国家（地区）的法律（法规）政策与仲裁调解程序，维权时间久，维权成本高。

（五）通关与商检

在通关方面，主要有《中华人民共和国海关法》《中华人民共和国海关对进出境快件监管办法》等法律法规，此外，还探索建立了"负面清单"管理模式。所谓"负面清单"，亦称"否定清单""负面列表""否定列表"，在投资协定中通常是"不符措施"的代称，即在外资市场准入（设立）阶段不适用国民待遇原则的特别管理措施规定的总汇。"负面清单"制度属于黑名单，遵循的是"除非法律禁止的，否则就是允许的"解释逻辑，体现的是法无禁止即自由的法律理念。为了推动跨境电子商务发展，我国相近几年实施了一系列关系通关方面政策。代表性政策主要有增列海关监管方式代码"1210"，增列海关监管方式代码"9610"，对电子商务出口经营主体分类，建立适应电子商务出口的新型海关监管模式并进行专项统计，建立跨境电子商务清单管理制度，构建跨境电子商务风险监控和质量追溯体系，创新跨境电子商务检验检疫监管模式等。

我国在跨境电子商务检验检疫方面，主要依据"四法三条例"，即《中华人民共和国进出口商品检验法》《中华人民共和国进出口商品检验法实施条例》《中华人民共和国进出境动植物检疫法》《中华人民共和国进出境动植物检疫法实施条例》《中华人民共和国国境卫生检疫法》《中华人民共和国国境卫生检疫法实施细则》《中华人民共和国食品卫生法》，此外还有《进出境邮寄物检疫管理办法》等。但这些法律条例过于陈旧，与跨境电子商务产生的检验检疫需求仍存在一定差距。

（六）税收

跨境电商在纳税主体、课税对象、归属关系、课税标准、缴纳程序等方面，都面临着新问题与挑战。其全球性、无国界性、高技术性、电子商务属性促使跨境电商成为企业避税的温床，也为国际避税提供了前所未有的土壤。跨境电商引发了国际税收管辖权冲突，产生重复征税，加剧了偷税、漏税与避税。伴随着《关于跨境电子商务零售进口税收政策的通知》政策的发布，跨境电商行邮税终止，跨境电商在税收上已等同于普通贸易，但是普通贸易多为实体经济形式，而跨境电商属于网络虚拟经济形式，在一定程度上加剧了灰色清关，海关也将在征税方面迎来巨大的挑战。

（七）信息安全

信息安全伴随着网络发展，跨境电商依托于网络，无法回避信息安全问题。信息安全既包括跨境电商交易数据安全、网络安全，也包括消费者隐私安全、支付及金融安全等。每年因为跨境电商出现的信用卡不安全事件层出不穷，信用卡安全问题也成为网络安全监管的重点。信息收集与使用也成为《消法》的重要条款。

第二节　跨境电商知识产权

一、知识产权在跨境电商中的作用

跨境电商作为利用电子数据处理技术进行贸易活动的电子化商务运作模式，其核心是数据信息，而这些数据信息的内容大多是一连串的文字、图形、声音、影像、计算机程序等作品，这些客体都涉及知识产权。

在跨境电子商务活动中，知识产权已成为传递品牌信赖的标识，买家主要通过专利、商标、版权识别消费产品的信息、可靠度，并进行比较。在无法目睹货物的情况下，绝大多数买家只能通过知识产权辨别在万里之外的商家的信誉和商品的品质。因此，知识产权（特别是商标）在跨境电子商务营销活动中就显得特别重要，知识产权的价值分量相应增加。在跨境电商平台上，知识产权的价值突显出来，拥有知识产权的产品，销售火爆，不含知识产权（如商标、专利技术）的产品，点击率低，无人问津。

二、跨境电商知识产权侵权表征

从目前的情况来看，跨境电子商务行业的市场秩序比较混乱，侵犯知识产权、贩卖假冒伪劣产品等违法行为时有发生，境外消费投诉众多，劣币驱逐良币现象严重，境内卖家集体知识产权形象不佳，严重影响境外买家对境内产品的信任。一方面境内部分假冒伪劣产品及违反知识产权的产品通过快递出口这种方式逃避国家监管，进入国际市场，影响境内商品的国际形象；另一方面境内企业对知识产权，特别是国际知识产权及相关法律重视及了解度不够，在知识产权纠纷中往往是失利方。在跨境电子商务活动中，境内中小卖家知识产权意识和能力不足，电子商务的知识产权风险往往成为其面临的主要风险因素。境内只有一些大公司有财力进行知识产权保护的投入，更多中小企业无意识、无动力、无能力做跨境电子商务知识产权能力沉淀和风险防范工作，纠纷及败诉越多，越影响境内卖家的集体形象，影响买家对境内产品的信赖和忠诚度。换言之，知识产权问题很可能影响平台和卖家在国际市场中的信誉和形象，成为跨境电子商务可持续发展的障碍。

（一）商标权侵权

跨境电商平台中，商标权保护的问题最为突出，也最需要解决。商标权遭遇侵权主要有以下几种情形：网络销售侵犯注册商标专用权的商品，在相同或类似商品上使用与他人注册商标相同或者近似的商标，商标被注册为域名，商标被使用于企业名称等。这几种情形有时候并不是单独出现的，可能会同时发生。随着电子商务的不断发展，商标侵权行为将越来越多地以综合化和新类型化的形式出现。这将给商标保护带来一定的困难。在电子商务平台上，既有网络店家销售假货的问题，也有使用侵权商标、标志、图案的问题，还有使用侵权网店名称、网店标志等问题。

（二）著作权侵权

在跨境电子商务中，通常要将享有著作权的作品进行数字化，如将文字、图像、音乐等转换为计算机可读的数字信息，以进行网络信息传输。将数字化的作品上传到网络后，由于网络的无国界性，任何人都可以在任何地点、任何时间通过网络下载得到该作品。除了自己下载以外，侵权行为人还可以通过电子公告板、电子邮件等传播、交换、转载有著作权的作品，并在网上赢利，这显然侵犯了著作权人的网络传播权，使著作权人的利益受到损失。具体表现如：网络店家在第三方电子商务平台中销售未经授权的出版物，在网店中使用未经授权的广告描述、广告语与原创性广告图片、产品图片等。

（三）专利权侵权和假冒专利

在跨境电子商务中，涉及专利侵权的行为类型主要是销售专利产品或者使用其专利方法。与版权和商标侵权的易判断性不同，专利权保护缺乏像著作权中信息网络传播权那样详细而清晰的规范，加上专利权权属的判定是非常专业的，而第三方电子商务平台仅仅掌握产品的信息，而无法掌握产品的实物，因此，交易平台与第三方电商很难对相关权属做出判断，也无法清晰界定自己的责任范围。

三、跨境电商知识产权保护面临的问题

（一）各方侵权认识不足

一是消费者辨别能力低，因为食品安全等问题，我们对境外产品信任度高，对境外高品质商品需求量大，但境外产品也存在侵犯知识产权问题，也有假冒伪劣商品，对此类风险，消费者普遍认识不足；二是商家知识产权保护观念淡薄，尊重他人知识产权、

维护自身合法权益的意识和能力普遍缺乏，跨境电子商务多为邮件小包，价值较低，即使关境查货，侵权商品也只能予以收缴，无法适用罚款等其他制裁措施，商家侵权成本低廉，使得商家对侵权重视不足，一再尝试。

（二）海关对侵权行为认定困难

跨境电子商务这种新型业务形态有别于传统的进口货物，呈现出境内境外两头复杂的特点。即商品境外来源复杂，进货渠道多，有些来源于境外品牌工厂，有些来源于境外折扣店，有些来源于境外买手等；境内收货渠道复杂，且多为个人消费，无规律可言。此外，商品进境时品牌众多，与其他进口渠道相比，其涉及的商品品牌将大幅增多，且商品种类也较丰富，而执法人员对相关品牌认识不足，难以确认是否有侵权行为。这些特点都会给知识产权确权带来一定困难，确权的数量、难度也会大大增加。

（三）侵权责任划分困难

跨境电子商务是指交易主体（企业或个人）以数据电文形式，通过互联网（含移动互联网）等电子技术，开展跨境交易的一种国际（地区间）商业活动。跨境电子商务涉及境内外电商平台、商家、支付、报关、仓储、物流等一系列企业，而电商平台又可分为自营型电子商务平台、第三方电子商务平台，主体多元，形式多样，结构复杂。在所有类型的平台中，第三方平台涵盖的知识产权客体极为广泛，成为知识产权侵权纠纷的重灾区。而在第三方商务平台纠纷案件中，争议最大、最缺乏法律规范规制的就是第三方电子商务平台的责任问题，如审查义务、归责原则等。从一般的电子商务到跨境电子商务的知识产权保护责任划分问题一直争议不断，责任难以划分。

（四）国际（地区间）争端解决困难

一是司法管辖权认定困难。跨境电子商务的支撑载体是互联网，就网络空间中的活动者来说，他们处于不同的国家或地区，几乎任何一次网上活动都是跨国家（地区）的，很难判断侵权行为发生的具体地点和确切范围，司法管辖区域的界限变得模糊、难以确定。二是立法差异较大。在跨境电子商务中，还没有国际组织统一的立法指导，各国（地区）根据实际需要，制定了不同的标准，我国有关立法在知识产权的保护方面还存在很多分歧。三是维权困难。跨境电子商务涉及大量的中小电商企业甚至是个人卖家，部分商家缺少对境外法律法规的认知，且跨国家（地区）诉讼费用高昂，在出现涉及侵权问题时，维权困难。如2015年年初，第三方支付平台PayPal被爆出有大量中国跨境电商商家的账户因为侵权诉讼遭到冻结。一批来自美国的买家，以高价购买仿冒品为由与中国商户聊天，获取其PayPal账户，随后相关品牌商凭借聊天记录在美国提起诉讼。由于不了解美国相关法律且在美国打官司费用高昂，大部分商户没有积极应诉，但随之而来的是其PayPal账户及资金被冻结甚至清零，此次账户遭冻结或清零的中国商家超过5000家，保守估计金额超过5000万美元。

四、跨境电商知识产权保护的建议

（一）完善我国现有跨境电商知识产权法律体系

将跨境电子商务活动纳入法律管制的范畴，制定专门的电子商务操作规范性准则，强调电子商务中知识产权的法律保护，使合法与非法行为有一个明确的界限，减少新形势下新种类知识产权权利不稳定或处于游离状态的情形。

（二）建立健全跨境电商行业自律机制和信用体系

在跨境电商知识产权保护相关法律法规不健全的情况下，海关、工商等政府机关可以协助建立起适应时代要求的跨境电子商务行业协会，制定跨境电子商务知识产权保护自律规范和内部监督机制。同时，依托海关监管和行业协会自律，通过建立电子商务认证中心、社会信用评价体系等，建立和健全跨境电子商务信用体系和信用管理机制。通过行业自律和信用管理打击侵犯知识产权和销售假冒伪劣产品等行为。

（三）完善海关监管体系

一是尽快出台海关跨境电商知识产权保护监管制度和标准作业程序，尽量减少需要一线关员主观认定的操作程序，降低执法难度和执法风险。二是探索跨境电子商务知识产权保护监管的风险分析和后续稽查制度。一方面要加强前期信息收集工作，将跨境电商平台上的商品种类、品牌、价格等纳入情报搜集范围。对重点商品的来源地、商标、包装图案进行风险分析比对，确认监管重点。另一方面，将后续稽查制度纳入监管工作，尽快出台跨境电商的稽查办法，加强对跨境网购商品后续流向的监管，弥补查验放行阶段的监管漏洞。

（四）借助电商平台进行数据监控和管理

一是海关执法单位加强与电商平台沟通和数据对接，对商品信息流进行合理监控管理，要求跨境电商运营者提供相关授权证明或采购单据等内容，切实加强货物来源渠道的管理，保留必要的货物来源证明材料。二是发挥跨境电商平台的管理职责，强化事前审查，事中监控，事后处理等一系列控制制度。

（五）加强国际（地区间）合作

一是我国商务、海关等部门积极参与跨境电子商务知识产权保护规则、条约的研究和制定，包括跨境电子商务侵犯知识产权行为的认定、产生纠纷的解决办法、产品的监管和溯源机制等，建立跨境电子商务国际（地区间）合作机制，为境内企业开展跨境电子商务创造必要条件。二是积极利用WTO等相关组织的标准和协商体系，帮助境内企业处理如PayPal冻结中国商家账户等跨境电商贸易纠纷。

（六）强化人才培养

知识产权保护问题涉及贸易、法律等方面的专业问题，特别是涉外的知识产权的纠纷和诉讼都有很强的专业性。国家和企业应共同努力，大力培养知识产权专业人才，并给他们充足的空间与资源，发挥其在知识产权战略中的核心作用，造就一支包括各类专业人才和管理人才在内的知识产权队伍。相关监管部门更要加大培养既精通知识产权保护管理，又了解跨境电子商务特性的业务专家，更好地为跨境电子商务知识产权保护做出贡献。

■■■ 本章小结

法律及知识产权是跨境电商活动中无法回避的重要问题，在实践活动中对跨境电商交易产生了非常重要的影响。就目前的发展情况看，在从事跨境电商交易时，境内企业都遭遇到了法律及知识产权风险，这些风险成为制约其良性发展的突出障碍。跨境电商仍属于新兴事物，其在发展上存在诸多不完善的地方，专用的跨境电商法律体系仍不健全，现行法律、法规、制度也存在诸多无法适用跨境电商的条款。

从全球市场看，跨境电商法律体系也有待进一步完善，但是一些国家或地区的法律法规体系值得我国培育与发展跨境电商市场时总结、吸收与借鉴。从跨境电商交易环节看，各交易环节都与法律息息相关，包括跨境电商平台责任、消费者权益保护、跨境物流、跨境支付、通关与商检、税收、信息安全等。

在涉及跨境电商活动的法律问题中，知识产权侵权及保护问题更为突出。我国跨境电商市场中侵犯知识产权、贩卖假冒伪劣产品等违法行为时有发生，境外消费投诉众多，劣币驱逐良币现象严重，中国卖家集体知识产权形象不佳，严重影响境外买家对中国产品的消费信赖。在知识产权侵权表征方面，主要有商标权侵权、著作权侵权、专利权侵权和假冒专利等。在知识产权保护方面，现阶段我国市场主要面临如下问题：各方侵权认识不足、海关对侵权行为认定困难、侵权责任划分困难、国际（地区间）争端解决困难。在知识产权保护方面，应该完善我国现有的跨境电商知识产权法律体系、建立健全跨境电商行业自律机制和信用体系、完善海关监管体系、借助电商平台进行数据监测和管理，加强国际（地区间）合作，强化人才培养。

【实训】

■■■ 思考题

1. 简述与我国跨境电商业务相关的法律条款。
2. 从跨境电商环节角度，简述跨境电商关联的法律问题。
3. 阐述知识产权对中国中小企业开展跨境电商业务的意义。
4. 简述跨境电商中知识产权侵权的常见形式。
5. 论述跨境电商活动中知识产权保护存在的问题。
6. 如何开展跨境电商知识产权保护?

■■■ 案例分析题

亚马逊店铺被封系列：侵犯知识产权

雨果网从外媒的报道中了解到，在亚马逊平台，确保所售产品合法且拥有产权所有人授权，是卖家的责任。如果做不到，就会面临账号被停的局面。但这到底意味着什么？如果卖家不太了解知识产权侵犯行为，可浏览下列信息。

什么是知识产权?

亚马逊卖家需维护四类知识产权：版权（copyright）、商标权（trademark）、发明专利权（utility patent）和设计专利权（design patent）。换句话说，如果不想亚马逊账号被停，卖家需要避免非法制造、剽窃、销售仿品和假货。

理论上来讲，在平台上出售这些产品需要亚马逊和卖家共同承担责任。但考虑到平台的商业模式，最近法院规定亚马逊无须为此担责。这就意味着，卖家需独立承担侵权后果。

一、侵权后果

产权所有人或法定代理人可能会向亚马逊提起诉讼。亚马逊政策也规定，不允许出售假货、盗版和未授权产品等。侵犯知识产权会导致卖家亚马逊账号被封，资金被冻结。

二、应对措施

1. 当亚马逊通知卖家存在侵权行为后,卖家要积极应对。

2. 浏览内容指南和防伪政策。

3. 找出侵犯知识产权法和亚马逊政策的产品或相关listing信息。

4. 联系知识产权所有人,直接与他们对话,通常情况下他们比律师更易交流。如果找不到知识产权所有人,就联系亚马逊在暂停账号通知邮件里提到的法定代理人。

5. 提供供应商名单,及双方签订的合同条款。

6. 请求知识产权所有人或代理人撤销投诉。

7. 如果知识产权所有人或其代理人没有回复,那就联系律师帮忙。

8. 如果卖家能够承担账号被停的成本,可以等到与产权所有人把事情解决后再写具体改善计划(POA)。

9. 写一份行动计划。

10. 如果投诉未撤销,那就给亚马逊提交一份详细的步骤清单,表明卖家律师采取了哪些措施规避未来侵权行为,或证明投诉的不合理性。

11. 检查质量管理措施,对员工进行培训,让他们识别易侵权产品和listing类型。

12. 下架或清理导致亚马逊账号被停的所有库存产品以及禁止在平台销售的产品。

13. 向亚马逊提起上诉,并采取以上措施。

三、如何避免未来侵权?

对于自有品牌产品:

1. 刊登产品信息时,要特别注意使用的词语,确保都是原创的。

2. 在商标数据库中检测品牌关键词或短语,比如Justia Trademarks。

3. 刊登自有品牌产品之前,确保它是独一无二的,即使已经通过专利审核。

如果从第三方进货:

1. 如果有可能,了解每一件产品的知识产权所有人和销售权代理人。

2. 确保刊登的所有产品信息包括图片,都具有知识产权所有人的认可。

3. 记录每一件产品的项目清单和发票,在刊登前进行检查。

4. 确保拿到的文件是发票,而不是订单确认、形式发票、商业发票等。

5. 调查供货商和他们的竞争对手,避免从不能提供相关文件的批发商那里进货。

总而言之,如何避免亚马逊账号因触犯知识产权而被封取决于卖家的商业模式。要么在刊登自有品牌前做所有必备的调查,要么保存供货商提供的合法文书。

(资料来源:亚马逊店铺被封系列:侵犯知识产权[EB/OL].[2017-12-1].http://www.cifnews.com/article/21914.)

思考：

1. 当涉嫌侵犯知识产权时，如何应对亚马逊店铺被封？

2. 我国中小型跨境电商企业在进行跨境电商活动时，常会面临哪些法律风险？

参考文献

[1] Azam R. Global taxation of cross border e-commerce income [J]. Virginia Tax Review, 2012, 31(4):639-693.

[2] Cardona M, Duch-Brown N, Martens B. Consumer perceptions of (cross-border) ecommerce in the EU digital single market [J]. Available at SSRN, 2015.

[3] CBEC.Cross-border ecommerce report-Brazil [EB/OL]. [2013-10-9].http://www.thepaypers.com/cross-border-ecommerce/cross-border-ecommerce-report-Brazil/7.

[4] Del Duca L F, Rule C, Loebl Z. Facilitating expansion of cross-border e-commerce-developing a global online dispute resolution system (lessons derived from existing ODR systems-work of the United Nations Commission on International Trade Law) [J]. Penn State Law Legal Studies Research Paper, 2011.

[5] Edwards L, Wilson C. Redress and alternative dispute resolution in EU cross-border e-commerce transactions 1 [J]. International Review of Law Computers and Technology, 2007, 21(3): 315-333.

[6] Feng Y, Hua M. Research on non-verbal graphic symbol communication of cross-border e-commerce [M] //Digital Services and Information Intelligence. Springer Berlin Heidelberg, 2014: 251-263.

[7] Gomez-Herrera E, Martens B, Turlea G. The drivers and impediments for cross-border e-commerce in the EU [J].Information Economics and Policy, 2014, 28: 83-96.

[8] MorrisonJ L, OladunjoyeG T. E-commerce infusion into business education—encompassing the realities of an emerging business model [J]. Journal of Education for Business, 2002, 77(5):290-295.

[9] Jiao Z.Modes and development characteristics of china's cross-border e-commerce logistics [M] //Contemporary Logistics in China. Springer Berlin Heidelberg, 2016: 211-232.

[10] McDermott K.Key business drivers & opportunities in cross-border ecommerce [R/OL]. (2014-11-02) [2016-01-08] http://www.payvision.com/cross-border-ecommerce-report-survey-2014.

[11] Lambert D M, Stock J R, Ellram L M. Fundamentals of logistics management [J]. Lancet, 1998,172(443):330-33.

[12] Lendle A, Olarreaga M, Schropp S, et al. There goes gravity: how eBay reduces trade costs [J]. Available at SSRN DP9094, 2012.

[13] Lowry P B, Wells T M, Moody G, et al. Online payment gateways used to facilitate e-commerce transactions and improve risk management [J]. Communications of the Association for Information Systems (CAIS), 2006, 17(6): 1−48.

[14] Lumpkin G T. Dess G G.E-business strategies and internet business models:how the internet adds value [J].Organizational Dynamics, 2004, 33(2):161−173.

[15] Lummus R R, Vokurka R J. Defining supply chain management: a historical perspective and practical guidelines [J]. Industrial Management & Data Systems, 1999, 99(1): 11−17.

[16] Martens B. What does economic research tell us about cross-border e-commerce in the EU digital single market? [J].Available at SSRN 2265305, 2013.

[17] Timmer P.Business models for electronic markets [J].Journal on Electronic Markets, 1998, 8(2):3−8.

[18] Power T, Jerjian G. Ecosystem: living the 12 principles of networked business [M]. Financial Times Management, 2001.

[19] Shanty Elena van de Sande.Profitable cross-border e-commerce industries [EB/OL]. [2014−09−22].http://www.payvision.com/cross-border-ecommerce-white-paper.

[20] Sinkovics R R, Yamin M, Hossinger M. Cultural adaptation in cross border e-commerce: a study of German companies [J]. Journal of Electronic Commerce Research, 2007, 8(4): 221−235.

[21] Stevens G C. Integrating the supply chain [J]. International Journal of Physical Distribution & Materials Management, 1989, 19(8): 3−8.

[22] Suchánek P. Business intelligence as a support of e-commerce systems in connection with decision making and cross-border online shopping [J]. Journal of Applied Economic Sciences (JAES), 2010 (11): 94−102.

[23] Surana A, Kumara S, Greaves M, et al. Supply-chain networks: a complex adaptive systems perspective [J]. International Journal of Production Research, 2005, 43(20): 4235−4265.

[24] 艾瑞咨询. 中国跨境电商行业研究报告2014 [R/OL]. (2014−12−16) [2017−06−20].http://www.iresearch.com.cn/report/2293.html

[25] 阿里研究院. 贸易的未来:跨境电商链接世界——2016中国跨境电商报告 [R/OL].

　　（2016-09-08）［2017-06-20］. http://www.aliresearch.com/blog/article/detail/id/21054.html.

[26] 安春生. 加快推进中俄跨境电子商务合作 [J]. 宏观经济管理, 2015 (12): 50-52.

[27] 程宇, 陈明森. 福建跨境电子商务发展机遇与对策 [J]. 亚太经济, 2014 (5): 115-120.

[28] 陈旭华. 跨境电子商务人才培养模式研究——以义乌市为例 [J]. 价格月刊, 2014 (3): 66-69.

[29] 陈健. 高职跨境电商专业方向人才培养模式的创建与探索 [J]. 大学教育, 2016 (4): 47-48.

[30] 陈星涛. 探索现代学徒制下商务英语专业跨境电商人才培养新模式 [J]. 电子商务, 2016 (6): 42-44.

[31] 陈长英. 浙江省跨境电商人才需求分析及培养路径研究 [J]. 商贸人才, 2015 (1): 184-187.

[32] 陈锦阳. 构建县域背景下政行企校合作培养跨境电商人才模式——以东阳市为例 [J]. 电子商务, 2016 (8): 70-71, 83.

[33] 崔文全. 中日跨境电子商务背景下中国消费者权益的维护 [J]. 淮海工学院学报 (人文社会科学版), 2015, 13 (4): 105-107.

[34] 崔雁冰, 姜晶. 中国跨境电子商务的发展现状和对策 [J]. 宏观经济管理, 2015 (8): 65-67.

[35] 崔艳红. 跨境电子商务促进农产品出口成本下降的路径分析 [J]. 对外经贸实务, 2015 (9): 36-38.

[36] 对外经济贸易大学国际商务研究中心, 阿里研究院. 中国跨境电商人才研究报告 [R/OL]. (2015-06-02) [2017-06-20]. http: //b2b.toocle.com/detail--6254680.html.

[37] 段雅丽. 优化供应链提升跨境电商竞争力 [J]. 物流技术, 2015, 34 (18): 15-17.

[38] 鄂立彬, 刘智勇. 跨境电子商务阳光化通关问题研究 [J]. 国际贸易, 2014 (9): 32-34.

[39] 冯然. 中国跨境电子商务关税监管问题的研究 [J]. 国际经贸探索, 2015, 31 (2): 77-85.

[40] 高媛, 郭立甫. 中国跨境电子商务英文网页设置应用中的问题及其改进 [J]. 对外经贸实务, 2015 (11): 74-77.

[41] 高云莺. 平潭发展跨境电子商务的瓶颈及其突破路径 [J]. 福建论坛 (人文社会科学

版), 2015 (10): 199-204.

[42] 管荣伟. 服装出口企业跨境电商贸易面临的问题与转型策略 [J]. 对外经贸实务, 2015
     (5): 48-51.

[43] 郭晓合, 赖庆晟. 上海自贸区跨境电子商务创新发展研究 [J]. 北华大学学报 (社会科
     学版), 2015, 16 (4): 27-32.

[44] 郭立甫, 王素君. 跨境电子商务人民币结算的兴起与发展中的问题 [J]. 对外经贸实
     务, 2015 (4): 53-55.

[45] 郭烨. 创新驱动发展战略下跨境电商人才培养模式研究 [J]. 电子商务, 2016 (5):
     73-74.

[46] 龚柏华. 中国 (上海) 自由贸易试验区外资准入 "负面清单" 模式法律分析 [J]. 上海对
     外经贸大学学报, 2013 (6): 23-33.

[47] 郭春荣, 郑秉秀. 浅析我国海关便捷通关模式 [J]. 对外经贸实务, 2006 (5): 61-62,
     80.

[48] 贺书锋, 张伟华. 跨境电子商务对国际贸易专业人才需求与培养模式的影响 [J]. 教
     育现代化, 2016 (1): 8-9.

[49] 何焰. 探讨厦门自贸区跨境电商发展现状与人才培养问题 [J]. 财经界: 学术版, 2015
     (23): 25-25.

[50] 何叶. 国内外跨境电商运营模式和法律法规 [J]. 通信企业管理, 2015 (11): 14-17.

[51] 金虹. 林晓伟. 中国跨境电子商务的发展模式与策略建议 [J]. 宏观经济研究, 2015
     (9): 40-49.

[52] 冀芳, 张夏恒. 跨境电子商务物流模式创新与发展趋势 [J]. 中国流通经济, 2015
     (6): 14-20.

[53] 冀芳, 张夏恒. 跨境电子商务物流模式及其演进方向 [J]. 西部论坛, 2015 (4): 102-
     108.

[54] 冀芳, 张夏恒. 电子商务模式划分新视角——基于交易主体空间位置 [J]. 中国流通
     经济, 2016 (4): 40-46.

[55] 姜颖. 对国际商务专业跨境电商人才培养的思考 [J]. 黑龙江科学, 2016, 7 (16):
     78-79.

[56] 柯颖. 中国B2C跨境电子商务物流模式选择 [J]. 中国流通经济, 2015 (8): 63-69.

[57] 柯丽敏, 王怀周. 跨境电商基础、策略与实战 [M]. 北京: 电子工业出版社, 2016.

[58] 克里斯托弗. 物流与供应链管理: 第4版 [M]. 何明珂, 等, 译. 北京: 电子工业出版
     社, 2012.

[59] 刘颖. 北京跨境电子商务企业人才需求状况调查分析 [J]. 价值工程, 2016 (4): 66-69.

[60] 刘娟. 小额跨境外贸电子商务的兴起与发展问题探讨——后金融危机时代的电子商务及物流服务创新 [J]. 对外经贸实务, 2012 (2): 89-92.

[61] 来有为, 王开前. 中国跨境电子商务发展形态、障碍性因素及其下一步 [J]. 改革, 2014 (5): 68-74.

[62] 李涛, 唐齐国, 王峰. 哈尔滨市对俄跨境电子商务发展研究 [J]. 俄罗斯学刊, 2015 (3): 21-30.

[63] 李金龙. 义乌跨境电商保税物流平台的探索 [J]. 中国流通经济, 2015 (7): 30-34.

[64] 李海莲, 陈荣红. 跨境电子商务通关制度的国际比较及其完善路径研究 [J]. 国际商务——对外经济贸易大学学报, 2015 (3): 112-120.

[65] 李伟. 关于促进中国跨境电子商务发展的观点综述 [J]. 经济研究参考, 2015 (30): 41-49.

[66] 李向阳. 促进跨境电子商务物流发展的路径 [J]. 中国流通经济, 2014 (10): 107-112.

[67] 李旭东, 安立仁. 跨境电商物流企业综合服务体系及其实证研究 [J]. 中国流通经济, 2015 (11): 49-57.

[68] 李剑力, 雷瑛. 加快跨境电子商务发展的思路与着力点——以河南省为例 [J]. 学习论坛, 2015, 31 (8): 36-39.

[69] 连远强. 高校跨境电子商务人才生态化培养模式研究 [J]. 中国教育学刊, 2015 (S2): 579-580.

[70] 吕兰, 赵晶. 基于电子商务能力的电子采购流程绩效实证研究 [J]. 中国地质大学学报 (社会科学版), 2008, 8 (6): 98-101.

[71] 吕红. 跨境电子商务零售物流问题探析 [J]. 对外经贸实务, 2014 (5): 87-89.

[72] 吕宏晶. 高职电子商务专业跨境电子商务方向人才培养模式的研究 [J]. 电子商务, 2015, (11): 74-75.

[73] 吕宏芬, 俞涔. 面向拉美实施跨境贸易电子商务 [J]. 宏观经济管理, 2015 (11): 71-73.

[74] 吕雪晴, 周梅华. 我国跨境电商平台发展存在的问题与路径 [J]. 经济纵横, 2016, 364 (3): 81-84.

[75] 马建国, 刘康, 安海峰. 电子商务物流 [M]. 沈阳: 东北大学出版社, 2016.

[76] 梅蒋巧. 跨境电子商务人才需求特征研究 [J]. 管理观察, 2014 (31): 119-120.

[77] 傀娜. 中国跨境电子商务贸易平台模式探讨 [J]. 中国流通经济, 2015 (8): 70-74.

[78] 裴东霞, 乔勇军. 独立学院国际贸易专业跨境电商人才培养研究 [J]. 现代经济信息, 2016 (10): 426.

[79] 庞燕. 跨境电商环境下国际物流模式研究 [J]. 中国流通经济, 2015 (10): 15-20.

[80] 任志新, 李婉香. 中国跨境电子商务主推外贸转型升级的策略探析 [J]. 对外经贸实务, 2014 (4): 25-28.

[81] 上海社会科学院经济研究所课题组. 中国跨境电子商务发展及政府监管问题研究——以小额跨境网购为例 [J]. 上海经济研究, 2014 (9): 3-18.

[82] 孙慧. 中外口岸通关模式的比较研究 [J]. 商业研究, 2006 (17): 188-191.

[83] 孙静. 跨境电商人才培养模式研究评述 [J]. 现代商业, 2016 (15): 187-188.

[84] 孙蕾, 王芳. 中国跨境电子商务发展现状及对策 [J]. 中国流通经济, 2015 (3): 38-41.

[85] 孙伟, 赵文珺. 吉林省跨境电子商务服务平台构建 [J]. 情报科学, 2015, 33 (6): 106-108, 119.

[86] 苏曼. 跨境电商专业人才胜任素质模型研究 [J]. 高等工程教育研究, 2016 (3): 170-174.

[87] 陶涛, 李广乾. 平台演进、模式甄别与跨境电子商务拓展取向 [J]. 改革, 2015 (9): 63-73.

[88] 韦柳婷, 张晶, 曹令丹, 等. 东南亚国家跨境电子商务调查研究 [J]. 合作经济与科技, 2015 (14): 124-126.

[89] 文瑞. 中国跨境电子商务发展的"痛点"分析 [J]. 区域经济评论, 2015 (5): 70-74.

[90] 王冰. 自贸区背景下中职学校跨境电商人才培养 [J]. 现代商贸工业, 2015 (17): 76-78.

[91] 王蒙燕. 跨境电子商务与物流互动发展研究 [J]. 学术探索, 2014 (5): 105-106.

[92] 王伟泉. 世界电子商务发展现状与我国电子商务发展战略 [J]. 清华大学学报(哲学社会科学版), 1999 (4): 34-39.

[93] 王春芝, 高强, HeikoGebauer. 基于扎根理论的服务备件跨境物流协同系统研究 [J]. 管理评论, 2015, 27 (2): 178-186, 208.

[94] 王冠凤. 贸易便利化机制下的上海自由贸易试验区跨境电子商务研究——基于平台经济视角 [J]. 经济体制改革, 2014 (3): 38-42.

[95] 王杏平. 跨境电子商务与第三方支付管理研究 [J]. 南方金融, 2013 (12): 54-56, 16.

[96] 王惠敏. 跨境电子商务与国际贸易转型升级 [J]. 国际经济合作, 2014 (10): 60-62.

[97] 王文娟, 徐颖. 跨境电商物流管理 [M]. 长沙: 湖南师范大学出版社, 2016.

[98] 武玥, 王铸东, 杨晓璇. 跨境电子商务发展趋势及对中国外贸转型升级的促进作用 [J]. 商业经济研究, 2015 (23): 63-65.

[99] 魏爽. 跨境电子商务立法的国际比较研究 [D]. 杭州: 浙江大学, 2015.

[100] 薛源. 跨境电子商务交易全球性网上争议解决体系的构建 [J]. 国际商务——对外经济贸易大学学报, 2014 (4): 95-103.

[101] 肖婷云. 跨境电子商务的法律规制 [J]. 长沙大学学报, 2015, 29 (3): 70-71, 87.

[102] 徐艳艳. 跨境电商加速发展背景下新型高职外贸人才培养探析 [J]. 对外经贸, 2015 (8): 143-145.

[103] 徐松, 张艳艳. 应将跨境电商建成 "中国制造" 出口的新通道 [J]. 经济纵横, 2015 (2): 26-30.

[104] 许振宇, 王宏. 小额跨境电子商务: 拓展新兴市场国家的经验 [J]. 对外经贸实务, 2014 (12): 50-52.

[105] 胥洪娥, 谭仁先. 电子商务时代下采购流程的研究 [J]. 兰州交通大学学报, 2005, 24 (2): 84-87.

[106] 严圣阳. 我国跨境电商支付现状与发展前景 [J]. 经济与管理, 2014 (5): 31-33.

[107] 杨志敏. 对近年巴西经济增长态势的分析 [J]. 学海, 2014 (3): 38-45.

[108] 杨松, 郭金良. 跨境电子支付服务风险监管法律问题研究 [J]. 法治研究, 2013 (2): 64-72.

[109] 杨松, 郭金良. 第三方支付机构跨境电子支付服务监管的法律问题 [J]. 法学, 2015 (3): 95-105.

[110] 杨相红. 中俄跨境电商发展现状及其重要战略机遇研究 [J]. 西伯利亚研究, 2015, 42 (4): 16-19.

[111] 杨坚争, 于露. 中国外贸企业跨境电子商务的应用分析 [J]. 当代经济管理, 2014, 36 (6): 58-63.

[112] 杨坚争, 刘涵. 中国不同规模企业跨境电子商务应用状况调查分析 [J]. 当代经济管理, 2014, 36 (1): 25-29.

[113] 尤申. 物流供应链结构在跨境电商中的选择和优化 [J]. 江苏商论, 2016 (29): 10-12.

[114] 余筱兰. "一带一路" 背景下跨境电子商务运输法律体系构建 [J]. 学术交流, 2016 (6): 88-94.

[115] 郁晓. 跨境电子商务新政的税务问题探析 [J]. 财会月刊, 2015 (14): 85-87.

[116]詹文杰,杨颖. B2B电子商务模式的特征及其演变[J]. 管理评论, 2004, 16（1）：
　　　55-58.

[117]章宁,王天梅,许海曦,等. 电子商务模式研究[J]. 中央财经大学学报, 2004（2）：
　　　68-70.

[118]章慕荣. 中国综合保税区转型升级中的跨境电子商务海关监管问题[J]. 对外经贸
　　　实务, 2015（10）：31-34.

[119]曾小春,王曼. 电子商务的信任机制研究——针对不同模式的比较分析[J]. 山西财
　　　经大学学报, 2007, 29（2）：57-63.

[120]赵广华. 破解跨境电子商务物流难的新思路：第四方物流[J]. 中国经贸导刊, 2014
　　　（26）：16-20.

[121]赵志田,杨坚争. 中小制造企业跨境电子商务能力识别、检验与综合评价[J]. 系统
　　　工程, 2014, 32（10）：53-62.

[122]邹磊,徐策. 推动中国跨境电商健康快速发展[J]. 宏观经济管理, 2015（12）：
　　　33-36.

[123]谌楠,刘罡. 跨境电子商务在中国不同规模企业中的应用[J]. 中国流通经济, 2014
　　　（8）：55-62.

[124]张新元,王龙,张鹏,等. 我国C2C电子商务发展存在的问题及解决措施[J]. 情报
　　　杂志, 2005, 24（6）：78-79.

[125]张丽娟. 跨境电子商务客户体验影响因素实证分析——消费者特征角度[J]. 国际
　　　商务——对外经济贸易大学学报, 2015（3）：94-101.

[126]张滨,刘小军,陶章. 中国跨境电子商务物流现状及运作模式[J]. 中国流通经济,
　　　2015（1）：51-56.

[127]张夏恒,马天山. 澳大利亚跨境电子商务发展机遇与困扰探究[J]. 中国流通经济,
　　　2015（9）：46-51.

[128]张夏恒,马天山. 中国跨境电子商务物流困境及对策建议[J]. 当代经济管理, 2015
　　　（5）：41-45.

[129]张夏恒. 跨境电子商务发展探析——以拉丁美洲为例[J]. 资源开发与市场, 2015
　　　（7）：829-833.

[130]张夏恒. 非洲跨境电子商务的发展方兴未艾[J]. 对外经贸实务, 2015（4）：19-22.

[131]张夏恒. 跨境电子商务发展动力与运营研究[J]. 福建商学院学报, 2017（2）：41-46.

[132]张夏恒. 跨境电子商务支付表征、模式与影响因素[J]. 企业经济, 2017（7）：53-58

[133]张夏恒. 俄罗斯跨境电子商务发展路径及优化方向[J]. 俄罗斯东欧中亚研究, 2016（6）: 81-93.

[134]张夏恒. 跨境电商类型与运作模式[J]. 中国流通经济, 2017, 31（1）: 76-83.

[135]张夏恒. 跨境电子商务法律借鉴与风险防范研究[J]. 当代经济管理, 2017, 39（3）: 29-34.

[136]张夏恒, 刘梦恒, 马述忠. 跨境电商: 战略驱动·成长困境和政策牵引[J]. 浙江经济, 2017（9）: 48-49.

[137]张夏恒, 郭海玲. 跨境电商与跨境物流协同: 机理与路径[J]. 中国流通经济, 2016, 30（11）: 83-92.

[138]张夏恒. 京东: 构建跨境电商生态系统[J]. 企业管理, 2016（11）: 102-104.

[139]张夏恒. "一带一路"下印度跨境电商市场与中国的机遇[J]. 云南开放大学学报, 2017, 19（1）: 50-53.

[140]张志乔, 蒋丽君. 跨境电子商务物流配送分析[J]. 价值工程, 2014（34）: 24-26.

[141]张教赟. 浅谈现代物流信息技术的发展与应用[J]. 管理观察, 2009（2）: 169-170.

[142]中国电子商务研究中心. 2015—2016中国出口跨境电子商务发展报告[EB/OL].（2016-09-15）[2017-06-20].http://b2b.toocle.com/detail—6350688.html

[143]郑彧. 自贸区背景下跨境电子支付的若干法律问题[J]. 学术月刊, 2014, 46（5）: 51-56.

[144]郑少敏, 袁方兴. 跨境电商背景下复合型外语人才需求现状与对策研究——以金华市为例[J]. 海外英语, 2016（5）: 55-56.